Edward C. Whitmont • Die Rückkehr der Göttin

Edward C. Whitmont

Die Rückkehr der Göttin

Von der Kraft des Weiblichen in Individuum und Gesellschaft

Kösel

Übersetzung aus dem Amerikanischen und Redaktion: Jürgen Saupe, Dießen.
Die Originalausgabe erschien unter dem Titel »Return of the Goddess« bei The Crossroad Publishing Company, New York.

CIP-Titelaufnahme der Deutschen Bibliothek

Whitmont, Edward C.:
Die Rückkehr der Göttin / Edward C. Whitmont. [Übers. aus d. Amerikan. u. Red.: Jürgen Saupe]. - München : Kösel, 1989
Einheitssacht.: Return of the goddess <dt.>
ISBN 3-466-34230-9

Satzerfassung und Herstellung: Dr. Spreng Publishing, Pullach.
Druck und Bindung: Kösel, Kempten.
Umschlag: Elisabeth Petersen, Glonn.
Umschlagfoto: Anselm Spring, Landsberg.
ISBN 3-466-34230-9

Inhalt

Einführung

Zweifellos ist die Mythologie kein Spielzeug für Kinder. Ebenso ist sie kein altmodisches, bloß gelehrtes Anliegen ohne Bedeutung für die modernen Menschen der Tat. Denn ihre Symbole (ob in der greifbaren Form von Bildern oder in der abstrakten Form von Ideen) berühren die tiefsten Zentren der Motivation, lösen dort etwas aus, bewegen Zivilisationen. Daher liegt eine wirkliche Gefahr in der widersinnigen Konzentration auf die neuesten Erkenntnisse der technischen Forschung, die dadurch in den Vordergrund des modernen Lebens getreten sind und die Welt zu einer einzigen Gemeinschaft zusammengefügt haben, während die anthropologischen und psychologischen Entdeckungen, aus denen eine vergleichbare moralische Ordnung hätte entwickelt werden können, in den gelehrten Abhandlungen verblieben, in denen sie zuerst veröffentlicht wurden. Es ist nämlich sicher töricht, Kindern, die in Raketen zum Mond rasen werden, eine Moral und Kosmologie zu predigen, die auf Gedanken über die große Gesellschaft und den Platz des Menschen in der Natur beruhen, welche noch vor der Zähmung der Pferde geprägt wurden! Und die Welt ist nun bei weitem zu klein und die Verrücktheit der Menschen zu groß für die alten Spiele des Auserwählten Volkes (ob nun von Jehova, Allah, Wotan, Manu oder dem Teufel auserwählt), mit denen sich die Stammesgenossen gegen ihre Feinde stärkten, damals, als die Schlange noch reden konnte.

J. Campbell, *The Masks of God*[1]

Auf dem Tiefpunkt einer kulturellen Entwicklung, die uns in die Sackgasse eines wissenschaftlichen Materialismus, einer zerstörerisch wirkenden Technologie, des religiösen Nihilismus und der geistigen Verarmung geführt hat, ist ein äußerst erstaunliches Phänomen aufgetreten. In unserer Mitte erscheint ein neues Mythologem und will in unser modernes Bezugssystem integriert werden. Es ist der Mythos der uralten Göttin, die einst vor dem Aufkommen des Patriarchats und der patriarchalen Religionen über Erde und Himmel herrschte.

Die Göttin kehrt nun zurück. In Jahrtausenden männlicher Vorherrschaft wurde sie verleugnet und verdrängt, und jetzt kommt sie in einer Zeit höchster Not. Wir ziehen nämlich durch das finstere Tal der nuklearen Vernichtung, fürchten uns vor dem Übel. Wir sehnen uns nach Liebe und Sicherheit, finden aber nur wenig Beistand. Die Gewalt in unserer Gesellschaft droht uns zu überwältigen. Mutter Erde selbst ist bis an die Grenzen ihrer Belastungsfähigkeit mißbraucht worden. Wie lange kann sie den Angriffen unserer raubgierigen industriellen und wirtschaftlichen Methoden noch standhalten? Die Zeit des Patriarchats läuft ab. Welche neue Kulturform wird der Menschheit frische Lebenszuversicht auf dieser Erde schenken?

Inmitten fürchterlicher Übergangsstadien und Umwälzungen kehrt die Göttin zurück. Überkommene gesellschaftliche Rollen von Mann und Frau werden in Frage gestellt. Gleichzeitig mit der Gewalt, die außer Kontrolle zu geraten droht, erklingt der Ruf der Frauen nach neuer Anerkennung. Es fällt uns schwer, dieses merkwürdige Zusammentreffen zu verstehen. Hier hilft uns die Mythologie unvermutet weiter. Sie zeigt uns ein uraltes Bild, das die Bedeutsamkeit dieses Zusammentreffens erhellt. Die ältesten Gottheiten des Krieges und der Zerstörung waren weiblich, nicht männlich. Ihre fast vergessenen Namen lauten: Inanna in Sumer, Anath in Kanaan, Ischtar in Mesopotamien, Sekhmet in Ägypten, die Morrigan in Irland, Kali in Indien, Pallas in Griechenland und Bellona in Rom. Diese archaischen Göttinnen waren die Herrinnen der Liebe *und* des Kriegs. Ihnen wurden zugleich Keuschheit wie Promiskuität, nährende Mütterlichkeit und blutdürstige Zerstörungswut zugeschrieben. Jedoch ging es ihnen überhaupt nicht um Eroberung und Gebietserweiterung. Davon waren die Männer besessen. Sie wachten vielmehr über den Kreislauf des Lebens mit seinen Phasen Geburt, Wachstum, Liebe, Tod und Wiedergeburt. Offenbar ist der gefährdete Kreislauf unseres Lebens heute wieder göttlichen Schutzes bedürftig. In den Tiefen der unbewußten Psyche erhebt sich die uralte Göttin und fordert Anerkennung. Weigern wir uns, ihr Achtung zu erweisen, wird sie wohl Kräfte der Zerstörung entfesseln. Wenn wir der Göttin ihr Recht zugestehen, könnte sie uns voll Mitgefühl den Weg zur Wandlung zeigen.

Die Leser seien vor einem vielschichtigen Buch gewarnt. Wir lenken die Aufmerksamkeit auf die Wiederkehr der Göttin und müssen dabei einige wechselseitig verknüpfte Themen ins Auge fassen. Ein Schwerpunkt liegt auf der Aggression. Wenn wir im Zeitalter der Kernkraft überleben wollen, *müssen* wir lernen, auf neue Weise mit Konflikt und Aggression umzugehen. Daher sehen wir uns im ersten Kapitel eingehend die Geschichte einer Frau an, die nahe daran war, ihr einziges Kind mit Gewalt zu verletzen. Im Verlauf einer erfolgreichen Therapie wurde es ihr möglich, jene bedrohlichen Energien umzuwandeln, indem sie empfänglich wurde für den Anruf des Archetyps der Göttin, die in ihren Träumen ins Bewußtsein einbrach. Die beiden nächsten Kapitel werden das Problem Aggression und Bedürfnis allgemeiner behandeln. Menschliche Aggression, menschliche Rechte und Bedürfnisse sind das Dilemma unserer Zeit. Der Zwiespalt hält uns alle wie auf Hörnern gefangen. Blicken wir tiefer, werden wir entdecken, daß die Hörner das Haupt des Dionysos schmücken. Er ist der Gefährte der Göttin. Er verkörpert Bedürfnis und aggressive Gewalt. Nie erscheint sie ohne ihn.

Wenn wir die relative Bedeutung unserer jetzigen Lage erkennen wollen, müssen wir uns von der Richtung ausgehend orientieren, aus der wir gekommen sind. Daher bietet der zweite Teil einen Überblick über die Evolution des Bewußtseins, die drei Phasen durchlief; eine magische, eine mythische und eine mentale. Obgleich unsere rationale Konditionierung uns annehmen läßt, wir hätten die beiden ersten Ebenen hinter uns gelassen, sind sie jedoch nicht zu tief unter der Oberfläche in uns stets vorhanden. Um unserer weiteren Entwicklung willen werden wir sie aufs neue integrieren müssen. In der Darstellung unseres Weges durch jene drei Phasen werden wir uns besonders damit befassen, wie die männliche Vorherrschaft ausgebildet wurde und wie in den früheren Phasen Aggression und Bedürfnis kanalisiert oder gezügelt wurden.

Der dritte Teil untersucht die wichtigsten Mythen, mit deren Hilfe sich das Patriarchat an der Macht hielt: Gott als König, die Menschen als Ausgestoßene, der Sündenbock, die Unterdrückung des Weiblichen. Eben diese Mythen müssen wir überwinden, wenn wir überleben wollen.

Der vierte Teil zeigt daher die Queste, die Suche nach dem Heiligen Gral, als den Mythos, der Schlüssel zu all den Wandlungen ist, nach denen unsere Zeit verlangt. Er liegt unserem gesamten Streben nach Befreiung, nach Bedürfnisbefriedigung und unserem Drang zugrunde, die Geheimnisse des Daseins zu lüften, ob nun durch wissenschaftliche Forschung oder religiöse Kontemplation. Er nährt unsere Hoffnung, daß erneut ein goldenes Zeitalter des Menschen erreicht werden kann. Die Psychose Hitlers und des Nationalsozialismus war eine Perversion des Gralsmythos. Selbst diese negative Erscheinung zeigt, wie zentral der Mythos ist.

Der fünfte Teil erkundet die psychologischen, ethischen und sozialen Folgen des Mythos vom Gral und der Wiederkehr der Göttin. Wer leichte, wörtlich zu befolgende Rezepte sucht, wird sie hier nicht finden. Unsere Probleme sind zu ernst, zu vielschichtig, zu individuell gefärbt. Lösungen können nicht von einem Kopf allein ausgeheckt werden. Ich möchte die Leser auffordern, sich vor allen utopischen Verheißungen zu hüten, ganz gleich, woher sie stammen. Jung sagt mit Recht:

> Die großen Lebensprobleme sind nie auf immer gelöst. Sind sie es einmal anscheinend, so ist es immer ein Verlust. Ihr Sinn und Zweck scheint nicht in ihrer Lösung zu liegen, sondern darin, daß wir unablässig an ihnen arbeiten. Das allein bewahrt uns vor Verdummung und Versteinerung.[2]

Die Göttin ist Hüterin des inneren Wesens der Menschen. Das Patriarchat regelte das Äußere menschlichen Verhaltens, wertete aber individuellen Instinkt, Gefühl, Intuition, Emotion und die Tiefe des Weiblichen ab, wenn sie nicht dem Kollektiv dienten. Bezeichnend, daß »weibisch« eine Herabsetzung ist. Die Neuorientierung verlangt von den einzelnen, die ihnen innewohnende Quelle des authentischen Gewissens und der geistigen Führung, die innere Gottheit, zu entdecken. Jung nannte dieses transpersonale Zentrum das Selbst. Es wird unter vielen Schmerzen geboren. Der Mensch, der seinen individuellen Weg sucht, wird zwischen Leidenschaft und Vernunft, Wunsch und Pflicht, Persönlichem und Kollektivem, dem Ruf des Neuen und der Forderung des Alten hin und her gerissen. Viele, die die kollektiven Normen ablehnen, verfallen einem moralischen Nihilismus, werden zynisch oder verhalten sich ausgesprochen gesellschaftsfeindlich. Hinter dem heftig beklagten zeitgenössischen Narzißmus verbirgt sich die mißlungene Suche nach dem inneren Wesen. Das Kommen der Göttin bedeutet kein Ablehnen der Ethik, sondern meint eine neue Ethik, die tiefer im individuellen Gewissen verwurzelt ist.

Hier ist eine Anmerkung zur Terminologie angebracht. Unseren westlichen Sprachen fehlen die entsprechenden Worte für das chinesische Yang und Yin, die kosmische oder archetypische Prinzipien der Polarität bezeichnen. Die biologischen Geschlechter sind nur besondere Fälle. Da es mir widerstrebt, neue Worte zu erfinden, verwende ich das *Männliche* und das *Weibliche* synonym mit Yang und Yin, und zwar immer dann, wenn ich von archetypischen, psychologischen Prinzipien spreche. Männlich und weiblich bezieht sich sonst auf die beiden Geschlechter.

Der moderne Verstand mag eine Bezugnahme auf Götter und Göttinnen seltsam altmodisch oder heidnisch finden. Sie sind jedoch archetypische, zwingende Urbilder. Diese symbolischen Verkörperungen sind zwar im eigentlichen Sinn keine Objekte, sind aber wirklich und mächtig.

Sie sind keine Personen, aber doch Persönlichkeiten. Sie steigen als wirksame Gestalten aus den Tiefenschichten unseres Innern auf und können Reaktionen auslösen, wie sie aus bloß abstraktem Denken nie entstehen.

Einige Leser mögen sich fragen, mit welchem Recht ein Mann über die Göttin und die Kräfte des Weiblichen spricht. Erinnern wir uns, daß sich in beiden Geschlechtern männliche wie weibliche Geschlechtshormone finden. Jung war der erste, der auf die analoge Situation im Psychologischen aufmerksam machte. Neben diesen äußeren Gründen gibt es noch Konkreteres. Dieses Buch hat mit der inneren Erfahrung und Entwicklung meines Lebens zu tun. Einige Aspekte meiner Queste, meiner Suche nach der Göttin und dem Gral, lassen sich beschreiben.

Ich wuchs in Österreich in einer orthodoxen, engstirnigen, sittenstrengen jüdischen Familie auf. Mein erfolgloser und nachgiebiger Vater interessierte sich nur für die herkömmlichen, moralistischen religiösen Normen, für rituelle Diätvorschriften und Verhaltensregeln. Ich hatte weder Brüder noch Schwestern und lernte frühzeitig, meinen einsamen Weg zu gehen. Unglücksfälle und Schwierigkeiten wurden als Strafe Gottes für die Übertretung eines Tabus gedeutet. Das führte früh zu meiner Entfremdung von allem Religiösen. Ich begann sogar, alles Religiöse zu hassen. Gleichzeitig wurde ich aber von Märchen und Sagen angezogen. Die germanischen Sagen beeindruckten mich tief. Eine meiner frühesten Erinnerungen sind zwei Bilder, einmal Siegfried, dann Tristan und Isolde, zwei Postkarten, die ein Freund und ich ausschnitten und an die Wand hängten. Ebenso beeindruckte mich die germanische Heldenverehrung. Später erkannte ich, daß sich darin dieselben strengen Sittenregeln wie in der religiösen Engstirnigkeit spiegelten, nur ging es hier um Ehre und Stolz.

In jungen Jahren schon vertiefte ich mich in die Musik. Mit vier oder fünf begann ich Klavier zu spielen. Bis in mein fünfzehntes, sechzehntes Jahr lebte ich ganz in der Welt Wagners. Ich kannte die Partituren des *Rings* und des *Parsifal* so gut wie auswendig. Zum Zeitvertreib spielten ein Freund und ich abwechselnd ein paar Passagen auf dem Klavier, und der andere mußte die genaue Stelle im *Ring* bezeichnen. Wir beurteilten die Leute danach, wie gut sie sich im *Ring* auskannten.

Die gesamte Thematik des *Rings* wies für mich auf ein Scheitern des Machtstrebens hin. Es kann nur durch selbstlose Hingabe aufgelöst werden, das Motiv von Brünnhildes Selbstaufopferung, die Siegfrieds Geburt ermöglicht. Das führte direkt zu *Parsifal*, wo der Gral die Antwort auf menschliches Streben ist. Er wurde jedoch noch immer als allegorische, künstlerische Darstellung eines gesellschaftlichen oder auch nationalen Themas gesehen. In Anbetracht der Dummheit und Zerstörungswut des Machttriebes, wie er mir im *Ring* vorgeführt wurde, dachte ich, der Gral könne in der sozialen Befreiung gesucht werden. Ich wurde also zum engagierten Sozialisten. Der sozialistischen Lehre von der Befreiung gemäß wollte ich mich dem Kampf zur Besserung der Menschheit anschließen. Aus diesem Grund gab ich mein altes Ziel, Musiker und Dirigent zu werden, auf, brach meine langjährigen musikalischen Studien ab und entschied mich für die Medizin. Ich hoffte, damit etwas Nützliches zu tun. Außerdem bestimmte das Verhalten meiner ständig kranken und neurotischen Mutter meinen Entschluß, ihre Hauptwaffe, die Krankheit, zu bekämpfen.

Schließlich fielen mir die unbefriedigende Öde und das Machtstreben in der Linken auf. Ich bekam einen ersten Eindruck dessen, was später in der extremen Form des Stalinismus auftrat. Ich sah, daß Gefühlswerte zugunsten fanatischer Hingabe absolut abgelehnt wurden. Das Ziel der Befreiung heiligte jedes Mittel. Dasselbe nahm ich parallel im Nationalsozialismus wahr. Zunehmend verabscheute ich, was ich nun als die Säkularisierung des »heiligen Ziels« ansah.

Für einige Zeit befaßte ich mich mit Beratung nach der Methode Adlers und dem damit verbundenen Gemeinsinn, den ich eifrig pflegen wollte. Auch dort fand ich Machtstreben. Es wurde nur verdeckt: »Ich habe mehr Gemeinschaftsgefühl als Du« war oft die Haltung.

In meiner medizinischen Ausbildung ging mir beim Anblick einer Leiche im Seziersaal schlagartig auf, daß dies nicht der Mensch sei. Es fehlte etwas. Unser Leben ist nicht nur eine Frage der Chemie. Zugleich wurde mir klar, daß mir beigebracht wurde, wie man Frösche, Kaninchen und Menschen seziert, aber nicht, wie ein lebendiger Mensch zu heilen ist. Der Höhepunkt des medizinischen Nihilismus fiel in jene Zeit. Wir konnten nur Diagnosen stellen und sie mit einem Schulterzucken abtun, da nichts zu machen war. In dieser rein materialistischen Betrachtungsweise war nichts von der Seele zu spüren.

Da ich nach Lösungen des Dilemmas suchte, führte mich mein Weg über Christentum, Anthroposophie, Homöopathie, Psychosomatik zur Alchemie und dann zu Jung. Jung bestätigte mir, wie sehr Mythos und Traum für ein transpersonales, nahezu objektives Reich des Sinnzusammenhanges relevant sind. Im Symbolismus der Alchemie traf ich wieder auf den Gral.

Im Alter von siebzehn war ich zum erstenmal mit dem Nazismus in

Berührung gekommen. Die nächsten neun Jahre blieb ich in Fühlung mit ihm, kannte einige Nazis sogar persönlich. Einer wollte mich schützen und warnte mich, wenn Schlägereien geplant waren.

Was das Germanische und die Musik anging, waren wir auf der gleichen Wellenlänge. Mir fiel noch etwas Merkwürdiges auf. Bei den Sozialisten, Kommunisten, Marxisten und Nazis herrschte ein ständiges Kommen und Gehen. Viele waren heute dies, morgen das. Diese Spielarten waren allesamt Projektionen der religiösen Hingabe nach außen auf einen kultischen Glauben an die Befreiung. Diese Beobachtung flößte mir tiefes Mißtrauen vor Fanatismus ein, ob ich ihn nun in mir oder anderen entdeckte. Die meisten dieser Menschen hatten wirklich die höchsten Ideale. In jüngster Zeit haben wir die Yippies (ideologisch radikalisierte Hippies), die Guerillas und Terroristen der Antikriegs- und Befreiungsbewegungen, die moralische Wiederaufrüstung, das Wiedererstarken des Ku-Klux-Klan und die wiedergeborenen Christen gesehen. Diese Menschen hegen alle die blinde Erwartung, daß grundlegende Lösungen der Probleme der Menschheit in gesellschaftlichen Veränderungen oder durch schlichte Willensanstrengung zu finden sind. Politische Veränderungen helfen uns wenig ohne eine tiefere psychologische Kenntnis der unbewußten Macht- und Zerstörungstriebe, die in unseren Seelen schlummern, unbeschadet aller guten Absichten. Yeats kommentierte das ironisch in »Der große Tag«:

> Hurra auf die Revolution, Kanonen Schuß auf Schuß!
> Ein Bettler hoch zu Pferde peitscht einen Bettler zu Fuß.
> Hurra auf die Revolution, Kanonen wiederzusehn!
> Die Bettler haben Platz getauscht, die Peitsche klatscht wie je.[3]

Im Alter von sechsundzwanzig Jahren emigrierte ich 1938 aus Österreich nach Amerika, um den Nazis zu entkommen. Da ich in Wien geboren war, konnte ich aufgrund der Einwanderungsquote ausreisen, während es meinen Eltern, die ursprünglich aus Polen stammten, nicht möglich war. Sie wurden in den Gaskammern der Nazis ermordet.

In den Vereinigten Staaten verfiel ich noch einmal auf das Heldenideal zurück, suchte ruhelos in den verschiedenen geistigen und intellektuellen Strömungen nach »Antworten«. Schließlich ließ ich mich nieder, etablierte mich häuslich und beruflich und wurde ein wenig von der Gleichförmigkeit der ärztlichen Praxis erfaßt. Um diese Zeit begannen Träume, die mir zeigten, woran es mir fehlte.

Es gab Träume, in denen ich in leeren, verfallenen Häusern wohnte;

alles stürzte ein, und bärtige, alte Nörgler suchten in staubigen Regalen vergebens nach Antworten. Zunächst fand ich die Träume verwirrend. Dann nahm meine eigene Analyse ihren Anfang. Allmählich tauchten Bilder wie das einer numinosen Göttin auf, die auf einen tieferen Zusammenhang mit Emotionen verwiesen, welche von der Kultur des Heroischen unterdrückt worden waren. Sie zeigten, wie nötig es war, mich der Frau gegenüber so zu verhalten, als sei sie die Göttin, das heißt Eigenschaften, Gefühle und Emotionen zu ehren, die früher verdrängt worden waren.

Ich erkannte nun, daß ich im Ankämpfen gegen die Eltern, unter dem Einfluß der Tradition des Heroischen und in einer Reaktion auf die Emigration gelernt hatte, mich nur auf vorwärtsstrebende, heroische Stärke und ein ausschließlich auf mich selbst vertrauendes Angehen der Hindernisse zu verlassen. Wille, Vernunft und Verstehen, Ehre und Verantwortlichkeit waren für mich der Antrieb, weniger das Gefühl. Das Ideal des Heroischen, das mir früh half, die Identität in einer Umgebung zu bewahren, die einem rebellischen, neugierigen, musikalischen Kind so wenig Unterstützung gewährte, hatte mich einen Panzer der Verantwortung, Pflicht und Kampfbereitschaft anlegen lassen. Mir machte es Spaß und Angst zugleich, mit Lehrern und später mit Gegnern wie den Nazis zu streiten. Mir wurde langsam klar, daß in meiner Kindheit eine Frau gefehlt hatte, die mein Idealisieren hätte annehmen können. Ich hatte vor den Frauen um mich die Angst, die ich schon als Kind empfunden hatte. Die einzigen Frauen, die ich in meiner Kindheit kannte, waren meine hysterische, neurotische Mutter und meine grimmigen, stittenstrengen Gouvernanten und Kindermädchen, die kaum schroffer und abweisender hätten sein können. Ich hatte gelernt, mich vor allem deshalb vor Frauen zu fürchten, weil sie die Macht hatten, mich zurückzuweisen und mich schuldig fühlen zu lassen. Keine hatte ich wegen ihrer Stärke oder Vertrautheit mit den Ekstasen von Leben und Tod bewundern können. Diesen Mangel kompensierte ich mit der Musik. Doch schon als Halbwüchsiger begann ich, die Musik als Flucht vor der ökonomischen, der heroischen Wirklichkeit anzusehen. Damals schien mir, sie mache mich zum »Aussteiger«, der sich der Gralsuche nach äußerer Befreiung entziehen wolle. Jetzt ist die Musik für mich die wichtigste Verbindung zur Psyche, zur Seele, zum Geist und zum Unbewußten. Wenn ich wissen will, was ich fühle, setze ich mich ans Klavier.

Als ich mich einmal ungeachtet meiner bewußten Ziele und meiner rationalen Einsichten heftig von einer Frau angezogen fühlte und ernste

Verwicklungen befürchtete, hatte ich folgende Träume. (Sie wurden, wenn auch nicht mit meinem Namen, schon in *The Symbolic Quest* [4] veröffentlicht.) Ich ging in einer ländlichen Gegend spazieren und wurde plötzlich von einer Schar blauer Gänse angegriffen. Ich rief um Hilfe. Die Herrin der Gänse erschien. Sie ähnelte der Frau, die ich liebte, war aber viel schöner, eine numinose Gestalt. Mit einem Zauberstab beruhigte sie die Gänse. Ich kniete nieder und gelobte ihr Treue. Huldreich schenkte sie mir einen Blumenstrauß. Der Traum ist mir bis heute in Erinnerung geblieben, weil jene blauen Gänse äußerst schrecklich waren. Erst später entdeckte ich, daß Gänse zu den ältesten Erscheinungsformen der Erdmutter gehören. In der griechischen Mythologie waren sie die Tiere der Hera und der Aphrodite. Als Rom beinahe von Galliern, die sich nachts heimlich anschlichen, erobert worden wäre, wurden die Verteidiger von Gänsen geweckt. Sie stehen für ein nächtliches, instinktives Bewußtsein. Dieser Aspekt wird in meinem Traum durch die dunkelblaue Farbe hervorgehoben, die an Nacht und Geheimnis denken läßt. Es war, als wolle mich der Geist des dunklen Mysteriums des irdischen Lebens und Fühlens angreifen und mir gefährlich werden, wenn ich seiner Herrin nicht dadurch diente, daß ich meine Gefühle für jene konkrete Person respektierte, die damals für mich ihre Verkörperung war. Wenn ich es aber täte, würde ich Blumen empfangen, ein neues Aufblühen erleben.

In einem späteren Traum betete ich, die Gottheit möge sich mir offenbaren. Sie erschien plötzlich, als gehe ein Vorhang auf, in einer Explosion von Licht. Ich erblickte eine Höhle, und in ihr die Weihnachtsszene. Eine Häsin hielt einen neugeborenen kleinen Hasen in den Pfoten. Ich stürzte nieder und betete. Mit einem Ruck wachte ich ziemlich empört auf und fragte mich: »Wieso eine Häsin?« Ich kannte nämlich den Hasen nur als Tier der Fruchtbarkeit, Sexualität und Promiskuität. War das mein Bild der Gottheit? Erst dreißig Jahre später fand ich heraus, daß der Hase das ursprüngliche Symbol für das Tierkreiszeichen der Jungfrau ist: die jungfräuliche Göttin, Mutter des göttlichen Kindes, verband sich in der Symbolik des Traumes wieder mit Instinkt und Sexualität, den Kräften der Erde und des Körpers, von denen sie die christliche Überlieferung abgetrennt hatte.

In einem weiteren Traum sah ich meine Mutter in einer Burg gefangen, von einem bösen Zauberer verhext. Um sie zu erlösen, mußte ich mich den wilden Tieren in der Burg ergeben, und als ich dies tat, wurde sie in eine anziehende Gestalt verwandelt, die der Göttin glich. Im Hinblick auf meine Mutter ergab das keinen Sinn. Ich begriff damals nur die

Notwendigkeit, mich leidenschaftlichen Emotionen zu stellen. Später bemerkte ich die Ähnlichkeit zwischen diesem Traum und den Aventiuren Gawans in Wolfram von Eschenbachs *Parzival*. Während Parzival bei seiner ersten Begegnung mit dem Gral versagt und in den Hintergrund tritt, befreit Gawan – sein anderes, vielleicht irdischeres Ich – die Frauen, die ein machthungriger Zauberer im *Chastel marveil* gefangenhält. Er stellt sich dem Angriff eines wilden Löwen. Im Kapitel über den Gral werde ich zeigen, daß Gawans Abenteuer den verborgenen, esoterischen Aspekt darstellen, der zur Erneuerung des Grals führt, weil auf diese Weise der Aspekt des Weiblichen respektiert wird. Die Botschaft meines Traums bestand auch darin, daß der notwendige Kampf mit Gefühlen und Emotionen Teil einer quasi-religiösen Suche und Hingabe ist, damit die gefangene Mutter, die Göttin, befreit werden kann.

Die Bedeutsamkeit meiner Begegnung mit diesem Material bestätigte sich mir, als ich allmählich gleiche oder ähnliche Motive in den unbewußten Produktionen meiner Patienten auftauchen sah. Ich war mit meinen »verrückten« Ideen wenigstens nicht allein. Im kollektiven Unbewußten keimte etwas auf, zu dem ich mit meinem eigenen Leben einen Beitrag leisten mußte. Ich rang mit meinen Problemen und konnte so meinen Patienten besser helfen. Ich entdeckte neue Arbeitsweisen, mit Erfahrungen und Emotionen umzugehen, nahm Methoden der Körper-, Imaginations-, Gruppen- und Gestaltarbeit in mein jungianisches Bezugssystem auf, das zunächst verhältnismäßig abstrakt und theoretisch gewesen war. Mir wurde klar, wie notwendig eine Neubewertung der grundlegenden, mit den Instinkten verbundenen Energien ist, damit sich der Weg zum Geistigen öffnet.

Das folgende Buch, das ich in mehr als zehn Jahren für die Veröffentlichung vorbereitete, bietet den Ausblick, den ich durch meine Lebenserfahrung und Analyse gewonnen habe, durch die Arbeit mit meinen Patienten und durch meine Studien.

Erster Teil

Das moderne Dilemma

Mögest du in einer interessanten Zeit
geboren werden.
Alte chinesische Verwünschung

1   Eine moderne Theophanie

> ... alle Zeiten vor uns glaubten noch an Götter in irgend-
> einer Form. Es bedurfte schon einer beispiellosen Ver-
> armung an Symbolik, um die Götter als psychische Fak-
> toren, nämlich als Archetypen des Unbewußten wieder
> zu entdecken. Diese Entdeckung ist wohl vorderhand
> noch unglaubwürdig.
>
> C.G. Jung[1]

»Eine zermürbte .... Hausfrau, ohne richtigen Platz, zu nichts nutze, und
voller Gift und Galle ....«, so beschrieb sie sich selbst. Sie war einem gefährlichen Zusammenbruch nahe. Seit über einem Jahr befahl ihr eine
Stimme, ein Messer zu nehmen und ihr einziges Kind, einen fünfjährigen
Jungen, zu erstechen und zu zerstückeln. Sie widersetzte sich, war aber
voller Angst. Die Stimme ließ nicht locker, bis die Frau meinte, ihr nur
noch unter Einsatz aller Willenskräfte widerstehen zu können. Spitze Ge-
genstände wagte sie nicht mehr anzusehen. Sie mied ihr Kind aus Furcht,
ihr Widerstand könne erlahmen und sie würde ihm etwas antun. Entsetzt
und verzweifelt suchte sie psychiatrische Hilfe. Ihr erster Therapeut untersuchte mit ihr die wichtigsten Ereignisse der Kindheit und Ehe. Sie war
in einer Kleinstadt aufgewachsen; die Familie gehörte dem Mittelstand
an, war konservativ. Echte Zuneigung gab es wenig, und auch davon durfte
kaum etwas offen gezeigt werden. Statt Liebe gab es den Zwang, gescheit
und freundlich zu sein, sich anzupassen und sein Bestes zu tun (nach dem
Vorbild der unlebendigen Normen von Mutter, Kirche und Schule). Die
Kinder lernten, ihre Gefühle nicht zu zeigen. Die Äußerung individueller
Bedürfnisse und Sex waren tabu. Ihre Eltern hatten sie gezwungen, mit
einer leidenschaftlichen frühen Liebesaffäre Schluß zu machen, weil es
da »keine Zukunft« gab. Sie hatte dann einen »gescheiten und kultivier-
ten« High-School-Lehrer geheiratet, der ihr langweilig und schwach erschien.

Ihr erster Therapeut diagnostizierte zu Recht eine Menge unterdrück-
ter Wut, zunächst auf ihre tyrannische Mutter, die ihre emotionale und
sexuelle Entwicklung behindert hatte, dann auf die Lebensumstände, vor
allem ihre Ehe, die den Zwang fortsetzten und jede Hoffnung erstickten,
sich als eigenständiger Mensch zu finden. Ebenso war sie auf die Männer

in ihrem Leben zornig: auf ihren nie anwesenden Vater und den (zumindest aus ihrer Sicht) schwachen Mann. Die enge Atmosphäre der Kindheit mit ihrem einschränkenden Wertsystem hatte deutlich zu einer Art psychischer Lähmung geführt. Während die traditionelle Religion und Moral ihr unmöglich Selbstgefühl vermitteln, ihrem Leben keinen Sinn geben konnten, wurde das Zerstörenwollen, das einer gefährlich gestauten Gewalttätigkeit entstammte, sehr real.

Als intelligente Frau verstand sie die Ursachen ihrer mißlichen Lage, den daraus entstehenden Haß und Unwillen, doch das Begreifen der Krise und ihrer Gründe half nichts. Die Stimme verlangte weiter, sie solle ihren Sohn töten.

Voller Verzweiflung wollte sie eine andere Therapie versuchen und kam zu mir. Da rationale Erklärungen wirkungslos blieben, konnte eine Antwort nur aus nichtrationalen Quellen kommen, aus einer Quelle der schöpferischen Kraft in der Patientin selbst. Ich schlug vor, sie solle, wenn sich die Stimme das nächste Mal meldete, ihre Gefühle mit Kreidestiften oder Farben auf Papier festhalten. Ich bat sie auch, zu versuchen, sich an jeden Traum zu erinnern und ihn aufzuschreiben.

Das brachte bald dramatische Ergebnisse. Nach einem schweren Angstanfall malte sie eine gelbe Sonnenscheibe, von der Strahlen in alle Richtungen ausgingen. Ein Strahl schoß wie ein Schweif zum Boden (ihre eigenen Worte). Zu ihrer Überraschung fühlte sie sich nach Fertigstellung des Bildes wesentlich ruhiger. Sie konnte sich auch an einige Träume erinnern, deren wichtigste ich hier besprechen werde.

Im ersten Traum sah sie einen Stern mit sechs Zacken, der aus zwei ineinandergeschobenen Dreiecken bestand. Der Stern war verformt; das Dreieck, das nach oben wies, war übergroß, das nach unten weisende klein und eingeschrumpft.

Im zweiten Traum erblickte sie einen »Musikmeister«, wie sie ihn nannte. Er hatte den Körper eines Ziegenbocks und einen hellen Schein um den Kopf. Sie wollte ihn verjagen, worauf er sich in einen wilden und zornigen Dämon verwandelte.

Der dritte Traum zeigte ihr eine riesige Schlange mit Stierkopf, die auf dem Dachboden ihres Hauses eingesperrt war. Die Stierschlange hatte Hunger und drohte aus ihrem Gefängnis auszubrechen, Haus, Träumerin und ihr Kind zu vernichten, wenn diese sich nicht um sie kümmerte und sie fütterte.

Im vierten Traum befand sie sich in einem Museum, wo eine steinerne Katze zum Leben erwachte und sie fragte, was sie suche. Sie antwortete, daß sie das vergessene Geheimnis der Urzeit erfahren müsse. Die Katze führte sie in einen Keller, wo sie auf vorzeitliche Gestalten mit Fackeln traf. Die fragten sie, ob sie wirklich eine der ihren werden wolle. Sie bejahte. Sie mußte daraufhin schwören, sich ganz auf die Initiation einzulassen, die folgen würde.

In einem fünften Traum fand sie sich über Berggipfel streifen, in einer höheren Atmosphäre, wie sie sagte. Dann war sie plötzlich von schrecklichen Gewittern und mächtigen Blitzen umringt. Um der Vernichtung zu entgehen, mußte sie hinab und in einer dunklen Höhle oder Grotte Schutz suchen, in der sich hinten ein dunkler, geheimnisvoller Teich aus »lebendigem« Wasser befand, in dem sie, wie sie meinte, untertauchen mußte, um sicher zu sein.

Viele Träume sind symbolisch wie auch symptomatisch. Ein Symptom drückt eine Abweichung von einem vermeintlich gesunden, normalen Zustand aus. Ein Symbol weist über sich hinaus auf eine Bedeutung, die mit den üblichen Worten unserer Sprache nicht zu fassen ist. Die Traumsprache der Psyche ist archaisch: ungeachtet unserer bewußten Aufmerksamkeit produziert sie spontan Fragmente aus Mythos, Legende und Märchen in Gestalt persönlicher Dramen. Sie haben mit unserer Beziehung zu unserer tiefsten Wirklichkeit zu tun und können uns mit Ursprüngen und Bedeutungen vertraut machen, die uns helfen, unser Leben mit unseren persönlichen mythischen Strukturen in Verbindung zu bringen.

Ich legte meiner Patientin nahe, daß die Bilder ihrer Träume und Malerei religiöser Natur sein könnten und ernst genommen werden müßten; daß überpersönliche Bedürfnisse für den Organismus so wichtig wie biologische Triebe seien. Es machte nichts, daß diese Bilder nicht gleich in rationale Begriffe zu übersetzen waren. Sie wollten nicht erklären, sondern ihr Bewußtsein erweitern und sie möglicherweise zu einem Kernpunkt hinführen, der von Bedeutung für ihr konkretes persönliches Leben und vielleicht sogar darüber hinaus war.

Der sechszackige Davidstern ist eines unserer ältesten Symbole. Das nach oben weisende Dreieck stellt die Dynamik des Emporstrebens dar: zum Himmel, zu Licht, Luft, Geist, Abstraktion, Ausdehnung und Rationalität, kurz, es verweist auf den Archetyp des Männlichen.

Das nach unten weisende Dreieck steht für den Drang des Geistes zur Erde, nach Innerlichkeit und Inkarnation, nach organischem Erfahren statt rationaler Erklärung. Es verweist auf den Archetyp des Weiblichen. Wie in der Einleitung ausgeführt wurde, dürfen diese Begriffe nicht mit männlich und weiblich im gewöhnlichen Sinn verwechselt werden. Es handelt sich um archetypische Kräfte, die in beiden Geschlechtern leben, wenn auch in unterschiedlichem Verhältnis. Männer sind nicht bloß männlich, Frauen nicht nur weiblich. Beide müssen das Andere in sich integrieren, der Mann seine unbewußte Weiblichkeit, die *Anima*, wie Jung sie nannte, die Frau ihre unbewußte Männlichkeit, den *Animus*. Sind diese Kräfte im Gleichgewicht, erlangt auch die Persönlichkeit ihr Gleichgewicht.

Im Traum der Frau war der Stern schwer verformt. Das Dreieck mit der Spitze nach unten, Abbild der weiblichen, instinkthaften und emotionalen Seiten, einer Eingestimmtheit auf natürliche Triebe, Rhythmen und Bedürfnisse, war verkümmert. Das nach oben weisende Dreieck, Symbol für Ordnung, Disziplin und rationale Selbstbeherrschung war übermäßig groß. Der Patientin fehlte ein ausreichender Zugang zu den Tiefen ihrer Weiblichkeit.

Im zweiten und dritten Traum personifiziert sich die Gefahr eher überraschend als Musiklehrer oder Ziegenbock mit Heiligenschein und als Stierschlange. Wer oder was ist diese sonderbare Gestalt? Wie kann sie zugleich Schlange und Stier sein? Der Musiklehrer mit dem Heiligenschein deutet auf eine göttliche oder halbgöttliche mythische Figur, die sich mit der Pflege der Musik befaßt. Apollo, Hermes, Krischna und Dionysos waren entsprechende archetypische Gottheiten, doch nur Dionysos ist auch als Bock, Stier, Hirsch, Hengst und Schlange dargestellt worden. Im Mythos wendet er sich mit zerstörerischem Zorn gegen alle, die ihm keine Achtung erweisen. Er schlägt sie mit Wahnsinn. Er galt als der »wahnsinnige« Gott, und Frauen, die sich ihm widersetzten, wurden von ihm gezwungen, ihre Kinder umzubringen. Der Schutzherr von Musik, Drama und Rausch im alten Griechenland, der Gott, der stirbt und stets wiedergeboren wird, war den einzelnen Völkern unter vielen Namen bekannt: der gehörnte Gott, Osiris, Pan, Dumuzi, Asasel, Attis und Tammuz zum Beispiel. Uns ist der griechische Dionysos der vertrauteste. In seinen Riten gab es reichlich orgiastische Verzückung, Tanz und wilde Ausgelassenheit. Im Zusammenhang mit dem Leben der Träumerin ist es wichtig, daran zu denken, daß die dionysischen Riten mehr als nur Darstellung und Ausleben von Sexualität, Verlangen und Gewalt bedeuten. In Wirklichkeit setzten die dionysischen Kulte Musik und Ritual als Mittel ein, Gewalt und Verlangen in die ganze Persönlichkeit zu integrieren. Die Sage berichtet von Orpheus, der menschlichen Inkarnation des Dionysos, daß er mit seiner Musik wilde Tiere und sogar die Furien zähmte.

Die rituelle Darstellung des Dramas des Gottes, der hier für orgiastische Gewalt steht, sollte die potentiell zerstörerischen Triebe in gesellschaftlich annehmbare Kanäle lenken. Die Praxis des religiösen Rituals schuf in der Vergangenheit eine dynamische Entsprechung zum aggressionshemmenden Ritual der Tiere, das im nächsten Kapitel erörtert wird. Wenn diese »göttliche« Kraft und ihr Ritual abgelehnt werden (der Musiklehrer wird verjagt, die Stierschlange eingesperrt und ausgehungert), wird ein zerstörerisches Potential freigesetzt. Im Pentheus-Mythos wird der König von Theben von seiner Mutter in mänadischer Raserei zerrissen, weil er es ablehnte, Dionysos zu verehren.

In Anbetracht dieses merkwürdigen Materials verdient aber ein zusätzlicher und vielleicht noch überraschenderer Umstand unsere Aufmerksamkeit. Die Mißachtung des Dionysos ist auch mit einer Mißachtung und Unterdrückung des Weiblichen in seiner archetypischen Bedeutung verbunden. Die dionysischen Riten waren vor allem Riten der Frauen. Das nach unten weisende Dreieck als Symbol des Weiblichen ist verkümmert; die Katzengöttin (die Assoziationen der Träumerin deuteten auf eine Katzengöttin, die sie in der ägyptischen Abteilung des Museums gesehen hatte) führt sie zur religiösen Andacht der uralten, vergessenen Riten; Zuflucht vor den Donnerkeilen des patriarchalen Zeus oder Jupiter bietet die weibliche Grotte oder Höhle, das dunkle Wasser, der Schoß der Erdgöttin.

In Ägypten war die Katze der Bast, Sekhmet und Isis geweiht. Im Sagengut des Mittelalters war sie wie die Gans die Hausgenossin der Hexen, der Anhängerinnen der alten Mutterreligion und des Pan. Dionysos war wie Pan, Dumuzi, Attis usw. ein Gott der Frauen.[2] Hier wird nichts weniger als ein Wiederauftauchen einer alten, verdrängten und vergessenen weiblichen religiösen Haltung, ein neues Verhältnis zur Göttin und ihrem Gefährten, zum archetypischen Weiblichen und seinen aktiven Äußerungen als Weg gezeigt, auf dem sich die drohende Zerstörung vermeiden ließe.

Daß es tatsächlich darum geht, wird in der Vision deutlich, die die Frau malte. Zunächst war sie verwirrend. Nach Fertigstellung des Bildes fühlte sich die Patientin seltsam erleichtert. Sie begriff nicht, wieso, konnte das Bild nicht deuten. Auch ich war mir unsicher, bis mir plötzlich eine Fallgeschichte einfiel, die Jung vor vielen Jahren beschrieben hatte.

Jung schilderte die Halluzination eines ungebildeten Arbeiters, eines schizophrenen Patienten im Burghölzli in Zürich. Der Mann stand den ganzen Tag am Fenster und rief die Anstaltsärzte aufgeregt herbei, damit sie sich die Sonne ansehen. Er behauptete, wenn sie die Köpfe hin und her bewegten, könnten sie sehen, wie sich der Sonnenpenis hin und her bewege. Dieser Schweif, sagte er, sei der Ursprung des Sonnenwindes. (Damals war die Vorstellung eines Sonnenwindes von der Wissenschaft noch gar nicht entwickelt worden.) Jahre nach dem Tod des Patienten stieß Jung auf die Übersetzung eines neuentdeckten griechischen Papyrus, den man »Eine Liturgie des Mithraskultes« nannte. Darin wird die Erfahrung eines Eingeweihten dieses Kultes beschrieben:

... der Weg der sichtbaren Götter wird durch die Sonne erscheinen, den Gott, meinen Vater; ähnlicherweise wird sichtbar sein auch die sogenannte Röhre, der Ursprung des diensttuenden Windes. Denn du wirst von der Sonnenscheibe wie eine herabhängende Röhre sehen: und zwar nach den Gegenden gen Westen unendlich als Ostwind;...[3]

Der Patient in Zürich und auch meine Patientin konnten das Material über den Mithraskult nicht kennen. In ihrem Fall aber, und das ist das Neue, handelt es sich um eine ausgesprochen weibliche Gottheit. Sie ist sogar solar und nicht, wie die überlieferten Symbole des Weiblichen in patriarchaler Zeit, lunar. Durch die Assoziation mit der ägyptischen Katzengöttin Bast verweist sie auf das Mythologem der Sekhmet, des solaren Aspekts der Bast, die mit dem kraftvollen und anmutigen Körper einer Frau und dem Kopf einer Löwin dargestellt wurde. Eine Sonnenscheibe mit Schlange krönte ihr Haupt. Sekhmet wurde Herrin des Zeitbeginns, Herrin der Flamme, Herrin der Lampe und die Große der Magie genannt. Ihr Name ist nach Sir Wallis Budge vermutlich ursprünglich von sekhem abzuleiten, was stark, mächtig sein bedeutet, und zwar in aggressiver, zerstörerischer Wildheit (Sekhmet war eine gewalttätige Kriegsgöttin), als auch in Verlangen, sexueller Kraft, Liebe und Heilkraft.[4]

Was das Unbewußte unserer Patientin also als Alternative zur Zerstörung und als Weg der Heilung anbot, war nichts weniger als die Erneuerung einer religiösen Haltung, die kollektiv lang verdrängt worden und so unserer Patientin zuvor verschlossen war. Diese religiöse Haltung äußerte sich in Symbolen, die die uralte Göttin des Lebens und des sexuellen, emotionalen Rausches meinten, wie auch ihren Gefährten und Liebhaber, ihr Opfer, der ewig stirbt und ewig wiedergeboren wird. Sie verkörpern und verlangen eine Lebenseinstellung, die wieder besonderen Wert auf das Weibliche legt. Außerdem können sie das leidenschaftliche, aggressive Bedürfnis unserer Patientin nach Selbstbehauptung, nach einem angemesseneren Ausdruck von Emotion und Sexualität in konstruktive Bahnen lenken, und unter ihnen verheißen jene Heilung, die unter dem Einfluß des Patriarchats unterdrückt und vor allem bei Frauen als böse gebrandmarkt wurden.

Unsere Patientin nahm in drei, vier Jahren psychologischer Arbeit die mächtigen, früher verdrängten Impulse und Bedürfnisse, die sich im mythologischen Material ihrer Träume zeigten, emotional an, lernte sie kennen, integrierte sie in ihre persönliche Psychologie und wurde von dem mörderischen Drang befreit, ihrem Sohn ein Leid zuzufügen. Sie war in der Lage, grundlegende, höchst konstruktive Veränderungen in ihrem Leben, ihren Anschauungen herbeizuführen.

Sie verwandelte sich aus »einer zermürbten Hausfrau, ohne richtigen Platz, zu nichts nutze und voller Gift und Galle« (wie sie sich bei unserem ersten Treffen beschrieben hatte) in eine Person, die sich von einem inneren Strom der Weisheit getragen fühlte, der einem tiefen, instinkthaften Urquell ihres Weiblichen entsprang. Sie lernte, ihre Bedürfnisse in Verantwortung zu respektieren. Sie entdeckte ihre eigenen Ansprüche, ihre sexuellen und emotionalen Werte, dazu eine neue Kraft der Selbstbehauptung und Selbstachtung. Neben Kind und Heim tat sich schließlich ein befriedigender Beruf für sie auf. Die bewußte Bezugnahme auf die Kraft der Göttin in Form einer psychologischen Neueinschätzung ihrer selbst als Frau half, die mit Zerstörung drohende Gewalt aufzuhalten und in schöpferische Tätigkeit umzulenken. Diese Wandlung ihrer Persönlichkeit und Lebensanschauung war nicht das Ereignis eines rationalen oder theologischen Begreifens, auch nicht eines blinden Auslebens sexueller und gewalttätiger Triebe, keines Beitritts in eine Kirche oder Sekte, sondern einer auf persönlicher Erfahrung beruhenden Durcharbeitung des Materials während der Therapie.

Ich schilderte hier das gefährliche Problem einer einzelnen Frau. Ihr Dilemma ist jedoch typisch für die Wut und die unbefriedigte Sehnsucht nach Selbstbestätigung, die die Seelen von Millionen Frauen und Männern auf der ganzen Welt verzehrt. Nur zu oft scheinen einzelne wie Gemeinschaften zu irrationalen, destruktiven Handlungen getrieben, die vernichtend in unser Leben einbrechen. In ihrer extremen Form können sie uns und unsere Kinder sogar in einem weltweiten Holocaust untergehen lassen.

Wie die Sexualität und das Bedürfnis nach Anteilnahme und sicherem Beistand sind auch Wut, Aggressivität und die Neigung zur Gewalt fundamentale Triebe, die einen autonomen archetypischen Charakter

24

haben. Im Viktorianischen Zeitalter hielt man sie für schlechte, egoistische, ja satanische Triebe, die man als Teile der Persönlichkeit eines »guten« Menschen weder zugeben noch zulassen konnte. Psychologisch gesprochen wurden sie aus dem Bewußtsein verdrängt. Seit Freud wird die Sexualität als psychologischer Trieb anerkannt. Aggression und Bedürfnisse werden aber immer noch weitgehend verdrängt und wie die Sexualität in viktorianischen Zeiten schief angesehen. Deshalb drohen sie, wie damals die Sexualität, in unser bewußtes Leben einzudringen und es zu vergiften. Und werden der Sexualität, den Bedürfnissen und der aggressiven Gewalt der Rang eines *daimonions*, und sei es auch eines satanischen, verweigert, sind sie durch Rationalität und guten Willen allein sicher nicht zu beherrschen.

So spiegelt sich in der ausweglosen Lage unserer Patientin die unserer Kultur. Kann uns ihre individuelle Erfahrung bei unseren persönlichen, ja sogar unseren kollektiven Problemen helfen? Kann sie uns den Weg zu einer neuen Ethik weisen?

Bevor wir diese Frage zu beantworten suchen, müssen wir uns genauer ansehen, wie Aggression und Bedürfnis in unserer Kultur und unserem Denken wirksam sind.

2 Verlangen, Gewalt und Aggression

> Wer ... den Ansturm von Begierde und Zorn zu überwinden lernt, findet Brahman und ist glücklich.
>
> *Bhagavad-Gita*, 5

> Der Krieg ist zugleich Vater und König von allem ... Zu verstehen ist, daß der Krieg der gewöhnliche Zustand ist, daß Kampf Gerechtigkeit ist und daß alle Dinge durch den Kampf geschehen.
>
> Heraklit

> Der Mensch ist dem Menschen ein Wolf.
>
> Altes römisches Sprichwort

Das Problem unserer Patientin könnte verhinderte Authentizität genannt werden. Die Erlangung der Authentizität erfordert, daß Verlangen und emotionale Bedürfnisse respektiert werden, was dem Grunddrang nach biologischer, emotionaler und geistiger Befriedigung entspricht. Bedürfnisse gewährleisten Überleben, Identität von Gruppe oder Person und Selbstbestätigung. In ihrer primitivsten Form manifestieren sie sich als unbestimmtes Wünschen, Hunger, Begierde, Neid, Unterordnung, Angst, Feindseligkeit und Drang nach Gewalt. Wenn sie persönlich angenommen und verantwortlich auf bestimmte Objekte gelenkt werden, können diese primitiven Zustände zu Sehnsucht, Verlangen, Liebe, Selbstachtung und Selbstbewußtsein entwickelt werden. Unser Problem als Menschen beruht auf der Tatsache, daß unsere Grundinstinkte polar sind; sie umfassen sowohl soziale wie antisoziale Antriebe: das Verlangen, Hilfe zu gewähren und zu empfangen, gleichfalls aber auch die Neigung zu Neid, Begierde und feindseligem Zerstörungsdrang.

Wir sind bereit, zumindest theoretisch zuzugeben, daß ein gesundes Funktionieren als Mensch auf Selbstauthentisierung beruhen sollte. Das grundlegende Menschenrecht ist vermutlich, sein wahres Selbst zu sein. Was sollen wir aber mit unseren antisozialen Trieben anfangen? Sollen wir sie im Namen der »Authentizität« ausleben? Alte Kulturen haben die Frage ohne jede Rücksicht auf Menschenrechte oder gar Authentizität entschieden. Für den Durchschnittsmenschen lag der Akzent auf Anpassung, Zwang und Pflicht. Heute glauben wir an die Menschenrechte. Doch im großen und ganzen lassen wir sie nur im Bereich biologischer, sozialer und politischer Normen gelten. Die Einbeziehung des Psychologischen liegt uns reichlich fern, und noch achten wir wenig auf die emotionalen Bedürfnisse der Einzelnen. Um des männlichen Ideals der Tapferkeit willen unterdrücken wir noch immer unsere Kinder und bringen ihnen bei, ihre weibliche Seite, ihre Gefühle und Bedürfnisse zu verdrängen. So zeigt unsere Kultur kollektiv dieselben Krankheitserscheinungen wie unsere Patientin. Der Bereich der Göttin, Geburt, Tod, die Gezeiten des Inneren, Stimmungen und Emotionen werden nicht einfühlsam integriert. Ebenso wird die Sphäre des Dionysos mit ihrem Verlangen, ihrer Freude, mit Aggression und Zerstörung verdrängt. Das führt zu einem weitverbreiteten Gefühl von Entpersönlichung, Frustration, Unmut, Haß, Liebesunfähigkeit und Unempfindlichkeit für das eigene Menschsein und das der anderen. Urtümlicher Neid, Gier und destruktive Feindseligkeit greifen zunehmend um sich. Wir haben uns noch nicht dem Widerspruch zwischen dem Bedürfnis nach individueller Authentizität einerseits und den Forderungen sozialer Ethik andererseits gestellt.

Da ich das grausige Schauspiel des Nationalsozialismus mit eigenen Augen gesehen habe, betrachte ich diese Entwicklungen mit mehr als nur theoretischem Interesse. Sie sind eine Warnung, wohin es führen kann, wenn wir nicht aufwachen und uns das Problem in seiner Tiefe vergegenwärtigen. Es wäre optimistische Selbsttäuschung, anzunehmen, das Verschwinden dieses oder jenes Diktators würde unser Dilemma lösen. Nach Hitler erschien Khomeini, nach Vietnam kam Polen und El Salvador. Und dann was? Wie begegnen wir der Atmosphäre von Verbrechen, Terrorismus, Rassengegensätzen und Ausbeutung in unserer Mitte, unserem Alltag?

Wahrscheinlich herrschen heutzutage nicht mehr Gewalt, brutale Unterdrückung und Ausbeutung als in der Vergangenheit. Sie sind jedoch heute nicht mehr mit unseren Hoffnungen auf ein Überleben der Menschheit zu vereinbaren. Beim gegenwärtigen Entwicklungsstand der Technik kann zügellose Gewalt den Zerfall der Gesellschaftsstruktur, nuklearen Holocaust und kollektiven Selbstmord bedeuten. Und doch wissen wir nicht, wie wir die Gefahr hinreichend abwenden können. Die Versuche, Gewalt und Aggression oder auch nur Gier mit Hilfe von Gesetzen, christlicher Nächstenliebe, ethischen Prinzipien, Sozialreformen und gutem Willen zu steuern, genügen nicht mehr. Wir brauchen religiös-kulturelle Systeme, die Aggression, Wut und Gewalt entschärfen und in konstruktive Bahnen lenken können. Unsere überlieferten patriarchalen Religionen können uns nicht mehr helfen, sie im Zaum zu halten. Die Regeln unserer Kultur lassen uns Wut, Feindseligkeit, Aggression und Verlangen als böse, unnötig und vermeidbar ansehen. Jeder neue Ausbruch trifft uns daher oft auf naive Weise unvorbereitet. Wir sind schockiert. Oder noch schlimmer, wir sind nicht einmal schockiert, weil wir mit ihm gerechnet haben.

Die einzelnen Menschen wie die gesellschaftlichen Gruppierungen sind von engstirnigem, rücksichtslosem Eigennutz beherrscht. Gewalt und Verbrechen in der Politik, Guerillakriege, Banditenunwesen, Entführungen und Terrorismus nehmen ständig zu, werden von den Tätern damit gerechtfertigt, sie dienten guten Zwecken. Wir sehen den Nationalismus als treibende Kraft der Politik für selbstverständlich an, sehen ihn als Grundlage der Ethik. Dabei wurde er erst nach der französischen Revolution zu einem wichtigen Faktor. Grillparzer reagierte vor über hundertfünfzig Jahren auf diese Entwicklung mit den prophetischen Versen[1]:

> Der Weg der neuern Bildung geht
> Von Humanität
> Durch Nationalität
> Zur Bestialität.

In der Vergangenheit war Gewalt besser in gesellschaftlich sanktionierte Kanäle gefaßt. Sie wurde wie heute als beinahe immer falsch angesehen. Ihr wurde ein legitimer Ausdruck zugebilligt, und so konnte ihr Verbot in der gesamten Gesellschaft besser durchgesetzt werden. Im Helden der Vergangenheit war körperliche und geistige Tapferkeit mit einer Muskelkraft vereinigt, die den Gegner niedermetzeln konnte. Beispiele sind Achilles, Samson und die mittelalterlichen Ritter. Heute befinden wir uns in einem schizophrenen Zustand: im Gegensatz zu unseren bewußten Beteuerungen halten wir Gewalt und Aggression wie auch habgierige Ausbeutung unbewußt für bewundernswert. Ein Blick in unsere Medien genügt. Fernsehen und Film verherrlichen Gewalt, Horror und reinen Sex so weit, daß diese Zurschaustellungen beinahe zum Ritual werden. Ihre Anziehungskraft scheint auf der kathartischen Wirkung des Dramas zu beruhen. Diese gewalttätigen dramatischen Werke unserer Zeit sind säkularisierte, eigentlich sogar dekadente Karikaturen der feierlichen Darbietungen antiker Tragödien. Im Griechischen bedeutet *trag-odia* »Bocksgesang« und bezog sich auf Dionysos. Ursprünglich war sie die kathartische Darstellung von Aufstieg, gewaltsamem Untergang und Verherrlichung

des menschlichen Protagonisten, der das Schicksal des Dionysos, des geopferten Bockes, der ewig sterbenden und wiedergeborenen Lebenskraft
verkörpert, das bedürftige Kind und den sich selbst opfernden Gott. Die
Tragödie des Lebens wurde als unerbittlicher, vergeblicher Kampf gegen
das von den Göttern verhängte Schicksal dargestellt, das Zerstörung um
der Wiedergeburt willen oder als Strafe für Hybris brachte.

Solange Aggression und Gewalt als Ausdruck der Macht einer
Schutzgottheit (wie Dionysos, Ares, Schiwa, Thyr, Sekhmet und der
Morrigan) angesehen wurden oder dem höheren Ruhm von Kaiser oder
Vaterland dienten, waren sie in ein moralisch und ethisch funktionieren-
des System eingebettet. Da sie mit einer Gottheit verbunden waren,
konnten sie als Teil eines sich selbst regelnden kulturellen Systems des
Ausgleichs verstanden werden. Und die Bedürfnisse wurden einer Gottheit geweiht, indem man die Regeln und Tabus, die Triebkräfte und Einschränkungen sorgsam beachtete, die zu ihrem Mythos gehörten. Regeln
und Rituale bestimmten selbst den Krieg. Ursprünglich wurde er mit
einer Anrufung der Gottheit erklärt. Die Ritterlichkeit verlangte, daß
Schwache und Hilflose geschützt wurden, und wer Asyl begehrte, galt
als unverletzlich, auch wenn es sich um einen Feind handelte. Es ist eine
Ironie, daß die letzten Spuren jener Ritterlichkeit durch die fanatische
Gewalt unserer »aufgeklärten« und »friedliebenden« modernen Kriege
beseitigt wurden, die man angeblich zum besten der Menschheit führte.
In unserer Zeit wurde Gott für tot erklärt, und damit verschwand auch
der letzte Respekt vor der Ordnung, die die alte Gottheit geschaffen hatte.
Gesetze und Regeln schützen uns nicht mehr vor Gewalt.

Wut, Haß, Aggression, Habgier und Gewalt werden offiziell für unbedingt schlecht gehalten. Gleichzeitig sind sie zum Vorrecht des modernen Ich geworden, können willkürlich nach Gutdünken eingesetzt
werden, ohne jede persönliche Rücksicht auf die Mächte, die damit
beiseite gedrängt werden. In unserer Zeit haben Völkermord und
Konzentrationslager uns das nackte Böse vor Augen geführt, einen
Irrsinn, den die stolze Zivilisation an den Rand gedrängt glaubte. Das
göttliche Gebot »Du sollst nicht morden«[2] ist hinfällig geworden, weil es
für uns keine Führung aus dem Transpersonalen mehr gibt. Uns fehlt ein
glaubwürdiges ethisches System, in das sich Verlangen und aggressive
Triebe integrieren lassen. Wir fühlen uns zunehmend mehr und mehr von
der Gewalt bedroht, die wir fromm beklagen, von der wir aber nicht
lassen können. Die Widersprüchlichkeit dieser schizophrenen Haltung
ist für unsere individuelle wie kollektive Gesundheit ebenso gefährlich,

wie es im Viktorianischen Zeitalter vor Freud die Einstellung zur Sexualität war.

Das patriarchale Ich (von dem noch die Rede sein wird) scheut Veränderung und Verzicht. Es wünscht sich ein unverändertes, unveränderbar weiter bestehendes Leben und Bewußtsein. Es fürchtet jede Bedrohung seiner Fortdauer. Zugleich ist es willens, ja sogar gezwungen, das zu unterdrücken und zu zerstören, was seinem Hunger und seiner Sicherheit im Weg steht. Das patriarchale Ich strebt nach Leben, schafft jedoch genau den Tod und das Böse, die es fürchtet und leugnet.

Was wir fürchten, betrachten wir als schlecht. Wir fürchten das Böse, weil wir vom Leben stets erwarten, daß es geordnet, vernünftig, friedlich und dauerhaft sei. Wir fürchten die Veränderung, weil unser Gefühl persönlicher Identität in Zeit und Raum auf der Illusion beruht, es gäbe ein Gleichbleibendes, eine psychische Stabilität und Dauer.

Veränderung bedroht unseren gegenwärtigen Zustand des Bewußtseins, unser gewohntes Gefühl der Identität. So scheuen wir den Tod, die äußerste Veränderung, als das schlimmste Übel von allen. Dionysos, der dunkle Gott der Veränderung, ist eine solche Bedrohung. So mußte er im Namen des Gottes, der da spricht »Ich bin«, der das Böse vom Guten, Unten von Oben schied, ausgestoßen werden. In der Folge ging die paradiesische Einheit verloren. Dieses Motiv findet sich in allen patriarchalen Mythologien.

Das schöpferische Abgründige der mütterlichen Tiefe, das Weibliche, das Yin, wurde abgespalten und verworfen. Der gewalttätige, ekstatische Todes- und Zerstörungstrieb, der ein so wichtiger Teil des Yin-Prinzips ist, wurde verleugnet und unterdrückt. Abgründige Tiefe und Ursprung des Seins wurden zugleich als heilig, gefährlich und überwältigend, alles in einem, empfunden. Die langsam sich entfaltende individuelle Identität fühlte sich leidenschaftlich von diesem Abgrund angezogen, fürchtete ihn aber als Chaos. So waren Tabus und Verdrängung nötig, um ein regressives Verschmelzen zu verhindern und Ordnung und Rationalität zu sichern.

Unser rationales Bewußtsein wurde zusammen mit einer scheinbar entwicklungsfähigen sozialen Ordnung, die individuelle Rechte berücksichtigt, auf der Grundlage jener Zurückweisung der Dunklen Mutter und der dionysischen Gewalt errichtet. Doch die Gesellschaft ist nicht so geordnet, wie sie scheint. Die Ablehnung der Gewalt ist unklar und geschieht halbherzig. Wir meinen, unsere Definition der Ordnung basiere auf rationalen Erwartungen. Meistens beruht sie jedoch auf Vorurteil und Wunschdenken.

Im Versuch, soziale und politische Systeme zu errichten, die absolut und ewig sein sollen, bemühen wir uns, die Unordnung auszutreiben, der wir keinen Raum geben mögen. Aber früher oder später nimmt die vertriebene Schattenseite kompensatorisch wieder überhand und höhlt die Glaubwürdigkeit der etablierten kulturellen Werte aus. So wird der Weg frei für neue, ebenso vorläufige kulturelle Anpassungsformen. Der Gott von gestern wird meistens zum Teufel von heute.

Es war immer so. Die griechische Demokratie brach unter Demagogentum zusammen. Rom – die Mutter von Gesetz, Ordnung und Nationalstolz – stürzte durch Gesetzlosigkeit, Korruption und Gleichgültigkeit. Die christlichen Kulturen des Mittelalters, deren Könige von Gottes Gnaden waren, fielen, weil der Glaube an die göttliche Macht verlorenging. Die moralistische Viktorianische Kultur brach zusammen, weil sie sich ihrer heimlichen Unmoral und Heuchelei nicht bewußt war. In gleicher Weise ist unsere bestenfalls halbherzige Ablehnung von Habgier und Gewalt von höchst begrenztem Wert für die Zügelung ihrer zerstörerischen Kräfte. In Wirklichkeit sind wir äußerst geschickt, wenn es darum geht, unzählige redliche Rechtfertigungen für unsere eigenen Gewalttätigkeiten zu erfinden. Wir halten sie für schlecht, wenn sie uns gefährlich werden, doch für ruhmreich und bewundernswert, sobald wir Gelegenheit haben, sie selbst anzuwenden. Unsere moralisierende Seite sieht Gewalt und Töten als verwerflich an, als böse und bedrohlich. Unbewußt ist aber unser ganzes Wesen von dieser Liebe zur Gewalt um ihrer selbst willen durchdrungen.

Dieser Zwiespalt spiegelt sich in der Gesetzesordnung der Zehn Gebote. Da heißt es: »Du sollst nicht töten.« Gleichzeitig schreibt sie vor, Nonkonformisten auszurotten, besiegte Völker erbarmungslos zu morden.[3] Diese widersprüchliche Überlieferung blieb im Kern der christlichen Kultur des Westens erhalten. Man predigt, Gott und die Feinde zu lieben, doch Heiden, Juden, Ketzer, Andersdenkende und Volksfeinde wurden erschlagen und verbrannt, in Folterkammern und Konzentrationslager geschleppt. Die erfolgreichsten, habsüchtigsten Kriegsherren werden als Helden verehrt.

Es ist unerfreulich, jedoch Tatsache: dem Streben des Ich nach Dauer, seiner Ablehnung des Gewaltimpulses steht der Dunkle Gott (oder auch Dämon) in den geheimen Winkeln der Psyche beharrlich entgegen. Gewalt und Zerstörungstrieb üben weiter eine heftige, aufregende, belebende Anziehung auf das Ich aus. Darauf gründet sich der Archetyp des Helden als Krieger und Schlächter seiner Gegner, der für eine frühe Phase der Ich-Bildung unerläßlich ist. In zunehmendem Maße wird die Gewalt heute im gewöhnlichen Alltag eingesetzt. Sie scheint weder nur aus Zorn noch aus wirtschaftlicher Notlage heraus entfesselt zu werden, sondern um des Rausches willen, den die Befriedigung eines sadistischen Machttriebes mit sich bringt.

Filme, die Mord und Gewalt zeigen, werden noch bereitwilliger als offene Pornographie akzeptiert, weil sie an traditionelles, geheiligtes Heldentum appellieren. Aus dem gleichen Grund werden Menschen weiter von Schauspielen wie Boxen, Fußball, Stierkampf, blutigen Unfällen und Hinrichtungen erregt. Gewalt »macht sie an«, und sie genießen sie als kathartische Erfahrung. Wir sprechen jetzt vom Durchschnittsbürger beiderlei Geschlechts, nicht von sogenannten Perversen oder Sexualverbrechern. Wenn wir nur hinsehen, entdecken wir vielleicht, daß Sadomasochismus eine alltägliche Erscheinung ist. Was wir Perversion oder Verbrechen nennen, ist eine Frage des Maßstabs, hat mit dem Mangel an Möglichkeiten zu tun, sich mit dem Trieb in sozial akzeptablen Grenzen auseinanderzusetzen.

Der letzte Punkt ist entscheidend: es hilft nichts, die scheinbar unersättliche Blutgier des *homo sapiens* zu leugnen oder rational zu erklären, wobei man Frustration und wirtschaftlicher Benachteiligung die Schuld gibt. Wir tun das anscheinend, weil wir die transpersonalen, autonomen Energiestrukturen von Aggression, Sexualität und Bedürfnissen nicht als das sehen wollen, was sie sind: die grundlegenden Urkräfte von Anziehung und Abstoßung, die die beiden Pole des Lebens schaffen. Sie sind Aspekte unserer menschlichen Authentizität.

Sicherlich verstärken Frustrationen den Drang zur Gewalt. Nur stellen verdrängendes Leugnen und moralistisches Abwerten eines natürlichen Triebes und individueller Bedürfnisse selbst schon Frustrationen ersten Ranges dar. Sie helfen nichts, verschärfen nur das Problem und machen es unmöglich, sie auf andere, angemessenere Art auszudrücken. Das Moralpredigen gegen Abhängigkeitsbedürfnisse, Aggressionen und Zorn entspricht heute der viktorianischen Einstellung zur Sexualität: selbstgerechte Verdammung verbunden mit uneingestandener Faszination. Wir sprechen so, handeln aber anders. Wie die Viktorianer versuchen wir, das Thema durch wohlanständige Vermarktung in den Griff zu bekommen. »Nationale Interessen« und die Wirtschaft verlangen, daß Waffen – von nuklearen Einrichtungen ganz zu schweigen – im Wert von Milliarden Dollar an jeden verkauft werden, der bekennt, gegen den verhaßten Feind zu sein. Sexualität wird als notwendige und daher nützliche Tätigkeit verkauft, die der Liebe, der Familie, der Entspannung dienen soll. Aggression und Gewinnsucht gelten als wesentlich für den geschäftlichen Erfolg, sowohl für den einzelnen, als auch für Nationen, die wirtschaftlichen, politischen oder militärischen Einfluß gewinnen wollen.

Aber diese Versuche, die Götter zu vermarkten, machen sie nur um so mehr zu Dämonen. Der Preis dafür sind Besessenheit, Zynismus, Brutalität, Schmutz und Schund. Die vergessene Gottheit erinnert weiter durch die Pornographie daran, daß es sie gibt.

Die mangelnde Bereitschaft, sich mit der transpersonalen, daimonischen Qualität der Aggression zu befassen, führt zu einer wachsenden Dämonisierung.[4] Die zynische Unmenschlichkeit moderner Gewalt, rational erklärt unter Hinweis auf politische, soziale oder wirtschaftliche Gründe, übertrifft sogar die gefühllose Ausbeutung der Sinnlichkeit in Fernsehen, Film und Presse. Und doch bestehen viele Psychologen in ihrem Wunschdenken darauf, daß aggressive Impulse nichts als Reaktionen auf Angst und Frustration sind. Sie behaupten, dem Bedürfnis, sich feindselig zu geben, kann vorbeugend durch soziale Veränderung, durch Schaffung einer Umwelt, die frei von Angst und Frustration ist, begegnet werden. Das gleicht der Vorstellung, Leidenschaften und Emotionen seien unerwünschte Störungen der Vernunft. Doch das Fehlen von etwas Bekämpfenswertem wäre selbst schon wieder frustrierend. Und völliges Fehlen der Angst ist eine Gefahr für das Überleben.

Aggression ist unerläßlich für ein angemessenes Funktionieren des Ich, für die Fähigkeit, zu lieben und Beziehungen herzustellen. Ares, Gott des Krieges und des Kampfes, und Eros, Gott der Liebe und des Verlangens, sind psychologisch gesehen Zwillingsbrüder.

In der Entwicklung des Kindes sind die »kriegerischen Phasen«[5], die Konflikte mit Vater und Brüdern konstellieren, für die Entfaltung der Männlichkeit und der Funktion des Animus nötig. Ich-Festigung und das Gefühl persönlicher Identität beruhen darauf, sich selbst zu akzeptieren und fähig zu sein, auf andere einzuwirken. Fehlt die Erfahrung des Kampfes, entsteht eine saft- und kraftlose Persönlichkeit ohne Interessen, Selbstvertrauen und Zielstrebigkeit. Die zur Selbstfindung führende Differenzierung geschieht durch Kampf.

Es mag uns unangenehm berühren, aber Gewalt ist alles andere als bloß eine Antwort auf Frustration; sie gehört zu den eindringlichsten Erfahrungen der Menschheit. Sie ist so faszinierend wie schrecklich und eng mit Sexualität und schöpferischer Kraft verbunden.

Stanislav Grof beschrieb die enge Verbindung von Geburts- und Wiedergeburtserfahrungen mit Gewalt, Umwälzung und Tod, die in der LSD-Forschung sichtbar wurde.[6] Er schildert die Gefühle, die Gewaltimpulse, die während des Durchgangs durch den Geburtskanal geweckt werden. Die Menschen erleben die Überwindung eines völligen Stillstands, eines Gefühls der Beklemmung und des Festgefahrenseins. Später werden entsprechende Impulse der Gewalt und Aggression wahrscheinlich durch jede stagnierende, bedrückende Lebenssituation ausgelöst, die eine Erneuerung, eine *neue* Geburt erforderlich macht. Das gilt für Gruppen wie für den einzelnen. Wir müssen uns nur an den Jubel, die Erleichterung erinnern, die bei Ausbruch des Ersten Weltkriegs in allen beteiligten Nationen auftrat, oder in Deutschland zu Beginn des Nazismus, ganz zu schweigen von der explosiven Gewalt als Grundlage aller Revolutionen.

Diese freudigen Gefühle haben wohl kaum etwas mit rationalem Verständnis, mit intelligenter Würdigung der Situation durch die Betroffenen zu tun. Sie sind wie ein Gewitter nach drückender Schwüle. Die Explosion des Jubels angesichts eines Kriegsausbruchs verrät das elementare Bedürfnis, bestehende Strukturen einzureißen, ohne Rücksicht auf rationales Planen, ja sogar auf die Gefahr hin, selbst vernichtet zu werden. Aggressionen und Gewalt sind so oder so wesentlich für die Entwicklung des Selbstgefühls, für das tiefe Gefühl, lebendig zu sein, wie auch für psychische Veränderung und Wachstum. Diese Überlegungen erklären auch, weshalb Ausbrüche scheinbar sinnloser Gewalt unvermeidlich sind, wenn es zu ruhig wird, wenn Menschen sich eingeengt oder ohnmächtig fühlen. Erfahrene Leiter von Ferienlagern und Lehrer wissen, daß mit Explosionen zu rechnen ist, wenn es lange ruhig war. Wenn eins meiner Kinder sich langweilte, rief es: »Los, raufen wir«. Der Erste Weltkrieg explodierte in einer Welt scheinbarer Blüte, der Terrorismus in Deutschland mitten im Wirtschaftswunder.

Verhaltensforscher führen eindrucksvolle Beweise dafür an, daß die Aggression im biologischen Organismus von Tieren, und daher vermutlich auch im Menschen, phylogenetisch vorprogrammiert ist.[7] Den Ausgleich schaffen ebenso tiefverwurzelte Regungen, die auf Unterordnung, Abhängigkeit und Liebe zielen und zu einem sozialen Verhalten gegenseitiger Unterstützung aufrufen. Aggressive und sexuelle oder erotische Bahnen sind im unteren Hirnstamm miteinander verbunden.[8] Im Verlauf aggressiven Verhaltens zeigen manche Tiere den erigierten Phallus, um ihre Überlegenheit zu demonstrieren, oder setzen Gesten homosexueller Vergewaltigung ein.[9] Auch beim Menschen sind Gewalt und Sexualität eng verknüpft. Beobachtungen zeigen, daß es bei Soldaten im Augenblick des Tötens[10], bei Delinquenten bei der Hinrichtung[11] zu Samenergüssen kommt.

Aggression zielt auf Trennung, führt aber letztlich durch das Verlangen, vom anderen gespürt zu werden, zu einer Annäherung. Vom Impuls her möchten wir zuschlagen, verletzen, sogar vernichten. Das Endergebnis ist jedoch, daß Verbindung entsteht. Der Trieb des Eros andererseits will sich vereinigen, will die eigenen Bedürfnisse oder die der anderen befriedigen, eindringen oder durchdrungen werden – wie dem auch sei. Doch das Resultat ist oft Trennung und übersättigte Entzweiung. Gewalt will voller Leidenschaft ihr Objekt vernichten, aber das will Eros ebenso in seinem Drang, sich mit anderen zu vereinigen, Bedürfnisse zu befriedigen und die Getrenntheit aufzuheben.

Die Liebe versinkt nur zu rasch in Langeweile, Verstimmung oder Gleichgültigkeit. Die Leidenschaft schwindet in allen Beziehungen, in denen es keine Probleme, Krisen und Kämpfe gibt. Frauen sehen sich daher häufig instinktiv gedrängt, Streit zu entfachen, weil sie feinfühliger für das Verlangen und Wirken des Eros sind und den Funken am Leben erhalten möchten. Unsere Lebensfreude ist ebenso auf Siege über widrige Umstände und Gegner angewiesen wie auf liebende Unterstützung und das Bedürfnis, sich unterzuordnen. Daher kann unerwiderter Haß, der nicht ausgekämpft wird, der im Ausdruck gehemmt ist, genau wie unglückliche Liebe und unbefriedigte Bedürfnisse zu zerstörerischer Gewalt führen.

Wenn Gewalt personalisiert und die Möglichkeit des Sieges in der Aggression erlebt werden sollen, muß es ein Objekt geben, das überwunden werden kann. Die Psychologie der Personalisierung der Gewalt durch Aggression zeigt deutlich, daß Zufügen von Leid und Unterwerfung sowohl aktiv wie passiv erfahren werden müssen. Wir können nicht immer die unabhängigen, starken Gewinner sein. Sieger und Besiegte, Starke und Schwache brauchen sich gegenseitig als Partner, um die Triebe der Aggression und Unterordnung in den menschlichen Wechselbeziehungen auszuagieren. Das Leben hält für jedes Verlangen Möglichkeiten der Befriedigung, aber eben auch Frustration und Widerstand bereit. Ohne die Spannung des Widerstands, der zur Überwindung auffordert, gibt es keine echte Befriedigung, kein Selbstgefühl des »ich kann« – nur Langeweile. Fehlt die Hingabe, herrscht endlose Spannung und Verkrampfung. Fehlt Verbindung, bleibt nur Einsamkeit.

Wird Aggression verdrängt, weil zum Beispiel gelernt wurde, Wut nicht zu zeigen, oder weil in der Kindheit alles zu leicht gemacht wurde, entsteht durchaus frustrierende Ohnmacht. Fehlt die Notwendigkeit, etwas durch eigene Anstrengung zu erreichen, entstehen ein Gefühl des Stillstands und der Hoffnungslosigkeit, ein gefährliches Anwachsen ungelebter und nicht personalisierter Gewalt, dazu selbstzerstörerische Impulse und Liebesunfähigkeit. Verliert das Bewußtsein den Gewaltimpuls durch Verdrängung aus dem Auge, ist er möglicherweise noch gefährlicher als Gewalt und Aggression, die sich offen äußern. Verdrängung erschwert eine Zügelung der Gewalt, macht sie gar unmöglich. Es erhebt sich die Frage nach gangbaren Wegen, die Aggressionen zu zügeln und zu personalisieren.

Sich dem Problem nur von der Soziologie her zu nähern genügt nicht. Das rein soziologische Verständnis von Aggression und Bedürfnissen ist wichtig, bleibt aber ohne eine Würdigung der zugrundeliegenden archetypischen Dynamik unzulänglich.

Die industrielle Revolution und Zeiten großer Wirtschaftskrisen haben nicht allein aus sich heraus die nach außen gerichtete Gewalt anschwellen lassen. Faktoren der Frustration, die die Gewalt verstärken, sind weniger wirtschaftlicher als psychologischer Natur. Die Menschen sind nicht nur auf Nahrung und körperliches Wohlbefinden angewiesen, sondern wünschen sich *ebenso* soziales Ansehen, zwischenmenschliche Verbundenheit und eine irgendwie geartete Selbstfindung. Die Gefühle von Stillstand und Ohnmacht, ein Mangel an Selbstwertgefühl und unerfülltes Begehren lassen den natürlichen Instinkt der Aggression so zerstörerisch werden, daß er nicht mehr zu zügeln ist. Aber auch *sie verursachen* die Aggression nicht. Sie wecken sie nur, verschärfen sie.

Hinter den verschiedenen rationalen Erklärungen der Aggression, zu denen auch Verteidigung des Reviers und Reaktion auf Angst gehören, steht eine viel grundlegendere Lebenskraft. Sie ist eine Form der Selbstdurchsetzung und des über sich selbst Hinausgehens, die auf der Fähigkeit beruht, andere und sich selbst im Dienst der Lebenserneuerung zu zerstören. Das ist das wahre *daimonion* der Gewalt, gefährlich, wenn es geleugnet und säkularisiert wird. Erfahren wird es als mächtige Woge sadomasochistischer, wollüstiger und ekstatischer Zerstörungslust, die seltsam genug auf die Ekstase der Wiedervereinigung mit dem mütterlichen Urgrund des Seins zielt.

In der Anwendung dieser dionysischen Macht werden Selbstverwirklichung, ein Gefühl eines starken »ich kann« erfahren. Aus diesem Grund weckt ein Gefühl der Ohnmacht, ein Fehlen jenes »ich kann«, umgekehrt die destruktive Aggression in einer Art kompensierender Panikreaktion.

Aggression kann nicht beiseite geschoben werden. Sie ist für das Überleben absolut notwendig und ein Fundament der Ich-Stärke und des Selbstvertrauens. Sie ist ein wesentlicher Teil von uns; wir müssen weiter mit ihr rechnen, trotz aller Versuche, Erziehung und Gesellschaft zu verändern. Wenn seelische Bedürftigkeit akzeptiert wird, kann sie als sozialer Faktor einen Ausgleich schaffen und zu Beistand aufrufen; wird sie geleugnet, ruft sie durch Gier und Neid eine Verschärfung hervor.

Diese Tatsachen zu akzeptieren ist kein Zeichen von Pessimismus oder Fatalismus, sondern eine realistische Einschätzung, die uns befähigen könnte, die Gewaltimpulse weniger zerstörerisch in die Bedürfnisse unserer Kultur zu integrieren. Der Weg zu diesem Ziel würde über eine Umwandlung von Gewalt und Aggression, die personalisiert werden, zu einer Selbstdurchsetzung führen. Diese Umformung scheint der Weg zu sein, den der Individuationsdrang sich wählt, um eine psychische Differenzierung der Persönlichkeit zu bewirken und die zwischenmenschliche Verbundenheit zu fördern.

Die wirkliche Gefahr der Aggression stammt psychologisch gesehen aus ihrer Verdrängung und Leugnung, die in unserer Kultur auf ein einseitiges Bild der menschlichen Natur als grundsätzlich gut, gesetzestreu und frei von ekstatischem Aufwogen destruktiver Impulse zurückgeht. Rousseaus Vorbild des edlen Wilden setzte ein idealisiertes und sentimentales Menschenbild an die Stelle der realistischeren mittelalterlichen Einstellung, die Dionysos weiterexistieren ließ, wenn auch in der erniedrigenden Rolle des Teufels.

In der Vergangenheit hat jede Kultur die Tatsache berücksichtigt, daß Aggression nicht unterdrückt werden kann, daß sie respektiert werden muß. Ihr muß Raum gegeben werden, damit ihre blinde Gewalt eingeschränkt und in positive Bahnen gelenkt werden kann. Die antiken Sühnerituale und Mysterienkulte boten Kanäle der Umsetzung und Sublimierung der archetypischen Macht des Dionysos und des Asasel, des nahöstlichen Ziegengottes, des Sündenbocks.[12] Wird das, was dem Gott gehört, geleugnet oder verdrängt, nimmt der Teufel es in Besitz, der den dämonischen Trieb in Aktivitäten wie schwarzen Messen, Hexenverbrennungen, blutiger Inquisition und Kreuzzügen auslebt.

Aggression, Sexualität und das Bedürfnis nach liebevoller, fürsorglicher Zuwendung sind demnach archetypische, transpersonale Kräfte, unwiderstehlich und faszinierend. Als solche müssen sie beachtet werden, und zu ihrer Bändigung sind dringend Rituale notwendig. Das ist allerdings nur zu erreichen, wenn wir diese Kräfte nicht länger als an sich schon gut oder böse, nützlich oder nutzlos betrachten. Wir müssen versuchen, ihre innere archetypische Bedeutung und ihre evolutionären Entwicklungstendenzen zu entdecken, ihren Ort in der Ganzheit organischer Funktionen.

Was ist das Wesen dieser seltsamen, dreifachen Kraft von Aggression, Abhängigkeitsbedürfnis und erotischer Ekstase? Sie ist doch eine Lebenskraft; weshalb waren wir nicht in der Lage, auf konstruktivere Weise mit ihr umzugehen? Wenn wir ihr ausweichen, weil sie als unbedingt böse gilt, berauben wir uns dann nicht ihrer lebenserhaltenden Vorteile? Fordern wir damit nicht die dunkelsten und bestialischsten Seiten unseres Wesens heraus? Weshalb mußte Dionysos zum Satan werden?

Wie können wir Frieden mit der Kraft potentiellen Irrsinns, des Bösen und der Zerstörung schließen und sie in neue Möglichkeiten menschlicher Interaktion und Ethik integrieren?

Bei unserer Suche nach Antworten werden wir uns nicht nur die bewußte und unbewußte Dynamik menschlichen Verhaltens, sondern ebenso die grundlegenden Triebe und evolutionären Strukturen ansehen müssen, die auch im Tierverhalten wirksam sind.

Die Naturgeschichte der Aggression

Bei der Untersuchung der Bedeutung des Tierverhaltens für die Psychologie des Menschen kommt der Verhaltensforscher Konrad Lorenz zu der Annahme, daß Tiere wie emotionale Menschen handeln, die über wenig Intelligenz verfügen oder sie kaum einsetzen. Das tierische Verhalten drückt die Triebe relativ rein aus. So kann es als Modell für die Verhaltensmuster des Archetyps der Aggression dienen.

Lorenz unterscheidet die inner-artliche, intraspezifische Aggression von der des Angriffs oder der Verteidigung. Die erstere findet sich bei Tieren derselben Art, ist Kampf oder »Konkurrenz zwischen Nahverwandten«. Er weist darauf hin, daß Tiere verschiedener Arten sich gewöhnlich in Ruhe lassen. Das überrascht, weil wir vielleicht erwarten, daß sich nahe Verwandte lieben und gegenseitig beschützen und die Aggression sich nach außen gegen andere Arten wendet.

Die nächste Einsicht ist noch überraschender. Die Fähigkeit, so etwas wie eine persönliche Bindung, das Band, aufzubauen und sich gegenseitig zu helfen, hängt vom Grad intraspezifischer Aggression ab. *Band und Aggression sind Teil derselben Verhaltensweise.*

Außerdem zeigt Lorenz, daß der Aggressionstrieb a priori eingebaut ist. Er tritt nicht nur als Reaktion auf einen Reiz auf, sondern kann in Abwesenheit eines auslösenden Faktors spontan ausbrechen. Ist kein Feind vorhanden, wird einer gefunden oder geschaffen. Interessanterweise gilt dies auch für den Geschlechtstrieb. Lorenz beobachtete, daß bei Tieren, denen ein Partner für Liebe oder Kampf fehlte (was anscheinend auf dasselbe hinausläuft), das Ausbrechen des Triebes dadurch angezeigt wird, daß sie zunächst ruhelos werden. In Abwesenheit eines Partners stürzen sie sich angriffslustig oder liebeshungrig auf einen Besenstiel, eine Wand oder gar den Punkt, an dem zwei Linien auf dem Boden zusammenlaufen. Auch Furcht bricht in Abwesenheit einer auslösenden Ursache spontan aus.

Diese Ruhelosigkeit ohne auslösenden Faktor wird mit dem Begriff *Leerlauf* bezeichnet. Ist seit dem letzten Ausbruch sexuellen oder aggressiven Verhaltens einige Zeit verstrichen, hat sich die Energie wieder aufgeladen, und Unruhe beginnt spontan zu gären. Die Wahrscheinlichkeit des Hervorbrechens der Aggression ist am größten, wenn alles glatt läuft und die Situation unter Kontrolle scheint. Lorenz bemerkt:

Die Spontaneität des Instinktes ist es, die ihn so gefährlich macht. Wäre er nur eine Reaktion auf bestimmte Außenbedingungen, was viele Soziologen und Psychologen annahmen, dann wäre die Lage der Menschheit nicht ganz so gefährlich, wie sie tatsächlich ist. Dann könnte man grundsätzlich die reaktions-auslösenden Faktoren erforschen und ausschalten.[13]

Auch wenn uns das überhaupt nicht gefällt, als Beobachter der menschlichen Fähigkeit zu spontaner und sogar fröhlicher Brutalität müssen wir Lorenz zustimmen. Wir treffen hier jedoch auf das große Paradox der Umwandlung: bei vielen Tieren verwandelt sich an diesem Punkt die Aggression in Beziehung und Partnerschaft. Das geschieht auf drei grundlegende Weisen: 1. der Angriff wird auf ein anderes Objekt abgeleitet; 2. es kommt zu einer Befriedungsgeste, bei der das Tier seine ungeschützteste Stelle darbietet; 3. durch eine Ritualisation dieser beiden Elemente; das heißt, es wird eine akzeptable Form des abgeleiteten Angriffs entwickelt, eine Reaktion, die entweder die Darbietung der ungeschützten Stelle nicht beachtet, oder auf sie eingeht, wobei diese Reaktion nun zum Symbol von beidem wird.

Psychologisch bedeutsam an diesen Ritualen ist, daß die Aggression ausgedrückt wird, aber eben *nur zum Teil*. Wird Aggression ins Verborgene abgedrängt, nimmt ihre Explosivkraft zu; die Möglichkeit der Umwandlung nimmt ab. Wenn sie sich andrerseits voll austoben darf, kann sie uns wie auch ihr Objekt vernichten. *Eine Regulierung der Aggression erfordert zugleich Ausdruck wie Hemmung.* Auch hier kann uns das Tierverhalten einiges lehren.

Manche Tiere bieten ihre ungeschützte Stelle dar, was uns äußerst schwerfallen mag. Doch wenn wir uns oder anderen eingestehen, daß wir uns verletzt fühlen oder uns täuschten und dumm waren, ist oft alles entschieden. Wer dies Eingeständnis je machte, weiß, wie entwaffnend es wirkt.

Wir dürfen annehmen, daß die Umwandlung des aggressiven Akts in eine Beziehung bei den Tieren auf der menschlichen Ebene archetypischen Schritten entspricht, die aus aggressiven Zusammenstößen persönliche Beziehungen schaffen. Wir können die Stelle bei Lorenz im Sinne von Jungs Vorstellungen über den Archetyp lesen:

die rituell verselbständigte Zeremonie wird ... zum angestrebten Selbstzweck, zum *Bedürfnis*, wie jede andere autonome Instinktbewegung. Eben damit aber wird sie zum festen Band, das den einen Partner an den andren knüpft. *Es gehört ja zum Wesen dieser besonderen Art von Befriedungszeremonie, daß jeder der Bundesgenossen sie nur mit dem anderen und nicht mit einem beliebigen Individuum seiner Art ausführen kann.*[14]

Das verborgene Element, das sich in solchen Konfrontationen offenbaren will, gehört zum Bereich des Eros. Die folgende Episode, die Lorenz beschreibt, zeigt das deutlich:

Ich sah einmal im Berliner Zoo, wie zwei starke alte Mantelpavianmänner für einen Augenblick im ernsten Kampfe aneinandergerieten. Im nächsten Augenblick floh der eine, hart verfolgt von dem Sieger, der ihn schließlich in eine Ecke trieb. Keinen Ausweg findend, nahm der Besiegte Zuflucht zur Demutgebärde, worauf der Sieger sich sofort abwandte und steifbeinig in Imponierstellung wegging. Da lief ihm der Besiegte keckernd nach und verfolgte ihn geradezu aufdringlich mit Zuwenden des Hinterteils, so lange, bis der Stärkere seine Unterwerfung dadurch »zur Kenntnis« nahm, daß er, gewissermaßen mit gelangweiltem Gesicht, aufritt und einige lässige Kopulationsbewegungen vollführte. Erst danach schien der Unterworfene beruhigt und überzeugt, daß ihm seine Rebellion vergeben war.[15]

Diese Beobachtungen führen zu zwei wichtigen Schlüssen: daß umgewandelte Aggression das Rohmaterial der Beziehung ist, und daß die Umwandlung durch Ritualisieren geschieht.

Lorenz weist darauf hin, daß das Ritual für das Tier so notwendig wie jede andere Instinkthandlung ist. Es kann nicht wahllos ausgeführt werden. Der Mensch hat ein ähnliches Bedürfnis für das Ritual entwickkelt. Wir können ein Ritual jedoch nicht einfach rational planen. Der Intellekt kann es nicht erzwingen. Es muß aus unbewußten Tiefen aufsteigen, um sekundär zu bewußtem Handeln strukturiert zu werden. So tauchte der Hinweis auf alte Rituale in den Träumen unserer Patientin auf. Aufgabe der Psychotherapie war es nun, sie in ihrem konkreten, heutigen Leben Wirklichkeit werden zu lassen. Die Schaffung eines Rituals oder einer Liturgie gleicht der eines Kunstwerks. Sie sind tatsächlich oft Kunstwerke und kollektives Kulturgut, kanalisieren und integrieren gleichzeitig Triebe, die sonst destruktiv wären. Stammestänze, christliche Messe und Kommunion sind Beispiele für Rituale, die Blutopfer bedeuten. Die moderne Psychotherapie weiß die Heilkraft solcher Bräuche zunehmend zu würdigen, wobei sich erweist, daß die Ritualisation der alltäglichen Erfahrung eine Wandlung hervorruft. Versuche des Ritualisierens finden sich in der Kunsttherapie, im Psychodrama, in den nonverbalen Methoden der »sensory awareness« (Erfahrung durch die Sinne), in verschiedenen Gestalttherapien. Der Nutzen dieses Ritualisierens für die Kanalisierung menschlicher Aggression ist Gegenstand des 14. Kapitels.

Das Ritualisieren zielt auf die bewußte Darstellung archetypischer Triebe oder emotionaler Impulse, die sozial wie persönlich akzeptabel ist, wobei die wahre Bedeutung dieser Impulse zumindest symbolisch ausgedrückt werden kann. Eine Verbalisierung bringt den Trieb zwar bewußt zum Ausdruck, doch konkrete, nonverbale Äußerungen tragen das Bewußtsein tiefer in die Grundschichten des Triebes hinein und sind für eine Klärung und Wandlung wesentlich. Wird Aggression bewußt ausgedrückt, trägt sie ihre hemmende Kraft schon in sich. Das bemerken wir erst, wenn wir die Erfahrung der Aggression wagen, zum Beispiel auf bewußt festgelegte Weise in einer Gruppe. Dann entdecken wir die ungeschützte Seite der anderen und ihre hemmende Wirkung auf unsere Aggression. Eine leichte Geste der Hand, ein Gesichtsausdruck können für das ganze Gefühl der Aggression stehen. Angesichts der Hilflosigkeit der anderen sind wir gezwungen, mit ihnen zu sein und nicht gegen sie.

Zunächst mag es uns unverständlich sein, daß Liebe und Beziehung mit Aggression verknüpft sein könnten. Die aggressive Begegnung ist jedoch entwicklungsmäßig eine notwendige erste Erfahrung der engen Beziehung zwischen einem *Ich* und *Du*. Sie weist beide als getrennte Persönlichkeiten aus. Um diese Getrenntheit, die für die Liebe erforderlich ist, aufrecht zu erhalten, finden sich in der Beziehung in unterschiedlichem Maße Widerstand und sogar Auflehnung gegen den Drang, mit dem anderen zu verschmelzen. Wie wir später sehen werden, beruht die Beziehung tatsächlich auf dem komplizierten Gleichgewicht von liebendem sich Öffnen und Unterordnung einerseits und aggressivem sich Verschließen und individuellem Getrenntsein andrerseits. Liebe ohne Streit mündet rasch in Langeweile und Gleichgültigkeit, weil die Herausforderung fehlt, die für Wachstum nötig ist. Liebe ist kein statischer Frieden, sondern aktiver Einsatz, gemeinsam und gegeneinander. Echte Feinde streben keine Vernichtung ihres Gegenspielers an. Ihnen würde die Resonanz fehlen, die ihnen ein Gefühl der eigenen Stärke vermittelt. Die verborgene Absicht zielt auf eine Erniedrigung, will die eigene Kraft wirken lassen, um vom anderen als erfolgreich anerkannt zu werden. Wir machen den anderen kleiner als uns selbst, um unser Selbstbild zu vergrößern. Wenn der andere völlig vernichtet oder das Problem gelöst wird, fehlt uns der Gegenspieler, dem wir unser Format verdanken. Wir kennen das Gefühl plötzlicher Leere nach einem vollständigen Sieg. Unsere Stärke stammt aus dem Ringen mit einem Problem oder Partner. Sie entwächst eher unserer Selbstbehauptung als der Vernichtung des Gegenspielers.

Der Gegenpol der Liebe ist weniger Haß als Gleichgültigkeit. Letztere ist schmerzhafter als Haß. Selbst in seiner destruktivsten Form entspringt Haß einem gescheiterten emotionalen Engagement. Es ist daher unklug, ja gefährlich, jene Faktoren außer acht zu lassen, die dazu beitragen könnten, die Bewegung des kämpferischen Aufeinanderprallens in eine Partnerschaft zu verwandeln, die Seite an Seite arbeitet.

Doch der hemmende und umwandelnde Faktor in der Aggression ist auf eine ritualisierte, persönliche Begegnung von Angesicht zu Angesicht angewiesen. Anthony Storr führt die wichtigsten Umstände an, die den Impuls der Aggressionshemmung beim Menschen stören: die Neigung zu paranoider Projektion (die eigenen, lästigen aggressiven Züge werden den *anderen* zugeschrieben); die Erfindung hochgezüchteter Waffen, die den Kampf unpersönlich werden lassen und eine direkte Begegnung mit dem Feind als verwundbarem Menschen verhindern; die Zusammenfassung in große Gesellschaften, die die Individualität untergehen lassen; die Feindseligkeit, die durch Zusammenpferchen entsteht.[16] Dem kann noch ein Wesenszug der patriarchalen Tradition angefügt werden, nämlich das plumpe Vertrauen auf das repressive »Du sollst nicht«. Harte Disziplin und Unterdrückung der Wünsche – ohne dabei zugleich das Gefühl für das Recht der einzelnen zu respektieren, eigene alternative Wege der Bedürfnisbefriedigung zu finden – verstärken Frustration und Verstimmung, führen zu einem Gefühl der Leere. Sie steigern die natürliche Aggression zu primitiver Gewalt und lassen sie unpersönlich werden. All das verstärkt die Gefahr, daß unsere aggressiven Impulse nicht angemessen in soziale Funktionen integriert werden können. Wir müssen uns daher der beunruhigenden Tatsache stellen, daß sich der heutige Mensch im Gegensatz zum Tier nicht auf das automatische Funktionieren der instinktiven Aggressionshemmung verlassen kann. Er kann, anders als die Tiere, Verletzung und Vernichtung kaum verhindern. Wenn der Kontakt mit dem Partner nicht ausreicht, wenn es zu keiner Konfrontation kommt, sind wir besonders anfällig für ungehemmte, destruktive Aggression.

Wenn sich in unserer Kultur körperlicher Distanz die Aggression kaum über Berührung und Körperkontakt wie bei Turnieren und Ringkämpfen oder auch durch eine Ohrfeige äußern kann, schwillt die innere Verstimmung zu destruktiver Stärke an. Wir setzen unsere Aggression durch einen Druck auf den Knopf und ferngesteuerte Bomben frei, wobei *die anderen* bloße Abstraktion und keine Menschen mehr sind. Außerdem funktioniert die Hemmung nicht, wenn kollektive Vorurteile mit im Spiel sind. Für Lyncher und Sturmscharen ist der *andere* kein *Mensch*, sondern ein *Kollektivbegriff*, ein »Nigger«, »Saujude«, »Vergewaltiger«. Wir sind hier nicht so gut dran wie die Tiere, deren Rituale instinktiver Natur sind.

Wie können wir menschlich mit Situationen umgehen, in denen die Aggression zu Verletzung und Tod führt, weil die Hemmung fehlt oder versagt? Im Gegensatz zu den Tieren stellt sich uns die *Sinnfrage*. Was ist der Sinn unabwendbarer Aggression und ihrer scheußlichen Folgen? Und, was am wichtigsten ist, wie können wir die instinktiven, hemmenden und umwandelnden Rituale der Tiere strukturieren oder etwas ihnen Entsprechendes finden? Wir wissen inzwischen nur zu gut, daß sich unsere bewußte Vernunft, traditionelle Moral und guter Wille angesichts des finsteren Ansturms als hilflos erweisen. Die menschlichen, instinktiven Hemmungen müßten also in Form von neuen ethischen Einstellungen gesucht werden. Vielleicht werden sie aus den Tiefen der unbewußten Psyche im Gewand mythologischer oder religiöser Bilder aufsteigen, wie sie unsere Patientin sah.

Das Motiv der Wiederkehr der Göttin und ihres Gefährten zeigt sich in der Tat immer wieder in Träumen und unbewußten Phantasien von Menschen, die psychologische Hilfe suchen, um die Leere ihres Lebens zu überwinden. In den Künsten, den Filmen, der Literatur und den politischen Unruhen spiegeln sich zunehmend dieselben Kräfte. Sie rufen nach Veränderungen, die ein neues Verständnis des Männlichen und Weiblichen in beiden, Männern wie Frauen und der Beziehung der Geschlechter, dazu neue Sichtweisen der Wirklichkeit mit sich bringen. Um zu verstehen, auf welche Weise uns diese Auffassungen helfen können, Aggression, Gewalt und Verlangen »einzudämmen« und in neue Kanäle zu lenken, müssen wir allerdings einen tieferen Blick auf die mythischen Wurzeln jener *neuen* Archetypen werfen, ebenso auf die Bedeutung des Mythos und der Mythenbildung für die Funktionen der Psyche.

3   Der Mythos und die Funktionen der Psyche

> Archetypen ... sind seelische Lebensmächte, welche ernst genommen sein wollen und auf die seltsamste Art auch dafür sorgen, daß sie zur Geltung kommen. Sie waren immer die Schutz- und Heilbringer, und ihre Verletzung hat die aus der Psychologie der Primitiven wohlbekannten »perils of the soul« [Gefahren der Seele] zur Folge. Sie sind nämlich auch die unfehlbaren Erreger neurotischer und sogar psychotischer Störungen, indem sie sich genau so verhalten wie vernachlässigte oder mißhandelte Körperorgane oder organische Funktionssysteme.
>
> C.G. Jung[1]

Persönliche und kulturelle Glaubenssysteme wirken tief auf psychische und sogar biologische Funktionen ein. Glaube, der Hoffnung und Sinn gibt, kann uns helfen, große Schwierigkeiten durchzustehen. Glaube an die Heilkraft eines Placebo hat Symptome abklingen lassen. Insassen von Konzentrationslagern haben überlebt, weil sie daran glaubten, ihr Leiden und ihr Leben habe einen Sinn.[2] Der Verlust von Sinn und Hoffnung führt zu Depression und Krankheit. Woher stammen aber unsere Glaubensinhalte? Sie sind zweifellos in großem Umfang kulturell bedingt. Doch wie werden sie Teil der Kultur? Selbst unsere sogenannten vernünftigen Ansichten beruhen wie alle unsere Annahmen und Überzeugungen auf den Produktionen der unbewußten Psyche. Sie tauchen als spontane Phantasien auf und werden sekundär vom bewußten Denken rationalisiert und gedeutet. Oft genug werden sie falsch ausgelegt und sind keine Hilfe mehr. Unsere Anschauungen, Gedanken und Überzeugungen sind Produkte einer Mythen schaffenden Schicht der Psyche (die in einem späteren Kapitel als die mythische Dimension behandelt wird). Diese Schicht gleicht in ihren Funktionen unseren Träumen. Wenn wir, wie unser Beispiel zeigte, in der Lage sind, uns auf die bildhafte und symbolische Sprache dieser Schicht einzustellen, kann sie uns hilfreiche Einsichten in Tatsachen und dynamische Abläufe liefern, die über unsere bewußte Aufmerksamkeit und Informationsmöglichkeiten hinausreichen.[3]

Die von der Psyche geschaffenen Bilder können höchst persönlich sein, aber das Schauspiel auf der inneren Bühne stellt ebensooft das allgemeine menschliche Drama dar. Künstler und Weise haben das immer gewußt. Unsere persönlichen Probleme – Geburt, Tod, Beziehung, Konflikte und Sinnsuche – sind Probleme der Menschheit. Eine Einzelperson wird, wenn sie vor einem Problem steht, die Erfahrung wahrscheinlich als eine Variante der erhabenen Bilder sehen, der Symbole für die Art und Weise, in der die Menschheit das Problem stets erlebt hat. Jung nannte diese zeitlosen Bilder *Archetypen*. Sie stellen uns Formen des Verhaltens, Fühlens und der Wahrnehmung bereit, die über die persönliche Geschichte hinausgehen.

Wenn die Achetypen nicht beachtet werden, haben sie zerstörerische Macht nicht nur über einzelne, sondern über ganze Völker. Das zeigte sich, als der Mythos vom Gral in der blutigen Maske des Nazismus wieder auftrat. Denn, wie Jung sagte, wenn ein Archetyp unbewußt konstelliert ist und nicht bewußt verstanden wird, ist man *von ihm besessen* und wird gezwungen, bis zum bitteren Ende zu gehen.

Die Mythen könnten gut als die immer wiederkehrenden kollektiven Träume der Menschheit angesehen werden. Vom rationalen Standpunkt aus gesehen sind sie so unwirklich wie Träume und doch auf geheimnisvolle Weise wirkungsvoll, wenn wir sie aufmerksam als Anzeichen und lenkende Kraft psychischer Entwicklung ins Auge fassen. Als beinahe ebenso zerstörerisch wie das Wiedererscheinen des Mythos vom Gral im Nazismus erwies sich die revolutionäre, marxistische Fassung des jüdischen, messianischen Mythos von der Erlösung der Unterdrückten durch einen letzten Kampf zwischen Gut und Böse. Der Mythos des göttlichen Ursprungs der Gebote, die ewige Normen aufstellten, die sich in der Struktur des Kollektivs und seiner Vertreter niederschlugen – seien es Kirche, Heiliges Römisches Reich, Papst, König oder Kaiser von Gottes Gnaden –, hat uns Religionskriege beschert und Revolutionen, die die monarchischen Strukturen der Ver- gangenheit fortfegten. Das sind Beispiele für Mythen, die blutige Geschichte machten. Andrerseits können wir die Träume des einzelnen als personalisierte Formen des Mythos betrachten. Sie zeigen die Wege, auf denen der Träumer die Brauchbarkeit der Hinweise prüfen muß, durch die der Mythos zur Tat und Sinnfindung aufruft. Auf diese Weise werden die großen Themen, die eine Kultur strukturieren, im Rahmen der

Gegebenheiten jedes einzelnen überprüft. Die Fragen und Konflikte der Kultur werden von den Individuen gelebt.

Die Mythen verleihen unserem Leben Sinn und Form, indem sie bestimmen, wie wir den Zusammenhang mit dem Mysterium unseres Daseins herstellen, wie wir uns Bilder vom Universum machen und unsere ethischen und moralischen Wertsysteme strukturieren.

Die Einheit des einzelnen Lebens wie auch die des kollektiven, die die Kultur ausmacht, beruht auf den Mythen. Geht die Verbindung mit den sinngebenden, strukturierenden Archetypen verloren, beginnt der Zerfall.

Im wesentlichen zeigen die individuellen und kollektiven Entwicklungen und ihre möglichen krankhaften Formen in der Thematik dieselben Tendenzen, die zu einer Wandlung führen. So können aus psychologischen und psychopathologischen Tendenzen der einzelnen Rückschlüsse auf die treibenden Kräfte der Kultur gezogen werden, sofern sich nachweisen läßt, daß sie den beherrschenden Themen und ihren Veränderungen entsprechen.

Die unbewußte Psyche ist Ursprung von Konflikt und Krankheit, aber auch einer psychologischen und geistigen Führung. Ist die Einzelperson einmal von der Kraft des Archetyps berührt, muß sie dazu bewegt werden, sich zu ändern, die Träume und Legenden des autonomen Komplexes ins Leben zu integrieren. Meine Patientin wandelte sich im Verlauf der Therapie. Es gelang ihr, eigene Maßstäbe und emotionale Werte zu finden. Wichtiger war noch, daß sie den Sinn des dionysischen Opfers erkannte: es ist kein resignierendes oder grollendes Sichabfinden mit Einschränkung und Notlage, sondern die Freude, ihre Fähigkeiten in schöpferischem Bemühen einzusetzen und sich selbst voller Liebe hinzugeben.

Ich habe ihren Fall ausführlich als Beispiel für die moderne Variante eines Mythos geschildert, der wirksam wurde und das Schicksal einer Einzelperson gestaltete. Der Fall ist typisch; als Beispiel ist er jedoch nicht notwendigerweise ein Beweis für die These, die ich entwickeln möchte. Er ist insofern typisch, als sich das Hauptmotiv, die Wiederkehr der Göttin und ihres Gefährten, heute immer wieder in der Psyche von Männern wie Frauen äußert. Aus Gründen der Einfachheit werde ich jenen Gefährten mit seinem griechischen Namen Dionysos benennen.

Die archetypischen Fäden, die sich im allgemeinen durch zeitgenössisches Material ziehen, sind Aspekte des nach *unten* weisenden Dreiecks im Traum unserer Patientin: Erdhaftigkeit, Höhle, Weiblichkeit, tierhafte Instinktsicherheit, Bedürfnis und seine Befriedigung und die phallische Kraft einer Aggression und Durchsetzung, die sich dem Weiblichen, dem Leben insgesamt weiht.

Es ist eigentlich ein Wiedererwachen einer längst vergessenen heidnischen Welt mit ihren religiösen Mysterien und nichtrationalen Geheimnissen. Diese Tendenz der Zeit, die sich gegen die hergebrachte Kultur wendet, wird uns nun bewußt. Einige heißen sie gut, andere beklagen sie.

Was ich hervorheben will, sind Ernst und Sinn der neuen Theophanie. Aus eben den Tiefen der Seele, aus denen Religionen geboren werden, entsteht eine sinnvolle neue Ausrichtung auf die Geheimnisse des Daseins. Sie betont die weiblichen, erdhaften, instinkthaften und sinnlichen Aspekte. In den letzten fünftausend Jahren der kulturellen Entwicklung des Westens wurden sie beharrlich unterdrückt und geleugnet. Ihre Mißachtung droht unsägliche Gewalt und Zerstörung auszulösen. Ihre Assimilation dagegen kann die sonst bedrohlichen Energien auf neue Formen der Kultur, des Bewußtseins und der Lenkung der Aggression hin ausrichten.

Einwenden läßt sich, daß dies alles private Fälle und Probleme sind. Wie läßt sich beweisen, daß das unterdrückte Weibliche und Dionysos-Pan in Wirklichkeit und nicht nur in Traum und Phantasie mit der Krise unseres kollektiven Daseins zusammenhängen? Läßt sich unser kollektives Problem wirklich am besten mit religionspsychologischen und nicht mit soziologischen Denkkategorien verstehen?

Im Fall unserer Patientin mußten wir erkennen, daß die drohende Gewalttat aus der Verdrängung dessen herrührte, was die unbewußte Psyche spontan als Kraft des Weiblichen und Dionysischen anschaulich darstellte. Diese Verdrängung ist nicht nur persönlich, sondern auch kulturell bedingt. Ein kulturell konditioniertes Verhalten, das einer Einzelperson gefährlich wird, weil es zu zerstörerischer Gewalt führt, muß ebenfalls eine Gefahr für die Masse sein.

Die Große Göttin und ihr phallischer Gefährte Dionysos-Pan waren Symbol einer Weltseele und ihrer Kraft der Zerstörung und Erneuerung. Sie standen für eine Kontinuität des Lebens und Daseins, deren Pulsschlag Geburt, Liebe, Aggression, Gewalt, Zerstörung und Wiedergeburt waren. Wir haben diesen Aspekt der Wirklichkeit aus den Augen verloren. Folglich wurden unsere Ansichten über das Dasein, unser Verhältnis zu ihm schief, absurd und unrealistisch. Kollektiv befinden wir uns in einer Sackgasse der Entfremdung von der Natur und uns selbst. Diese

Endphase der gegenwärtigen Kultur mit all ihrer Dekadenz ist aber nicht nur negativ. Sie ist ebenso Vorbote einer neuen Phase.

Wie wurden das Weibliche und Dionysische verdrängt, und weshalb? Wie können sie wiedereingesetzt werden? Durch welche Rituale könnte Gewalt in aggressive Durchsetzung und persönliche Verbundenheit umgewandelt werden?

Zweiter Teil

Die Evolution des Bewußtseins

Ein alter Tümpel -
Ein Frosch hüpft hinein.
Geräusch des Wassers.
Basho

Siehe, ich starb als Stein und ging als Pflanze auf,
starb als Pflanz' und nahm drauf als Tier den Lauf,
starb als Tier und ward ein Mensch. Was fürcht ich dann,
da durch Sterben ich nicht minder werden kann?
Rumi

Erich Neumann war mit seiner bahnbrechenden *Ursprungsgeschichte des Bewußtseins* der erste, der die kollektive wie individuelle Evolution des Bewußtseins von der matriarchalen zur patriarchalen Ebene schilderte. Das Werk wurde vor über dreißig Jahren verfaßt und schließt mit dem Erreichen des patriarchalen Bewußtseins. Neumann behandelt die Rückkehr des archetypisch Weiblichen nicht. Er ging nicht so weit, das Wiedererscheinen der Göttin und ihres dionysischen Gefährten vorherzusagen, die Verlangen, Bedürfnis und Aggression mit ihren zerstörerischen wie bewußtseinserweiternden Möglichkeiten verkörpern. Die dynamischen Entwicklungen seit Erscheinen von Neumanns Buch – vor allem der Beitrag der Frauenbewegung – lassen meines dort anknüpfen, wo Neumanns Arbeit endet.

Die Entwicklung der menschlichen Spezies verlief evolutionär. Es ist jedoch unsinnig, diese Tatsache im Bereich des Biologischen anzuerkennen, sie im Psychologischen aber außer acht zu lassen. Tatsächlich hat MacLean[1] unser Gehirn als »dreieinig« beschrieben, weil es aus drei Schichten besteht, die historisch nacheinander entstanden sind: aus der »neuen« Hirnrinde der Säugetiere, dem darunterliegenden limbischen System, das Affekte erzeugt, und aus dem noch ursprünglicheren Reptiliengehirn, dem es vor allem um Anpassung und Überleben geht. Neumann[2], Gebser[3], und Van Scheltema[4] sprechen von einer Evolution des Bewußtseins, die in der modernen rationalen Kultur nach der Renaissance ihren Gipfel erreichte. Entsprechende prämentale und präverbale Funktionen wurden in neueren psychiatrischen und psychoanalytischen Fallstudien beschrieben.

Daher dürfen wir annehmen, daß die individuelle psychische Entwicklung die Evolutionsgeschichte der Menschheit wiederholt, wenn auch nicht im buchstäblichen Sinne. Wir können nämlich nicht behaupten, ein Kind von drei, vier Jahren sei ein primitiver Wilder. Es macht keinen Jagdzauber, geht schon gar nicht auf Antilopenjagd. Es ersinnt aber Phaantasievorstellungen, die denen der frühen Menschen des magischen Zeitalters ähneln, und kann in diesen Phantasien sogar magische Jagden veranstalten.

Am wichtigsten ist aber, daß unter unserem rationalen modernen Geist die früheren Gewohnheiten schlummern: die matriarchalen, magischen und mythischen Weisen der Wahrnehmung und Begriffsbildung, die limbischen und reptilischen Affekte, Aggression, Verteidigung, und die das Überleben sichernde Anpassung. Diese älteren Schichten erscheinen der jüngsten Bewußtheit des Neokortex als unbewußt. Sie weisen jedoch eine Art eigenes Bewußtsein, sogar eine Intentionalität auf. Immer wieder sind sie imstande, sich der rationalen Haltung zu widersetzen. Jung hat gezeigt, daß die treibenden Kräfte des Bewußten und Unbewußten in einer Art dialektischer Polarität wirksam werden. Im optimalen Fall wird dadurch ein komplementäres System von Ausgleich und Zusammenarbeit geschaffen. Doch nur zu oft, vor allem in Übergangszeiten, wenn sich in den Tiefen etwas zu regen beginnt, ist ihre Beziehung voller Konflikte, sabotieren sie sich gegenseitig, was zu psychischen Erkrankungen führen kann. Die Entwicklungsgeschichte des Bewußtseins ist daher zum Teil eine Geschichte ständig neuer Sehnsüchte und Kämpfe. Wird der innere Kampf nach außen auf Mitmenschen projiziert, entsteht das, was wir den *historischen Prozeß* nennen. Wie wir unsere psychischen Veranlagungen, Eigenarten und Konfliktspannungen wahrnehmen und erleben, bestimmt, wie wir als soziale (oder antisoziale) Wesen miteinander umgehen. Ist uns der innere Gegenspieler nicht bewußt, haben wir Grund, draußen mit ihm zu kämpfen. Diese Dialektik der Polarität und des Konflikts ist die dynamische, auf Entwicklung gerichtete Bewegung des Lebens. Sie wird auch in der Zukunft kaum ein Ende finden. Kein soziales Paradies, keine klassenlose, perfekte Gesellschaft oder Weltordnung wird je immerwährenden Frieden bringen oder den Lebenskampf beenden. Jede bedeutende Übergangszeit setzt also Konflikte und Aggressionen frei, weil der Status quo in Frage gestellt wird.

Da nun alte Werte zerfallen, wird gleichzeitig auch ein neues Bewußtsein geboren. Die zeitlosen Probleme und Themen der Menschheit müssen auf neue Weise angegangen werden. Wir suchen neue Formen der Selbstbewertung, des Umgangs mit unseren emotionalen und instinktiven Antrieben. Doch paradoxerweise erfordert dies Neue, daß wir alte, scheinbar vergessene und verdrängte Funktionsweisen wiederfinden. Die *magische*, *mythische* und weibliche Art, mit dem Dasein umzugehen, die vor Tausenden von Jahren aufgegeben wurde, will jetzt vom Bewußtsein zurückgewonnen werden. Das neue Bewußtsein muß aber im Gegensatz zur Vergangenheit über größere Klarheit und Freiheit, gesteigerte Bewußtheit über sich selbst und eine neue und andere Liebesfähigkeit verfügen.

4   Die magische Phase

Siegrunen grabe begehrst du den Sieg
  und schneid sie ins Heft deines Hiebers.
Ritze sie wissend auf Rücken und Blatt
  und rufe dann zweimal an Ziu.

Astrunen lerne, wenn du Arzt willst sein
  und wissen wie Wunden zu pflegen.
Die ritze auf Rinde und Blätter des Baums,
  des Äste nach Osten sich neigen.

Edda

... bin ich da, die Mutter der Natur, Herrin aller Elemente, Keimzelle der Geschlechter, – Geisterfürstin, Toten-
königin, Himmelsherrin, – Inbegriff der Götter und Göttinnen. Des Firmamentes Lichtkuppel, des Meeres Heil-
brise, der Hölle Jammerstille gehorchen meinem Wink;
ein Wesen bin ich, doch in vielen Gestalten, wechseln-
den Bräuchen, mancherlei Namen betet mich der ganze
Erdkreis an.
Apuleius: »Rede der Göttin«, *Der goldene Esel*[1].

Soweit wir feststellen können, verlief die Entwicklung des Bewußtseins
von einer frühen gynolatrischen, matriarchalen und magischen Ausrichtung zu einer androlatrischen. Mit *magisch* ist eine präverbale, ganzheit-
lich symbiotische Identitätsebene des Lebens und Bewußtseins gemeint,
die dem Auftauchen der mythologischen Bildwelt oder des rationalen
Denkens vorangeht. Die Begriffe gynolatrisch und androlatrisch beziehen
sich auf die Verehrung des Weiblichen respektive des Männlichen. Sie
stellen eher psychologische als soziologische Wertmaßstäbe dar und
gehen dem sozialen Rang von Mutter und Vater in der matriarchalen oder
patriarchalen Ordnung voraus. Der Rang der beiden Elternteile wird hier
als sekundäre Erscheinung einer elementareren Vorstellung vom Wert des
archetypisch Weiblichen oder Männlichen betrachtet.

Der Übergang von einer vorwiegend gynolatrischen zur androlatrischen Welt erfolgte schrittweise: von der Göttin zum Gott, vom Panthe-
ismus zum Theismus, dann zum Atheismus oder zur Irreligiosität. Das
zieht mehr als nur einen Wandel der kulturellen Anschauungen nach sich.

Das Bewußtsein selbst hat sich durch Veränderungen der Qualität des Erlebens von Ich und Welt entwickelt. Das kann sogar mit Änderungen der strukturellen Anpassung des Gehirns parallellaufen.

Das gynolatrische Zeitalter reicht vermutlich aus den Tiefen der Steinzeit bis in die Bronzezeit. Der Wechsel zu einem deutlichen Überwiegen männlicher Werte trat möglicherweise während des zweiten Jahrtausends vor Christus auf, zu Beginn des Heldenzeitalters, als Bronze allmählich durch Eisen ersetzt wurde. Das ist der Anfang des mythischen Zeitalters, als männliche Gottheiten an die Stelle der Großen Göttin traten. In der gynolatrischen Epoche ist die Welt magisch.[2] Sie wird gelenkt und umfaßt von der Kraft der Großen Göttin, die zugleich Mutter und Tochter, Mädchen, Jungfrau, Dirne und Hexe ist. Sie ist Herrin der Gestirne und Himmel, Schönheit der Natur, gebärender Schoß, nährende Kraft der Erde und Fruchtbarkeit, Erfüllerin aller Bedürfnisse, doch ebenso die Kraft des Todes und der Schrecken des Verfalls, der Vernichtung. Aus ihr geht alles hervor, zu ihr kehrt alles zurück. Einige alte Grabhügel zeigen das anschaulich: sie sind wie eine liegende Frau geformt. Die Leichen wurden in ihrer Leibeshöhle bestattet. Die Göttin wird von einem männlichen Gefährten begleitet, einem phallischen oder doppelgehörnten Ziegen-, Hirsch- oder Stiergott, der oft in Zwillingsgestalten des Männlichen gespalten ist, die sich bekämpfen, erschlagen, aufeinander folgen. In späteren Darstellungen wie dem Ödipusmythos treten sie als Vater-Sohn-Paar auf. Schließlich werden sie als Zwillingstiere, zum Beispiel als zwei Schlangen abgebildet. Sie ergänzen die Göttin und dienen ihr als Kind, Liebhaber, Gemahl, Gespiele und rituelles Opfer. Ihr Zyklus von Geburt, Tod und Wiedergeburt steht für die endlosen Gezeiten des Lebens.

Die gesamte Gestalt veranschaulicht die androgyne Ganzheit der lebendigen Natur: Wachstum und Verfall, Leben und Tod, die Gegensätze und dennoch in einem Kontinuum enthalten sind. Die männliche Erfahrung ist die der Diskontinuität, des reinen Gegensatzes. Sie ist der weiblichen Kontinuität untergeordnet wie das Vergängliche dem Ewigen. Die Große Göttin bedeutet Sein und Werden. Dem Weiblichen liegt nichts daran, etwas zu erreichen, Ideen zu bilden. Es ist nicht heroisch oder eigenwillig darauf aus, gegen Widerstand anzukämpfen. Es schätzt das Sein im Wachsen und Vergehen, die Kontinuität und Erhaltung der natürlichen Ordnung. Es drückt eher den Willen der Natur und der Instinktkräfte aus, nicht den eigenen Willen. Die weibliche Form des Bewußtseins ist umfassend, auf Feld und Prozeß ausgerichtet. Es ist funktional, weniger abstrakt, weniger an Begrifflichem interessiert, noch ohne die strikte Spaltung in Innen-Außen oder Körper-Geist.

Der Kult der Großen Göttin entfaltet sich ganz in der mythologischen Bronzezeit. Die göttlichen Kräfte in der Natur und der Welt der Objekte werden angebetet und als manifest in Menschen und Tieren, Pflanzen, Steinen, Erde, Himmel und Sternen erlebt. »Wie Sokrates bemerkte, bildeten sich die Alten nichts auf ihre Klugheit ein und waren bereit, einem Felsen, einer Eiche zuzuhören, wenn sie nur die Wahrheit sprachen.«[3] Dieser Kult ist ein Höhepunkt des Animismus und der pantheistischen Naturreligion. Das Stammwort *Mann* (man) bezog sich damals auf das, was heute *Mensch* (hu-man) heißt, und war nicht dem männlichen Geschlecht allein vorbehalten. Da die historischen und archäologischen Quellen unzureichend sind, können wir das Verhalten im frühen *magischen* Zeitalter nur annähernd bestimmen. Für unsere Rekonstruktion ziehen wir Mythen, kultisches Gerät und Kunstgegenstände heran. Ferner können wir die vergleichbaren Stufen der Psychologie und der Kulte von Primitiven unserer Zeit wie auch die Entwicklung des Kindes bis zum Alter von etwa drei oder vier Jahren betrachten.[4]

Es ist verlockend, jede Betrachtungsweise der Wirklichkeit, die unserer Meinung nach nicht rational ist, als minderwertig anzusehen, zum Beispiel die magische Weltsicht. Die Entdeckungen der Physik in unserem Jahrhundert haben uns aber gezeigt, daß die rationale, dem *gesunden Menschenverstand* entsprechende Sicht der Wirklichkeit naiv war. Wir wissen so wenig wie der Mystiker oder Schamane, was Materie und Nichtmaterie *wirklich* sind und wie sie zusammenhängen. Unser Verstand ist so strukturiert, daß er die Wirklichkeit auf eine ihm artgemäße, »mentale« Weise auffaßt, die aber der Wirklichkeit nicht notwendig mehr angepaßt ist als andere mögliche Betrachtungsweisen. Die alten magischen und mythischen Schichten unseres Wesens sind zwar dem jetzigen *Modus operandi* »unbewußt«, müssen aber auch als lebendige Fähigkeiten in uns erkannt werden. Sollte es uns nicht gelingen, sie in unser rationales Weltbild zu integrieren, werden wir womöglich eine Regression in eine neue Barbarei erleben, statt den nächsten Schritt einer bewußten Evolution zu tun.

Der Begriff des Magischen, wie er hier verwendet wird, bedarf der Klärung. Die Magie ist nicht nur Herrschaft über verborgene Naturkräfte, nicht nur bloße Manipulation jener Kräfte; sie ist vielmehr eine besondere Erscheinungsform des Bewußtseins und der Triebkräfte. Das magische Bewußtsein war historisch gesehen Ausdruck der Dynamik der

Instinkt- und Affektenergien, die in das Feld einer ganzheitlichen Wirklichkeit eingebettet waren.

Auf der Ebene der Magie oder des Instinktes existiert nur das *Hier und Jetzt*. Es wird kein Unterschied zwischen Vergangenheit, Gegenwart und Zukunft gemacht. Es gibt weder *Innen* noch *Außen*, Körper, Geist oder Psyche, Ich oder das Andere. J.C. Pearce gibt ein amüsantes Beispiel für die magische Ebene des Bewußtseins:

Jean MacKellar erzählte mir von der Zeit, die sie in Uganda verbracht hatte, wo ihr Mann Arzt war. Einheimische Mütter suchten ihn mit ihren kleinen Kindern auf, standen geduldig oft stundenlang an. Die Frauen trugen die Säuglinge so in einer Schlinge, daß sie an der nackten Brust lagen. Ältere Kinder wurden wie die Indianerbabys auf dem Rücken getragen. Die Kinder waren nie gewickelt, trugen auch keine Windeln. Und trotzdem war keines schmutzig, wenn sie der Arzt untersuchte. Jean wunderte sich und fragte schließlich einige Frauen, wie sie die Kinder ohne Windeln so sauber halten konnten. »Ach«, antworteten die Frauen, »wir gehen einfach in die Büsche«. Nun, entgegnete Jean, wie wüßten sie denn, wann der Säugling in die Büsche mußte? Die Frauen staunten über ihre Frage. »Wie weißt *du* denn, wann *du* mußt?« riefen sie.[5]

Das zeigt, wie sehr das Bewußtsein der Mütter und ihrer Kinder, die wir als getrennte Subjekte sehen würden, ein zusammenhängendes Ganzes ist. Die Bedürfnisse der Kleinkinder *sind* die der Mütter. Dieser Zusammenhang besteht übrigens nicht nur zwischen Menschen. Auf der magischen Ebene kann er sich genauso zwischen Mensch und Tier einstellen. Pearce berichtet dazu:

Der kanadische Biologe Farley Mowat erzählt, wie einer seiner Eskimofreunde, der »kleine« Schamane Ootek, zu einem unheimlichen Wissen über Wölfe kam und psychischen Kontakt mit ihnen entwickelte. Ooteks Vater war ein richtiger Schamane gewesen (eine Art geistiger Führer, Medizinmann und Mittler seines Volkes, der mit den Naturgeistern in Verbindung stand). Als Ootek fünf war, ließ ihn sein Vater einen ganzen Tag mit einem Rudel Wölfe allein. Nach einem ersten ausführlichen Beschnüffeln kümmerten sich die ausgewachsenen Tiere nicht mehr um das Kind, während die Jungtiere sich ständig mit ihm balgten. Dann kehrte der Vater zurück und holte seinen Sohn. Aufgrund dieser Erfahrung und der Anleitung durch seinen Vater konnte Ootek für seinen Stamm alle Rufe der Wölfe deuten. Einmal hörte er zum Beispiel weit entfernt Wölfe heulen, und ein Rudel in der Nähe antwortete. Ootek verkündete, soundso viele Stunden nach Norden befinde sich eine Herde Karibus, die nach Westen ziehe. Der Jäger der Gruppe machte sich sofort auf den Weg und kehrte am nächsten Tag mit einer stattlichen Menge Fleisch zurück, weil er an der Stelle, die Ootek angegeben hatte, auf die Tiere getroffen war. Ein andermal hörte Ootek in der Ferne Wölfe, sprang vergnügt auf und entschuldigte sich, weil er sich auf eine kleine Reise vorbereiten müsse. Die Wölfe hatten ihm mitgeteilt, oder vielmehr, er hatte ihren Rufen entnommen, daß einige Stunden weit Menschen waren, die zu seinem Lager wollten. Ootek wußte irgendwie, daß es sich um seine Vettern handelte, und eilte ihnen entgegen, wie es die Sitte erforderte. Am nächsten Tag kehrte er zurück und stellte Mowat glücklich seine Vettern vor.[6]

Ferner wurde der magische Zusammenhang zwischen Tieren und unserer irdischen Umwelt beobachtet:

Ein Zoologe, der sich auf das Studium der Füchse spezialisiert hatte, schrieb über seine Langzeituntersuchung einer Fuchsfamilie, die in einer Schlucht in der Nähe eines Baches lebte. An einem schönen, sonnigen Nachmittag beobachtete er, wie die Mutter etwas tat, was er bei Füchsen noch nie erlebt hatte. Sie verließ plötzlich den Bau und die Jungen, lief fast dreißig Meter den Hang hinauf und begann rasch einen neuen Bau zu graben. Dann trug sie die Jungen der Reihe nach in die neue Höhle. Einige Stunden danach wurde klar, warum sie sich so ungewöhnlich verhalten hatte. Das Wetter blieb schön und klar, und trotzdem rauschte ein Hochwasser daher und überschwemmte die Schlucht. Der Auslöser war ein Wolkenbruch viele Meilen bachaufwärts gewesen. Wenn die Fuchsfamilie am alten Platz geblieben wäre, hätte sie ertrinken müssen.[7]

Im Hinblick auf beobachtetes Tierverhalten schreibt Uexküll über diese magischeWelt: »... Subjekt und Objekt (sind) ineinander eingepaßt ... und (bilden) ein planmäßiges Ganzes ... Alle Tiersubjekte, die einfachsten wie die vielgestaltigsten, sind mit der gleichen Vollkommenheit in ihre Umwelten eingepaßt. Dem einfachen Tier entspricht eine einfache Umwelt, dem vielgestaltigen eine ebenso reichgegliederte Umwelt.«[8]

Uexküll spricht von der Tatsache, daß die Welt, in der wir leben, daß die Art, wie wir sie wahrnehmen und verstehen, durch die besondere Struktur unseres Bewußtseins bestimmt ist. Ist die Wahrnehmung magisch strukturiert, leben wir in einer magischen Welt. Jung sprach vom *Unus mundus* und Neumann von der *Einheitswirklichkeit*. In einem solchen biopsychischen System ist die einzelne, persönliche Ganzheit wie eine Zelle in einen Organismus eingebettet. Sie ist von der Funktion her gesehen nur lebensfähig, weil sie in das ganze System eingebettet ist und von ihm getragen wird. Die freiwillige oder erzwungene Trennung von einem derartigen System bedeutet, von der Quelle des Lebens, aus dem Paradies vertrieben zu werden. Das altgriechische Wort *idiotes* (»Idiot«) bezeichnete den, der unfreiwillig oder absichtlich nicht am öffentlichen Leben teilnahm. Während der freiwillige Opfertod für die Gemeinschaft als Gewähr angesehen wurde, wiedergeboren zu werden und weiter am biopsychischen, lebenserhaltenden Organismus teilzuhaben, galt Verbannung als schlimmer als der Tod. In heute noch bestehenden primitiven, magischen Gesellschaften wird die Ächtung durch den Medizinmann als real und von tödlicher Wirksamkeit erlebt. Auf dieser Ebene sind die Unversehrtheit von Familie und Stammesbindung, die »Reinheit des Blutes« von Clan und Familie, die Überlieferungen, Tabus und Rituale von entscheidender Bedeutung.

Die Entdeckung, daß entgegen allen rationalen Beteuerungen in unserer *modernen* unbewußten Psyche weiterhin eine magische Stammes- und Blutsverbundenheit wirksam ist, kann oft schockierend sein. Sie dringt in die bewußten Funktionen des modernen Menschen ein und kann nicht mehr gefahrlos unbeachtet bleiben. Jeder Psychotherapeut bekommt reichlich Inzestgeschichten zu hören.

Der Inzest kommt weiter in der Welt der Bauern, Arbeiter, selbst der Oberschicht vor, trotz gegenteiliger Überzeugung und ungeachtet aller religiösen und moralischen Vorschriften. In der Aristokratie und dem Möchtegern-Adel der Oberschicht ist der Archetyp des Inzests noch immer geradezu ein mit Ehre besetztes Prinzip, auch wenn der eigentliche inzestuöse Akt als verboten gilt. Der Stammbaum der Fürsten wurde stets als wichtig angesehen. Wenn heute fürstliche Herkunft auch nicht mehr soviel Macht bedeutet, auf die Reinheit des Blutes wird noch geachtet. Das Wiedererscheinen des Blutrituals machte im letzten Weltkrieg Geschichte. Rassismus als Haß zwischen Weißen, Schwarzen, Juden, Italienern, Spaniern, Ariern und Nichtariern ist alles andere als nur ein sozialwirtschaftliches Problem. Es wird uns zweifellos weltweit noch auf lange Sicht beschäftigen. Seine Wurzeln liegen in den Instinkten, in der magischen Schicht des Unbewußten.

Aus magischer Sichtweise sind Ereignisse nicht *verursacht* und können nicht rational geplant werden. Sie tragen sich als vom *Schicksal bestimmte* Manifestationen gewaltiger und unerkennbarer Kräfte zu, über die Menschen keine Macht haben. Es sind unerbittliche Naturkräfte, die weder herauszufordern noch zu ändern sind, für die es keine Verantwortlichkeit, kein Verstehen gibt. Das Schicksal kann nur angerufen, hingenommen, besänftigt werden.

Im schrittweisen Prozeß der Mythologisierung werden die blinden und namenlosen Mächte personifiziert. Nur so kann mit den *Kräften* durch ein geeignetes magisch-religiöses Ritual direkt Verbindung aufgenommen werden. Besänftigung und Anrufung ist für den magischen Menschen etwas, bei dem Angst gegen Vertrauen steht, Vertrauen in den Beistand der Welt, in sein sich allmählich entwickelndes Geschick, sich anzupassen, das Vorhandene zu verwenden, etwas zu wollen und zu planen. Die soziale Gemeinschaft dieser Epoche muß nicht unbedingt matriarchal geordnet gewesen sein, aber doch entweder gynolatrisch oder androgyn (die beiden Geschlechter sind gleichwertig). Vorrangiges Bedürfnis war das Überleben.

Die Zyklen von Leben und Tod in der Natur bedeuteten Leben und Tod auch für den Häuptling des Clans und sein Gefolge, da er den Gott verkörperte, der sterben muß, um wiedergeboren zu werden, damit das Leben weitergehen möge. Er war zwar Herrscher und Handelnder, trotzdem aber die vorbestimmte Opfergabe für die Leben gewährende und zerstörende Göttin.

Beginnen wir, den eigenen Fähigkeiten zu vertrauen, entsteht Verantwortung für unsere Urteile, ein Gefühl für Ethik, dazu Scham, Schuld und Sorge. Der nächste Schritt der Entwicklung des Bewußtseins bringt das Geschenk der Schlange, die Erkenntnis des Guten und Bösen. Die Versuchung bleibt aber groß, die Verantwortlichkeit aufzugeben, um der Sorge zu entgehen.

Denn auf der archaischen magischen Ebene fehlen Moral und persönliche Verantwortung, wie wir sie kennen. Diese Stufe ist wie beim kleinen Kind amoralisch. Die Einzelperson erfüllt innerhalb der organischen Gruppe, der Familie oder des Clans ihre Funktion wie die Zelle eines größeren Organismus. Die Tätigkeiten werden mit Hilfe von Instinkt, festen Handlungsmustern, »Wissen«, das auf außersinnlicher Wahrnehmung beruht, und Nachahmung abgestimmt. Herrschaft, Gesetz und individuelles Ethos existieren noch nicht. Diese Moral eines »Goldenen Zeitalters« wurde von Ovid und Rousseau romantisiert. Mit weniger poetischem Blick auf das menschliche Verhalten jener Epoche kann es wie das eines kleinen Kindes als grausam, brutal und destruktiv und damit als unmoralisch gesehen werden. Natürlich sind beide Urteile nicht ganz stichhaltig. Magisches Verhalten ist vormoralisch oder amoralisch, so wie es an unserem Bewußtsein gemessen vorbewußt ist. Die einzelnen gehören einer Horde an, nehmen als Nutznießer oder Opfer an gruppenbestimmten, unpersönlichen Prozessen teil. Die Gruppe bewältigt das Auf und Ab des Lebens. Nur die Gruppe hat als solche Bewußtsein. Als Wille gilt der der Gruppe. Was wir *gut* oder *richtig* nennen, ist einfach alles, was Schrecken und Gefahr abmildert, was dem Leben der

Gruppe nützt und es erhält. Was wir heute als individuelle Bedürfnisse oder Recht sehen, ist auf dieser Ebene belanglos, ja unvorstellbar.

Das Kind lebt bis zum Alter von etwa drei oder vier Jahren auf der magischen Stufe. In dieser Zeit erfüllt es seine Funktionen in einem Zustand symbiotischer Identität mit seiner Umgebung, Mutter und Familie. Die Einflüsse prägen sich unbewußt und unauslöschlich der Psyche des Kindes ein. Sie sind grundlegende Faktoren der Konditionierung und modifizieren das angeborene mentale, emotionale und verhaltensmäßige Reaktionspotential. Das kleine Kind lernt durch psychische Teilhabe und nachahmendes Verhalten, das weitgehend automatisch ist.

Im magischen Stadium des Kindes wird außer den Eltern auch die Gruppe als numinos und suggestiv erlebt. Der Verlust der Geborgenheit der Gruppe bedeutet Verlust der Seele und persönlicher Realität, ja des Lebens. Durch Gehirnwäsche können Veränderungen der Persönlichkeit herbeigeführt werden, indem das Opfer gezwungen wird, in das Stadium frühkindlicher Bedürfnisse und symbiotischer Identifizierung zu regredieren. Mit hypnotischer Regression auf die magische Ebene können psychologische und sogar biologische Wirkungen wie Verbrennungen zweiten Grades oder Fehlen der Schmerzempfindung erzielt werden.

Wichtig ist, zu verstehen, daß die magischen Triebkräfte nicht der Vergangenheit angehören, sondern lediglich von unserer Vernunft überlagert und unterdrückt wurden. Dennoch funktionieren sie weiter und beeinflussen Gefühle und Verhalten. Die Magie des Blutes und der Rasse steigt wieder aus den Tiefen des Unbewußten auf. Der Umgang mit ihr erfordert Integration, nicht Verdrängung. In den verschiedenen *Ismen* unserer Zeit tauchen primitive Triebkräfte der Gruppe auf, dringen unbewußt mit paranoischen Zwangsvorstellungen in unseren Geist ein. Was in einem früheren Entwicklungsstadium natürlich und akzeptabel gewesen sein mag, wird zu schrecklicher Regression, wenn es in ein kollektives oder individuelles Bewußtsein eindringt, das schon eine höhere Stufe der Differenzierung erreicht hat. Die Macht des Gruppenarchetyps kommt über spezielle ideologische Rationalisierungen zum Vorschein. Beispiele sind Hitlers Behauptung »Gut ist, was Deutschland nützt«, die Ideologie des Ayatollah Khomeini, Eingriffe in die Entwicklung der einzelnen im Namen des Staates, oder die dogmatische Logik der »Madison Avenue«, der amerikanischen Werbung, daß »zehntausend Käufer sich nicht irren können«. Die archetypische Forderung nach Unterwerfung und Unterordnung und unsere archaische Bereitschaft dazu wurzeln in Bereichen des Althirns und werden als Drang erfahren, die persönliche

Verantwortung aufzugeben (»ich habe nur Befehle ausgeführt«). Wenn wir uns dem magischen Archetyp nicht bewußt stellen, droht uns die Regression in eine Urprimitivität, ein ontologisch überholtes und daher tieferstehendes Stadium. Was ontologisch tieferstehend ist, ist böse, meint Teilhard. Die Gefahr der modernen *Ismen*, seien sie sozialer, politischer, religiöser oder wissenschaftlicher Natur, liegt genau in ihrem Angriff auf die schwer erkämpften Errungenschaften des Bewußtseins und der moralischen Verantwortung, die während der mythischen und mentalen Epochen ausgebildet wurden. Diese Herausforderung ist aber auch ein Aufruf, den nächsten Schritt auf eine Integration hin zu tun. Wir müssen unser schwer erkämpftes Denkvermögen einsetzen, um sicherzustellen, daß der Archetyp der Göttin nicht dazu benutzt wird, die *magische Regression* zu rationalisieren, sondern daß er uns auf höhere Ebenen menschlicher Entwicklung führen möge.

5 Die mythische oder urbildliche Phase: Dionysos und Apollo

Uns ist in alten mæren wunders viel geseit
von helden lobebæren von grozer arebeit
von fröiden hochgeziten von weinen und von
klagen
von kuener recken striten muget ir nu wunders
hœren sagen
Nibelungenlied

... Dionysos, der junge Gott des Jahres, der in dem Heiligen König des Jahres fleischgeworden ist. In aller Pracht und Herrlichkeit herrscht er beim Knospen seiner scharlachroten Blüten; die Reife seiner karmesinroten Frucht verurteilt ihn zum Tode.
Robert Graves, *König Jesus*[1]

Die mythologische Phase des Bewußtseins ist eine Brücke von den magischen zu den mentalen Funktionen. Wenn die heiße Lava der magischen Ebene erstmals von der kalten Luft des urteilenden Verstandes berührt wird, erstarrt sie zu Formen, zu den mythischen Bildern. Die Strömung fließt fortwährend zwischen dem erdhaften, ganzheitlichen Feldbewußtsein und den luftigen Abstraktionen des Denkens hin und her. Diese Phase stellt den Übergang von der gynolatrischen zur androlatrischen Welt dar und reicht zurück bis in den Kult der Göttin und ihres Kind-Gefährten, der ständig stirbt und wiedergeboren wird. Ihren Höhepunkt bezeichnete wahrscheinlich die Spaltung des männlichen Yang-Elements in Zwillingsgötter. Deren griechische Urformen sind Apollo und Dionysos; ihre Namen verwenden wir im weiteren. Apollo steht für Licht, Leben, Unsterblichkeit, harmonisches Gleichgewicht und Dauer. Dionysos verkörpert Dunkelheit, Zerstörung, Tod und Vergänglichkeit. Zunächst ist diese *Zweiheit* noch Polarität. Dauer und Vergänglichkeit, Leben und Tod sind noch immer Aspekte einer ungebrochenen Großen Runde. Gegen Ende des mythischen Zeitalters wird aus der Zweiheit Dualismus. Die Gegensätze sind keine Polaritäten mehr, sie schließen sich aus. Die Geschlechter sind getrennt und stehen sich gegenüber. Das Licht ist Gegensatz des

Dunkels, das Innere steht dem Außen gegenüber, das Leben dem Tod. Das androlatrische Zeitalter hat begonnen. Patriarchale Formen sozialer Ordnung und religiöser Erfahrung treten in den Vordergrund. Die apollinischen und olympischen männlichen Gottheiten herrschen öffentlich. Die weiblichen und dunklen dionysischen Elemente finden sich nur mehr in den Mysterien. Schließlich werden sie im Übergang zur mentalen Epoche, zum vollen Patriarchat, ganz verfemt. Ihre Anhänger werden als Dämonen- und Teufelsanbeter gebrandmarkt.

Die Entwicklung zum mythischen Bezugssystem ist ein Schritt auf ein erstes Gefühl der Innerlichkeit und persönlichen Getrenntheit zu, die das Außen nun als Objektwelt auffaßt. Das Dasein wird in zwei Teile gespalten. Die Einzelperson erlebt sich als Identität, die von den anderen und der gesamten Welt getrennt ist. (Gebser weist auf die Tatsache hin, daß in den Worten »Ich bin Odysseus« zum erstenmal für uns das *ich bin* schriftlich belegt ist.) Dies markiert einen Schritt hin zur ersten Bewußtheit der Seele ihrer selbst. Doch in der Erfahrung einer Seele, die sich in der Welt gespiegelt sieht, sind immer noch Ambivalenz und Polarität vorherrschend.

Wie im Märchen schließen in diesem Stadium die Gegensätze alles ein und nichts aus. A kann A, aber ebenso Nicht-A sein. Die aristotelische Logik ist noch nicht gegeben. Eine Gestalt kann gleichzeitig da und anwesend, vergangen und gegenwärtig, sie selbst und nicht sie selbst, tot und lebendig sein. Mäuse können sich in Pferde, ein Kürbis sich in eine Kutsche verwandeln. Das ähnelt dem Traumzustand, in dem die Seele sich ihrer selbst bewußt wird und sozusagen von einem bildhaften Gefühls-Denken her Gespräche mit sich führt.

Dieser Schritt in der Geschichte des Bewußtseins geschah zum ersten Mal vermutlich in der Jungsteinzeit. Die Blüte fiel in die Bronzezeit, das Ende in die kriegerische, von Helden bestimmte Zeit, in die Eisenzeit. Die meisten der erhaltenen Heldensagen Europas stammen aus dieser späten Epoche. Die ursprünglichen Mythen, die der Sänger, dann der Erzähler mündlich überlieferte, wurden mit dem Aufkommen der Geschichtsschreibung so bearbeitet, daß sie den neuen androlatrischen Tendenzen entsprachen. Erhalten sind sie in der veränderten Form.

In der Jungsteinzeit kam es zu einer Umstellung vom nomadischen zum seßhaften Leben, trat an die Stelle des Jagens der Ackerbau, und die neuen Kulturen mußten zu planen beginnen. Nun setzt zwar nicht die Beherrschung, aber doch eine Lenkung der Natur ein. Die innere Erfahrung des Ich und seiner Grenzen spiegelt sich in den eingefriedeten, abgegrenzten Siedlungen der Zeit. Sie sind auf eine Mitte ausgerichtet – ein Steinmal, einen phallischen Pfeiler, einen offenen Platz, der schließlich zu Tempel und Freistätte wird.

Nach Van Scheltema entsprechen in der Entwicklung des Kindes die Phasen von etwa drei bis sieben Jahren der Jungsteinzeit, von sieben bis zwölf der Bronzezeit. Die Pubertät entspricht der Eisenzeit und ihren Helden und dem Beginn der Androlatrie.

In der mythischen Weltsicht enthält alles *Mana* und Seele, ist alles eine Manifestation des Heiligen.[2] Auch die Arbeit ist heilig. Sie ist keine Pflicht, die erfüllt werden muß, bevor man sich zurückziehen und die Ruhe genießen kann. Essen, Trinken, Jagen, Kämpfen, Spielen und Paaren wurden als Feier gesehen. Als im achten Jahrhundert das Christentum Norwegen erreichte, waren die Bauern über das Arbeitsverbot am Sonntag besonders aufgebracht, weil in ihrer Kultur das Heilige nicht vom Körper und den Tätigkeiten abgespalten war. Es war ein langer Weg von dort bis zur Trennung von Geist und Materie, zur sich daraus ergebenden Entheiligung von Materie und Arbeit, die dann unausweichlich zu einer unbewußten Kompensation führte. Der moderne Geist ist durchdrungen von der verdrängten Macht des *Mana* der Materie und der materiellen Tätigkeit, wie unsere zwanghafte Konzentration auf die Dinge, unsere puritanische Arbeitswut und die damit verbundene Vergnügungssucht zeigen, der jede festliche Freude fehlt.

Im mythischen Bewußtsein werden Raum und Zeit Kategorien, sind jedoch auf das Hier und Jetzt beschränkt. Raum ist das konkret und unmittelbar Gegebene. Entweder ist er hier, oder es gibt ihn nicht. Die antike Malerei kennt wie die ersten Zeichnungen der Kinder keine Perspektive. Noch zu Beginn der historischen Überlieferung endete die bekannte Welt der europäischen Menschen an den Säulen des Herkules und den Küsten Britanniens. Jenseits davon war Unendlichkeit. Der Rand der Erde und des Ozeans stürzten in die dunkle Tiefe ab. Bis zum Beginn des zweiten nachchristlichen Jahrtausends bestand keine Neigung, das Unbekannte zu erforschen. Die Schiffe, mit denen Kolumbus den Atlantik überquerte, und die Karawanen, die Marco Polo nach China brachten, waren denen der Römer, Griechen oder Phönizier in keiner Weise überlegen, die vor der Erfindung des Kompasses geschickt mit Hilfe der Sterne navigierten. Es ist, als habe es keine Vorstellung vom Raum gegeben, abgesehen von dem, der direkt zugänglich war.

Die Zeit war ebenso auf das *Jetzt* und das direkt Erinnerte beschränkt. Für das »magische« Kleinkind gibt es nur die zeitlose Gegenwart. Für das mythische Kind, den mythischen Menschen, gibt es nur das Heute und Gestern. Darüber hinaus – Ewigkeit. Ereignisse der *Vergangenheit* sind das Material der Phantasie, die das *Jetzt* ausschmückt. Tradition war, was gesungen und gesagt wurde, ungeachtet aller historischen Tatsachen. Es war kein Gefühl für die Geschichte als Kontinuität vorhanden, die von der Vergangenheit über die Gegenwart zur Zukunft führt. So gab es auch keine schriftlichen Aufzeichnungen der Ereignisse. Wir befinden uns noch in der Vorgeschichte.

In der Mythen schaffenden Phantasie erfährt die Seele ihre eigene subjektive Realität. Der Mythos ist Subjektivität ohne jede Scham. Er schildert, wie die Seele das Dasein wahrnimmt. »Es war einmal« schließt das »für alle Zeit« mit ein, und »hier« heißt ebenso überall. Das verleiht dem Märchen die bewegende Kraft, beschwört eine zeitlose Wahrheit.

Das Hineingehen in die innere Mitte führt zu einem ersten Gefühl von *Ich* und folglich auch von *Du*, bewirkt eine Gruppenbildung, die über Familienkreis und Stammeszugehörigkeit hinausgeht. Der Übergang von der Horde zur Gruppe ist ein Übergang zur sozialen Strukturierung hin. Es entsteht ein erstes soziales Bewußtsein, das Ordnung und Ethos durchsetzt, die sich in gemeinsamen Riten, Tänzen und magischen wie religiösen Feiern äußern. Sie sind kein Ausdruck individueller Gefühle, sondern eher Rituale eines Gruppenorganismus. Hier ein Beispiel eines mythisch orientierten Volkes unserer Zeit. Laurens van der Post beschreibt die mächtige Wirkung des rituellen Gruppentanzes der Buschmänner in der Kalahari:

Erstaunlich war bei seinem Tanzen, das gewöhnlich tief in der Nacht geschah, wie sich die Tatsache, daß er tanzte, auf die ihn umgebende Natur übertrug, sie nicht nur zwang, den Rhythmus wahrzunehmen, sondern auch an ihm teilzuhaben.
Ich erinnere mich zum Beispiel an die Nacht ihres großen Feuertanzes, und als er sich gegen Mitternacht dem Höhepunkt näherte, begannen die Löwen zu brüllen, wie ich es noch nie gehört hatte. Es war fast, als hielten sie den Takt der stampfenden, tanzenden Füße, die die Wüste wie eine Trommel zum Hallen brachten, als harmonisierten sie wie große Bassisten die Stimmen der Frauen, die ihre Männer mit dem Gesang am Tanzen hielten, und der Klang stieg klar, hell und stolz wie die höchsten Sterne auf. Am Ende war die ganze Natur der Wüste miteinbezogen, die Strauße mit ihrem Dröhnen, die Nachtregenpfeifer mit dem Tiefseepfiff, die Eulen mit den ernsten Schreien und der Ziegenmelker mit seiner Kastagnettenstimme. Und in den Pausen zwischen den Wogen der schwellenden Klangflut waren die Soprane der Nachtzikaden wie aufgetürmte Reihen von Seraphim und Cherubim zu hören, bis mir schien, ihr Singen schwebe hoch

genug empor, um selbst die Sterne zu stürmen, damit sie dem Rhythmus unten erliegen und im Steptanz über den ganzen strahlend schwarzen Boden jenes Wüstenhimmels ziehen. Am Ende schuf das Tanzen eine solche Atmosphäre des Einklangs und der Zugehörigkeit aller, daß ich, als der Höhepunkt kam und das Feuer gefunden war, trotz meiner Herkunft aus einer fernen Welt kein Fremder mehr war, der allein und isoliert stand, sondern Asyl in einem uralten Tempel gefunden hatte und zum ersten Mal an einem Akt natürlicher Kommunion mit einer der größten Gemeinden des Lebens teilnahm, die sich je versammelt hatte.[3]

Die sozialen Strukturen sind nach Umfang und Anzahl begrenzt: Dörfer oder Stadtstaaten, in denen alle Mitglieder einen direkten Beitrag leisten müssen. Denn in der mythischen, präabstrakten Phase ist nur real, was direkt gesehen und berührt werden kann: die sichtbare Person, die unmittelbare Gruppe, die Gottheit in sichtbaren Formen als Stein, Baum, Quelle oder Idol. Die Idee Staat, Nation, ein Herrscher in der Ferne oder Gott als Unsichtbarer oder etwas Abstraktes ist unverständlich.

Strukturiertes Gruppenleben und soziale Ordnung bedeuten Sittlichkeit und Moral, wenn auch in kollektivem und nicht individuellem Sinn. Die Ordnung gründet sich auf die führende Sozialgruppe und das, was sie billigt, dazu auf die Einhaltung der Tabus. Es gibt Regeln, was die Mitglieder meiden sollen, was von ihnen gefordert wird. Das bändigt die störendsten antisozialen Regungen und schafft elementare gesellschaftliche Pflichten. Dennoch ist das weit von unserer Auffassung von Moral entfernt. *Gut* ist, was praktisch ist und kollektiv gebilligt wird. *Schlecht* ist, was sichtbaren Schaden anrichtet und nicht dem Brauch entspricht. Gruppenbesitz beschädigen und ein Tabu verletzen sind schlecht, weil das die Strafe einer höheren Macht herausfordert, ob nun die eines Führers, einer Gottheit oder eines Dämons. Gegen die Sitten verstoßen ist schlecht, weil es zu Ablehnung und Isolierung führt, Schande und Gesichtsverlust bringt. Auf der magischen Ebene wird die Isolierung von der Gruppe als lebensbedrohlich empfunden. Scham ist die mythologische Reaktion auf Isolierung, dennoch bleibt auch das Gefühl einer dunklen, magischen Bedrohung des Lebens noch erhalten. Es ist noch nicht lang her, da bedeutete Ehrverlust eine Schande, die schlimmer als der Verlust von Besitz oder Leben war. Im Mittleren und Fernen Osten ist auch heute noch alles schlecht, was zu Gesichtsverlust, Schande und Spott der Gleichgestellten führt.

Dieser frühe Ehrenkodex ist relativ vereinfachend und mit den moralischen Urteilen der frühen Kindheit vergleichbar. Er ist bis heute im Moralkodex der Sagen und Märchen zu erkennen. Lügen, Stehlen, Betrügen, Brutalität, Folter, Grausamkeit und Mord sind gang und gäbe und anscheinend akzeptabel, wenn sie den eigenen Zwecken oder denen der Gruppe dienen. Was zählt, ist das tatsächliche Ergebnis und auch, ob man erfolgreich der Vergeltung durch höhere Mächte entronnen ist. Erst gegen Ende der mythischen Phase, als die Vorherrschaft des Patriarchats beginnt, verwandelt das neue Gefühl für eine umfassendere Ethik das Tabu in ein gottgegebenes Gesetz. In den Zehn Geboten wurde zum erstenmal ein allgemein gültiges Ethos geschaffen, das von den jüdischen Propheten und schließlich im Christentum weitergeführt wurde.

Ähnlich zielten die religiösen und magischen Riten und Opfer ursprünglich auf eine Abwendung des Bösen hin, das kein abstraktes moralisches Problem war. Böse waren Unheil, Krankheit, verdorbene Ernte, Mißlingen der Jagd oder Niederlage im Kampf. Das Übel abwenden erfordert ein »Wissen«, wie die Mächte wirken, damit sie versöhnt werden können. Dies vom Mythos vermittelte Wissen arbeitet mit Anrufung, *Mantra*, magischer Formel, geeigneter Zeremonie und Opfer. Wie Kerényi betont, bedeutet *sacrum facere* (opfern) ursprünglich Hingebung an die Götter der Toten und der Mutter Erde.[4] Das Opfer wird »berufen« und erfüllt freiwillig die Pflicht, das Totenreich zu betreten und eins mit den Göttern zu werden, um der Gruppe zu helfen. Als sich ein von ethischen Grundsätzen geleitetes Patriarchat entwickelt, dient das Opfer der Reinigung vom Bösen, später von Schuld.

Die frühe mythische Phase wird noch von Bild und Riten der Großen Göttin in ihrem dreifachen Aspekt als Quelle des Lebens, Nährende und grausam Zerstörende beherrscht. Die Vergänglichkeit des Daseins, das sie geboren hat, wird von ihren Gefährten vor Augen geführt, die Geliebter, königlicher Gemahl und Opfer sind. Der König und sein Hof müssen von Zeit zu Zeit als Opfer an die Kräfte des Todes und der Erneuerung sterben.

Das bewußte Menschenopfer stand im Zentrum des frühen religiösen Rituals. Gemeinschaftliche Bedürfnisse und Triebe, die auf Gewalt zielen, wurden in zeremoniellen Bräuchen ritualisiert, die vorgaben, Leben und Gedeihen der Gemeinschaft zu sichern. So wurde die Gewalt auf die Opferriten eingeschränkt, später dann vielleicht auf jene kriegsähnlichen Maßnahmen, die nötig waren, um sich Gefangene als Opfer zu verschaffen, als die Könige nicht mehr bereit waren, sich in Notzeiten opfern zu lassen. Es wäre einfach, die alten Bräuche als barbarische Greuel einer primitiven Vergangenheit abzutun, wäre nicht die beunruhigende Tatsache, daß sie in unserer Zeit spontan wieder auftauchen. Die tödliche Gewalt der beiden Weltkriege, Holocaust, Vietnam, Kambodscha und das anscheinend endlose Foltern und Töten, der Terrorismus im Mittleren Osten, in Südafrika und Mittelamerika zeigen nur zu deutlich, daß sie für den modernen Menschen psychologisch noch relevant sind. Ebenso zeigt die moderne Geschichte, daß zwanghaftes Blutvergießen ausnahmslos aus Friedenszeiten heraus entsteht. Es entspringt nicht nur wirtschaftlichem Elend, sondern tritt ebensooft in Zeiten des Wohlstands auf. Das erinnert an den oben beschriebenen »Leerlauf« der Tiere. Das Ritual des Blutopfers spielt sich zwanghaft ab, weil die nötige Bewußtheit und Reife fehlen, den spontanen Ausbruch in eine Form der psychologischen Erfahrung zu integrieren, die dem Bewußtsein und der Ethik unserer Zeit entspricht.

Dann wollen die »Götter« eben wieder Blut. Die Geschichte des Ersten Weltkriegs, den »niemand wollte«, ist das beste Beispiel. Doch vor allem in Zeiten der Not muß die Gunst der Götter durch einen Holocaust wiedererlangt werden. Früher wurde der König in Zeiten der Dürre, Hungersnot und bei einer schlechten Ernte vor Ablauf seiner Frist geopfert. Das Opfer wurde entweder ausgestoßen (im frühen Rom wurde im Frühlingsritus eine gesamte Generation junger Menschen des Landes verwiesen) oder verbrannt: im Griechischen hieß dieses letztere Ritual *Holocaust*.

Die These von Lorenz, daß »die rituell verselbständigte Zeremonie (...) zum angestrebten Selbstzweck (wird), zum Bedürfnis, wie jede andere autonome Instinktbewegung«[5], scheint auch für die Menschen zu gelten, trotz Rationalität und guter Absichten. Die uralten Opferriten verleihen diesem Bedürfnis im Sinne der magischen und mythischen Dynamik Ausdruck. Sie verkörpern vergangene Ausdrucksweisen des Archetyps, von dem zu erwarten wäre, daß er die menschliche Entsprechung jener Rituale steuert, die bei den Tieren die Aggression hemmen und Bedürfnisse befriedigen. Ihre Urformen sind unter anderen das matriarchale Opfer des Jahreskönigs, des *pharmakos* und des Sündenbocks.

Untersuchen wir daher die psychologische Dynamik, die sich im Opfer äußert. Dieses Ritual symbolisiert eine quasi freiwillige Selbstdarbietung des Vergänglichen an seinen Urgrund zum Zweck der Wandlung und Erneuerung. Es ist ein Ja zum Lebenszyklus, zur Großen Runde. Im Opfer entsagen die Menschen ihrem Anspruch auf Herrschaft, Dauer und Überlegenheit und gestehen ihre Bedürftigkeit ein.

Während der gynolatrischen, magisch-mythischen Phase des Bewußtseins wurde äußere Aktivität in Gestalt von Zwillingsgöttern oder

-mächten wahrgenommen, die die sich abwechselnden, sich gegenseitig ergänzenden Zyklen des Daseins verkörperten: Wachstum und Niedergang, Tag und Nacht, Sommer und Winter. Geburt und Tod waren gleichwertige und sich gegenseitig tragende Aspekte des Daseins. Sie waren in der Gestalt der Göttin enthalten, die ursprünglich vielleicht als heilige Schlange verehrt wurde, die tötet und heilt, erneuert und verschlingt und wieder gebiert. In der minoischen Kultur hält sie später zwei phallische Schlangen. Ihre irdischen, vergänglichen Manifestationen wurden als Löwe und Stier dargestellt. Sie verfolgen und vernichten sich gegenseitig, leben als Sommer und Winter wieder auf. Ihre menschlichen Zwillingsgefährten erschlugen sich gleichfalls oder wurden im Opferritual erschlagen, um als ihre Sohngeliebten wiedergeboren zu werden. Sie waren ihre Freude, ihre Gespielen, aber auch ihre Opfer. Sexuelle Vereinigung und gewaltsamer Tod waren die beiden Manifestationen des Großen Geheimnisses. Varianten lassen sich in allen Kulturen finden: Tammuz, Attis und Adonis zum Beispiel.

Diese Einstellung nimmt kaum Rücksicht auf Individualität und individuelles Leben. Ihre kulturellen Bräuche wie Menschenopfer, ritueller Kannibalismus und Opferung des gesamten Gefolges mit dem König erscheinen uns barbarisch. Doch diese Bräuche trugen auf ihre primitive Weise den Triebkräften der Opferung Rechnung, die in Natur und Psyche wirksam sind. Wir sind uns dieser Kräfte kaum bewußt und geraten in Gefahr, ihnen und damit der Barbarei unbewußt und unfreiwillig zum Opfer zu fallen.

Wenn das Leben weitergehen und sich erneuern soll, muß es nach gynolatrischer Anschauung auch zerstört werden. Fröhliches Leben und schmerzhafte Zerstörung hängen eng zusammen. Die Erfahrung der Fülle des Lebens ist Ekstase, ebenso die Erfahrung des Todes und der Zerstörung (auch wenn letztere von einer Angst überdeckt sein mag, die das Leben erhalten will).

Nach magisch-mythischer Ansicht kann nur etwas entstehen, wenn etwas Gleichwertiges vergeht. Daher verlangt jede Schöpfung Opfer. Wir können uns vielleicht das *Wie* und *Wann* eines Opfers oder Verlustes aussuchen, manchmal sogar das *Was*, doch das Opfer als solches läßt sich nicht umgehen. Uns bewegt nicht nur ein Lebenstrieb, sondern auch ein unwiderstehlicher Destruktionstrieb – ein Todestrieb. Freuds Erkenntnis, daß es einen unbewußten Todestrieb gibt, steht im Einklang mit den Triebkräften im Mythos.

In den meisten mythischen Kosmogonien ist das Opfer zentrales

Thema. Die unpersönliche Psyche empfindet das Opfer als den Kern des schöpferischen Prozesses und als grundlegende Bedingung jedes neuen Schrittes der Entwicklung des Lebens. Jede Evolution bringt eine Involution mit sich; jedes sogenannte Gute ruft ein ausgleichendes Böses hervor. Das durchlittene Böse kann wiederum zu etwas Gutem führen. Opferrituale sind also eine Art psychischer Technik, sind Versuche, diese grundlegenden Tatsachen zum allgemeinen Nutzen einzusetzen. Sie befriedigen die Bedürfnisse nach Nahrung und Schutz (indem sie die »Mächte« günstig stimmen) und binden die Aggression in einer sozial lebensfähigen Form. Ein Verständnis ihrer symbolischen Strukturen kann uns nützliche Einblicke in die Kräfte geben, die hinter der Vernünftigkeit des modernen Geistes auf ähnliche Weise wirksam sind. So wie wir Brennstoff opfern, damit es warm wird, oder Geld für einen ersehnten Gegenstand, können wir psychologisch eine Tätigkeit aufgeben, um Energie für eine andere zu gewinnen. Zum Gewinn gehört unvermeidlich Verlust. Keine Wahl treffen bedeutet, am Lebensprozeß nicht teilzunehmen. (Das jedoch kann als solches auch auf einer freien Entscheidung beruhen, vielleicht einen Verzicht zugunsten eines geistigen Gewinns bedeuten.) Verlust und Zerstörung werden bewußt oder unbewußt im Hinblick auf ein ersehntes Ziel gewählt. Sich bewußt für das Opfer zu entscheiden, bedeutet Konflikt und Schmerz. Das Auf und Ab folgt einem eigenen Rhythmus, ganz gleich, was die Menschen unternehmen. Unsere bewußte Entscheidung bietet jedoch die Möglichkeit, die begrenzte Freiheit zu nutzen, die uns zur Verfügung steht. Wählen zu können ist Grundlage für Wachstum und Differenzierung des Bewußtseins. So heißt es in einem alten jüdischen Sprichwort: Der Mensch wurde geboren, um zu wählen.

In der frühen magischen Phase, und heute bei Kindern, Primitiven und Tieren, ist Bewußtsein mit den biologischen Vorgängen verwoben. Äußeres und Inneres, Bewußtsein der Gruppe und der einzelnen sind nicht deutlich voneinander und von der Dynamik des Organischen geschieden. Das allmählich zunehmende individuelle Bewußtsein arbeitet in einem anabolischen, aufbauenden Sinn: die Stammes-, Clans- und Blutsbande werden strukturiert. Doch genauso ist Katabolismus, Abbau nötig: der Drang, Bande zu durchbrechen, zu zerstören, auszustoßen. Jede Gruppe, jeder Clan braucht Opfer, schwarze Schafe, Sündenböcke. Indem die primitive magische Gemeinschaft den Sündenbock tötet oder ausstößt und so ihre zerstörerischen, gewalttätigen, sadomasochistischen Triebe abreagiert, befriedigt sie ihre Bedürfnisse nach Wohlergehen und

Überleben; sie heilt sich selbst. Das primitive Gruppenleben erneuert sich wie ein biologischer Organismus dadurch, daß es einige Mitglieder fallenläßt und vernichtet.

Die ewigen Zyklen der Großen Runde, der Übergang von sterbendem Alten zur Geburt neuen Lebens, wurden in Opferritualen gefeiert, in denen sich die Gewalt der Zerstörung mit sexueller Ekstase und rauschhafter Trunkenheit verband. Die wechselnde Herrschaft der beiden Mächte und Zwillingsgottheiten wurde von ihren menschlichen Stellvertretern als heiliges Spiel aufgeführt. Sie durchliefen die Stadien des Rituals, wurden umsorgt, festlich bewirtet und unterhalten wie das Kind der königlichen Göttin. Sie spielten die Rolle ihrer innig geliebten Freier und wurden schließlich von ihren Nachfolgern getötet und zerstückelt, die dann dieselben Stufen durchliefen. Vom Opfer wurde angenommen, daß es die Transzendenz erreicht, weil es mit dem stets sterbenden und wiedergeborenen dunklen Zwillingsgott identisch ist. Die Gemeinschaft erneuerte sich ebenfalls, weil sie am Sakrament des sterbenden und wiedergeborenen Gottes teilhatte.

In der minoischen und frühen griechischen Welt verschiebt sich der Schwerpunkt zur Sühne und Reinigung hin. Nun ist Dionysos der dunkle Bruder Apollos. Die dunkle Zwillingsmacht muß günstig gestimmt werden, damit Leben und Licht sich behaupten. Wird sie nämlich übergangen, sucht sie sich Opfer, um sich zu rächen. Die *Bakchen* des Euripides führen diesen Sachverhalt vor, und die Zwangslage der »zermürbten Hausfrau«, die im zweiten Kapitel beschrieben wurde, bringt ihn klar zum Ausdruck. Mit der Heraufkunft des Patriarchats werden aus den Sühne- und Reinigungsritualen Zeremonien, die von Schuld befreien sollen. Prototypisch ist nun der Sündenbock oder *pharmakos*. Das Leben wird endlich. Das Gewicht liegt nicht mehr auf der Erneuerung und Wiederkehr ins Licht, wenn die Dunkelheit durchlaufen ist, sondern auf der Erhaltung von Licht und Leben, indem man sich von der Dunkelheit befreit, von dem, was die Götter als Hüter der Moral beleidigt. Apollo hat sich im Namen der Klarheit, Reinheit, Ordnung und Harmonie gegen Dionysos durchgesetzt, Jehova hat über Asasel (die sumerische Entsprechung des Dionysos) triumphiert. Die dionysische Gestalt, auf die im Material unserer Patientin angespielt wurde, die Zentralgestalt der früheren matriarchalen und gynolatrischen mythischen Welt, wird vom Patriarchat erst zum Sündenbock und dann zum Satan gemacht.

Im griechischen Mythos ist Dionysos eine Macht des Lebens wie des Todes, ein Gott der Unterwelt, Liebhaber, Sohn der Großen Göttin in ihren Lebens- wie Todesaspekten als Rhea und Persephone. Er ist sowohl eine Todesmacht, ein Hades, wie auch das Licht des Zeus. Als Hirschgott ist er ein Herr der Tiere wie auch gejagter Hirsch, den Mänaden oder wilde Hunde zerreißen (Aktäon). Er ist ein Jäger, verschlingt rohes Fleisch und wird selbst verschlungen. Er wird als Kind getötet, tötet selbst Kinder und erweckt nach dem Tod zum Leben, ist der Gott, der stirbt und dennoch nicht stirbt. Er verkörpert Spiel, absichtslose Freude und die Bedürfnisse des Lebens wie auch die aggressive, mörderische Zerstörungslust, die in allen Menschen lauert. Als Sadist und Masochist steht er für die Raserei der Wollust, die sich mit der Ekstase der Zerstörung paart, die in den rasenden Mänaden Ausdruck findet. Als potenter Phallus ist er sexueller Gott und Spielzeug der Frau. Er verkörpert die phallische Kraft der Männlichkeit, Aggression und Emotion, die von der Göttin geschenkt und genommen wird. Als Säugling verkörpert er das Bedürfnis nach Nahrung und Schutz, als alter Mann die Weisheit des Überrationalen. Als Ziegenböcklein, das in der Milch seiner Mutter gekocht wurde, und als Phallus in der *cista mystica* (dem *liknon*, einem archaischen Gral) ist er männlicher Ausdruck des sichtbaren, manifesten Lebens, das aus dem mütterlichen Ursprung entsteht und in ihn zurückkehrt. Immer wieder stirbt er den Opfertod, um stets wieder aufzuerstehen. »Der Mythos des Dionysos drückte die Wirklichkeit der ›Zoe‹ (des Lebens) aus, ihre Unzerstörbarkeit und eigentümliche dialektische Verbindung mit dem Tod.«[6]

Psychologisch gesehen ist die Welt des Dionysos die Welt der personifizierten nackten Natur, des Verlangens und der Leidenschaft in ihrem Doppelaspekt von Verzückung und Leiden. Sie ist Ausdruck des Primats von Verlangen, Wollust und freudiger Ekstase, die auch rasende Gewalt, Destruktives und sogar den Drang zur Selbstzerstörung miteinschließt. Sie zeigt den Doppelaspekt des Sadomasochismus als angeborener Urtrieb. Dies ist die archetypische Kraft, die Freud Libido (lateinisch für Begierde, Verlangen) nannte und in die beiden Pole von Eros und Thanatos teilte, in Lebens- und Todestrieb. Dionysos stellt noch dazu die Identität wie den Gegensatz von Sexualität, Liebe, Gewalt und Zerstörung dar. Dem Gefühl für Ordnung und Sinn setzt Dionysos die Verzückung entgegen, sich in Irrationalität, reiner Emotion, trunkener Leidenschaft zu verlieren, die Preisgabe des Ich-Gefühls. Ein ähnliches Gefühl drückt sich im Lied eines indischen Mystikers (*bhakta*) aus, das er an die Muttergottheit richtet:

O Mutter, mach mich verrückt mit Deiner Liebe!
Was brauche ich Wissen oder Vernunft?
Mach mich trunken mit dem Wein Deiner Liebe:
O Du, die Du die Herzen Deiner Bhaktas raubst,
Ertränk mich tief im Meer Deiner Liebe![7]

Im Übermaß kann diese Triebkraft zu Wahnsinn, Nihilismus und Vernichtung führen, während ihr völliges Fehlen Versteinerung, Erstarrung und bittere, freudlose Langeweile bedeutet.

Mit dem Verlust der magischen Identität, in der Spaltung von *Ich* und Welt, geht das Gefühl der Einheit von Leben und Tod verloren. Das aufstrebende *Ich* lehnt es ab, sich dem Tod hinzugeben. Bei der Opferfeier ist man nun auf Ersatz für die Freiwilligen angewiesen, auf Opfer, deren Vernichtung moralisch gerechtfertigt werden kann: Kriegsgefangene, Ausgestoßene, Straffällige oder Tiere.

Die Entdeckung der *Zweiheit* bedeutet die Aufspaltung des ursprünglich undifferenzierten Einen nicht nur in Mensch und Welt, sondern auch in Frau und Mann.

Doch während sich das Bewußtsein weiter zur androlatrischen Sichtweise entwickelt, wird die eine einheitliche Wirklichkeit zunehmend in eine Vielfalt sich wechselseitig ausschließender Gegensätze zertrennt: gut, böse; Subjekt, Objekt und so fort. Diese Tendenz zur Bewußtheit durch Aufspaltung liegt im Charakter des Männlichen, das zunehmend an Bedeutung gewinnt. Der teilende und schließlich analytische Charakter des patriarchalen Bewußtseins ist seinem Wesen nach männlich. Diese besondere Erfahrungsweise ist freilich nur eine von vielen möglichen. Sie ist keine dem Bewußtsein als solchem notwendige oder innewohnende Eigenschaft. Wir haben uns so an das Patriarchat gewöhnt, daß sie uns als das einzig Mögliche erscheint. Ein mehr vom Yin gefärbtes Bewußtsein, das in unserer Zeit wieder aufzutauchen beginnt, operiert nicht mit trennender Aufteilung, sondern mit intuitiver Wahrnehmung ganzer Prozesse und alles umfassender Strukturen. Diese Funktion erfüllt vor allem die rechte Hälfte der Großhirnrinde.

Wir haben vorgegriffen. Wir sind hier eigentlich noch bei der Betrachtung der Zunahme des Aufspaltens, das nicht nur die Wahrnehmung, sondern auch Fühlen und Urteilen beeinflußt. Die Teilung in gegensätzliche Erfahrungen bedeutet auch gegensätzliche Gefühle. Wir fühlen Neigung und Abneigung, wir begehren und weisen zurück. Andrerseits errichten Gefühlsbewertungen Normen des Urteilens, Ordnungssysteme und schließlich sogar Moralsysteme. In den Frühstadien des magischen und mythischen Bewußtseins sind Fühlen und Denken wie auch Sinneswahrnehmung und intuitives Wissen noch nicht voneinander abgegrenzt. Im homerischen Sprachgebrauch »denkfühlen« die Menschen noch mit ihrem Zwerchfell. Sie sprechen emotionale Urteile aus, die dem Herzen und Atem, nicht der rationalen Hirnrinde entstammen. Erst im späteren Zeitalter sokratischer Dialektik sehen wir, wie die rationale Logik quasi entdeckt wird. Sie wird von Aristoteles und seinen Schülern in ein System gebracht und durch die wissenschaftliche Haltung der Renaissance und der Zeit danach völlig vom Fühlen abgegrenzt. Während das Denken in der westlichen Kultur verfeinert wurde, blieb das Fühlen auf seiner archaischen, undifferenzierten Stufe stecken. Auch die Sinneswahrnehmung und die präzise Detailbeobachtung wurde entwickelt, während intuitive, ganzheitliche und außersinnliche Fähigkeiten zurückblieben. Rationales, deduktives, abstraktes Denken (was Jung *gerichtetes* Denken nannte, im Unterschied zum assoziativen oder bildlichen) und analytische Detailbeobachtung sind Funktionen der linken Großhirnrinde.

Auf der Stufe der Identität des »Denkfühlens« wird alles, was gemocht und begehrt wird, automatisch als gut und richtig angesehen. Was gefürchtet wird, gilt als böse und falsch. Selbst heute bilden solche Urteile die Grundlage unseres Wertsystems von gut und schlecht. Die Gefühlsgegensätze begründen existentielle Normen des Urteilens und der Moral. Wir bevorzugen und betonen den konstruktiven Pol des Daseins: Lebenserhaltung, Licht, Ordnung, die Abwesenheit von Schmerz und Schwierigkeiten. Ihre Gegensätze sind schlecht. Die Tatsache, daß Gutes wie Schlechtes Aspekte einer zyklischen Wirklichkeit sind, wird vergessen. Die abgelehnten, abgewerteten Gegensätze stellen dann das Gleichgewicht wieder her, indem sie eine unbewußte Faszination ausüben: je unbewußter, desto gefährlicher der Zwang.

Mythologisch wird die moralische Polarisation als eine Entfremdung der Zwillingsgötter dargestellt, als Machtübernahme Apollos, der Dionysos besiegt. Sie erreicht ihren Höhepunkt in einem von ethischen Grundsätzen geleiteten Monotheismus. Der höchste Wert wird schließlich dem einen und einzigen höchsten Gott zugeschrieben. Er ist König, Richter, Schöpfer, Erhalter von Welt und Leben, dazu Urheber von Sittlichkeit, Moral, Gesetz, Ordnung und Gerechtigkeit. Er ist Licht, Liebe und die Verkörperung alles dessen, was gut und begehrenswert ist, zumindest dessen, was vom Gesichtspunkt der bestehenden Moral aus wünschenswert sein sollte.

Sein Gegenspieler, der dunkle Zwilling, der Auflösung, Wandlung, das Nichtrationale und den zerstörend gewalttätigen Aspekt des Yang verkörpert, wird dämonisiert, abgelehnt und unterdrückt. Die dionysische Nachtseite des Lebens – Ekstase, Leidenschaft, Tod und Wiedergeburt – wird allmählich auf die sinistren (vom lateinischen Wort für *links* stammend; bedeutet daher linkshändig und hat mit der rechten Großhirnrinde zu tun), unheilvollen Erdgottheiten übertragen: in Ägypten auf Seth, der Osiris gegenübersteht; in Persien auf Ahriman, den Feind Ahura Masdas, des Lichts; in Griechenland auf Dionysos in der Gestalt des Drachens Python, der von Apollo überwunden und erschlagen wird; im alten Israel auf den Wüstendämon Asasel, und im christlichen Mittelalter auf Satan, den bösen Widersacher Jehovas. Das rationale patriarchale Bewußtsein kann schon den Aspekt des Yang nicht annehmen, der Strukturen auflöst, und daher das abgründige, chaotische Mysterium des dunklen Yin noch viel weniger. Die Göttin, die dunkle Mutter, folgt ihrem dunklen Sohn in die Verbannung. In der ordentlichen, dem Wunschdenken verhafteten androlatrischen Welt müssen die Frauen brav, nett, häuslich und empfänglich sein.

Aggression, Tod und Zerstörung werden nicht länger als Aspekte des Lebens gesehen, die naturgemäß zu ihm gehören. Daher ist auch das Opfer, das sich freiwillig selbst darbringt, unmöglich geworden. Wenn aggressive Gewalt kanalisiert werden soll, damit sie die Gemeinschaft nicht mehr überschwemmt, müssen die richtigen Opfer bestimmt werden; ihre Tötung muß gerechtfertigt sein. Außerdem werden Tabus aufgestellt, damit nicht ungeeignete Opfer getötet werden. Da das Opfer des unschuldigen Königs nicht länger als richtig angesehen wurde, mußte die unumgängliche Opferung ethisch gerechtfertigt werden: geopfert wurde ein Außenseiter, entweder weil er gegen Tabus verstoßen hatte, oder weil er, zum Beispiel als Kriegsgefangener, nicht der Gemeinschaft angehörte.

Kriege, die Opfer für die Zeremonien beschaffen sollten, wurden absichtlich angezettelt oder brachen spontan aus – das heißt sie entstanden aus unbewußtem Verlangen nach Gewalt. Auf der nächsten Stufe traten Tiere an die Stelle der Menschenopfer, gewöhnlich die, welche das göttliche Symbol der Epoche verkörperten: der Bock in der Epoche der Zwillinge, Stier und Widder in den folgenden, nach ihnen benannten Abschnitten. Schließlich stand moralisches Rationalisieren im Vordergrund: dem Opfer wurde das Böse zur Last gelegt, das abgewendet werden sollte. Das Opfer verkörperte nicht länger den göttlichen Retter und Erneuerer, sondern trug nun das Stigma des Missetäters. Unter der Herrschaft des gerechten und gütigen Gottes oder ebensolcher Götter wurde es manchmal nur ausgestoßen und nicht getötet. Das Menschenopfer konnte jetzt nur als Strafe für die Verletzung eines Tabus, für eine persönliche Missetat rationalisiert werden: als Strafe für unerlaubte Wunschbefriedigung. Das Verlangen nach Opferzeremonien konnte im Namen eines gerechten Gottes nicht gutgeheißen werden. So wird die Forderung an Abraham, Isaak zu opfern, als Prüfung seiner Treue erklärt. Sobald die Prüfung bestanden ist, wird durch göttliches Eingreifen ein Widder als Ersatz gestellt. Kain, nach Buber ein Sohn Gottes[8] und daher königliches Opfer, wird Brudermord vorgeworfen, damit seine rituelle Verbannung gerechtfertigt ist. Ödipus, Schwellfuß auf deutsch (den Opfern und Auserwählten des Gottes wurden die Sehnen durchschnitten), wurde Inzest vorgeworfen. In diesen Geschichten können wir leicht alte Motive der Opferung erkennen: die rituelle Tötung des »Zwillingsbruders« oder Vaters durch den Nachfolger, den heiligen Inzest mit der Muttergöttin oder Priesterin. Die Opferhandlung erhält die Bedeutung der Buße, des Sühneopfers, wie zum Beispiel im Fall des stellvertretenden Sündenbocks. Wird nun ein Mensch geopfert, dann ein Ausgestoßener. Für die Rolle des menschlichen Sündenbocks sucht man sich einen Sklaven oder Verbrecher. Da Gewalt durch weltliches Recht eingedämmt ist, wird der Nonkonformist (zusätzlich zu den gewöhnlichen Tabubrechern wie Dieben und Mördern oder den Feinden des Stammes) immer mehr in die Rolle des zeremoniell geopferten menschlichen Sündenbocks gedrängt.

Diese Veränderungen des Brauchtums und Verhaltens sind Zeichen einer höchst bedeutsamen psychologischen Entwicklung: Anfänge eines Gefühls persönlicher Verantwortlichkeit, das aus Scham und Schuld entsteht. Es ist grundlegend für Individualität und Selbstbeherrschung. Nur durch das Gefühl, für die Folgen des eigenen Handelns verantwortlich zu sein, und weil gelernt wird, es durch vernünftiges Planen ohne Rücksicht auf spontane Impulse und wechselnde Gefühle zu beherrschen, kann eine Stärkung des *Ich bin* erreicht werden. Die Erlangung eines beständigen und verantwortlichen *Ich* ist anscheinend notwendig, bevor der nächste Schritt in der Entwicklung des Bewußtseins getan werden kann. Paradoxerweise wird die Differenzierung der Individualität, die sich von der Gruppe abhebt, durch die disziplinierende Wirkung des Gruppenbewußtseins, des Über-Ich, auf das sich entfaltende Ich hervorgerufen. Die individuelle Verantwortlichkeit wird sozusagen durch Gruppendisziplin und Zugehörigkeitsgefühl aufgebaut. Die goldene Sittenregel schreibt in ihrer ursprünglichen Form vor: »Du sollst nicht rachgierig sein, noch Zorn halten gegen die Kinder deines Volks« (3. Mose 19,18). Und während es in den Zehn Geboten heißt, »du sollst nicht töten«, werden dennoch Vernichtungskriege gutgeheißen, ja sogar zur Pflicht gemacht, nicht nur gegen Feinde und Gesetzesbrecher, sondern auch gegen Nonkonformisten (5. Mose 13, 5).

Wir müssen die psychologische Bedeutung von Tabu und Ritual verstehen, wenn wir ihre Rolle an dem Punkt der Geschichte würdigen wollen, der momentan zur Diskussion steht, und wenn wir herausfinden wollen, welche Rolle sie in unserer gegenwärtigen Notlage spielen, in der die wiedererstehenden Kräfte des Weiblichen und Dionysischen integriert werden müssen.

Tabu ist eine Form von Verbot, die auf gemeinschaftlicher Übereinstimmung beruht. Auf der primitiven Ebene wird geglaubt, der Bruch eines Tabus wecke eine Macht, löse einen Energieprozeß aus, mit dem sich die Gruppe als Ganzes nicht auseinandersetzen will. Diese Macht ist furchteinflößend, geheiligt, gehört der *anderen* Welt an. Der Missetäter wird dieser Macht ohne jede Unterstützung durch die Gruppe auf Gedeih und Verderb überantwortet. Wie weit er von der Gemeinschaft ausgeschlossen wird, hängt von der Schwere der Abweichung ab. Um ihn wird eine Sperrlinie gezogen, damit die Gruppe vor einer Ansteckung, vor dem Bösen oder der Gefahr geschützt bleibt, die er heraufbeschworen hat. Denn auf der noch konkretisierenden Ebene ist das Böse schlicht die drohende Störung durch das Ungewöhnliche, die Gefahr einer Veränderung, eines Zusammenbruchs der gewohnten Ordnung der Lebenssicherung. Erst später wird es zur moralischen und schließlich psychologischen Kategorie.

Was auf der Ebene mythischer Identifikation buchstäblich körperliche Verstoßung war, wird in den späteren Stadien moralischer und ethischer Rechtfertigung gesellschaftliche Ächtung und Entehrung. Das Böse ist nicht mehr eine konkrete dämonische Macht, sondern Schande und schließlich moralisches Vergehen. Der *pharmakos* nimmt das Böse der Gemeinschaft auf sich: er wird als Sündenbock ausgestoßen.

Tabu, »du sollst nicht«, Ächtung, Schande und Vertreibung, psychologische Abspaltung und Verdrängung eines unannehmbaren Inhalts vom bewußten Selbstbild sind alles Varianten eines Verhaltens, das der Bedrohung durch das Böse aus dem Weg geht. Es ist Flucht, unbewußtes Eingeständnis subjektiver Unzulänglichkeit angesichts der gefährlichen Verlockung durch den verbotenen Trieb. Das grundlegende Gesetz der

Erhaltung der Energie gilt aber ebenso für psychische Funktionen wie in der Physik. Was aus dem individuellen Bewußtsein ausgeschlossen und verdrängt wird, taucht in der Projektion auf eine andere Person, Gruppe oder Figur wieder auf. Der unannehmbare sadomasochistische Drang, die Ekstase der Zerstörung, die Bedürfnisse werden dem *anderen* zugeschrieben, der nun als böse, verbrecherisch, gierig und lüstern gesehen wird, als Feind. Die gewaltige Energie dieser Impulse wird nicht länger als göttlich, sondern als satanisch erlebt, dem guten und gerechten Gott feindlich gesinnt.

Der große Pan stirbt. Dionysos geht in die Verbannung. In der voll entwickelten mentalen und rationalen Welt wird er zum *deus absconditus* (verborgenen Gott). In der Bibel ist er als Asasel (3. Mose 16, 8) ein ferner Wüstendämon, dem der Sündenbock geweiht wird. Im Christentum führt er als Luzifer, Satan, Teufel und das große Tier der Offenbarung ein Dasein im Verborgenen, und Herrscher ist sein apollinischer Gegenspieler, der gute, allwissende und gerechte Vater und König, der in alle Ewigkeit über Gesetz und Ordnung wacht.

In unserer Zeit scheint Dionysos jedoch die Verbannung ins Unbewußte nicht länger ertragen zu wollen. Als das eigene Böse, das wir uns nicht eingestehen, kann er uns vernichten, wenn wir ihm nicht auf ethisch akzeptable Weise Raum gewähren. In den folgenden scharfsichtigen Versen hat Yeats die Gefahr der Gegenwart erkannt. Interessanterweise entsprechen die ersten drei Verse der magischen, mythischen und mentalen Phase.

Die vier Lebensalter

Er führte mit dem Körper Krieg,
Doch der geht aufwärts, hat den Sieg.

Dann hat er mit dem Herzen Streit,
Die Unschuld geht, er bleibt entzweit.

Dann der Kampf mit seinem Geist,
Sein stolzes Herz erliegt, verwaist.

Da nun der Krieg mit Gott beginnt,
Kommt Mitternacht, wenn Gott gewinnt.[9]

Ein nächster Schritt in der Entwicklung des Bewußtseins liegt vor uns und kündigt sich wie immer als Zusammenbruch der alten und überholten Anpassung an. Der Drache, der tausend Jahre gebunden war (Offenbarung

20, 2), bäumt sich auf und will gesehen, angenommen und integriert werden.

Betrachten wir nun die Beziehung der Geschlechter in mythischer Zeit, so stellte die dionysische Kraft als Eros vor allem den physischen Aspekt des Verlangens nach Vereinigung dar. Sie erfüllte hauptsächlich die praktischen Bedürfnisse von Partnerschaft, Heim und Familie. Die Liebe als romantische, persönliche oder geistige Sehnsucht ist noch unbekannt. Echte Liebeslyrik taucht nicht vor dem 10. Jahrhundert nach Christus auf. Die erotische Dichtung davor befaßt sich mit körperlichem Verlangen und Verführung. Ovids *ars amatoria* ist eine unpersönliche Anleitung, wie man eine Frau gewinnt und verführt. Boccaccios *Decamerone* des vierzehnten Jahrhunderts zeigt gleichfalls kaum persönliche Gefühle, trotz aller sexuellen Akrobatik. Paris ist betört durch Helenas Schönheit, aber nicht in sie als Person verliebt. Selbst das Hohelied Salomos schildert nur die körperlichen Eigenschaften der Geliebten. Wenn es zu einer leidenschaftlichen, persönlichen Betroffenheit kommt, wird sie als Katastrophe, einer Krankheit ähnlich, dargestellt (Dido und Äneas, Heloise und Abaelard; Tristans Liebe zu Isolde wird auf einen Zaubertrank zurückgeführt).

Damit können wir den kulturellen Fortschritt würdigen, der sich in der späteren christlichen Haltung erweist, die dem Eros die *agape* oder *caritas* entgegensetzte, von Leidenschaft freie, fürsorgliche Anteilnahme an der Person. Dieses geistige Ideal einer neuen menschlichen Beziehung verlangte erst einmal eine Achtung vor der anderen verkörperten Seele. Die leidenschaftslose, von persönlichen Gefühlen freie Zuneigung verlangte es, die Fähigkeit auszubilden, spontane Emotionen durch »guten Willen« einzudämmen. Der Held als verantwortliches *Ich* mußte den Drachen des Verlangens und Hasses töten. Wenn uns diese Äußerungen der Nächstenliebe heute kalt und steril erscheinen, brauchen wir nur auf die rohe Brutalität der Antike zurückzublicken, auf die Gleichgültigkeit jenen menschlichen Werten gegenüber, die wir jetzt für selbstverständlich halten. Sicher zeigt sich in unserer Zeit Brutalität, aber in spätrömischer und früher fränkischer Zeit wurde sie nicht nur als selbstverständlich hingenommen, sondern man billigte sie voller Stolz. In dieser Zeit die Idee der *agape* einzuführen, war eine Heldentat; die humanen Bestrebungen unserer Zeit wären ohne sie undenkbar. Und wir hätten uns den nächsten Schritt nicht vornehmen können, eine neue Ausdrucksweise der Liebe zu finden, in der sich Gefühl und Verlangen mit Zuneigung und Achtung für die anderen verbinden, denen die Freiheit zugestanden wird, zu dem heranwachsen zu können, was sie aus sich heraus in einer Beziehung von Ich und Du sind.

Spontane Emotionen und Verlangen zu überwinden, heißt den Bereich des weiblichen um des männlichen Ideals der Selbstbeherrschung willen zu überwinden. Das stellt sich symbolisch so dar, daß jenem Aspekt des Männlichen Raum gegeben wird, dem es auf Kosten der dunklen, chaotischen, destruktiven Gegenseite um Licht, Ordnung und Konstruktives geht. Das jüdische Gebot, »du sollst deinen Nächsten lieben wie dich selbst« (3. Mose 19, 18), und noch mehr die christlichen Gebote, »daß ihr euch untereinander liebet« (Johannes 13, 34) und »liebet eure Feinde« (Matth. 5, 44), bedeuten eine Abwendung vom inneren dunklen Zwilling, zwingen ihn, sich einer Zweckbestimmtheit zu fügen, die für die meisten Menschen von außen vorgegeben ist. Der postmythische nächste Schritt der ethischen Bewußtheit bewegt sich notwendigerweise auf ein androlatrisches Ordnen zu. Folge dieses Schrittes ist, daß die Unbegrenztheit des Lebens der Göttin als Chaos gesehen wird. Sie steht für die Gefahr, ins Urdunkel zurückgesogen zu werden, und wird daher zur Verkörperung des Bösen. Ihre Zwillingsgefährten werden ein Paar von sich ausschließenden Gegnern. In beiden Geschlechtern identifiziert sich das nunmehr männlich ausgerichtete Bewußtsein, das *Ich*, mit dem Lichtgott, mit Himmel und Sonne. Fürsprecher ist ihm der Sonnenheld. Schließlich blickt das Ich zu dem einen Gott auf, der im Himmel ist, und gewinnt durch die »Nachfolge Gottes« selbst den Anspruch auf Vorherrschaft. Die *gnosis* der Schlange, die Gottheit im Innern, gilt als verboten. (Die Vorstellung vom biblischen, königlichen Gott, der »weiß, was gut und böse ist«, enthält eine schreckliche Ambivalenz im Hinblick auf die alte Bedeutung von »wissen«: vereint sein mit, existentiell erfahren. Sie beinhaltet die Einsicht, daß Gut und Böse der Schöpfung selbst als göttliche Prinzipien innewohnen. Dieses Geheimnis ist dem nun erwachenden Ich-Bewußtsein verboten, das gezwungen ist, das Böse zu meiden und dem Guten in Übereinstimmung mit dem Tabu zu folgen, das sich im weiteren Verlauf der Entwicklung zum göttlichen und menschlichen Gesetz entfalten wird.) Der heldenhafte selbstbeherrschte Wille, der von nun an regieren wird, ist in den Heroen verkörpert: Marduk, der Tiamat erschlägt; Apollo, der Python tötet; Beowulf, Siegfried und später der heilige Georg, die Drachen, Schlangen oder Sumpfungeheuer töten, die für das nun verdrängte Sumpf-Unbewußte des Weiblichen stehen. Der Beginn des Heldenzeitalters fällt mit dem Anfang der Eisentechnik zusammen. Sie ist zunehmend beherrscht von Verstand, Ich und Geist. Die

Abstraktion führt schließlich zum Verlust der Götter und der Seele. Sie fördert jedoch die Eroberung der Welt durch die Technologie.

Gegen Ende des mythischen Zeitalters bemüht sich das Ich, seine Stärke innen wie außen der Natur entgegenzusetzen. Die Wendung nach innen hat das Ich-Zentrum hervorgebracht, das nun wie der Gott im Himmel darangeht, sich zum absoluten, ausschließlichen Herrscher zu machen. Der »Ich bin, der ich bin« (2. Mose 3, 14) verdammt Götzenbilder, erläßt Gebote und stellt Stammesgesetze gemeinschaftlicher Tabus auf. Endlich weiten sich die Gesetze zu einer Moral aus, die allgemeine Gültigkeit beansprucht. Diese Herrschaft aufgrund einer Idee statt eines konkret gesehenen Bildes hatte es vorher nicht gegeben, war undenkbar gewesen. Das neu entdeckte persönliche Ich kann jetzt göttlichen Geboten gehorchen oder sie übertreten, auf die Gefahr hin, dafür bestraft zu werden. Das Böse ist nicht länger äußeres Mißgeschick, sondern ein menschlicher Akt des Ungehorsams. Mißgeschick ist die Strafe für diese Übertretung. Jetzt taucht die persönliche Verantwortung für das eigene Handeln auf, und zur Schande in der Gemeinschaft tritt die Schuld, Gott nicht gehorcht zu haben.

Die Ausbildung des Willens durch heroische Standhaftigkeit wurde das Ideal des Zeitalters, das die mythische Epoche beschließt und die rationale Phase der Ich-Zentriertheit einleitet. Der Beginn dieser Eisenzeit (Ovids Zeitalter des Bösen und des Niedergangs) liegt wahrscheinlich um 1200 v. Chr., in etwa die Zeit, als Abram aufgefordert wurde, Familie und Freunde zu verlassen und »in ein Land, das ich dir zeigen will«, zu gehen (1. Mose 12, 1). Die Auflehnung gegen Heimat und Familie, das rastlose Suchen nach neuen Horizonten zusammen mit der Ablehnung der alten, ist uns aus dem Stadium der Vorpubertät vertraut. Historisch ist es eine Zeit der Nomadenwanderungen, eine Auflösung der Verbundenheit mit Stamm und Boden. In dieser Phase legen junge Menschen Tagebücher an, und das Tagebuch der Menschheit nahm mit der ersten Geschichtsschreibung seinen Anfang.

Gegen Ende der mythischen Epoche gewinnt das logische Denken gegenüber dem empathischen, einfühlend intuitiven, mythologischen Denken mit seiner Phantasie zunehmend an Einfluß. Das logische Denken stützte sich zunächst allerdings weiter auf den Affekt und noch nicht auf die leidenschaftslose Bewertung von Tatsache und Sinn. Es begann als präverbales Urteilen und ist vor allem eine Funktion der rechten Hirnhälfte.

Diese Dichotomie zwischen den Worten und was sie übermitteln können einerseits und der Wortlosigkeit der affektbetonten und instinktiven Erfahrung andrerseits stellt ein Paradox der mythologischen Ebene und eine elementare Spaltung des Menschen dar. Die mythologische Spaltung besteht zwischen einer innerlich gefühlten Realität von Emotion, Phantasie und Vorstellung und einer äußeren Wirklichkeit, die eine Entwicklung des praktischen Denkens verlangt. Die Wurzel von *Mythos* bedeutet »Verbergen in Schweigen« wie auch »Erzählen«. Darin spiegelt sich die Tatsache, daß das Gesagte nicht wirklich zeigen kann, was es sagen möchte: »Das Tao, über das ausgesagt werden kann, ist nicht das Tao.«[10] Mit der Entwicklung des verbalen Denkens geht die mythische und magische Wirklichkeit, die durch Bilder und körperliche Reaktion erreichbar und ausdrückbar ist, zunehmend verloren.

Diese Wirklichkeit kann möglicherweise durch die sich neu entfaltende Fähigkeit der modernen Menschen, symbolisch zu erleben, wieder zugänglich werden. Jung definiert sie als Annäherung an eine Dimension, die dem logischen Verstand nicht direkt erkennbar ist. Symbolische Erfahrung wird nicht nur durch Worte ausgedrückt, sondern auch durch Bild, Klang, Berührung und Bewegung. Diese sinnlichen Wege führen über sich selbst hinaus und ermöglichen nicht- und außersinnliche Erfahrungen.

Beim Kind verlagert sich der Brennpunkt des Bewußtseins im Alter von drei, vier Jahren auf die mythologische Ebene und bleibt dort bis zur Pubertät. Mit drei, vier Jahren tritt allmählich eine innere Person in Erscheinung, die anfängt, *ich* zu sagen und innere Erfahrung mit äußerer Wahrnehmung zu verknüpfen. Der Prozeß, eine einzelne Person zu werden, führt zunächst zu einem sozialen Bewußtsein, einer Bewußtheit dessen, was Brauch ist, was der Sittenkodex der Familie und Gruppe als richtig oder falsch bezeichnet. Das Schamgefühl wird angesprochen. Es kommt zu einer ersten Unterscheidung von Zeit und Raum, die sich auf das Hier und Jetzt richtet. Das *Ich* beginnt, sich zunehmend von Körper und Außenwelt getrennt zu fühlen, und leitet die Beherrschung von Verlangen und Aggression ein. Die magische Identität und ihr Enthaltensein weichen einem Animismus und einem sich langsam erweiternden reflektierenden Denken. Die Dinge haben Seelen mit menschlichen wie auch phantastischen Eigenschaften. Es kann zu Streitgesprächen mit einer Hexe kommen, die darauf gute Ratschläge erteilt, ihren Kopf abnimmt und auf einem Besen davonfliegt. Die Welt des Singens und Sagens, des Märchens beginnt.

Kurz gesagt, das mythologische Bewußtsein ist ein Bewußtsein der

Seele, ein Reflexionsvermögen in Gestalt von Emotion und Affekt, Bildern und Phantasie. Die einzelne Seele reflektiert in ihrem Mitschwingen die kosmische Seele als innere Erfahrung. Damit erhalten die Errungenschaften der vorausgehenden magischen Ebene eine neue Ausrichtung, erfahren eine Änderung ihrer Qualität. Die magische Interaktion mit dem Umfeld war relativ subjektlos. Die unpersönliche Feldintention personalisiert sich nun zu Seelenintentionen. Motivationen werden erlebt als dem eigenen Willen entstammend, im Gegensatz zum kosmischen Willen. Als Menschen mit eigenem Fühlen und Wollen, die vom Boden aufblicken, vom bloß tierhaften Enthaltensein in der Natur zum öffnenden Gefühl der Freiheit des Himmels, nennen sie sich *anthropos*, griechisch für den, »der aufblickt«. Der Kosmos wird im Spiegelbild der Seele anthropomorphisiert. Das innere »Wissen« der Seele ist *gnosis*. Mit der Entfaltung des eigenen Willens geht die instinktive Unmittelbarkeit des kosmischen Willens verloren. Das Ergebnis ist der »Sündenfall«. Die mythische Phase wird abgeschlossen durch eine Zentrierung der Seele im *Ich*, einem Gefühl der Vereinheitlichung der Persönlichkeit. Sie erscheint zusammen mit einer Vereinheitlichung des kosmischen Pantheons unter der monotheistischen Herrschaft des Über-Ich, das als Gott, König oder Vater im Himmel gesehen wird. Die Kraft des logischen Denkens, das bis jetzt ein *Feld*denken war, eine Funktion quasi autonomer Bilder und Emotionen, wird nun für das *Ich* verfügbar. Das Individuum beginnt zunächst über sich selbst logisch zu denken, dann in zunehmendem Maße über die Außenwelt.

Während das vernünftig urteilende Licht des Verstandes die Welt in ihrer äußeren, konkreten Manifestation erfaßt, geht die innere *gnosis* mit ihrem magischen, instinkthaften Eingestimmtsein auf grundlegende Bedürfnisse des Lebens und außermenschliche Dynamik dem Bewußtsein verloren. Die Welt des Weiblichen, der Göttin und ihres Gefährten Dionysos oder Pan weicht dem Gott, der da heißt »ich bin, der ich bin«. Gegen Ende des mythischen Zeitalters hört man den Schrei, daß der große Pan tot ist. Seine Stelle nimmt der himmlische Vater ein, dessen Platz sich schließlich das jetzt vergöttlichte logisch denkende *Ich* anmaßt. Am Ende der mentalen Epoche werden wir wieder den Schrei hören: »Gott ist tot«.

6 Die mentale Phase

Cogito ergo sum (Ich denke, also bin ich).

Descartes

Gott schütze vor Gedanken mich
Die das Hirn nur barg;
Wer ein Lied für immer singt
Denkt im Knochenmark.

W. B. Yeats, *Ein Gebet fürs hohe Alter*[1]

In der mentalen oder patriarchalen Phase des Ich ist die Beherrschung von
Aggression und Verlangen eine Frage der Gesetze, der Moral. Der rationale Verstand wird oberster Richter. Der unkontrollierte Ausdruck spontaner, leidenschaftlicher Triebe wird mißbilligt und schließlich unterdrückt. »Selbstsucht«, Beschäftigung mit den eigenen Bedürfnissen und
nicht mit denen der Gemeinschaft oder einer anderen Person, wird als
Laster betrachtet. Gewalt und Sexualität gelten als böse, und durch
Gesetze wird festgelegt, unter welchen Bedingungen sie erlaubt sind. Aggressive Gewalt wird nur den Männern gestattet, die sich für die Gruppe
einsetzen und auf ihren Befehl gegen Sündenböcke vorgehen – gegen Andersdenkende, Gesetzesbrecher, Fremde, mit einem Wort, gegen Feinde.

Beherrschung der Natur, jetzt in eine innere und äußere getrennt,
kennzeichnet die patriarchale, mentale Phase. Sie ist die erste Phase der
Ich-Kontrolle, in der das Über-Ich oder die Persona dominieren. Grundlegend für das Patriarchat und sein androlatrisches Bezugssystem sind
Ablehnung und Abwertung a) der weiblichen Gottheit (und daher der
weiblichen Werte), b) der natürlichen Triebe und c) der spontanen Emotionen und Verlangen. Die ersten Spuren eines bewußten Ich entwickeln
sich, indem subjektive Antriebe und Bedürfnisse durch Selbstverleugnung beherrscht und verdrängt werden. Bevor wir im einzelnen untersuchen, wie die drei Aspekte unser gegenwärtiges Funktionieren beeinflussen, wollen wir die mentale Phase des Bewußtseins kurz beschreiben.

Die mentale Ebene

Der Übergang von der mythischen zur mentalen Stufe des Bewußtseins ist mit einem Übergang vom Animismus, von der Seele, zur Dreidimensionalität der räumlichen Außenwelt und der Dinge verbunden, die mit den fünf Sinnen wahrgenommen werden. Das Wort »Realität« geht auf das lateinische *res*, Ding, zurück und bedeutet »Dinglichkeit«. Dasein hat, was nach den Begriffen des dreidimensionalen Raums wahrnehmbar ist. Allem Nichtmateriellen, das räumlich weder wahrgenommen noch veranschaulicht werden kann, wird Realität abgesprochen. Es kann keine Existenz haben. Diese auf die introvertierte mythische Phase folgende Extraversion führte zur Eroberung der räumlichen, materiellen »Realität« und erreichte mit der Erforschung des Atoms, des Mondes und des Weltraums im zwanzigsten Jahrhundert ihren Höhepunkt.

Was im materiellen Raum nicht zu beobachten ist, wird zunehmend unvorstellbar. Die Wahrnehmungen der mythischen Welt konzentrierten sich auf zweidimensionale Bilder, die den Raum weder ausfüllten noch an ihn gebunden waren. Vermutlich waren sie wie Traum- und Phantasiebilder wechselseitige Spiegelungen dessen, was noch nicht vollständig in einen inneren und äußeren Raum geschieden war, wobei jede Realität mit der anderen verschmelzen oder sie vertreten konnte. In der Malerei zum Beispiel findet sich bis in die Frührenaissance noch kein Verstehen der dreidimensionalen Perspektive. Die Gesichtszüge der antiken griechischen Skulpturen, die den Beginn des mentalen Zeitalters ankündigen, machen auf uns den Eindruck, als hätten die Bildhauer eine neue Klarheit, eine neue Dimension entdeckt, die den Erkenntnissen entspricht, die Sokrates und Aristoteles im Bereich des deduktiven Denkens, Schlußfolgerns und der Logik gewannen. Die römischen Gesichter sehen schon hart, sogar zynisch wie die der modernen Geschäftsleute und Politiker aus.

Die mentale Epoche schränkt ihre Vorstellung von der Wirklichkeit auf das ein, was mit den Sinnen wahrnehmbar ist. Sie bezieht sich nicht mehr auf die Wahrnehmungen der Psyche dessen, was »wirkt«. Nach griechischer Auffassung war eine Idee noch etwas Sichtbares. Für den modernen Verstand erscheint eine Idee als etwas Abstraktes – vom Sichtbaren abgezogen. Sie ist daher nicht so *real* wie ein Objekt. Räumlichkeit und Phänomenologie beruhen auf Trennung; zu ihnen gehören Einteilen und Ordnen dieser Einteilung. Das Unendliche wird kreuz und quer durchschnitten und nach den vier Haupthimmelsrichtungen des Kompasses geordnet. Das Kreuz wird zum vorherrschenden Symbol.

Ein *Ding* ist nun ein Element der Raumgliederung, ein Teil dessen, was den Raum ausmacht. Im mentalen Zeitalter wird die kleinste Einheit der Materie Atom genannt, weil sie für *a-tomos*, für unteilbar gehalten wurde. Im Teilen, Ordnen und Manipulieren der abgetrennten Raumgebilde findet die in der mythischen Epoche geschaffene innere Identität, die nun jene Gebilde als einzige Realität ansieht, eine neue Ebene der Wirklichkeit, indem sie sich selbst als wirkende Kraft wahrnimmt. Das Ich wird sich bewußt, daß es Körper im Raum ist. Die Selbsterfahrung des kleinen Kindes beginnt als Körpererfahrung und beruht auf ihr. Ich-Stärke ist die Fähigkeit, mit Hilfe des Willens auf andere, lebende oder leblose Körper einzuwirken. Das »Teile und herrsche« des alten Rom, der ersten völlig ich-bewußten Gesellschaft, ist auch das Motto des Ich. Das Ich, das Bewußtsein von Raum und Ding, ist auf aggressive Konkurrenz, Einsatz manipulierender Macht und ein Herrschen ausgerichtet, das sich auf den Willen stützt. Ich-Stärke wird an der Fähigkeit gemessen, den eigenen Willen der Natur gegenüber zu behaupten und sie zu zwingen, dem Streben des Ich nach Dauer, Wohlbefinden und Freisein von Schmerz zu dienen, außerdem an der Fähigkeit, Triebe, Bedürfnisse und Verlangen zu beherrschen. Existenz wird nur der Welt des Raums zuerkannt, und so werden Tod und Zerfall des im Raum sichtbaren Körpers als ihr unabänderliches Ende angesehen.

Unsere heutigen Begriffskategorien gehen mit der Sprache, in der sie ausgedrückt werden, auf räumliche Zusammenhänge zurück: *Struktur, Form, Stellung beziehen, voraussetzen, begreifen.* Die Zeit wird vom Raum her gemessen und veranschaulicht: Erde oder Uhrzeiger bewegen sich. Die Zeit ist ein Epiphänomen des Raums: *epi* bedeutet »oben auf«, und ein *Phänomen* ist etwas, »das im Raum erscheint«. Selbst die vor kurzem wiederentdeckte Seele wird »innerer Raum« genannt.

Das Gefühl, die Seele sei nichträumliche Existenz, ging verloren. Die Theologie sieht die Seele als Ding. Die mythologische Phantasievorstellung besteht nur noch in Gestalt dichterischer Einbildungskraft fort, die einen Ausgleich für die zunehmend abstraktere Welt des Denkens schafft. Der Seele wird kaum mehr als ein poetischer Wert zugestanden, oft genug wird sie ins Reich des Aberglaubens und der Sentimentalität verwiesen.

Wir sehen nicht mehr mit dem inneren Auge, sondern machen uns abstrakte Gedanken *über* Dinge, die an die Stelle des lebendigen Geistes hinter oder in den Dingen treten. Der kartesianische Dualismus sieht keine Verbindung zwischen der subjektiven Welt des Denkens und der objektiven Außenwelt. Tiere, Bäume und Blumen sprechen nur zu Dichtern und Kindern. Für den Rest der Welt sind sie stumm und seelenlos, bloße Objekte, die als Werk eines anthropomorphen Gottes angesehen werden. Am Ende der mentalen Epoche wird ihr Dasein als vom Zufall bestimmt aufgefaßt. Eine einleuchtende Erklärung gibt es nicht. Die Vorstellungen über sie sind nicht länger als ihnen *innewohnend* denkbar. Die Gedanken werden als Produkte des menschlichen Verstandes oder Gehirns betrachtet, isoliert von den Dingen, auf die sie sich beziehen. Das Denken ist ein Spiel, das ohne direktes physisches Handeln keinerlei Wirkung hätte. Auch Gott wird abstrakt, und so sollen keine Bildnisse gemacht werden, die diese Abstraktion Lügen strafen würden. Das Göttliche, das ursprünglich als im Objekt gegenwärtig gesehen wurde, wird zum Gedanken, zur »bloßen« Idee. Die Urschauer der Erfahrung des Transzendenten werden für theologische Spekulation und Dogma »eingespannt«. Schließlich wird Gott für eine primitive Erklärung der Welt gehalten, für ein Mittel, Ängste zu nehmen oder politische Macht auszuüben.

Ironischerweise wird diese Isolierung des Göttlichen vom Materiellen, die im Verbot der Bildnisse angelegt ist und erst zu einem abstrakten Gottesbegriff und schließlich zur »Unwirklichkeit« Gottes führt, selbst als Einhaltung eines göttlichen Gebotes (2. Mose 20, 4) gesehen. Sie ist von genau den Kräften der Evolution gewollt, welche die »aufgeklärte« Vernunft seither aus den Augen verloren hat.

Der Welt der Dinge werden bloß noch zwei Qualitäten als ihr innewohnend zugeschrieben: Kausalität und Zufälligkeit. Die Welt wird als Anhäufung träger, lebloser Teilchen wahrgenommen, die durch etwas, das Energie genannt wird, zufällig und ziellos herumgeschubst werden. Energie wird definiert als die Fähigkeit, Arbeit zu leisten; eine Zirkeldefinition. Arbeit wird wiederum als die Wirkung aufgewendeter Energie definiert. Die unbewußte Voraussetzung dieser Definition ist der Begriff der Arbeit, die in der räumlichen Welt durch überlegten Willenseinsatz des Ich Veränderungen zustande bringt. Das gipfelt in der puritanischen Moral und Arbeitsethik. Die Absicht und Fähigkeit, die Natur so zu beherrschen und zu ordnen, daß sie unseren Zwecken entspricht, Hauptmotiv des modernen Menschen, wird anthropomorphisierend auf unseren Begriff der »Energie« projiziert, die *primum movens* ist und vorläufig an die Stelle des Gottesbildes getreten ist. Das *Tun* schafft Identität, nicht so sehr das *Sein*. Der Begriff der Arbeit ist die Grundlage der Mechanik, auf die sich die Physik des neunzehnten Jahrhunderts stützt. Der Mensch bringt durch die Arbeit die von seinem rationalen Geist erstellte Ordnung in eine Welt der blinden, sinnlosen, mechanistischen Kausalität und Zufälligkeit, die sich selbst überlassen ins Chaos münden würde.

Während der gesamten Entwicklung dieses Denkens umfaßte der Begriff der Kausalität, wie er zu Beginn der mentalen Epoche von Aristoteles formuliert wurde, stets auch die *causa formalis*, die Form im Sinne des wahren Seins von etwas, und die *causa finalis*, die Zweckursache. Ein Beispiel für die causa formalis ist das Fliegen eines Vogels als Ausdruck des Vogelartigen. Die causa finalis zeigt sich in der Entwicklung des Falkenauges, das den Zweck hat, kleine Tiere zu jagen. Auf der menschlichen Ebene kann uns die Vorstellung einer formalen und finalen Ursache helfen, schmerzhafte oder schwierige Ereignisse im Leben anzunehmen. Sie können als Ausdruck des tiefsten eigenen Wesens aufgefaßt werden, die vom Unbewußten geradezu schicksalhaft erzwungen wurden, damit die wahre Individualität erlebt und verwirklicht werden kann. Die Form der formalen und finalen Kausalität, im Mittelalter »immanente Kausalität« genannt, wurde dem modernen Denken zunehmend fremder.

In unserer Zeit wird der Begriff Kausalität auf das eingeengt, was an Detailfolge mit den Sinnesorganen direkt beobachtbar und im Experiment demonstrierbar und wiederholbar ist. Darin drückt sich ein lineares Denken aus, das sich von einem willkürlich isolierten Teil zum nächsten bewegt. Es hat umfassende Form, Funktion und Zweck der ganzen Gestalt aus den Augen verloren.

Die Fühl- und Denkweise der vorangegangenen Phase, das emotionale Ordnen der Erfahrung, weicht einem kalten, objektiven Abwägen der Fakten und Einzelheiten, die von den Sinnen wahrgenommen werden. Objektive Fakten sind die Grundelemente des dreidimensionalen, extravertierten Bewußtseins. Die Idee »objektiver« Fakten ist jedoch nur eine besondere Art von *subjektiver* Erfahrung. Faktum kommt von *facere* – machen, tun – was sich im Wort Tatsache spiegelt. Eine Tatsache verweist im buchstäblichen Sinne auf etwas Getanes, auf die sichtbare Wirkung eines Tuns. Darin liegt die neue Deutungsweise der Welt der Erscheinungsbilder. Sie schließt deren emotionale und über den Raum hinausführenden Hintergründe aus. Das Denken ist nun vom Fühlen getrennt; die Sinneswahrnehmung von Intuition und Einbildungskraft. Denken und Sinneswahrnehmung werden betont und zunehmend entwickelt. Gefühl, Phantasie und Intuition werden abgewertet und schließlich verdrängt. Die Identität wird auf das denkende und begreifende Ich übertragen – »ich denke, also bin ich« –, das der alleinige Urheber des Willens zu sein scheint. Der Wille seinerseits konzentriert sich auf Erforschung und Veränderung der Welt der Dinge, um unser leibliches Wohlergehen zu steigern. Jedoch auch wenn sich der Brennpunkt des Bewußtseins zur neuen mentalen Fähigkeit hin verschoben hat, die Wirksamkeit der alten Triebkräfte hört nicht auf. Sie werden lediglich von unserem neuen Bewußtsein abgespalten oder aus ihm verdrängt.

Der verdrängte, abgespaltene psychische Organismus funktioniert unabhängig von unserem rationalen Bewußtsein weiter als das, was wir jetzt die magischen und mythischen Dimensionen des Unbewußten nennen, als unbewußte Phantasien, Bilder, Gefühle, instinktive Erkenntnisse, die Fähigkeiten der außersinnlichen Wahrnehmung, der »participation mystique«. Ohne unser Wissen modifizieren und ergänzen diese, jetzt unbewußten Schichten unser logisches Denken, können ihm aber auch einen Strich durch die Rechnung machen. Unser wissenschaftliches Weltbild, die sittlichen Normen, die das kollektive Bewußtsein enthält, und unsere persönlichen Ziele, die auf ihnen beruhen, entstammen den Rationalisierungen und Kodifizierungen der vorausgegangenen Epochen. Die Mythen, Fabeln, Phantasien von gestern werden zur räumlich sichtbaren, geschichtlichen Tatsache von heute rationalisiert. Gott soll die Zehn Gebote dem Volk Israel buchstäblich »übergeben« haben. Jesu Opfertod und Auferstehung werden wie geschichtliche Tatsachen geglaubt. Unterdessen hört die unbewußte psychische Aktivität nie auf. Alle festen Wertmaßstäbe rufen schließlich Erweiterungen und Amplifikationen wie auch ergänzende oder im Widerspruch stehende Haltungen der unbewußten Psyche hervor, die wiederum modifiziert, erweitert oder abgelehnt werden, sobald sie sich mit kollektiven Normen verbinden. In einem weiteren Entwicklungsgang tauchen neue Motive und Varianten auf. Dieses weitläufige, rhythmische Hin- und Herfluten erscheint auch in kürzeren Zyklen bis hinab zu den zehn- bis zwanzigjährigen Zyklen, die die sprichwörtlichen Generationsunterschiede zur Folge haben. Eine mythenschaffende Welle folgt der anderen, kleinere Wellen legen sich in den Jahrhunderten, in den Epochen, die Jahrtausende umfassen, über größere. Renaissance, Aufklärung und Industriezeitalter sind kleinere Zyklen der Epoche des rationalen Geistes. Jeder Zyklus verfügt über seine eigene Spielart des jüdisch-christlichen Mythos, die die vorausgegangenen Rhythmen der Wendungen nach innen und außen variiert und kontrapunktiert. In dem großen nach außen gerichteten mentalen Zyklus drängten Renaissance und Industrielle Revolution noch weiter hinaus. Die mittelalterliche Mystik und das Zeitalter der Romantik blickten nach innen. Daher steht die dem kollektiven Bewußtsein eingeprägte Form des Mythos von gestern im Gegensatz zu dessen heutiger, unbewußt mythenschaffender Aktivität. Ebenso erweitern, ergänzen, amplifizieren und kompensieren in der Psychologie der einzelnen die Träume die gegenwärtige bewußte Haltung der Träumenden. Die mythische Phantasie von heute, unbewußt und von der mentalen Haltung rationalisiert, deutet auf die Entwicklung des Bewußtseins von morgen voraus. In einem späteren Kapitel werden wir die modernen Phantasien des Gralsmotivs behandeln, wie sie zu politischen und sozialen Weltanschauungen rationalisiert und entstellt wurden. So spiegelt sich in den heute allgemein anerkannten Überzeugungen das, was als Folge vergangenen Mythologisierens erreicht und kodifiziert wurde. Vieles von herkömmlicher Meinung und Moral wird in der Zukunft einem Wandel unterworfen sein, erweist sich sogar jetzt schon als unvereinbar mit den eigentlichen Tatsachen und Ansichten des heutigen Lebens. Die allgemein anerkannten Auffassungen von Ordnung, Gesetzestreue, christlicher Ethik der Nächstenliebe werden verdreht und mißachtet, wann immer sie unseren Absichten und Zwecken entgegenstehen. Andererseits aber mag eine ehrliche Verwirklichung des echten christlichen Mythos und seiner Ethik gerade die Leistung sein, die es in unserer nächsten Entwicklungsphase zu erreichen gilt.

Die extravertierte, rationale und materialistische Ausrichtung der mentalen Epoche des heutigen, modernen Menschen entspricht der Zeit nach der Pubertät, dem Alter von zwanzig bis zur Krise der Lebensmitte. Da kündigt sich der Übergang in einen Bereich an, der kulturell wie kollektiv Neuland ist, *terra incognita*, eine Bewußtseinsebene, die zu erkunden der nächste Schritt der Menschheit sein wird. Diese neue Ebene wird jetzt von wenigen Pionieren erforscht, die sich nach innen wenden, der unbewußten Psyche zu und fort von dem bewußten Bereich, der während der mentalen Epoche ausschließlich vom Willen, der Vernunft und dem Machttrieb bestimmt wurde. Das Innere ist das Reich der Göttin.

Der Machttrieb ist für die anfängliche patriarchale Entwicklung des Ich unerläßlich. Gleichzeitig aber ist er die Wurzel der Entfremdung. Genährt und unbewußt motiviert von den archaischen Emotionen und instinkthaften Gewohnheitsmustern der tieferen mythologischen und magischen Schichten, von denen es nichts weiß, wirkt das patriarchale Ich in wachsender Fehlanpassung an die Welt der Natur und der menschlichen Gemeinschaft. Die gefährliche Sackgasse, in die diese mangelnde Anpassung führt, läßt die Krise des Übergangs deutlich werden, die das Ende einer alten und den Beginn einer neuen Zeit anzeigt. Wir müssen den nächsten Schritt der Metamorphose des Bewußtseins tun, ob wir wollen oder nicht. Aus der klinischen Beobachtung einzelner wissen wir, daß ein nächster Schritt der Entwicklung oft schmerzhaft, aber immer unumgänglich ist. Er kann sehr viel leichter werden, wenn seine Notwendigkeit eingesehen und die Richtung im großen und ganzen verstanden ist. Diese allgemeine Richtung kann allerdings nur ahnungsweise erfaßt werden. Jeder Versuch, eine zukünftige Entwicklung im voraus zu planen, stützt sich unvermeidlich auf Elemente der Vergangenheit oder Gegenwart, die in die Zukunft projiziert werden. Solche Projektionen beruhen auf der stillschweigenden Annahme, die Schritte vorwärts seien Wiederholungen von schon existierenden Phasen. Das ist insofern falsch, als dabei Wesenskern und Unberechenbarkeit des Schöpferischen übersehen werden.

Dritter Teil

Die patriarchalen Mythen

Darum sollt ihr vollkommen sein,
gleichwie euer Vater im Himmel vollkommen ist.
Matthäus 5, 48

Wenn Gott Gott ist, ist Er nicht gut
Wenn Gott gut ist, ist Er nicht Gott.
Nimm das Hü, nimm das Hott.
Hier schlafen würd' ich nicht einmal zur Not,
Gäb' es nicht die kleinen grünen Blätter im Wald
Und den Wind auf dem Wasser.
Archibald MacLeish, *J.B.*[1]

Die wachsende Entfremdung vom mütterlich umfassenden kosmischen Organismus wird von der Spätzeit der mythologischen Phase an in vier großen Mythen deutlich: der göttlichen Königsmacht, der Vertreibung der Menschen aus dem Paradies, dem Sühneopfer des Sündenbocks und der Minderwertigkeit des Weiblichen. Uns ist verborgen, daß diese Mythen noch immer unserer modernen Weltanschauung in hohem Maße zugrunde liegen. Da wir aber nicht mehr bewußt auf mythologische Weise denkfühlen, haben wir nun diese Mythen rationalisiert. Als unbewußte Voraussetzungen bestimmen sie unser bewußtes Ethos, unsere sozialen Werte und unsere moderne Religion, nämlich die Wissenschaft.

Sie bestimmen gleichfalls die Methoden, mit denen wir uns immer noch um eine Kontrolle der instinkthaften Bedürfnisse und um die Kanalisierung der Aggression bemühen. So erlassen wir Gesetze, bauen auf willensstarke Disziplin, auf die Schuld, die wir uns und anderen zuschreiben, auf den Ausschluß des verfemten Schuldigen aus der Gemeinschaft.

Da die vier Mythen die unbewußten Voraussetzungen einer Weltordnung sind, die sich in eine neue Phase hinein entwickeln wird, müssen wir sie psychologisch verstehen. Nur dann sind wir in der Lage, ihre Umwandlung in neue Formen richtig zu erfassen und möglicherweise einzusehen, was die *neuen* Mythologien von uns verlangen.

7 Die göttliche Königsmacht: Über-Ich und Ich

Ich bin, der ich bin.

2. Mose 3, 14

Gelobt seist du, Ewiger, unser Gott, König der Welt, der du uns geheiligt durch deine Gebote ...

Kiddusch für Sabbat-Abend

Unser Vater, unser König, wir haben gesündigt vor dir!

Gebet für den Versöhnungstag (Jom Kippur)

Der Mythos der patriarchalen Königsgewalt brachte jene besondere Form des Ich-Bewußtseins hervor, die wir heute als *das* Bewußtsein schlechthin anzusehen gewohnt sind. Sein Mittelpunkt ist ein rational denkendes, abstrahierendes und kontrollierendes *Ich*. Vom Standpunkt dieses Mythos aus wird die lenkende Kraft des Universums als männlicher Herrscher personifiziert, der aufgrund seines persönlichen Willens und einer quasi rationalen Absicht tätig ist. Er ist Herr der Heerscharen, der seine Feinde mit der Schärfe des Schwertes schlägt und heldische Lehenstreue von seinen Untertanen erwartet. Die Sozialordnung ist ein Abbild seiner mythischen Ordnung. Die *civitas dei* ist eine Gemeinschaft, die Gott als König regiert: in Israel Jehova, in der islamischen Welt Allah, in Griechenland Zeus, in Rom der kapitolinische Jupiter. Der König der christlichen Staaten herrschte von Gottes Gnaden. Im modernen totalitären Staat ist der Herrscher ein göttlich erleuchteter oder begnadeter Diktator. Jedes solche Regime ist monolithisch, wird gleichsam von einem absoluten Monarchen gelenkt, wie auch immer seine Amtsbezeichnung lauten mag. In jedem System werden die Gesetze als in Übereinstimmung mit dem Willen einer Gottheit gesehen. Auf gleiche Weise wird von der menschlichen Persönlichkeit angenommen, daß sie am besten vom Willen gelenkt wird, der vom Ich ausgeht und bereit ist, jeden äußeren oder inneren Widerstand zu bekämpfen.

Psychologisch führte das Motiv der patriarchalen Königsgewalt zu einem ersten Gefühl individueller Zentriertheit, zur Fähigkeit, mit rationaler Absicht vorzugehen und persönlichen Willen einzusetzen.

Die gottähnlichen Eigenschaften einer persönlichen Autonomie und eines bewußten Willens wurden zunächst nur Gott zugeschrieben, dann dem König oder Pharao und wenigen Initiierten, die Kinder Gottes oder inkarnierte Gottheiten waren. In der Entwicklungsgeschichte des Bewußtseins wurden diese göttlichen Eigenschaften schließlich auf Führer, Adel und die Gebildeten übertragen. Der Masse wurde erst im späten Judentum und Christentum wenigstens die Möglichkeit zuerkannt, Einzelpersonen mit individueller Seele zu sein, natürlich unter der Voraussetzung, es handelte sich um Männer.

Die Konzentrierung des Bewußtseins auf ein heroisches Ich, das eine Mitte schuf, förderte die Entstehung eines fast restlos männlichen Wertsystems, das entsprechend Gewicht auf Getrenntheit und individuellen Willen legte. Da das bewußte Ich als männlicher Held und Krieger gesehen wurde, der für die Ordnung kämpfte, erhielt das Ich, das seinem Gott, den es als königlichen Lehnsherrn sah, gehorsam war, die Aufgabe übertragen, seine weiblichen Eigenschafen und unberechenbare Triebe zu überwinden und zu unterdrücken, sie ins Unbewußte zu verbannen.

Schließlich zeitigte die Königsgewalt des patriarchalen Ich einen sich beschleunigt entwickelnden Monotheismus, dazu eine Unnachgiebigkeit der zentrierenden und bündelnden Funktion des Bewußtseins. In der magischen und mythischen Weltsicht hatte es Möglichkeiten gegeben, eine Vielzahl von Mächten, Kräften und Persönlichkeiten zu erfahren. Sie wurden in der zentralisierten, monotheistischen Weltanschauung aufgegeben. Theologisch äußert sich der Mythos in der Vorstellung, es gäbe nur einen Gott, psychologisch in der Idee eines vereinheitlichten Ich. Diese Ich-Persönlichkeit vergöttlichte die bewußten Aspekte der Erfahrung, verwarf aber die Vielfalt der vor-ich-bewußten Aspekte und Komplexe, aus denen sie hervorgegangen war.

Diese Entwicklung hat zur Folge, daß das Ich seinen Willen diktatorisch dafür einsetzt, der Fiktion Geltung zu verschaffen, es sei der höchste Herrscher über die gesamte Psyche. Nach griechischer Auffassung war es gefährliche Hybris, nur einem Gott unter Ausschluß der anderen zu dienen. Vom Mittelalter an hat der moderne Geist verlangt, nur einem Gott ergeben zu sein, die Dinge ausschließlich auf eine Weise zu sehen, ob nun im Namen der Religion, Politik oder Psychologie. Engstirnigkeit, Intoleranz und Fanatismus sind die Schattenseiten des funkelnden, mentalen Ich.

Die allgemeine Entwicklung fand ihren stärksten Ausdruck in den drei großen westlichen Religionen Judentum, Christentum und Islam.

Kultur und Ethik der westlichen Welt wurden vor allem von den beiden ersten geformt, die daher von besonderem Interesse für unser Thema sind. Was den Islam betrifft, erleben wir jetzt im Iran und in Libyen ein Wiedererstarken des Fundamentalismus, dessen Tragweite noch nicht abzusehen ist.

Die grundlegende Formulierung der westlichen Doktrin läßt sich in den ersten beiden der Zehn Gebote finden.

Ich bin der Herr, dein Gott, der ich dich aus Ägyptenland, aus dem Diensthause, geführt habe. Du sollst keine anderen Götter neben mir haben. Du sollst dir kein Bildnis noch irgend ein Gleichnis machen, weder des, das oben im Himmel, noch des, das unten auf Erden, oder des, das im Wasser unter der Erde ist. Bete sie nicht an und diene ihnen nicht. Denn ich, der Herr, dein Gott, bin ein eifersüchtiger Gott ... (2. Mose 20, 2 – 5)

Die Zehn Gebote beginnen mit der Feststellung »Ich bin«. Wir sollten mehr darin sehen, als bloß eine grammatikalische Wendung. Sie drückt ohne Umschweife Wesen und Eigenschaft dessen aus, der sich an Israel wendet. Der Gott, der da spricht, antwortet auf Moses Bitte, seinen Namen zu nennen: »Eyeh ascher eyeh«, wörtlich »Ich bin das, was ich bin«, oder mit anderen Worten Sein, das sich seiner selbst als *Ich* bewußt ist. Hier bricht die Grunderfahrung der Ichheit auf, die aber sogleich die Gebote »Du sollst« und »Du sollst nicht« mit sich bringt. Was hier spricht, ist eine Eigenschaft, die am Ende der mentalen Ich-Epoche schließlich als individuelles Gewissen und nicht als projizierter Befehl von außen angesehen wird. Zu Beginn dieser Zeit waren die Gebote allerdings an ein Kollektiv und nicht an einzelne gerichtet. Sie legen kollektive Glaubens- und Verhaltensnormen fest, die göttlichen Ursprungs sein wollen. Das sich entfaltende Ich scheint an diesem Punkt mehr dem Über-Ich im Sinne Freuds oder Jungs Animus oder Persona zu gleichen. Doch die Tendenz geht deutlich in Richtung Selbstbeherrschung und Selbstverantwortlichkeit.

Bezeichnenderweise beruht diese Selbstverantwortlichkeit auf der Durchsetzung kollektiver, nicht individueller Wert- und Verhaltensnormen durch das Ich. Die Regeln und Tabus wirken zunächst noch von außen auf die einzelnen ein. Zum größten Teil müssen sie sogar den oft widerstrebenden individuellen Gefühlen und Instinkten quasi mit Gewalt aufgedrängt werden. Die Maßstäbe von richtig und falsch sind Ausdruck einer Gruppenseele, eines Gruppenbewußtseins. Geltung wird ihnen mit Hilfe eines Systems der gesellschaftlichen Ächtung, Bestrafung, Stempelung zum Sündenbock verschafft. Erst später wird das System des

Über-Ich als individuelles Schuldgefühl verinnerlicht, das allerdings weiter auf kollektiven Normen beruht, die von außen stammen. Diese Weltsicht betont Objekte und räumliche Unterscheidungsmerkmale, hierarchische Ordnung, Gesetz und Maß. Der griechisch-römische Apollo urteilt vor allem nach ästhetischen Kategorien. Dem griechischen Geist waren das Schöne und Gute weitgehend identisch. Der hebräische Jehova urteilt ethisch. Was das Maß, die fest umrissenen Grenzen des Göttlichen verletzt, gilt als häßlich, schlecht, unrein und böse.

Eine Zeitlang konnten sich Apollo und Jehova im christlichen System, wenn auch unbehaglich, nebeneinander behaupten. Schließlich gewann Jehova das Übergewicht und assimilierte Apollo. Für den christlichen Westen sind Gut und Böse im wesentlichen ethische Größen geworden. Der Genuß der Schönheit um ihrer selbst willen ist oft genug als leichtfertig verdächtigt worden, als Versuchung des Teufels, die vom Dienst an Gott abhält. Reinheit erhielt die Bedeutung strikter Kontrolle individueller Spontaneität, instinkthafter und emotionaler Antriebe, »selbstsüchtiger« Bedürfnisse und Verlangen, und das zugunsten der Normen des Über-Ich. William Blake äußerte sich in einem Gedicht, das er ironisch »Die Stimme des Teufels« nannte, kritisch zur Unterdrückung spontaner Instinkte:

Alle Bibeln oder heiligen Gesetzbücher waren Ursache folgender Irrtümer: ... Daß Gott den Menschen in alle Ewigkeit dafür peinigen will, daß er sich seinen Energien anschließt ...

Blakes Antwort auf diesen »Irrtum« hieß »Energie ist ewiges Entzücken«. Er war ein prophetischer Vorbote des Zeitalters der Rückkehr der Göttin. Die Herrschaft des göttlichen Königs dauert jedoch fort, und so muß alles, was gegen das kollektiv anerkannte Ich-Ideal verstößt, unterdrückt werden. Es lebt aber als unbewußte Persönlichkeitsstruktur weiter und wird auf die anderen projiziert, die von dem Laster befleckt scheinen, das man selbst vorgeblich überwunden hat. Die Verdrängung spontaner körperlicher und instinkthafter Triebe, die Prozesse der Kontrolle und Selbstverleugnung gleichen dem Prozeß, den ein Kind in der Erziehung zur Sauberkeit durchläuft. Bis jetzt haben sie in der Erziehung unseres Ich eine größere Rolle als die Selbstfindung gespielt, die ja das höchste Ziel der Selbstdisziplin sein sollte. Ein Eintreten für die eigenen Bedürfnisse wird aber als egoistisch und böse gebrandmarkt, auch wenn es weder mit den Bedürfnissen der anderen noch mit denen der Gemeinschaft kollidiert.

Selbst die Liebe – die wir jetzt als Ausdruck spontanen Fühlens sehen

– wurde zu einem Objekt der beherrschten Willensäußerung und Selbstverleugnung gemacht. Unter der Regierung des Gottkönigs wurde Eros von *agape* abgelöst.[1] An die Stelle der spontanen Anziehung trat das ethische Ziel eines vorsätzlichen Wohlwollens. »Und du sollst den Herrn, deinen Gott, liebhaben von ganzem Herzen, von ganzer Seele ...« (5. Mose 6, 5) und »du sollst deinen Nächsten lieben wie dich selbst« (3. Mose 19, 18).

Die Assimilierung Apollos durch Jehova verleiht Gesetz, Ordnung und Maß ihr endgültiges Gewicht. Diese Entwicklung stellt einen Schritt nach vorn in der Evolution von Bewußtsein und Zivilisation dar. Gleichgewicht und Maß gelten nun für die Gesamtheit der menschlichen Gemeinschaft, für die Beziehungen der einzelnen untereinander. Das hebräische Gebot, Gott und den Nächsten zu lieben – und nicht so sehr das griechische Ideal der Schönheit –, bestimmt das höchste gemeinschaftliche Gut.[2]

Die mythischen Allegorien des vom Über-Ich beherrschten Ich sind die Erschaffung von Himmel, Erde und Licht durch Gott, der »um sich nichts fand als Tohu und Bohu, das heißt Chaos und Leere. Das Antlitz der Tiefe, über der sein Geist schwebte, war in Finsternis gehüllt.«[3] Tohu und Bohu waren vermutlich alte weibliche Gottheiten, die später zu Ungeheuern erklärt wurden.[4] Analoge Motive finden wir in den Sagen: das hebräische Meeresungeheuer Tehom, das von Gottes feurigem Wagen getötet wurde, die chaldäische Tiamat, die Marduks Schwert spaltete, Apollos Sieg über den dionysischen Python, die Drachenkämpfe Siegfrieds und St. Michaels und des heiligen Georg. Das patriarchale Ich ist heldisch. Sein Ziel ist Überwindung seiner selbst und der Welt durch Mut und bloße Willensanstrengung. Persönliche Gefühle, Wünsche, Schmerzen und Freuden werden nicht beachtet. Gelingt das nicht, gilt man als schwach. Aus all dem entsteht als psychologische Errungenschaft ein Gefühl personaler Identität im Zusammenhang mit einem auf den Körper begrenzten, abgetrennten Ich, das sich dem Gesetz der Gruppe und des Gottkönigs gegenüber verantworten muß. Bewußt fühlt es sich nicht mehr eins mit Gruppe, Welt oder Göttlichem, ist nicht mehr organisch in ihnen enthalten. Unbewußt jedoch wird es weiterhin von Gruppenwerten beherrscht.

Dieses Gefühl der Ich-Vereinzelung ist für uns selbstverständlich geworden. Jedoch ist das heldische Ich nur eine spezielle Form des Ich-Bewußtseins. Der moderne Psychologe wird durch ein mangelndes Verständnis dieser entwicklungsgeschichtlichen Dynamik nur zu leicht dazu verführt, für seelische Erkrankung, Ich-Schwäche oder gar Spaltung zu halten, was lediglich eine unterschiedliche Art der Ich-Erfahrung ist, die mit der engen, traditionellen, auf Objekte beschränkten Vernunft und dem auf Körper und Sinne begrenzten Bewußtsein unvereinbar ist. Menschen, die mit dem Unsichtbaren in Verbindung stehen, offen für das, was anderen noch unbewußt ist, die Visionen haben oder Stimmen hören, sind nicht unbedingt schizophren. Nur wenn die transpersonale Dimension persönliches Bewußtsein und Vernunft beiseitedrängt, statt sie zu erweitern, können wir von Ich-Schwächung und Spaltung sprechen.

Es ist auch unrichtig, Bewußtsein und Ich männlich, das Unbewußte weiblich zu nennen. Dazu neigen Jungianer, die Erich Neumanns vorsichtige Darstellung oberflächlich gelesen und unkritisch übernommen haben.[5]

Frauen haben ein Ich, das wirklich weiblich und nicht notwendigerweise männlich ist. Es wird auch nicht durch männliche Figuren verkörpert, wie die oben erwähnte Theorie behauptet. Das Traum-Ich tritt für Frauen nicht als Mann auf. Es ist lediglich das durch Persona, Animus oder Über-Ich bedingte patriarchale Identitätsgefühl, das sich in männlichen Autoritätsfiguren darstellt. Das gilt aber für beide Geschlechter. Ebenso können beiden Geschlechtern Figuren, die Weisheit und Autorität verkörpern, in weiblicher Gestalt erscheinen, wenn die Dimension des Yin betont werden soll.

Wenn also in Mythen, Träumen und Phantasien das Ich oder Ich-Bewußtsein in männlichen Bildern auftritt, verweist es auf eine patriarchale Haltung, die sich durchsetzt und konzentriert, die teilt und abstrahiert und möglicherweise einseitig rational ist. Das patriarchale »Ich bin« betont das Sein unter Ausschluß des Nichtseins. Das archetypisch Weibliche ist im Gegensatz dazu ambivalent, empfangend, verbindend, nicht auf einen Brennpunkt konzentriert. In seinem Bereich sind Sein und Nichtsein, Leben und Tod eins. Vom Standpunkt der sich entwickelnden rationalen Logik aus erschien folglich das Weibliche verschwommen, irrational oder mindestens nichtrational. Und es wurde unbewußt, da sein Bezugssystem größtenteils verdrängt wurde. Die Welt des Weiblichen annehmen bedeutete vom männlichen Ich her gesehen eine Regression ins Unbewußte. Folglich widersetzte sich »Ich bin« der Verehrung des Weiblichen, den Kulturen der Mutter und der dreigestaltigen Göttin mit ihrem Gefährten.

Das hebräische Wort *Elohim*, gewöhnlich mit Gott übersetzt, verweist etymologisch auf eine Mehrzahl von Wesen. Ursprünglich gehörte sehr wahrscheinlich ein weiblicher Aspekt dazu. Trotzdem wurde es als ausschließlich männliche Gottheit ohne weibliche Gefährtin, Mutter, Schwester oder Tochter aufgefaßt und stellte statt der Vielzahl die Einheit dar. »Ich bin« ist ein Gott in der Einzahl. Er umfaßt und herrscht über alles. Er fordert, daß trotz einer tiefverwurzelten Erfahrung der Mehrzahl an ihm allein festgehalten wird, daß seine Vorschriften und Tabus eingehalten werden.

Bildnisse, Götterbilder sind verboten. Solche symbolischen Darstellungen göttlicher Numinosität könnten die begriffliche Identität des »Ich bin« in bildhafte Vielfalt aufspalten. Nach dem Bilderverbot folgt die Feststellung: »Denn ich, der Herr, dein Gott, bin ein eifersüchtiger (nach einer anderen Übersetzung eifriger) Gott.« Die Eifersucht oder der Eifer, die auf die Gottheit projiziert werden, sind eine Reaktion des Ich, die die Angst vor der Trennung und auch vor Verlust der Herrschaft kompensiert. Mit Eifersucht nicht weniger als Eifer versucht das Ich, sich auf primitive Weise zu schützen.

Die Idee des Gesetzes und der Mythos des Gesetzgebers sind fundamentale Voraussetzungen für die Entwicklung des neuen Zeitalters des Verstandes. Ethik, Moral und menschliche Beziehungen werden auf die Grundlage von Regeln gestellt. Zunächst wird das menschliche Gesetz als Spiegelung des göttlichen gesehen. Mit der Aufklärung wird die Gottesgestalt entmachtet und das Naturgesetz herrscht über den nichtmenschlichen wie den menschlichen Bereich. Dem Gesetz muß unter Einsatz des freien Willens Genüge getan werden: eine Mißachtung des Gesetzes führt zu Bestrafung und erweckt Schuld. Von der Entdeckung der Gesetze, die allem zugrunde liegen (den mechanischen Beziehungen von Ursache und Wirkung der Energie), erwartet man sich die Antwort auf alle Fragen. Der Schwerpunkt verschiebt sich vom Mythos des Todes und der Wiedergeburt des Sohnes der jungfräulichen Muttergöttin zu einer legalistischen Anschauungsweise: Buße für Adams Übertretung des Gesetzes. Gott ist die Liebe, wird verkündet, doch kennt man ihn vor allem als Rächer des Ungehorsams. Er ist der Ursprung des »Du sollst«. Die Liebe selbst wird ein Gebot, dem der Wille Geltung verschaffen soll.

Disziplin und gehorsames Befolgen der Regeln erfordern die Verdrängung spontaner Bedürfnisse und Triebe, der Aggression und Sexualität vor allem. Sie gehören wesentlich zur Verehrung der Göttin und ihrer instinkthaften, orgiastischen (*orgia* bedeutete »geheime Anbetung«), ekstatischen Erneuerung. Natürliche Spontaneität, Sexualität, fleischliche Begierden, die Frauen und das Weibliche, Tanz und Spiel, alles wird zu

Mächten des Widersachers, des Teufels, in den Dionysos verwandelt wurde. Entdeckt man im eigenen Herzen solche Wünsche, fühlt man sich schuldig.

Die Entwicklung des Ich findet im Rahmen von Vorschriften statt, die mit »Du sollst« oder »Du sollst nicht« beginnen. Durch Restriktionen, künstliche Forderungen und Verbote wird das freie Fließen unkontrollierter, spontaner psychischer Energie der Beherrschung durch ein bewußtes Zentrum unterworfen. Zur Verdeutlichung: wenn ich mit dem Kopf gegen eine Wand stoße, wird mir nicht nur die Wand bewußt, sondern auch mein Kopf und damit das *Ich*, das einen Kopf hat und lernen kann, seine Bewegungen zu kontrollieren. Auf ähnliche Weise schafft jedes Hindernis, das sich dem automatischen, spontanen Fließen entgegenstellt, Ich-Bewußtsein. Vorschriften und Tabus einhalten stellt eine Form der geistigen Übung dar, die den Willen und die Selbstdisziplin schult. Die Tabus müssen nicht sinnvoll sein. In der Schulung der Willenskraft wirkt ihr erzieherischer Ansporn sogar um so stärker, je willkürlicher sie sind. Dieses Phänomen, längst ein wesentlicher Bestandteil militärischer Ausbildung, ist genauso entscheidend für die Entwicklung psychischer Disziplin. Die Schaffung von Tabus genügt einem psychischen Bedürfnis. Sie ist eine Funktion der Psyche. Allerdings treten Tabus nicht nur in der Entwicklungsphase einer Kultur oder eines Ich auf, sondern auch in der Degeneration, in der sie panische Versuche darstellen, Strukturen zu stützen, die von Zerfall bedroht sind.

Phylogenetisch wie ontogenetisch entstehen Bewußtsein und Gewissen durch Scham- und Schuldgefühle in den frühen Über-Ich-Phasen der Entwicklung des Ich. Wenn die Erwartungen von Familie, Clan oder Nation nicht erfüllt werden können, kommt es zur Erfahrung der Scham, zum Gefühl, nicht angenommen zu werden. Man fühlt, daß sich der Status[6] vermindert hat. Das Schamgefühl erzwingt kollektive Willfährigkeit und Disziplin. Schuld verinnerlicht das Tabu, macht das werdende Ich zum Vollstrecker der kollektiven Norm.

Scham und Schuld, das »Du sollst« und »Du sollst nicht«, führen zu einer Ausbildung der Urteilskraft und Selbstkontrolle. Das Gesetz legt fest, was richtig und falsch, gut und böse ist. Der Wille führt aus, was Gesetz und Urteil vorschreiben. Er setzt ihre Forderungen gegen die widerstrebenden Triebe durch. In dem heldischen Bemühen, die Tiernatur des Menschen zu überwinden, wird der Geist der Natur gegenübergestellt. Symbolische Verkörperungen dieses Kampfes sind Heroen, die wie Perseus, Herakles und der heilige Georg Ungeheuer töten. Selbst Christus, der zum Opfer bereit war und uns auffordert, »richtet nicht, so werdet ihr auch nicht gerichtet«, wird »wiederkehren, zu richten die Lebendigen und die Toten«. Er wird zum heldenhaften Sieger über den Teufel gemacht. Das patriarchale Ich, vom Über-Ich abhängig, ist folglich auf Siegen aus. Sein Identitätsgefühl beruht auf der Macht, Ordnung aufzuzwingen, auf seiner Fähigkeit, über widerstrebende Objekte und Gegner zu siegen, sie zu besitzen und sie sich zu assimilieren. Wenn diese Fähigkeiten nicht zum Erfolg führen, entstehen Gefühle der Unzulänglichkeit. Minderwertigkeitsgefühle, Machttrieb, Angst, Besitzstreben, Neid, Eifersucht und der Zwang, zu überwinden und zu erobern, sind die treibenden Kräfte des patriarchalen Ich.

Erst wenn (gegen Ende der patriarchalen Phase) Ich-Disziplin und Ich-Festigkeit erreicht sind, kann das Ich beginnen, Verbindung mit einem tieferen Zentrum aufzunehmen, das zugleich personal und transpersonal ist, das den individuellen Aspekt des kollektiven Mythos anspricht. Dieses Zentrum, das individuelle Gewissen, entspricht dem Selbst im Sinne Jungs. Wie Pindar sagte, ruft es das Ich auf, zu »werden, was du bist«. Die Ermöglichung dieses Schrittes könnte als psychologisches Ziel der patriarchalen Entwicklung besonders in ihrem christlichen Aspekt gesehen werden. Während der patriarchalen Phase gelang es allerdings nur wenigen einzelnen, nach ihrem individuellen Gewissen zu leben – mit dem Risiko, auf dem Scheiterhaufen zu enden. Erst in unserer Zeit wird der Schritt möglich und von der Kultur anerkannt, der zur Erringung eines »Selbst«-orientierten anstatt eines bloß von äußerer gesellschaftlicher Anpassung (Persona oder Über-Ich) gelenkten Ich führt.

Äußere kollektive Autorität und verinnerlichte, vom Über-Ich hervorgerufene Scham- und Schuldgefühle sind also unvermeidliche und notwendige Phasen der patriarchalen Ich-Entwicklung. In der Erziehung des Kindes können sie nicht umgangen werden. Sie haben die Normen der Kultur geprägt. Diese entschiedene Verinnerlichung ethischer Normen wurde von der Theophanie Israels, den Zehn Geboten, und dem sich daran anschließenden christlichen Legalismus bewirkt.

Die nächste Entwicklung, die in unserer Epoche fällig wird, zielt auf die Freiheit der ethischen und moralischen Entscheidung. Dieser Schritt ist von jenen religiösen und sozialen Regeln vorbereitet worden, die die Einschränkung rein tierischer Begierden zu einer Angelegenheit persönlicher Verantwortung machten. In der Theophanie Israels wurde der Urquell der Existenz und des Gewissens als »Ich bin« und »Du sollst« manifest. Er rief Individualität hervor, indem er dem Individuum Grenzen setzte und ihm dann die Verantwortung für diese Grenzen übertrug. Die Zehn Gebote und die Goldene Sittenregel sind ein erster Schritt in diese Richtung. Ihre Wirkung auf die persönliche Verantwortung wurde durch die spätere christliche Lehre von der *privatio boni* (darauf werde ich noch näher eingehen) verstärkt, die das Böse aus einem Mangel an Gutem erklärte. Die Ausarbeitung der jüdisch-christlichen Moral war der unerläßliche Garant einer psychologischen Entwicklung, die dem Menschen durch ein unerklärliches Bedürfnis aus unbewußten psychischen Tiefen heraus aufgezwungen wurde. Diese Entwicklungsphase sollte zu rationalem Bewußtsein, Selbstkontrolle und einem Gefühl der Willensfreiheit und ethischen Verantwortlichkeit führen. Das manifestierte sich zunächst in kollektiven Regeln, entspricht aber doch archetypischen Motiven. Sie sind Faktoren der Entwicklung. Als Schönheitssinn oder Liebe, Religiosität oder Ehrfurcht, als Erfahrung moralischer Konflikte und der Schuld bringen sie uns an die Schwelle der Menschwerdung.

Die archetypische Kraft hinter dem Königsmythos äußerte sich in einem Streben hin zu dem »Ich bin«. Ihr Ziel ist Individualität und Selbstverantwortlichkeit, auch wenn dieses Ziel in dieser Phase zunächst noch unbewußt blieb. Der Königsmythos ist eine Vorbereitungsphase. Er stellt ein Orientierungssystem für eine Art von Individualität dar, die von den einzelnen noch außen erlebt wird. Die »Ichheit« befindet sich zunächst nur im Objekt, im Gottkönig und seinem Volk, und noch nicht im Subjekt. Die Gebote müssen also buchstäblich eingehalten werden; ein nur symbolischer Bezug auf sie ist unmöglich. Die Offenbarung muß bedingungslos angenommen und bis in die Einzelheiten befolgt werden, als sei sie von menschlichen Gesetzgebern erlassen.

Im Lauf der Zeit ziehen die Kirche, die Inquisition und ihr weltlicher Arm die Autorität an sich. Der rationale Geist entwickelt sich jedoch weiter und kann in den orthodoxen Lehren keinen Sinn mehr sehen. Der Mythos wird vom bewußten Geist verworfen und als insgesamt sinnlos abgetan, wirkt aber unbewußt weiter. Er schafft die Voraussetzungen für die Begriffe und Überzeugungen des rationalen Denkens. Die anthropomorphe Gestalt des Gottes, der sich »Ich bin« nennt, wird aufgegeben, doch an seine Stelle tritt ein jetzt weltliches Über-Ich, eine kollektive Norm. Als psychologisches Über-Ich bleibt der Gottkönig, wenn auch unbewußt, als gemeinschaftliche Norm weiterhin gegenwärtig. Diese Norm ist ihrem Ursprung nach vor-ich-haft und vor-psychologisch. Sie ist von Tradition und Gemeinschaft geprägt, ist »vorgegeben«. Sie entsteht nicht aus individuellem Fühlen und Denken. Sie läßt aber eine Strukturierung des Ich und schließlich auch individuelles Urteilen entstehen. Sie bewirkt und sichert die Entwicklung individuellen Bewußtseins und individueller Verantwortung. Das Über-Ich wird allerdings von der schützenden Eierschale zum Hindernis, sobald die Entwicklung, die es sichern will, ich-haften Ausdruck erreicht und ausgreifen muß zur psychologischen Erfahrung eines echten, individuellen Gewissens. Viele einzelne erreichen in unserer Zeit diese Stufe. Gottkönig und Über-Ich haben für sie nicht mehr die entscheidende Bedeutung, die sie während der Epoche der Zehn Gebote und im christlichen Mittelalter hatten. Damals lag die Seinsmitte noch außerhalb der menschlichen Psyche im Staat und in der Gemeinschaft, im Heiligen Römischen Reich oder der allumfassenden Katholischen Kirche.

Weitere Schritte in der Entwicklung können aber erst getan werden, wenn die vergangene Phase angemessen abgeschlossen ist. Wenn Selbstdisziplin und Ich-Bewußtsein und Kontrolle vom Individuum noch nicht erreicht sind, muß die mittelalterliche Phase gelebt werden, ob die einzelnen Menschen nun fünf oder fünfundsechzig Jahre alt sind. Wir müssen erst lernen, uns Staat und Gemeinschaft anzupassen und in ihnen zu leben und zu wirken, bevor wir uns der Leitung durch ein Selbst nähern, das als Mitte die individuelle Psyche direkt anspricht.

Freilich kann ein visionäres Erleben der göttlichen Immanenz im Selbst in Träumen, als mystische oder durch Drogen hervorgerufene Erfahrung auch ohne hinreichende Ich-Disziplin möglich sein. Die tatsächliche Verwirklichung oder lebendige Verkörperung des Selbst erfordert jedoch ein diszipliniertes Ich, das in der begrenzten Welt des Hier und Jetzt die Intentionen und Visionen des Selbst verantwortlich und bewußt umsetzen kann.

Die Aufgabe des Ich gleicht in dieser Hinsicht der der schöpferischen Künstler. Sie erfordert eine phantasiereiche Wahrnehmung, die aber allein nicht ausreicht. Arbeitsdisziplin, Geschicklichkeit in der Handhabung der verfügbaren Materialien, ein Zurechtkommen, wenn es an Mitteln fehlt, sind ebenfalls nötig. Außerdem verlangt sie ein Gefühl für das, was in einer gegebenen Situation möglich ist, was wenigstens von einigen Zeitgenossen aufgenommen werden kann.

Die Zehn Gebote wurden der Gemeinschaft um ihrer selbst willen gegeben. Individualität war unbekannt, vom König, dem inkarnierten Gott oder Herrscher von Gottes Gnaden, und den Mitgliedern der herrschenden Klasse abgesehen, die ihr entweder durch Initiation oder aufgrund göttlicher Erwählung durch die Geburt angehörten. Diesen Auserwählten fiel Privileg und Verantwortung zu, die vielen zu schützen, die noch keine individuelle Persönlichkeit besaßen. Vor allem die Frauen hielt man für schutzbedürftig: »Ich lasse euch aber wissen, daß Christus ist eines jeglichen Mannes Haupt; der Mann aber ist des Weibes Haupt« (1. Korinther 11, 3), und »mulier non facta est ad imaginem dei«[7] (»die Frau ist nicht nach dem Ebenbild Gottes geschaffen«). Schutz genießt nur, wer der richtigen, von Gott anerkannten Gemeinschaft angehört. Die Menschen, die auf einem anderen Weg sind, gelten bestenfalls als Niemande, schlimmstenfalls als Ungläubige, Heiden, Verworfene oder schlicht Untermenschen. Diese Haltung, die in unserer unbewußten – oder gar nicht so unbewußten – Engstirnigkeit fortbesteht, ist in der ursprünglichen Fassung der Goldenen Sittenregel angelegt, die leichthin und fälschlicherweise als Beispiel allumfassender brüderlicher Liebe angeführt wird. Sie lautet: »Du sollst nicht rachgierig sein, noch Zorn halten gegen die Söhne *deines Volkes*. Du sollst deinen Nächsten lieben wie dich selbst; denn ich bin der Herr.« (3. Mose 19, 18; Hervorhebung durch mich.) Bemerkenswert, daß die Möglichkeit der Individualität hier den Söhnen, und nicht den Töchtern, des eigenen Volkes und sonst niemand zugestanden wird.

Die Auflösung der bewußten, und noch mehr der unbewußten Identifikation mit der eigenen Gruppe ist ein langsamer, schmerzhafter Prozeß, der jedoch ein notwendiger Teil der Ich-Entwicklung ist. Das Fortbestehen einer Fixierung auf das, was zunächst eine unvermeidliche Verwurzelung ist, führt zur Intoleranz, zum Vorurteil einer Auserwähltheit von eigenen Gnaden, zur Haltung, sich selbst für heiliger als alle Außenstehenden zu halten.

Im frühen patriarchalen Mythos herrscht der Gottkönig aufgrund eines besonderen Bundes mit einem auserwählten Volk, das daher der alleinige Träger der göttlichen Wahrheit ist.[8] Sie ist nur ihm offenbart und vertraut. Sie ist in seinen heiligen Büchern niedergelegt, und von ihr abweichen, heißt, das schlimmste Risiko eingehen.

Draußen auf der Bühne der Geschichte soll das Reich Gottes durch die Anstrengungen der Auserwählten verwirklicht werden. Die Ungläubigen müssen durch politische oder kriegerische Eroberung zum einzig wahren Glauben bekehrt werden. Wenn die Normen, Glaubenssätze und Gesetze des auserwählten Volkes auf religiöse Offenbarung zurückgehen und folglich die einzig wahren sind, können die anderer Völker nichts als Aberglaube oder moralisch gesehen falsch sein. Diese Haltung setzt sich heute in ihrer säkularisierten Form in unserer nationalen, sozialen und religiösen Engstirnigkeit fort, im Dogmatismus eines großen Teils des wissenschaftlichen Denkens.

Der Gottkönig und höchste Gesetzgeber ist laut Definition gut und gerecht. Jeder Zweifel an seiner Güte und Gerechtigkeit oder jede Verletzung seiner Gesetze beschwört einen katastrophalen Eifersuchtsanfall herauf. Alle Sitten, die seinem Gesetz zuwiderlaufen, sind ketzerisch und verdienen schwerste Bestrafung. Das Ergebnis ist ein unbewegliches, legalistisches System, eine Kodifizierung von Handlungen, Maßnahmen und Haltungen, die vorgibt, absolute Wertmaßstäbe des Guten aufzustellen. Kulturgebundene Sitten werden dadurch mit absoluten und ewigen ethischen Werten gleichgesetzt. Das sittliche Verhalten erstarrt im Legalismus. Abweichende Ansichten über etwas, das dem menschlichen Wissen in jedem Fall unzugänglich ist, sind Ketzereien, die mit Tod oder Verbannung bestraft werden. Sünde ist die Übertretung des Gesetzes. Arbeit am Sabbat, einem Tag, der auf Übereinkunft beruht, ist eine Sünde, die bestraft werden muß. Homosexualität ist genauso strafbar wie Mord. Da die gemeinsamen Regeln mit dem absolut Guten gleichgesetzt werden, ist der individuelle Andersdenkende laut Definition böse und ein Volksfeind. Will man gut sein, dem Gesetz der Gemeinschaft gehorsam, muß man seinen Willen einsetzen, um sich selbst zu verleugnen, unterzuordnen und anzupassen. Alles, was der Gottkönig eingesetzt hat, kann nur gut und gerecht sein, und so ist das Böse auf keinen Fall Teil seines Wesens oder Plans. »Gott hat nichts Böses gemacht; wir sind es, die alles Unrecht hervorgebracht haben.«[9] Das Böse ist also gewollter Ungehorsam und Nonkonformismus, abwendbar und strafbar. »Die Sünde ist im Menschen und den Engeln eine freie Tat. Warum manche fehlgehen und andere nicht, bleibt ein Geheimnis.«[10]

Positiv an dieser Annahme ist, daß sie auf personaler Ebene Verantwortlichkeit herbeiführt. Allerdings kommt es dabei zur Spaltung zwischen erwünschtem Selbstbild und den unannehmbaren Aspekten der eigenen Individualität. Als erster Schritt der Individuation unvermeidlich, muß diese Spaltung überbrückt werden, sobald ein Ich geschaffen ist. Nur wenn die Übertretung als »Verfehlen des Wesentlichen« (die ursprüngliche Bedeutung des hebräischen *chato* und des griechischen *hamartia*, die später »Sünde« bezeichnen) und nicht als verwerfliche Sünde verstanden wird, kann die individuelle Persönlichkeit sich aus der Unbeweglichkeit befreien und ihre Entwicklung fortsetzen.

Solange das Gottesbild des Allumfassenden begrifflich auf den kollektiven Legalismus einer Gemeinschaft eingeengt bleibt, läßt sich die

Spaltung von Ich und Schatten nicht aufheben. Der Mensch muß dann die Bürde seiner eigenen monströsen Schöpfung, des Begriffs des absolut Bösen, tragen und seinem eigenen Wesen entfremdet bleiben.

Die Auswirkungen dieses Dilemmas finden sich zusammengefaßt in der christlichen Lehre von der *privatio boni*. Das Böse hat keine objektive Existenz. Gott ist gut. Er schuf die Welt und sah, sie war gut. Gott kann das Böse nicht geschaffen haben, und noch weniger läßt es sich als der Gottheit innewohnend denken. Folglich wird das Böse als bloßer Mangel, als Negation oder als Abwesenheit des Guten gesehen. Das Böse ist so verminderte Existenz oder Nichtexistenz. Im wesentlichen stellt das einen Versuch dar, einen strikten Monotheismus durchzuführen und dennoch Gott als *summum bonum* zu erhalten, der ohne jede ihm innewohnende Ambivalenz bleibt, wie es sich für den höchsten Gesetzgeber und König gehört. Aus dem Mythos des Gesetzgebers folgt logischerweise, daß er nicht geschaffen haben kann, was er verbietet. Da eine Erschaffung des Bösen durch eine andere Macht die Existenz eines Antigottes voraussetzen würde, kann das Böse nicht sein. Das Böse muß lediglich eine Verminderung des allumfassenden Guten darstellen, die durch Schwäche und Ungehorsam der Menschen entstanden ist.

Hier geht es um viel mehr als nur theologische Haarspalterei. Die psychologische Bedeutung dieser Lehre liegt in ihrer Absage an die Polarität. Wenn es bloß um ein größeres oder kleineres *Gutes* geht, ist es unsere Pflicht, dem Mangel abzuhelfen, um es Gott rechtzumachen. Es ist im Prinzip sogar möglich, das Böse völlig auszuschalten. Unser Fortschrittswahn, unsere sozialen Utopien und unser geringer Realismus, was die existentielle Lage der Menschheit betrifft, kann auf die Säkularisierung und Trivialisierung des Begriffs der *privatio boni* zurückgeführt werden. Da nur das Gute anerkannt wird, sind wir unfähig, Gewalt, Aggression und Leiden anders anzunehmen und mit ihnen umzugehen, als ohnmächtig zu versuchen, sie durch Gesetze zu verhindern. Wenn dazu Dasein und Leben als gleichbedeutend mit Gutsein und Tugend gesehen werden, müssen ihr Gegensatz, Tod und Zerstörung, als Strafe verstanden werden, »denn der Tod ist der Sünde Sold« (Römer 6, 23), zumindest als Zustand, in dem das Gute vermindert ist. Da Tod und Zerstörung in unserer Welt keinen sinnvollen Platz einnehmen, rufen sie Angst und moralische Ablehnung hervor.

Diese Ablehnung von Leiden und Tod paßt gut zur Identifikation des werdenden Ich mit der physischen Existenz im Körper. Vom Standpunkt des Ich aus ist es die einzig mögliche Existenz. Nichtkörperliche Bewußtseinszustände mit den Möglichkeiten psychischer Kontinuität vor der Geburt und nach dem Tod werden für unmöglich gehalten. Die frühere religiöse Vorstellung eines Lebens nach dem Tod wird rationalisiert, bis bloß die Vorstellung einer »quasi physischen« Existenz übrigbleibt, die dem entspricht, was das Ich-Bewußtsein unter Leben versteht: also eine Auferstehung des Fleisches. Wenn dann die Idee einer physischen Kontinuität an Glaubwürdigkeit verliert, ist der Tod totale Auslöschung. Er wird zum unausweichlichen höchsten Bösen. Ein Patient sagte mir einmal: »Wie können Sie sich über das Leben freuen oder einen bleibenden Wert oder Sinn im Leben finden, wenn Sie wissen, daß eines Tages alles ein Ende haben wird?« Paradoxerweise ist es gerade unsere Bewußtheit der Unvermeidlichkeit des Endes der Herrschaft des Ich, die das Leben menschlich macht und ihm Prägnanz verleiht. Folglich hindert uns das Gefühl, der Tod sei böse, Zeit und Leiden als lebendige schöpferische Dimensionen zu erfahren. Die Zeit wird zum Feind. Wir müssen gegen sie ankämpfen, mit ihr um die Wette laufen, die Zeit überwinden, auf Zeit spielen oder sie totschlagen. Wir sehen die Zeit – und ihre Grenze – nicht als schöpferische und notwendige Voraussetzung der Entfaltung und Verwirklichung.

Da allerdings die Existenz – das Gute – durch die Sünde des Menschen böse gemacht worden ist, ruht nun eine grundlegende ethische Verantwortung auf der menschlichen Psyche. Der Widerstreit gegensätzlicher Werte wird zum personalen, verinnerlichten ethischen Konflikt. Diese Verinnerlichung, in Gestalt des Über-Ich, von etwas, das früher gottgegebenes Gesetz oder Tabu war, ist ein wichtiger Schritt vorwärts in der psychologischen Entwicklung. Scham und Angst vor Bestrafung durch die Gemeinschaft oder Gott werden nun ausgeformt zu Schuldgefühl und persönlicher Verantwortlichkeit.

Der Mensch gewinnt verglichen mit früheren Phasen ein neues Gefühl der Freiheit. Er ist nicht länger ein lediglich passiver Erdulder von Unglück und Schmerz, Schicksal und Notwendigkeit hilflos ausgeliefert, ein Spielball von Kräften, über die er keine Macht hat. Stattdessen nimmt er bewußt an sozialen, moralischen und sogar kosmischen Kämpfen teil, ist persönlich verantwortlich, wie das Drama des Lebens ausgeht. »Eure Augen werden aufgetan, und ihr werdet sein wie Gott, und wissen, was gut und böse ist« (1. Mose 3, 5, 22). Vergessen wird aber, daß jenes Wissen das Geschenk der Schlange ist, der zutiefst eingeborenen, abgründigen, instinkthaften Weisheit, auf die der Mensch jetzt den Fuß setzen wird, um die Willensfreiheit zu verwirklichen.

Gut und Böse, richtig und falsch sind archetypische Kategorien, ganz gleich, was ihr von Kultur zu Kultur wechselnder Inhalt ist, oder ob sie aus kollektiven Normen oder dem individuellen Gewissen abgeleitet sind. Sie sind unerläßliche Ordnungsprinzipien der ethischen, intellektuellen und ästhetischen Entwicklung der Menschheit.

Die Beachtung von Tabu und Gesetz ist psychologisch wichtig, ist eine unerläßliche Phase der Entwicklung. Sie richtet einen Schutzwall auf gegen die grenzenlosen Kräfte in der unbewußten Psyche. Diese Kräfte sind oft so zwingend, daß sie als dämonisch oder, modern ausgedrückt, als zwanghafte Komplexe erlebt werden.

Eine Person, die selbstmotiviert sein möchte, muß zunächst eine Initiation durchlaufen. Zu ihr gehören Ich-Disziplin, Bewußtheit über die eigenen Destruktions- und Machttriebe, eine bewußte Fühlungnahme mit transpersonaler Führung und ethische Verantwortung. Sonst besteht bei der Übertretung eines Tabus die Gefahr, von der Kraft des Affekts überwältigt zu werden, der verfrüht berührt worden ist. Wie heute beim Kind war diese psychologische Bewußtheit in der Vergangenheit noch nicht genügend entwickelt, um die Unterscheidung zwischen einer feindseligen Handlung und einem feindseligen Gefühl zu ermöglichen. Gefühle hatten und haben noch immer die Neigung, ein Ausagieren zu erzwingen. So war auf beiden Ebenen Anpassung notwendig. »Du sollst nicht Rache nehmen« und »du sollst deinen Nächsten lieben wie dich selbst«. Eine Einhaltung des ersten der beiden Gebote konnte die Selbstkontrolle bewirken. Das zweite erforderte allerdings Unterdrückung.

Freilich ist diese Selbstkontrolle durch Unterdrückung der Gefühle und Impulse kein geringer Entwicklungsschritt. Wenn ich zum Beispiel meinen Impuls, jemanden zu schlagen, der mich erzürnt hat, nicht bloß unterdrücke, sondern meinen Zorn beiseite lege und mich davon überzeuge, daß es sich um eine Person handelt, die nicht weniger als ich selbst Achtung und sogar Zuneigung verdient, ist ein bedeutender moralischer Sieg errungen. Er ermöglicht es mir, mich Gefühlen und Ansichten zu öffnen, die ich für unvereinbar mit den eigenen hielt. Ich kann also über meine früheren Grenzen hinauswachsen. Das ungeschulte Ich kann aber diesen Schritt nur tun, wenn es den Zorn aus dem Bewußtsein verdrängt und ihn für falsch, ja sogar böse erklärt. Dieser Preis muß bezahlt werden, bis genügend Selbstkontrolle erreicht ist, die uns gestattet, den Zorn zu fühlen, ohne ihn zu verdrängen oder auszuagieren und ohne die Verbindung mit dem objektiven Urteil und der Einfühlung zu verlieren. Diese

Fähigkeit wird in unserer Zeit eben erst von einer psychologischen Avantgarde erlangt.

Daher macht selbst die christliche Affektkontrolle durch Unterdrükkung eine Disziplin, die in der Antike nichts als ein Ideal der Elite war, für alle Menschen zugänglich. In der mittelalterlichen Kultur galt sie als ein Ideal, das auch die Masse verwirklichen konnte. Das war eine wahrhaft heldische Entwicklung, die in Symbolen wie dem Sieg über den Drachen angemessenen Ausdruck fand.

Die vom Ich kontrollierte Willenskraft setzt ihre Stärke gegen das Nicht-Ich wie auch gegen andere Menschen, gegen Objekte, gegen sich selbst. Die Psychologie des Ich ist somit nach Alfred Adler eine Psychologie des Machtstrebens. Sie stützt sich unvermeidlicherweise auf Konkurrenz und den überlegten und kontrollierten Einsatz der Aggression, um die eigene, sich widersetzende Natur und andere Gegner zu unterwerfen.

In der vorchristlichen Zeit wurde die Kanalisierung des Machttriebs gegen andere gutgeheißen und sogar verherrlicht, im Namen von Ehre und Mut. Höchstes Ideal war der heldische Krieger. Zeichen des Zeitalters war der kämpferische Widder, der in Darstellungen von Abrahams Opfer und im jüdischen Widderhorn noch anzutreffen ist. In der christlichen Kultur wandelte sich das Ideal des kämpferischen Widders zum Lamm Gottes, dessen Demut und Sanftheit darauf beruhten, daß es sich selbst und nicht seine Mitmenschen überwunden hatte. Die Macht der eigenen Triebe, Verlangen und Bedürfnisse sollte kontrolliert werden: die andere Wange hinhalten, unsere Feinde lieben, für die beten, die uns hassen. Aggression, Ärger, Haß, Neid und böser Wille werden aber bloß verlagert und üben weiterhin auf der Ebene des Unbewußten Zwang aus. Sie wollen sich Luft machen. Obwohl die Unterdrückung als erster Schritt zu einer Beherrschung der Affekte unumgänglich ist, führt sie dennoch zu einem unbewußten Weiterbestehen der Feindseligkeit und zu Selbsthaß.

Da Angehörige der Gruppe, die sich anpassen, geliebt werden *müssen*, werden aggressive Gefühle auf imaginäre Feinde, Ketzer und Teufel übertragen, die im Namen des Guten und der Liebe bekämpft und vernichtet werden können. Diese Dynamik bedroht uns heute kollektiv wie individuell. Verdrängung allein genügt nicht mehr. Im Gegenteil, sie ist gefährlich. Die Motivationen des Handelns und des Fühlens müssen jetzt unterschieden und einzeln behandelt werden. Unsere Gesundheit, unser Überleben hängen davon ab. Unsere Handlungen müssen willentlich kontrolliert werden. Unsere Gefühle aber müssen aus der Verdrängung befreit, bewußt angenommen und erfahren werden; unter gewissen Umständen müssen wir sogar mit ihnen experimentieren. Mit Gefühlen können wir nicht mehr in einer Haltung des »Du sollst« oder in Kategorien des Über-Ich umgehen. Durch Willenskraft allein können sie nicht beherrscht werden. Ein gefestigtes Ich ist freilich wichtig, um die volle emotionale Bewußtheit aufrecht zu erhalten und trotzdem, wenn nötig, der Neigung zum Handeln zu widerstehen. Wir brauchen Urteilskraft, um Zeit wie Umstände zu wählen, die günstig sind, einen feindseligen oder sonst verbotenen Impuls auszudrücken, ohne unsere eigene Integrität, ohne die Rechte unserer Mitmenschen zu verletzen.

Vor uns liegt jetzt eine neue Wegstrecke. Sie führt uns über das hinaus, was der Mythos von der Königsgewalt des Über-Ich leisten konnte. Eine andere Ausrichtung des Ich-Bewußtseins ist erforderlich. Bis jetzt hat die Führung des Über-Ich das Ich zu seinem Helfer gemacht. Heute fühlt sich das Ich selbst als höchste Instanz. Der Versuch, auf dem alten Weg weiter vorzustoßen, bringt keine weitere Stärkung des Ich. Er würde eher Verkümmerung, Sterilität, Entfremdung und sogar Zusammenbruch des Ich bedeuten.

Unter der Herrschaft des Über-Ich wurde angenommen, daß uns *gelehrt* werden kann, daß wir *wissen* können, was richtig ist, und daß es in unserer *Freiheit* liegt, ob wir uns dem Gesetz fügen *wollen* oder es brechen. Die Ideen von Sünde und Schuld sind die Grundlagen dieser Ausrichtung.[11] Damit ist aber stillschweigend anerkannt, daß sich die Werte von Über-Ich und Ich widersprechen können. Wie wir sahen, war und ist das Über-Ich nötig, um Normen für das Gewissen aufzustellen. Doch eine weitere Identifikation mit nur diesen Normen engt das sittliche Verhalten auf bloße Anpassung an Gruppe und Gesetz ein. Sie ermöglicht kein Gefühl für individuelle moralische Konflikte. Auf diesem Nährboden gedeiht nur selbstgerechte Heuchelei, doktrinäre Unbeweglichkeit.

Da der kollektive Wille außerdem angeblich nichts weniger darstellt als den Willen Gottes, kann von ihm nur angenommen werden, daß er ohne Fehl sei. Wenn also trotz der Normen der Rechtschaffenheit etwas schiefgeht, muß jemand verantwortlich sein. Vielleicht liegt es an der eigenen Schwäche, aber uns ist lieber, die Schuld liegt bei anderen. So sind der Mythos vom Sündenbock und eine Sündenbockpsychologie unvermeidlich Teil dieses Entwicklungsgangs. Religiosität wurde mit chronischem Schuldgefühl und der Projektion der Schuld auf die Unangepaßten verwechselt. »Nun, das schlechte Gewissen ist die Würze des täglichen Lebens. Die ganze Erziehung trägt schon dazu bei, das Schuldgefühl gewissermaßen zu züchten.«[12] Unsere Weltanschauung beruhte zunehmend auf einer Sündenbock- und Märtyrerpsychologie. Würze verleiht ihr die Rachsucht und Selbstrechtfertigung, die Haltung des »schau, was du mir antust«. Unsere eigenen Werte und die unserer Mitmenschen werden allein nach Gesichtspunkten wie Leistung und Erfolg beurteilt. Wir sehen über die Ambivalenz jedes Gefühles, jeder Handlung hinweg. Wir vergessen, daß jeder Antrieb eine potentiell konstruktive wie auch destruktive Seite hat. In unserer Identifikation sehen wir nur, was wir für gut oder schlecht, für die helle oder dunkle Seite halten. Wir verlieren die Tatsache aus den Augen, daß es das Eine ohne sein Gegenteil nicht gibt. Eine gute Motivation kann immerhin zu einer destruktiven Handlung führen. Eine schlechte Handlung kann konstruktive Folgen haben. Mit »Weltverbessern« kann eine Menge verdrängter Feindseligkeit und nachtragender Gefühle verdeckt werden.

Disziplin bedeutete ursprünglich Schüler sein und lernen. *Askesis* bedeutete Übung. Ihre Bedeutung veränderte sich auf rein äußerlichen Gehorsam, Pflicht, unerschütterliche Haltung und Selbstverleugnung. Der späteren christlichen Ethik und besonders dem Puritanismus wurde jede persönliche Befriedigung suspekt. Sie mußte Erfolg, Fortschritt und Pflicht geopfert werden. Wir haben gelernt, gefühllos zu werden. Wie wir mit uns selbst umgehen, so auch mit unseren Nachbarn.

Glaube erhielt die Bedeutung einer blinden Anpassung an kollektive Doktrinen. In dem Wort schwingt nicht mehr das Vertrauen auf etwas mit, das intuitiv erfahren werden muß, weil es mit den Sinnen nicht wahrgenommen werden kann. Die Doktrin wurde zunehmend rationalisiert, bis sie von jeder tiefen Erfahrung vollständig abgeschnitten war.[13]

Denn unser Glaube beruht auf der den Aposteln und Propheten gewordenen Offenbarung ... Nicht aber stützt sie [die Lehre] sich auf eine Offenbarung, die etwa einem anderen Lehrer geworden ist. ... Ihre eigenen Autoritäten aber sind die kanonischen Schriftsteller, aus deren Aussprüchen sie ihre Lehre unumstößlich begründet.[14]

Der blinde Glaube, der früher mit dem «so spricht der Herr« im Einklang stand, ist heute in seiner ganzen alten Unantastbarkeit auf das »so lehrt die Wissenschaft« übertragen worden.

Weil Gott gerecht ist, müssen unsere Leiden, unsere Schwierigkeiten die Strafe für Missetaten sein. Erfolg und Wohlstand müssen andererseits als Zeichen der Gnade, als Belohnung der Rechtschaffenheit angesehen werden. Aus diesem Kontext entsteht die protestantische Arbeitsethik, in der weltlicher Erfolg als Zeichen und Ausdruck eines religiösen Lebens gesehen wurde. Mißerfolg und Fehlschlag haben in diesem System keine positive Bedeutung. Menschlichkeit hat keinen eigenen Wert, von ihrer sozialen Brauchbarkeit abgesehen. Leiden und Mißerfolg sind Schande und Zeichen von Missetat und Sündhaftigkeit. Da Fehler unter allen Umständen vermieden werden müssen, ist die Möglichkeit des Experimentierens, des Lernens aus Fehlern ausgeschlossen. Man *muß* recht haben. Eine Voraussetzung solcher Unfehlbarkeit ist das Festhalten an der Sitte. Adolf Eichmann hielt sich an diese Psychologie, und auf ihr beruhte seine Verteidigung gegen den Vorwurf, er habe moralisch verwerflich gehandelt. (»Ich habe nur Befehle ausgeführt.«)

Als Gegenreaktion tritt heute der spontane Drang auf, um jeden Preis unangepaßt zu sein. Der Nonkonformist übersieht jedoch, daß die Anpassung so tief eingefleischt ist, daß er sich noch in seinem Aufbegehren eher kollektiven Normen des Nonkonformismus anpaßt, als eigene Werte zu entwickeln.

John Wesley soll gesagt haben: »Wenn es kein unlöschbares Feuer, kein ewig während Brennen gäbe, wäre kein Verlaß auf die Schrift. Keine Hölle, kein Himmel, keine Offenbarung.«[15] So werden aus Rechtschaffenheit, Gerechtigkeit, Lohn und Strafe, den Grundlagen religiöser Überzeugung und Quellen des Sinns des Lebens, nichts weiter als Hilfsgrößen eines ungeheuren Systems der Bestrafung.

Der Mythos des Gottkönigs nahm Jahrtausende den höchsten Rang ein. In den heutigen persönlichen und gesellschaftlichen Konflikten erleben wir eine Revolution der Urkräfte des Fühlens, des Bewußtseins und der Emotion. Das Leben ist in Gefahr. Die Grundfesten des patriarchalen Königreichs sind ins Wanken geraten. Der himmlische König hat sein Szepter auf die Erde fallen lassen. Er hat den Thron, von dem aus er seine Gebote verkündete, aufgegeben. Wo das Szepter den Boden berührt hat, strömt das Wasser des Lebens hervor. Die Göttin kehrt mit ihrem dionysischen Gefährten zurück. Ihr männlicher Vorgänger hatte mit dem »Du sollst« und »Du sollst nicht« regiert. Die Göttin lächelt geheimnisvoll und spricht die neue Losung aus: »Du darfst«. Wir dürfen tatsächlich, doch wie wir säen, so ernten wir. In den unergründlichen Augen der Göttin lesen wir den zur Vorsicht mahnenden Nachsatz: »Aber gibt acht«.

8 Die menschliche Vereinsamung; Der Verlust des Paradieses; Der Tod Gottes

»Verflucht sei der Acker um deinetwillen ...« Und Gott der Herr sprach: »Siehe, Adam ist geworden wie unsereiner, und weiß, was gut und böse ist ...« Da wies ihn Gott der Herr aus dem Garten Eden, daß er das Feld baute, davon er genommen ist.

1. Mose 3, 17, 22, 23

Pan ist tot.

Plutarch

Der moderne areligiöse Mensch nimmt eine neue existentielle Situation auf sich: er betrachtet sich nur als Subjekt und Agens der Geschichte, und er verweigert sich dem Transzendenten ... Der Mensch *macht sich* selbst, und er kann sich nur in dem Maß wirklich selbst machen, in dem er sich selbst und die Welt entsakralisiert. Das Sakrale steht zwischen ihm und seiner Freiheit.

Mircea Eliade, *Das Heilige und das Profane*[1]

Durch den Lauf der Jahrhunderte schuf die traditionelle christliche Theologie eine radikale Trennung von Menschheit und Natur. Heidnische Verehrung des Göttlichen in der Natur wurde verworfen. Die Menschheit wurde als Mittelpunkt der Schöpfung angesehen. Die gesamte Natur sollte ihr dienstbar sein, und die Ausbeutung der Umwelt wurde damit gutgeheißen. An der Natur war nur wertvoll, was zum Wohlergehen der Menschen beitrug, nicht die ihr eigene Größe, Schönheit, Rätselhaftigkeit. Diese Einstellung trug direkt zu unserer gegenwärtigen ökologischen Krise bei. Darüber war man sich auch auf einem Symposium über die »Theologie des Überlebens«[2] allgemein einig.

Es mag überraschen, daß religiöse Maßstäbe grundlegende Faktoren bei der Entstehung der Umweltkrise sind. Denn der herkömmliche Gottesdienst und seine Symbolik haben heute nicht mehr die Kraft, dem

115

Leben der Mehrheit Sinn und transzendente Bedeutung zu geben. Trotzdem sind die eigentlichen Voraussetzungen unserer Kultur noch immer tief in der Religion verwurzelt. Wie Molières *Bourgeois gentilhomme*, der verwundert feststellte, daß er sein ganzes Leben »Prosa gesprochen« hatte, dürften moderne, rational eingestellte, areligiöse Menschen erschrocken einsehen, daß ihre Haltung gegenüber Natur und Überleben letztendlich auf religiöse Werte zurückgeht.

Wir haben unsere Religion gewissermaßen säkularisiert. Wir haben das Heilige aus der Natur entfernt und uns neuen Göttern zugewandt: der Technologie, der Produktion von Gütern, größerem körperlichen Wohlbefinden. Als Folge davon ist unsere Umwelt vergiftet, gehen die Bodenschätze zur Neige, werden Ökosysteme zerstört, bedrohen uns die dämonischen Kräfte der Maschine. Die größte Bedrohung ist allerdings unsere Unempfindlichkeit für das lebendige Pulsieren der Natur. Wir fühlen uns wie heimatlose Fremde in einem sinnlosen, seelenlosen Universum. Wir würden gern an die Pforten eines unverfälschten Daseins klopfen, sehen aber, daß sie verriegelt sind. Wir würden gern das Land des Seins betreten, wissen aber nicht, an welche Stelle wir uns wenden sollen, um gültige Pässe und Visen für dieses Reich zu beantragen. Unsere Entfremdung führt uns individuell wie kollektiv an den Rand der Neurose oder Psychose. Was in aller Welt sind wir selbst, wenn unsere Erde nichts ist als eine Ansammlung seelenloser, geistloser Dinge, die ausgebeutet werden können?

Der Anthropologe Colin Turnbull lebte bei den Pygmäen des Regenwaldes am Ituri in Zentralafrika. Er schreibt:

Besonders eine Nacht wird mir in lebendiger Erinnerung bleiben, denn da erkannte ich, wie weit wir zivilisierten Menschen uns von der wirklichen Natur entfernt haben. Es war Vollmond; darum hatten wir länger gesungen und getanzt als sonst. Vor dem Schlafengehen stand ich vor meiner Hütte und hörte vom Kinderspielplatz her ein Geräusch. Das überraschte mich, denn nachts setzen die Pygmäen kaum einen Fuß vors Lager. Ich ging hin, um zu sehen, was los war.

Auf dem winzigen Platz fand ich den klugen Kenge, übergossen von silbrigem Licht, gekleidet in Bast, mit Blättern geschmückt und mit einer Blume im Haar. Er tanzte ganz allein und sang leise vor sich hin, wobei er zu den Baumwipfeln aufsah.

Nun war Kenge der größte Courschneider der ganzen Gegend; darum ging ich in die Lichtung, nachdem ich eine Weile zugeschaut hatte, und fragte scherzend, warum er denn so ganz allein tanze. Er blieb stehen und sah mich an, als sei ich der größte Narr, der ihm je vorgekommen sei; er war offensichtlich überrascht von meiner Dummheit.

»Ich tanze doch gar nicht allein!« sagte er. »Ich tanze mit dem Wald, mit dem Mond.« Dann wandte er sich mit äußerster Gleichgültigkeit ab und setzte seinen Tanz der Liebe und des Lebens fort.[3]

Sehen wir uns den religiösen Hintergrund unseres Exils auf diesem Planeten genauer an. Die ersten drei der Zehn Gebote zeigen eine von den Menschen geschiedene Gottheit. Dieser Gott schuf den Menschen, damit er einen Bund mit ihm allein schließe. Dieser patriarchale, königliche Führer verbot, Bilder von ihm oder irgendeiner Gottheit anzufertigen. Nur er, quasi als Idee, sollte angebetet werden. Das Heilige wird streng auf den abstrakten Geist eingeschränkt. Eine Erfahrung des Heiligen in Hainen, Tieren oder Phantasieobjekten gilt als böse. Die symbolische Einbildungskraft wird ausgetrieben.

Da der verborgene Gott mit dem Geist und dem absoluten Guten identifiziert wurde, mußten Natur und natürliches Leben, das Reich der vertriebenen Göttin, die Projektion des Bösen auf sich nehmen. Da die Natur zum Reich des Teufels wurde, mußte sie vom gottesfürchtigen Teil des Menschen überwunden werden.

Obwohl wir jetzt sehen können, wie falsch es ist, daß die westliche Menschheit von ihrer instinkthaften Seite abgetrennt ist, müssen wir doch die vergangene psychologische Notwendigkeit anerkennen, die es erforderte, uns von der großen Muttergöttin der Natur loszureißen. Damit sich ein eigenständiges Gefühl der Persönlichkeit bilden konnte, mußten wir das Gebot des einen, einzigartigen patriarchalen »Ich bin, der ich bin« befolgen und die Kräfte der umfassenden, ganzheitlichen Wirklichkeit vergessen. Diese Kräfte waren Götter, die zugleich *Tiere, Pflanzen, Steine, Plätze und Zeiten* waren und von nun an als vernunftlose, stumme Geschöpfe und unbelebte, ja tote Materie betrachtet werden sollten. Um der Entwicklung des *Ich*-Bewußtseins willen mußte die Menschheit sich die Erde untertan machen.

Die vielen Mythen vom Goldenen Zeitalter oder Verlorenen Paradies müssen wir im Licht dieses Dranges nach Vernunft, Willen und Verantwortung sehen und begreifen. Dieser Drang ist ebenfalls grundlegend für die christliche Lehre von der Erbsünde. Im menschlichen Leben kann sich ohne moralischen Konflikt, ohne Schuldgefühl keine Reife entwickeln. Um das moderne Erwachsensein zu erreichen, müssen wir magische Teilhabe und mythische Identifizierung überwinden. Die Welt und ihre Ereignisse müssen zumindest hypothetisch im Rahmen unpersönlicher Beziehungen von Ursache und Wirkung gesehen werden. Dadurch bekommen die eigenen Handlungen rational erklärbare und beherrschbare Wirkungen, für die wir verantwortlich sind.

Indem der moderne Rationalismus die Psyche von der direkten Erfahrung des lebendigen Kosmos abschnitt, hat er der Menschheit den bewußten Kontakt mit dem Göttlichen genommen. Die magere Kost des asketischen Rationalismus, die das Wachstum des Ich unterstützte, droht nun unsere Seelen verhungern zu lassen und unsere Welt zu vernichten. Uns ging die Sichtbarkeit des lebendigen Gottes verloren. Gott ist für uns tot. Uns wurde nur zu gründlich beigebracht, bloß in der herrischen Welt des »Du sollst« nach dem Göttlichen zu suchen. Aus Mangel an Einbildungskraft können wir nicht mehr einen Funken göttlicher Wirklichkeit in der Welt entdecken, von poetischen Metaphern abgesehen, die nicht wirklich ernst genommen werden.

Die Bilder, deren Verehrung vom zweiten Gebot untersagt wird, werden als Götzenbilder, als Idole bezeichnet. Idol kommt vom griechischen *eidolon*, auf das auch »Idee« zurückgeht. Für den griechischen Geist hatte das Wort die Bedeutung einer erkennbaren Erfahrung der Form, sowohl im Objekt wie im Begriff. Eine ähnliche Bedeutung liegt den griechischen Worten *theoria* und *theatron* zugrunde, die auf die Sichtbarkeit des Göttlichen verwiesen.

Die Möglichkeit einer direkten Erfahrung des Göttlichen wurde in den orthodoxen (nicht in den mystischen) Anschauungen des Juden- und Christentums beseitigt. Der Geist konnte nicht länger in Steinen, Gewässern, Quellen, Bäumen, Hainen und Tieren »gesehen-geschaut« werden – und schließlich nicht einmal mehr in Menschen. Der Geist wurde stattdessen zur ethischen Abstraktion. Die Offenbarung gehörte der Vergangenheit und nicht der lebendigen Gegenwart an.

Die mythische Identifikation, das Ausleben des Mythos fand ein Ende, weil das Menschliche vom Göttlichen geschieden wurde. An die Stelle des bewußten Erschaffens von Mythen trat der Dogmatismus. Die symbolische Einbildungskraft wurde beschnitten, weil das Heilige auf Begriffe eingeengt wurde, die sinnlich nicht erfahrbar waren und lediglich gelehrt werden konnten. Daher müssen sie *geglaubt* werden. Glaube ist nicht länger *pistis* (Vertrauen in die eigene Erfahrung), sondern blinde Hinnahme, der die subjektive, persönliche Erfahrung fehlt.

Da die Vorstellungswelt der Symbole unzugänglich gemacht wurde, war die Allmutter, die Herrin des Himmels nicht länger der lebendige Pulsschlag in allem, was da ist.[4] Das *daimonion* von Erde, Natur und Kosmos wurde durch das ersetzt, was Alan Watts den »cosmic idiot«

nannte. Der himmlische Vater ist eine ferne Abstraktion, geschieden von seiner Schöpfung.[5]

Im Jahre 869 wurde auf dem Konzil von Konstantinopel verkündet, der Mensch bestehe nicht aus Körper, Seele und Geist, sondern aus Körper, Seele und einer nur *geist-ähnlichen Vernunft*. Da die Seele zunehmend mit der Vernunft gleichgesetzt wurde, war auch sie schließlich überflüssig. Dann wird der Mensch nur noch als Körper gesehen, der von *vernünftigen* Reaktionen auf Umweltreize automatisch in Bewegung gesetzt wird. Das ist die Psychologie ohne Psyche (Seele), die anfangs des zwanzigsten Jahrhunderts entstand. Mit Hilfe einer rationalen Mechanik will sie alles verstehen. Erlebendes Wissen wurde durch intellektuellen Reduktionismus, sterilen Positivismus, die Spaltung in Subjekt und Objekt ersetzt.

Die Säkularisierung des Kosmos brachte zwangsläufig die Säkularisierung aller Aspekte des Lebens in dieser Welt mit sich: des Arbeitens, Liebens, Kämpfens und Spielens. Die Arbeit ist nicht mehr an sich heilig, sondern nur noch insofern, als sie einem Zweck dient, zum Beispiel finanzieller Sicherheit oder einem behaglichen Ruhestand. Wir hetzen uns ab, um in unserer unbefriedigenden Arbeit Zeit zu *sparen*, damit wir sie in der Freizeit *totschlagen* können. Vergnügen hat sich in die freudlose Mühe verwandelt, zwanghaft etwas zu tun, was nützlich oder gut für uns ist. Freude und Vergnügen, die weder nützlich noch zweckmäßig sind, werden schief angesehen.

Die Lebenslust diente einst im spontanen Tanz des Daseins, Kenges Tanz, den Göttern. Nun erschöpft sie sich in sinnlosen Ritualen für Gewinner oder Verlierer. Die Götter aber, die vom Hochaltar vertrieben wurden, neigen dazu, sich durch dunkle Hintertüren wieder einzuschleichen. So sehen wir uns von Wellen eines zwanghaften Hedonismus erfaßt, lassen es hoch hergehen oder betäuben uns mit Alkohol oder Drogen. Den modernen Menschen steht es zwar frei, Mythologien und Theologien zu ignorieren, doch ihre Unwissenheit hält sie nicht davon ab, weiter von vermoderten Mythen und heruntergekommenen Bildern zu zehren.

Im Mittelalter wurde die Freude an den täglichen Gegebenheiten des Instinkts und der menschlichen Natur mit Schuld beladen und verdammt. Freie Gedanken, unabhängiges Forschen wurden als Ketzerei verdächtigt. Die Folge war, daß sich zwischen Theologie und tatsächlichem Leben, zwischen Theologie und jener Richtung unabhängigen Denkens, die zur modernen Wissenschaft führte, eine immer größere Kluft auftat.

In der *profanen* Gesellschaft wuchs die Überzeugung, daß ein Leben in Sünde unvermeidlich war, solange man die Fülle des Lebens nicht stark beschnitt. Über dem weltlichen Leben hing eine Wolke der Verdammnis und Angst vor dem Tod, der Gericht und Höllenstrafen bringen würde. Der Tod wurde nicht mehr als Übergang in einen anderen Zustand des Bewußtseins nach einem sinnerfüllten Leben gesehen. Er bedeutete bestenfalls Auslöschung, schlimmstenfalls den Tag des Zorns. Es ist unmöglich, ständig unter den Augen einer Macht zu leben, die verurteilt und verdammt. Da liegt der Versuch nahe, sie zu stürzen. Das Verdammen entspricht psychologisch gesehen dem Unterdrücken. Sich selbst verurteilen bedeutet Selbstunterdrückung, ist eine tödliche Bedrohung des eigenen Lebensgefühls, des Selbstwertgefühls. Dadurch entstehen unerfüllte Bedürfnisse, Kraftlosigkeit und Groll gegen die Mitmenschen. Der Sturz der scheinbaren Quelle dieses Verurteilens ist ein Akt psychologischer Selbsterhaltung. Gestürzt wird die äußere Autorität des Über-Ich. Da dieser Prozeß mehr oder weniger unbewußt abläuft, wird gewöhnlich übersehen, daß das verurteilende äußere Wertsystem verinnerlicht worden ist. Was früher eine äußere oder himmlische Macht war, fungiert nun als innerer Ankläger, der uns zur Selbstablehnung verurteilt. Das dauert an, auch nachdem der göttliche Richter draußen vom Möchtegern-Atheisten gestürzt worden ist: die Werte des Über-Ich werden zu Normen des Ich. Gott ist zwar tot, und die Himmel haben keine geistige Bedeutung mehr, doch der richtende patriarchale Archetyp bleibt unbewußt als Teil unseres Ich-Komplexes erhalten. Unsere kollektive Moral beruht zum größten Teil auf Normen, die zweitausend Jahre alt sind. Genau wie der strenge, unversöhnliche Herr der Heerscharen des Alten Testaments zeigen wir unerbittlich mit dem Finger auf unsere Fehler wie auf die unserer Nächsten.

Da wir allerdings nicht mehr an eine Existenz über die rationale, materielle Welt des Ich hinaus glauben, bleiben unsere Entfremdung und Schuldgefühle größtenteils unbewußt. Alles Unbewußte wird projiziert: das grundlegende Gesetz von der Erhaltung der psychischen Energie. Als Folge davon werden sowohl göttliche Übermacht wie menschliche Schuld auf andere Leute projiziert. Der Sündenbockkomplex beginnt zu wirken. Gesellschaft, Staat und Nation werden vergöttert oder verteufelt. Die Gesellschaft ist entweder das göttliche Vaterland, das nichts falsch machen kann, oder sie ist korrupt, krank und nicht so, wie sie eigentlich sein sollte.

Diese Tendenz wird durch die Umwandlung der mythologisch orientierten Dörfer und Städte in abstraktere und unpersönliche Staaten, Nationen oder politische Organisationen verstärkt. Diese Systeme sind ausgedehnte Organisationsstrukturen, die durch eine kollektive Idee zusammengehalten werden. Sie rufen kein Gefühl persönlicher Verbundenheit hervor. Der Organismus wird zur Organisation und verknöchert. In diesen Strukturen treten persönliche Bedürfnisse, Werte und das Gefühl der eigenen Geltung notwendigerweise in den Hintergrund. Einerseits nimmt das individuelle Gefühl einer Ich-Persönlichkeit allmählich zu, gleichzeitig aber auch das Gefühl der Isoliertheit, der Entfremdung von der Natur und des Ausgeliefertseins an die zunehmend fernere und unpersönlichere soziale Struktur des Staates. Das wachsende Gefühl der Individualität, der Rechte des einzelnen, ist gepaart mit der Hilflosigkeit des einzelnen angesichts des Staates und seiner Regierung. Die Gruppe wird nicht länger als umfassend und bergend, sondern als bedrohlich für die Rechte des einzelnen erlebt, da es ihr nicht gelingt, den individuellen Bedürfnissen gerecht zu werden. Die Extreme eines egoistischen, ja gesellschaftsfeindlichen Individualismus und einer fanatischen Identifizierung mit dem Staat, den politischen Organisationen, gehen Hand in Hand. Angesichts der Isolierung müht sich das Ich verzweifelt ab, sich dadurch selbst Bedeutung und Sinn zu geben, daß es versucht, Ziele zu erreichen, Taten zu vollbringen. Es möchte der Welt seinen Stempel aufdrücken, Geschichte machen oder eine Mission erfüllen. Durch solche Leistungen wird das Gefühl scheinbarer Freiheit und Selbstverwirklichung erreicht, zugleich aber auch einer Verantwortlichkeit für Taten und Unterlassungen. Das »Unbehagen in der Kultur«, wie Freud es nannte, nimmt stetig zu. Eine eschatologische Weltanschauung beschwört Bilder von Himmel, Hölle, jüngstem Gericht und Verdammnis herauf, an deren Stelle heute totale Vernichtung, das absolute Nichts getreten sind. Gott und Teufel, Gut und Böse, die um die menschliche Seele kämpfen, lösen das paradiesische Leben, das Geborgensein in natürlichen Zyklen und Rhythmen ab.

Der männliche Gott – ober er nun noch vermenschlicht wird oder sich in den Idealen des Richtigen, Guten, der Pflicht und ähnlichem verkörpert – stellt Forderungen und Ansprüche an den *Mann*, erklärt ihn zum Erfolgreichen oder Versager, und läßt die weibliche Welt, die Frau außer acht. Das Individuum sieht sich diesem strengen Schöpfer allein gegenüber, aber kann ihn nirgends finden. Jede Person sieht sich der Leere allein gegenüber, kann nur auf Intellekt und Willen bauen. Der Intellekt jedoch schafft mit jeder neuen Einsicht nur weitere lebensfremde Rätsel. So strengt der einzelne sich an, sich den eigenen Selbstwert zu beweisen und die schuldgeplagte Angst zu beschwichtigen. Die Welt *muß* verbessert werden. Unglück, Ungerechtigkeit, Armut, Krankheit, selbst der Tod müssen als Konstruktionsfehler der Mechanik der Dinge ausgemerzt werden, können nicht als wesentliche Aspekte des Menschseins gelten.

Den stärksten Ausdruck findet diese Tendenz in der puritanischen Arbeitsethik, auf religiöser wie auf weltlicher Ebene. Sie brachte die Industrialisierung kapitalistischer und sozialistischer Prägung hervor. Die Moral beider Systeme beruht auf der Voraussetzung, daß wir nichts als ökonomische Wesen seien. Unser Wohlergehen und unser Lebenswert werden als von der Arbeitsleistung und einer Umstrukturierung der Außenwelt, die unseren Wünschen nach materiellem Wohlstand mehr und mehr entsprechen soll, abhängig gesehen. In der puritanischen Ethik stellten Arbeit und zielbewußte Anstrengung eine weltliche Religion dar. Das ist auch heute noch so. Unser Leben wird danach bewertet, was produziert wird. Ein »unproduktives« Leben gilt als ein vertanes Leben. Wie eine Kapitalanlage soll es Profit bringen. Arbeit und profitables Geschäft treten an die Stelle einer geistigen Berufung. Wirtschaftliches Gedeihen gilt als Beweis für den Segen Gottes. Materieller Erfolg ist Lohn und Zeichen moralischer Überlegenheit. (»Ohne Zweifel ... sollten die Reichtümer eher das Teil der Frommen als der Gottlosen sein, gesetzt die Sache sei gut für sie; denn die Gottseligkeit hat die Vorteile dieses Lebens als auch des zukünftigen für sich.«[6]) Schließlich wird das Bruttosozialprodukt als Garant des sozialen wie menschlichen Wohlergehens angesehen, ganz gleich, wieviel Elend und ökologischen Raubbau es schafft.

Im Verlauf dieser schizophrenen Entwicklung wurde die Theologie von der Erfahrung wirklichen Lebens getrennt. Sie wurde zunehmend hohl, abstrakt und belanglos. Die Intelligenz meinte endlich, die Religion aufgeben zu müssen, um sich die geistige Integrität zu bewahren. Oder sie teilte das Leben nach einer Sonntags- und Werktagsphilosophie auf. Die Wissenschaft wurde zur neuen Religion, da der religiöse Archetyp selbst unzerstörbar ist. Dem lebendigen Geist wurde kein Glauben mehr geschenkt, und die Materie wurde zum neuen Gott. Allein in einem abstrakten, quantitativ bestimmten und sinnlosen Universum, einem geordneten Chaos, bleiben die einzelnen hilflos Getriebene. Nur daß wir jetzt den von neuem sich erhebenden Gottgewalten der Materie auf Gedeih und Verderb ausgeliefert sind. Ohne Empfindung für ihre Numinosität, ohne *Modus vivendi*, werden wir unvermeidlich zum Opfer der nackten Gewalt ihrer Energie. Wir laufen Gefahr, unterzugehen, wenn es uns nicht gelingt, den lebendigen Geist in Natur und Materie wieder zu erkennen.

9 Der Sündenbock

Agnus Dei qui tollis peccata mundi...
(»Lamm Gottes, du nimmst hinweg
die Sünde der Welt ...«)

Der grundlegende Unterschied (zwischen heidnischer
und christlicher Religion) besteht darin, daß der Christ
glaubt, Gott sei ein für allemal gestorben, während der
primitivere Glaube meint, der Gott sei fortwährend auf
Erden inkarniert und könne daher immer wieder getötet
werden.

Margaret Murray, *The God of the Witches*[1]

In der patriarchalen Welt mußte die Minderung der Aggression durch das
Opferritual einer ethischen Regelung unterstellt werden. Es mußte gerechtfertigt werden, und zwar mit Prinzipien wie richtig und falsch. Diese
Tatsache findet ihren mythischen Ausdruck in der jüdischen Sündenbockzeremonie. Das Opfer Christi ist dessen spätere Entwicklung. Das beiden
gemeinsame Prinzip – Schuld und ihre Sühne – ist noch in der modernen
Welt die Grundlage der Ethik und der »gerechtfertigten« Aggression, die
sich dann gegen das schuldige Ich oder andere Menschen, auf die wir die
Schuld projizieren, wendet. Das Sündenbockmotiv deutet die ältere matriarchale und mythische Auffassung um, nach welcher der dionysische
Gott (ganz gleich, wie sein Name in den verschiedenen Kulturen lautete)
als Verkörperung des Lebens zusammen mit seinem Stellvertreter, dem
menschlichen Opfer, stirbt, um wiedergeboren zu werden. Das ist Ausdruck der Erneuerung in der Großen Runde, den mütterlichen Zyklen von
Ebbe und Flut.

Der *neue Dionysos*, Christus, der »rechte Weinstock« (Joh. 15, 1), ist
jetzt dagegen der Sohn des Vaters. Er stirbt und sühnt für jene, die »unwissentlich gesündigt haben« (3. Mose 4, 2).

Mit dem »Lamm Gottes, das da trägt die Sünde der Welt«, steht das
Sündenbockmotiv im Mittelpunkt der christlichen Religion. Den Gläu-
bigen wird die Imitatio Christi auferlegt. Doch ein echtes und aufrichti-
ges Hinausgehen über das Ich, welches das Böse annehmen und ertragen

kann, es lieber wandelt anstatt es auszuagieren und zu projizieren, war in einer Kultur noch nicht möglich, die Ich-Wachstum und -Stärke pflegen mußte. Einige wenige der äußersten Hingabe Fähige konnten es vollbringen. Für die Masse war es bestenfalls ein unerreichbares Ideal, schlimmstenfalls eitle Anmaßung. Bewußt nicht erfüllbar, sucht der Archetyp des Sündenbocks uns unbewußt und zwanghaft heim.

Sünde, Schuld und moralische Verdammung der menschlichen Natur wurden zur Grundlage der späteren christlichen Theologie sowie der mittelalterlichen und nachmittelalterlichen westlichen Kultur. Weil der Mensch nun zum Sünder vor Gott erklärt wird, sind wir alle Sündenböcke geworden. Nicht nur das, was wir tun, auch das, was wir sind, unsere »bösen« Wünsche und Triebe, unsere menschlichen Schwächen, all das löst Schuldgefühle und Selbstablehnung aus, die uns niederdrücken. Wir können die Wahrheit über unser natürliches Wesen nicht annehmen. Aber was wir nicht annehmen und als Tatsache anerkennen, können wir auch nicht disziplinieren. Da wir als gut gelten wollen, uns selbst nur als gut sehen wollen, rationalisieren wir unsere gesellschaftsfeindlichen und egoistischen Triebe fort, sind aber rasch bei der Hand, sie im Nächstbesten zu sehen. Der anklagende Finger zeigt immer auf andere, die den sentimentalen, utopischen Erwartungen nicht gerecht werden, wie man sein und fühlen sollte. Wenn wir den Finger erheben, fühlen wir uns selbstgerecht. Wenn er auf uns zeigt, fühlen wir uns schuldig und wehren uns. Schuld und Abwehr sind die Merkmale der Sündenbockpsychologie unserer Kultur. Wir alle sind Opfer.

Weil wir uns ständig gegen die zum Sündenbock stempelnde Selbstgerechtigkeit in uns und unseren Nächsten wehren, werden wir davon abgehalten, realistisch mit den Schattenaspekten unserer menschlichen Wirklichkeit umzugehen. Zu ihnen gehören natürliche Eigenschaften wie Gier, Neid, Machtstreben und Selbstsucht. Sie sind so wesentlich, so gegeben wie Liebe, Fürsorglichkeit und Bereitschaft zur Zusammenarbeit. Wir sind folglich gezwungen, eben die egoistischen Neigungen auszuagieren, die wir so laut beklagen und so eifrig leugnen.

Eine Urform der patriarchalen Beschwichtigungszeremonie für unakzeptable Instinkte und Aggressionen finden wir im biblischen Sündenbockritual (3. Mose 16, 7-10):

... (Aaron soll) zwei Böcke nehmen und vor den Herrn stellen ... und soll das Los werfen über die zwei Böcke; ein Los dem Herrn und das andere dem Asasel. Und soll den Bock auf welchen des Herrn Los fällt, opfern zum Sündopfer. Aber den Bock auf welchen das Los für Asasel fällt, soll er lebendig vor den Herrn stellen, daß er über ihm versöhne und lasse den Bock für Asasel in die Wüste.

Ein Sündopfer ist ein Brandopfer (3. Mose 4, 29), das dargebracht wird für eine Sünde »aus Versehen« (3. Mose 4, 2), ein Tier, gewöhnlich ein Stier, das an die Stelle des Sünders gesetzt wird; am Versöhnungstag sind es zwei Böcke. Dahinter steht aber ein viel älteres, archaisches Symbol. Der Bock verweist uns auf die dionysischen Gottheiten. Tatsächlich war Asasel ein Bocksgott semitischer Hirten.

Ursprünglich stellte der Bock eine Verkörperung schöpferischer Ur-energie dar, das Leben in seiner Unzerstörbarkeit. Er durchlief die Metamorphosen des Sterbens und der Wiederkehr des Gottes (Dionysos), »der stirbt und doch nicht stirbt«.[2]

In der Urform kennt das Sündenbockritual zwei gleichwertige Prinzipien, den Herrn und Asasel, den neuen apollinischen Gott des »Du sollst« und den älteren Asasel, die dionysische Gottheit. Letzterer ist zu-nächst Jehovas Gegenüber und wird später sein Widersacher. Jedem der beiden wird noch sein Teil der Lebensenergien dargebracht. Doch der Gott des Gesetzes verlangt ein Brandopfer, griechisch *Holocaust*. Der Teil, der dem Gott der Wildheit und Spontaneität gebührt, soll vor den Herrn gebracht werden, der über ihm versöhnt, und soll dann lebendig in die Wüste geschickt werden.

Was mag das Ritual für spätere Generationen psychologisch bedeu-ten? Früher in der matriarchalen, magischen Phase war das Opfer ein An-erkennen der vor aller Moral bestehenden Tatsache, daß alles, was ins Dasein tritt, auch ein Ende finden muß, und daß Tod und Wiedergeburt nicht zu trennen sind. Jetzt muß die Lebenskraft zumindest zur Hälfte als Sühne für die Sünde und für Verfehlungen geopfert werden, die »aus Ver-sehen« begangen wurden, dadurch, daß das Leben gelebt wird, wie es ist.

Die Sünde läßt sich nicht umgehen, gehört zum Lebendigsein. Trotz-dem fordert sie Strafe. Nach dem Verlust des Paradieses, der Ureinheit im mütterlichen Kosmos, müssen die Menschen im Stand der Sünde leben. Und »der Tod ist der Sünde Sold« (Römer 6, 23). So soll das Leben ein Sündopfer sein und wird in Buße, Demut und Angst zugebracht.

Werden die Menschen für ihre Taten moralisch verantwortlich ge-macht, werden sie nicht mehr als passiv den veränderlichen Gezeiten von guten und bösen Kräften, über die sie keine Kontrolle haben, ausgelie-fert angesehen. So ist der Grund gelegt für eine Gesellschaft, die sich auf ein Rechtssystem stützt, und für eine weitere Ich-Entwicklung. Selbstkontrolle und gegenseitiges Vertrauen, persönliche Beziehungen und Verpflichtungen werden möglich. Die Achtung der Rechte anderer, die Grundlage unserer jetzigen Kultur, wäre ohne diesen neuen Wert der Gerechtigkeit, die sich in Gesetzen äußert, undenkbar. Die Ermächtigung dazu stammt vom Gottkönig, der keine anderen Götter neben sich duldet, und dem alle verfügbare Lebensenergie geweiht werden muß. Da kein Positives ohne ein Negatives sein kann, mußte diese einseitige Betonung des Gesetzes – auch wenn sie unvermeidlich und notwendig war – schließlich auch zu negativen Ergebnissen führen. Aus dem Sündopfer wurden Selbstkasteiung und Selbstverurteilung, die auf andere Menschen übertragen wurden.

Das Opfer des Bocks Jehovas steht für die Tatsache, daß Verlangen, Spontaneität und Fleischeslust um des Gesetzes willen kasteit werden mußten. Die Natur wird nun als trügerisch, als Quelle der Sünde und Versuchung angesehen. Nur Gott, der Gott des Gesetzes, wird für gut gehalten. Folglich muß alles Böse vom natürlichen Menschen ausgehen, wie die Kirchenväter versicherten. Alle Anleitung zum Guten muß in Gottes Wort und Gesetz gesucht werden, die außerhalb des Menschen sind, und nicht in den natürlichen Instinkten und Trieben. Daher sind alle Menschen vor dem allguten und allwissenden Gott »da draußen« a priori Sünder. Die Religion wird zur strengen Bußanstalt. Harmlosigkeit, Unterwürfigkeit und Anpassung werden zu Vorbedingungen der Frömmigkeit. Die Haltung Abels ist dafür ein Beispiel (*habel* heißt Leerheit, Wesenlosigkeit).

Wenn das Dasein vom Guten, von der Gerechtigkeit regiert wird, haben Leiden und Zerstörung keinen Sinn und bedeuten nur Strafe, Irrtum und Verfall. Ihnen wird keine schöpferische Bedeutung zugemessen. Unsere gewöhnliche Reaktion auf quälende Schwierigkeiten lautet bewußt oder unbewußt: »Womit habe ich das verdient?« – »Wie komme ich da heraus?« – »Wie kann es einen Gott geben, wenn so etwas sein darf?« Wir fragen uns selten: »An welche neue Dimension der Erfahrung versucht mich das heranzuführen?« – »Was an mir wird in Frage gestellt?« Leiden ist als Beweis für Verfehlungen außerdem mit Schande und Schuld beladen (vgl. das Buch Hiob). Damit wird alles nur noch schlimmer. Leiden bedeutet Versagen und muß um jeden Preis geleugnet und gemieden werden. Es bedroht die Selbstachtung und Integrität der Persönlichkeit. Da der Schmerz zur Selbstverurteilung führt, kann er nicht als Teil des normalen Lebens angenommen werden. Um Schmerz zu vermeiden, meint man, jedes Verlangen befriedigen zu müssen. Weil das nicht möglich ist, müssen die Gefühle abgeblockt werden. Man muß unerschütterlich Haltung bewahren, darf nur tun, was richtig ist, muß alle echten Gefühle ersticken. Dafür stürzen wir uns auf Sachen, Sex, Vergnügen, Drogen und Alkohol, und nicht zuletzt auf Gewalt. Im sogenannten »Zeitalter des Aspirin« wird das Leben auf eine Jagd nach dem am mühelosesten erreichbaren Vergnügen reduziert, das das tieferliegende Gefühl der Unruhe, Sinnlosigkeit und Schuld zudecken soll. Jede Krankheit soll rasch geheilt werden, und wir halten nicht inne, um uns zu fragen, welche Botschaft, von Schuld und Sühne abgesehen, in ihr liegen mag, wenn wir nur hinhören könnten oder wollten.

Wir übersehen die Tatsache, daß Schwierigkeiten, Versagen und Schmerz genau wie Erfolg und fröhliche Ekstase unerläßlich sind für Wachstum und Schärfung der Bewußtheit. Der Schmerz hat keinen Wert für uns, aber ebensowenig trauen wir der Freude. Sie schmeckt ein bißchen zu stark nach der verbotenen Frucht des Dionysos oder Asasel. Wir befürchten insgeheim, daß sie uns der Gefahr göttlicher Vergeltung aussetzt – ganz gleich, mit welchen nichttheologischen Begriffen wir das zu rationalisieren suchen.

Die *Ekstasis* – das »Außer-sich-sein« – gerät zunehmend in den Verdacht, eine Form der Selbstzerstörung zu sein. Die Römer prägten das Wort *superstitio* als lateinische Entsprechung des griechischen *ekstasis*, und das wandelte sich zur Bedeutung »Aberglauben«. Sie drückten so ihr Mißtrauen gegenüber dem unvernünftigen, unkontrollierten Geisteszustand besonders der religiösen Erfahrung aus. Vergnügen und Lust wurden wie Sexualität und Gewalt als außerhalb des Bereichs der Religion angesehen. Sie sind bestenfalls weltlich, schlimmstenfalls dem Asasel oder Teufel zugehörig.

Dennoch gibt es den zweiten Bock, der vertrieben, aber am Leben gelassen und Asasel überantwortet wird. Diese andere Kraft wird zwar als ein Aspekt des Lebens berücksichtigt, muß aber gesühnt und ausgetrieben werden. Die Lebenskraft kann nicht zur Gänze kasteit und zur Einhaltung des Gesetzes gebracht werden. Es gibt untragbare Triebe, die nicht auszumerzen sind. Man muß sich von ihnen trennen und sie hinausschicken. Wir können hier im ursprünglichen Mythos eine instinktive Weisheit entdecken, die in der späteren patriarchalen Entwicklung verlorenging. Denn am Ende war es der Bock des Brandopfers, des Holocaust, der den Sündenbock verkörpern sollte, und nicht der in die Wüste geschickte. Der Unterschied zwischen Vernichtung und Vertreibung entspricht dem von Verdrängung und Disziplin. Die Verdrängung versucht einen Impuls abzutöten, indem sie ihn unbewußt werden läßt. Die Disziplin erkennt den Impuls an, entschließt sich aber, ihn nicht auszuagieren. Er wird am Leben gelassen, auch wenn er in sein Reich, die Wüste vertrieben wird, bis die Zeit kommt, in der er in dionysischen Feiern, Orgien oder anderen die Gewalt ableitenden Ritualen angemessenen Ausdruck finden kann. Die Austreibung des Bocks des Asasel kann als Disidentifizierung verstanden werden. Zu ihr gehört eine bewußte Trennung von Impuls und Wollen, eine ethisch verantwortungsvolle Wahl der Handlungen, die sich der Folgen bewußt ist. Wenn ich wütend bin, kann ich zum Beispiel meine Wut wahrnehmen, mich jedoch entschließen, sie nicht zu zeigen, oder ich gebe ihr unter bestimmten Umständen Ausdruck. Die Wut unterdrücken hieße, ich werfe mir vor, überhaupt wütend geworden zu sein, und beschließe, nie wieder wütend zu werden, die Emotion aus meinem Leben zu tilgen. Das entspricht dem Brauch, den Bock Jehovas einem *Holocaust*, einem Brandopfer zu überantworten. Wird das über einen gewissen Punkt hinausgeführt, bringt es seelische Erkrankung und den paranoischen Sündenbockkomplex mit sich, der typisch für unsere Kultur ist. Der verdrängte Impuls lebt entstellt und unbewußt weiter. Er wird auf die »schuldigen« Männer und Frauen unserer Umgebung projiziert.[3]

Das noch primitive Ich der christianisierten europäischen Völker konnte Impuls und Handeln unmöglich unterscheiden. Disidentifizierung und bewußte Entscheidung erfordern ein Mindestmaß an Ich-Stärke, wie es die Europäer im Mittelalter noch nicht besaßen. Unterdrückung und Destruktion wie Selbstkasteiung waren die Regel. Aus dem Ziegenbock Jehovas wurde der Sündenbock. Asasel-Dionysos war nicht länger der andere Gott, der unter gewissen Umständen akzeptabel war. Er wurde zum unbedingt Bösen, zum Satan. Das, was die Kultur für unannehmbar (und daher böse) hält, kann nicht mehr der Sphäre des lieben Gottes angehören, von dem das Gesetz stammt, und der nur Gutes schuf. Triebe, die früher unter Bedingungen, die das Ritual regelte, dem Gott der Sinnlichkeit und Gewalt heilig waren, werden nun bedingungslos als dem Satan zugehörig verurteilt, dem Antigott, der paradoxerweise zugleich ein Prinzip des Nichtseins verkörpert (*privatio boni*). Folglich wird die spontane Instinkthaftigkeit behandelt, als sei sie nichtexistent, und ins Dunkel des Unbewußten verbannt.

Die verdrängte dionysische Gewalt unterliegt der Projektion und schleicht sich unbewußt in die bewußte Haltung ein. Verdrängte Gewalt führt in der Gestalt rechtschaffenen Eifers zu fanatischer Weltverbesserung, verhält sich dem ungebesserten und unverbesserlichen Selbst und

128

den anderen, die Unrecht tun, gegenüber intolerant und destruktiv. Auf der Grundlage der gegenwärtigen Gebote des kulturgebundenen Über-Ich maßt sich das Ich die Autorität an, entscheiden zu können, was für es und andere, für die ganze Welt gut oder schlecht sei. Ein experimentierfreudiges Lernen bleibt ausgeschlossen. Die Folge ist eine gottähnliche Inflation der modernen Menschen, eine Intoleranz gegenüber anderen Ansichten und Überzeugungen. Unwissentlich und unbewußt erfüllen wir die Prophezeiung der Schlange (1. Mose, 3, 5), »und ihr werdet sein wie Gott, und wissen, was gut und böse ist«, ohne die spätere Warnung zu beachten, die Goethe dem Mephistopheles in den Mund legt: »Folg nur dem alten Spruch und meiner Muhme, der Schlange! Dir wird gewiß einmal bei deiner Gottähnlichkeit bange!«[4]

Die unfolgsame Seite der eigenen Instinktnatur, der Schatten, das Gegenstück des hellen, rationalen Ideals der tugendhaften, gottähnlichen Vollkommenheit, wird jetzt nicht als unauslöschlicher Aspekt der Ganzheit der menschlichen Existenz angenommen. Den *Schatten* nicht annehmen heißt, sich unbewußt seinem Einfluß öffnen, und beraubt uns außerdem einer schöpferischen Kraft. Kain wird zum ruhelosen Wanderer. Die Energie kann weder vernichtet noch umgewandelt werden, findet aber auch nicht den rechten Ort, sich auszudrücken. Der einzelne, der sich von Trieben, Ideen oder Gefühlen geplagt fühlt, die von der Gesellschaft nicht gebilligt werden, gerät notwendigerweise in einen Zustand der Entfremdung von Selbst und Gemeinschaft. Die Normen unseres Über-Ich wurden Teil der moralischen Konditionierung schon im Kindesalter. Wir identifizieren uns durch sie automatisch mit gemeinschaftlichen Normen als Grundlagen einer moralischen Bewertung, ganz gleich, wie sehr wir ihnen intellektuell Widerstand leisten. Unsere widerspenstigen Triebe sind für unsere eigene, von außen übernommene Norm so unannehmbar, wie sie es für die gesamte Gesellschaft sind. Wir schämen uns, nennen unsere Gefühle und Triebe schlecht oder verabscheuungswürdig, und hassen uns, weil wir nicht anders sind, nämlich so, wie uns eingeredet wurde, daß wir eigentlich sein sollten. Und eine moralische Abwertung bedeutet automatisch Verdrängung. Was wir verabscheuen, was für uns wertlos ist, wird verworfen und von einer bewußten Adaptation ausgeschlossen. Diese Tendenz wirkt sich verheerend auf unsere Beziehungen aus.

In der Liebe und in engen persönlichen Beziehungen treten unvermeidlicherweise von Zeit zu Zeit und in unterschiedlichem Maße Gegensätze, negative Gefühle oder das Bedürfnis nach Abstand auf. Mit dem

Sündenbockdenken ist es fast unmöglich, sich ehrlich mit ihnen auseinanderzusetzen. Da müßten wir zugeben, daß wir selbst oder die Partner verantwortlich sind. Also muß die Schwierigkeit geleugnet und aus dem Bewußtsein verdrängt werden; wir können uns nicht eingestehen, daß zusammen mit der Anziehung und Verträglichkeit auch solche Probleme Teil der Realität der Beziehung sind. Was aber aus dem Bewußtsein gedrängt wird, ist damit nicht verschwunden. Es schwelt unter der Oberfläche weiter und ruft zunehmend Unruhe und Groll hervor. Es mag eine Weile unbewußt bleiben, bricht aber endlich, wenn die Spannung zugenommen hat, aus nichtigstem Anlaß mit gegenseitigen Vorwürfen auf. Wäre es gleich zur Sprache gebracht worden, der Umgang damit wäre leichter gefallen.

Die Polarisierung in Ankläger und Schuldige als allgemein übliche, individuelle wie soziale psychologische Haltung ist der Kern der modernen westlichen Sündenbockpsychologie. Unsere »aufgeklärte« und agnostische Weltanschauung beruht noch immer auf der alten theologischen Voraussetzung, es gäbe einen guten Schöpfer, dessen gute Schöpfung von den fremden, gottlosen Kräften, den Sündenböcken befreit werden muß, die ihre von Gott verliehene Freiheit mißbrauchen und das Gute vermindern und so den Schein des Bösen hervorbringen. Selbstachtung und das Gefühl persönlicher Integrität sind darauf angewiesen, daß wir uns im Rahmen der kollektiven Ideale der Vollkommenheit nähern oder zumindest danach streben. Wenn Schwierigkeiten auftauchen, besteht eine natürliche Abwehrreaktion darin, die Schuld auf andere zu schieben, die geopfert oder wenigstens ausgestoßen werden müssen. Rechtschaffenheit als Ideal verlangt ständig nach einem Sünder, der uns das Gefühl der Überlegenheit gibt. Das verleiht der grundsätzlichen psychischen Dynamik, daß jede unbewußte Tendenz zwangsläufig immer projiziert werden muß, eine echt paranoische Färbung: die Tendenz scheint der anderen Person anzugehören.

An sich wäre dieser Hang zur Projektion nichts als eine neutrale Täuschung der Wahrnehmung. Als Kollektivphänomen stellt diese zwanghafte Gewohnheit, die eigene verdrängte Gewalt als vom anderen ausgehend wahrzunehmen, eine Gefahr für die Beziehungen zwischen den Menschen, den Frieden zwischen den Religionen und Rassen und das Überleben der Menschheit dar.

Die gottähnliche Überzeugung, recht zu haben, zu wissen, was gut und böse ist, scheint die Rücksichtslosigkeit zu rechtfertigen, mit der wir jeder anderen Einstellung, Moral und Lebensweise begegnen. Obwohl wir mechanisch Lippenbekenntnisse ablegen und glauben, es gäbe eine Möglichkeit, überpersönliche Führung zu erhalten (wie das die traditionellen Religionen noch predigen), nehmen wir als selbstverständlich an, daß das menschliche Schicksal ausschließlich von unserem persönlichen Wissen und den Anschauungen abhängt, nach denen wir handeln. Jedes Glaubenssystem ist ganz versessen darauf, die Welt nach seiner eigenen, gottgegebenen Formel sicher und glücklich zu machen. Das gottgegebene System mag Theologie, Geschichte, Wissenschaft, Soziologie, Normalität, dialektischer Materialismus, Blut und Boden, rassische Überlegenheit oder was auch immer heißen.

Die Extreme des Puritanismus und des Viktorianischen Zeitgeistes, die unter der Oberfläche unserer modernen Lebensstile noch recht lebendig sind, haben eine Tyrannei des »Du sollst« geschaffen, der die menschliche Realität nicht Genüge tun kann.

Richtige Planung (z. B. Genmanipulation) *sollte* soziale Mißstände, Armut, Krankheit, vielleicht gar den Tod ausmerzen können. Wann und wo sich diese Übel zeigen, werden sie aus menschlichem Versagen erklärt. An unserem Elend, meinen wir, sind wir selbst schuld.

Paradoxerweise, oder vielleicht wie zu erwarten in Anbetracht der natürlichen Tendenz zu Ausgleich und Polarität, besteht auch das andere Gefühl weiter, nämlich der Hang zur Aufblähung des Ich, eben weil man Bürden und Schmerzen auf sich nimmt. Die Tatsache, daß man als tugendhafter Bock Jehovas seine angemessene Bürde trägt, ist Beweis, daß man den Bock des Asasel gründlich aus seinem Leben vertrieben hat. Der selbsternannte Dulder trägt dann den Heiligenschein gottähnlicher Verantwortung und rechtschaffener Kasteiung, die er sich und anderen angedeihen läßt. »Es trifft keine Unschuldigen.« – »Geschieht dir ganz recht.« – »Gut ist etwas nur, wenn es wehtut.«

Unsere Ansichten und Überzeugungen werden für religiös und wissenschaftlich richtig gehalten. Die Anschauungen anderer Gruppen oder Kulte werden als Aberglauben betrachtet. Unsere Bräuche rechtfertigen die Gewalt. Bei den anderen ist es nicht so. Wir führen Befreiungskriege, bewahren die Menschenrechte. Die andere Seite kämpft, um uns zu versklaven. Gott, Gerechtigkeit, Fortschritt und der Gang der Geschichte sind stets auf der eigenen Seite. Ein relativ triviales Beispiel, doch treffend in seiner Absurdität, wurde in der *New York Times* berichtet.[5] Die Polizei machte bei einer Voodoo-Sekte Razzia und ließ beschlagnahmte Lämmer ins Tierheim bringen, die als Opfer rituell geschlachtet werden sollten. Man erstattete Anzeige wegen Tierquälerei. Ein Tier aus religiösen Gründen zu schlachten, wird für absurd und grausam gehalten, der Voodoo-Glaube und sein Ritual für albernen Aberglauben. Doch Tausende von Lämmern und anderen Tieren zu schlachten, weil wir Fleisch als ein Hauptnahrungsmittel ansehen, stellt offenbar keine Tierquälerei dar. Unsere rechtschaffenen Überzeugungen rechtfertigen das Gemetzel.

Der uralte Dämon des Bösen konkretisiert sich unbewußt und wird auf die Schuldigen projiziert. Sie werden geopfert oder als Sündenböcke zur Erbauung und Reinigung der Gerechten vertrieben. Dann ist Gerechtigkeit geschehen, und die Welt ist wieder in Ordnung. Nun wird das Gute regieren, bis völlig unerwartet das nächste Hindernis auftaucht.

So ist unsere Tugend ständig von denen bedroht, für die in unserer Voreingenommenheit kein Platz ist, von den Freigeistern, Homosexuellen, Kapitalisten, Sozialisten, Gojim, Schwarzen, Juden, Yankees, Weißen, oder wer nun das Böse verkörpern mag. Diese Bedrohung verlangt nach Kreuzzügen, Befreiungskriegen, Verteidigung der heiligsten Werte, um moralisierend den anderen jene Werte aufzuerlegen, denen wir selbst nicht gerecht werden können, weil sie so unrealistisch sind.

Der geschickteste und lautstärkste Ankläger wird zum großen politischen Vorbild, zum Duce oder Führer. Nichts stärkt den Zusammenhalt des Stammes so, nichts ruft besser allgemeine Unterstützung hervor, als der anklagende Finger, der die Schlechtigkeit der anderen dafür verantwortlich macht, daß die wunderbare, vollkommene Welt verdorben wird. Zwangsläufig ruft der charismatische Ankläger das traditionelle westliche Bild vom eifrigen Gott und Richter wach und mobilisiert das gefährlichste Mittel, religiösen Fanatismus.

In unseren privaten Leben sind Schuld und ihre Rechtfertigung ebenfalls die Haupttriebfedern psychologischen und zwischenmenschlichen Funktionierens. Sie haben Einfluß auf die Art, wie wir andere und uns selbst beurteilen und annehmen. Da Bewertung und Anerkennung darauf beruhen, daß wir uns den gemeinschaftlichen Normen anpassen und ihnen gehorchen, ziehen wir uns mit jeder Abweichung, ob nun absichtlich und bewußt oder unbewußt und unabsichtlich geschehen, Vorwürfe, Mißbilligung, Ächtung oder Bestrafung durch uns selbst oder andere zu.

Von frühester Kindheit an stützt sich unser Leben zwangsläufig auf Urteile, bei denen es um richtig und falsch, unschuldig und schuldig geht. Unsere Vorstellungen der Reife setzen ein Wissen voraus, was kollektiv für richtig und falsch gehalten wird. Unsere bewußte Kenntnis und Kontrolle von uns selbst beruht darauf, daß wir uns dieser Disziplinierung durch das Richtig und Falsch unterzogen haben. Es ist unmöglich, Kinder ohne solche Normen, das heißt ohne ein bestimmtes Maß an Ermahnungen und Schelten, zu erziehen. Die Erfahrung der Schuld kann nicht umgangen werden. Wenn in der Erziehung die Nachgiebigkeit zu groß wird, entsteht leicht eine Unordnung der Werte, eine Schädigung der Persönlichkeit. Wachstum und Wertorientierung ohne Normen des Richtig und Falsch sind so unmöglich wie Kulturen ohne Wertsysteme.

Wertsysteme sind nun Ausdruck des ästhetischen und sozialen Fühlens und der wichtigsten Mythen einer Kultur. Wenn sich der Mythos wandelt, ändern sich auch die ästhetischen Systeme und die des Richtig und Falsch. Verschiedene Kulturen sehen unterschiedliche Dinge, Handlungen und Einstellungen als schön und gut an. Tournier bemerkt, daß sich bei den Armen in Italien die Prostituierten wegen ihres Berufes nicht als schlecht fühlen.[6] Ihre Gemeinschaft verachtet sie nicht; sie haben jedoch ein schlechtes Gewissen, wenn sie mangels Freier nicht genug verdienen, um ihre Familie ernähren zu können.

Das Schöne und Gute sind Grundkategorien des menschlichen Unterscheidungsvermögens, daher auch der Differenzierung des Bewußtseins. Sie sind fundamentale Prinzipien, auf die sich jede Kultur beruft, auch wenn ihre jeweiligen Inhalte variieren. Werturteile sind nicht zu vermeiden. Sie zeigen das kollektive Gefühlsklima. Dabei darf aber nicht vergessen werden, daß solche Werte nichts Endgültiges sind. Sie wandeln sich mit dem psychologischen Klima. Die Spontaneität wurde einmal für grundsätzlich falsch gehalten, gilt nun aber in gewissen Kreisen für absolut richtig, ganz gleich, welcher Preis dafür bezahlt wird.

Wer sich mit dem Sündenbock identifiziert – und das sind in unserer Kultur heute praktisch alle – schämt sich für das, was sie oder er *ist*, und fühlt sich schuldig. Dennoch können wir weder direkt noch willentlich ändern, was wir sind. Wir können die Bestandteile nicht verändern, aus denen sich unsere Individualität aufbaute. Wir können lediglich kontrollieren, was wir im Hinblick auf das tun, was wir sind. Wir können unsere Triebe oder Gaben einsetzen oder mißbrauchen, aber richtig verwendet werden sie erst, wenn wir sie als unausweichlich bestehend akzeptieren. Wer sich mit dem Sündenbock identifiziert, kann das kaum oder gar nicht. Scham und Selbstablehnung machen sie oder ihn zu heimatlosen, rastlosen Wanderern in einem fremden Universum, zu modernen Kainsgestalten. Das persönliche Wertgefühl kann ursprünglich nur durch Einssein mit kollektiven Regeln und durch das Anerkanntsein durch Stamm oder Familie gefunden werden. Letzteres wird daher von Nützlichkeit, Leistung und erworbenem Gut bestimmt. Wird die eigene, andersartige Realität erkannt, muß sie vor der Gesellschaft und selbst den Nächsten verborgen werden. Denn wenn jene alles wüßten, könnten sie nicht anders, als zu verurteilen. Noch schlimmer wird alles, wenn sie das dann tatsächlich tun, und man sich schämen muß, nicht glücklich und vollkommen zu sein. Sind denn nicht alle anderen zufrieden?

Selbst erklärte Agnostiker und Atheisten mühen sich psychologisch mit den Sündenbocknormen des Herrgotts ab, ganz gleich, wie sehr sie dazu neigen mögen, sie zu rationalisieren. Wir fühlen uns alle schuldig, was wir auch tun oder nicht tun. Das Gefühl, tadelnswert zu sein, ist mit den wichtigsten wie trivialsten Aspekten unseres Lebens verbunden.

Früher wurden Kinder bestraft, wenn sie sich nicht gut benahmen. Fortschrittliche Erziehung und moderne Psychologie lehnten diesen Maßstab ab, sprechen aber sofort ein Urteil über die Kinder, die keine Spontaneität, Persönlichkeit, Reife zeigen oder unsozial sind, was diese Begriffe auch heißen mögen. Neben dem Überleben ist allen das Wichtigste, sich richtig zu verhalten und sich rechtfertigen zu können, das heißt ohne Schuld zu sein. Selbst die in unseren Augen Unmoralischen, ja sogar Kriminelle sind bestrebt, sich, wenn nicht vor anderen, so doch vor sich selbst zu rechtfertigen. Wir verurteilen uns und andere, weil wir Fehler machen, weil wir unsere Ellbogen zu sehr oder zu wenig gebrauchen, zu wenig Erfolg haben, weil wir wütend werden oder gleichgültig bleiben, weil wir zu langsam oder zu schnell sind, zu spät kommen oder überpünktlich sind. Wir fühlen uns schuldig und verurteilen andere, weil sie als Väter, Mütter, Lehrer, Geschäftsleute oder in ihrem Beruf versagen. Wir fühlen uns für bestimmte Gefühle schuldig, oder weil sie fehlen. Wir fühlen uns für das schuldig, was als unnormales Verhalten oder perverse Sexualität bezeichnet wird – also für Verhaltensweisen, die mit den heute gängigen Normen nicht übereinstimmen. Wir haben ein schlechtes Gewissen oder Angst, unsere natürlichen Impulse zu zeigen, ob es sich nun um Feindseligkeit oder Zuneigung handelt. Dann wiederum haben wir Schuldgefühle, weil wir ihnen keinen Ausdruck gegeben haben. Dabei wird sehr oft das übersehen, was eine Situation wirklich erfordern würde. X wird von einem Freund Y um etwas gebeten. X meint, die Bitte grenze an Ausnutzung. Und bevor X noch weiß, wie ihm geschieht, fühlt er sich gezwungen, den Wunsch zu erfüllen, um dem schlechten Gewissen zu entgehen, einen Freund abgewiesen zu haben. Nun fühlt sich X schuldig, weil er nicht so stark war, nein zu sagen. Schuldgefühle tauchen erneut auf, wenn sich der Groll in projizierter Form auf den Freund entlädt, dem jetzt vorgehalten wird, er habe X zum Nachgeben gezwungen. Das veranlaßt X, ärgerlich zu reagieren und nicht freundlich, wie er es eigentlich tun sollte. Und angenommen, X nehme dies alles wahr, so hat er ein schlechtes Gewissen, weil er sich schuldig fühlt und unfähig ist, das Gefühl loszuwerden.

Auch wenn wir geltend machen, wir hätten uns vom »Aberglauben Gott« befreit, die kulturgebundenen Normen kommen uns dennoch wie das »Wort Gottes« vor. Der Archetyp des göttlichen Richters, der Sündenböcke schafft, inzwischen aber im Untergrund verschwunden ist, weil das alte Gottesbild dem Bewußtsein keinen allumfassenden Respekt mehr einflößt, hat sich in sozialen und moralischen Fanatismus verwandelt. Er hat zur Inflation des modernen Ich ein Gefühl der allmächtigen persönlichen Stärke und das Sendungsbewußtsein beigetragen, die Welt nach seinem Bild und seinen eher beschränkten Einsichten zu verbessern. Der Preis für die moderne Hybris, eine unbegrenzte Willensfreiheit anzunehmen, ist ein ebenso grenzenloses Gefühl der Schuld und der falschen Verantwortlichkeit. Nun sind wir alle Sündenböcke. Wir werfen uns Handlungen und Versäumnisse vor, die schlicht zu unserem Wesen gehören, für die wir nichts können. Dadurch machen wir uns aber den wirklichen Tatsachen unseres Wesens gegenüber blind, denn die stehen ja im Widerspruch zu unserem Selbstbild, daß wir gut und rechtschaffen seien, und so neigen wir dazu, unsere schlimmsten Taten zu rationalisieren und echter Verantwortung aus dem Weg zu gehen. Wir haben uns in den Sündenbockkomplex, in eine Abwehrhaltung verstrickt, hören nur zu gern nicht hin, wenn sich die Stimme des echten Gewissens meldet. »Der entscheidende Faktor des Gewissens ist hier ein anderer, wie es scheint: Er geht nicht aus dem traditionellen Sittenkodex hervor, sondern aus der unbewußten Grundlage der Persönlichkeit oder Individualität ... [und besitzt jene] zwingende Autorität, welche nicht zu Unrecht als ›vox Dei‹ charakterisiert wird.«[7]

Solange wir von den spontanen Gefühlen und Eingebungen abgeschnitten sind, sieht das Leben grau und sinnlos aus, ein Kampf aller gegen alle, bei dem die Besten überleben, eher eine Wüstenei als ein heiliger Kosmos.

Wir haben hier ein Bild der sozialen und psychologischen Folgen der Sündenbocktradition unserer Kultur gezeichnet, das auf einseitige Weise trostlos und übertrieben wirkt. Es ist jedoch wirklich nur die Kehrseite dessen, was wir Fortschritt, Aufklärung und Differenzierung des Bewußtseins nennen. Die geschilderten Erscheinungen sind dem praktizierenden Psychotherapeuten als Hintergrundprobleme vertraut, und er begegnet ihnen in praktisch jedem Fall persönlicher Probleme oder seelischer Erkrankung.

Sie sind der Preis, der für die Entwicklung von Selbstkontrolle, Ich-Disziplin und Intellekt zu entrichten war, für die Schaffung einer Kultur, die sich auf rationale Kontrolle, Vernunft und Gesetz stützt. Etwa vier Jahrtausende lang waren diese Zwänge als Opfer unumgänglich, damit der nächste Schritt in der Entwicklung des Bewußtseins getan werden konnte. Für viele Menschen stellen sie auch heute noch Wertmaßstäbe dar, die erst mit Leben zu erfüllen wären.

Wir dürfen die Tatsache nicht aus den Augen verlieren, daß die Disziplin des Über-Ich für jene noch wesentlich ist, die das moderne Bewußtsein, vor allem die vollständige Ich-Festigkeit noch nicht erreicht haben. Diesen Menschen hilft die Anpassung an die Gruppe (und dazu gehört das Sündenbockmotiv), durch Erdulden, Frustration und Selbstdisziplin ihre Persönlichkeit zu entwickeln. Ein Hinweis auf diese Tatsache sind die Initiationsriten aller Zeiten und Völker, die heutigen Rituale des »Schikanierens« eingeschlossen. Doch im großen und ganzen wirkt sich die strenge, patriarchale Stimme des Über-Ich langsam nachteilig aus. Das ließ den Ruf aufkommen, jede Form der Zurückweisung müsse vermieden werden und liebevolles Akzeptieren vor allem der Kinder durch ihre Eltern sei wichtig. Selbst hier müssen wir uns vor Extremen und Dogmatismus hüten. Es stimmt zwar, daß Zurückweisung und Nichtbeachtung von Bedürfnissen und berechtigten Ansprüchen wie auch manche allzu strengen Forderungen, die Eltern stellen, eine angemessene Ich-Entwicklung des Kindes verhindern und die Individualität gefährden, aber das war offenbar nicht immer so. Selbst heute kann das eine Frage des Wieviel und Wann sein. Wir haben wieder einmal mit dem Absolutheitsanspruch der Perfektionisten und nur geringer Urteilskraft extreme Normen für Liebe, Nachgiebigkeit und Pflege aufgestellt, die Eltern und Gesellschaft aufbringen sollen. Die Kinder anderer Zeiten waren strengeren Normen ausgesetzt, wuchsen aber auch zu einer ausgeglichenen Reife heran, die unserer in nichts nachstand. Genau dieses offenkundige Paradox wirft ein Licht auf das Wesen der Umwandlung, die sich in unserer Zeit ereignet – auf die »Wiederkehr des Sündenbocks«.

In der Antike und im Mittelalter muß sich die vorherrschende, Schuldgefühle hervorrufende Sündenbockpsychologie und ihre Folgen überwiegend günstig auf die Ich-Bildung ausgewirkt haben. Kinder wurden unter Bedingungen großgezogen, die wir heute für hart und sogar grausam halten würden. Ihnen fehlte der direkte, liebevolle Kontakt mit den Eltern. Sie wuchsen oft in der Obhut von Erziehern und Fremden auf. Sie wurden wie kleine Erwachsene behandelt, sollten sich auch entsprechend benehmen. Adlige Kinder wurden früh fortgeschickt und wurden in fremden Häusern Pagen, mußten Verantwortung wie Erwachsene, hartes Leben und Strafen auf sich nehmen.

Allerdings wurde in der Vergangenheit das Fehlen liebevoller, elterlicher Pflege durch die schützende Unterstützung der patriarchalen, gesetzestreuen Gemeinschaft und die Sicherheit wettgemacht, seinen gottgegebenen Platz in ihrer hierarchischen (Hierarchie bedeutet Herrschaft des Heiligen) Ordnung einzunehmen. Das Individuum fühlte sich in der Großfamilie, in der Sippe geborgen. Diese wiederum war Teil eines gesellschaftlichen Ganzen, das als heilig angesehen wurde, das ein König schützte, der von Gottes Gnaden herrschte. Die persönliche Identität wurde vom Vertrauen in die gottgegebene Herrschaft des Über-Ich bestimmt und getragen. Die einzelnen fanden ihre Bestimmung, indem sie festgelegte Rollen in der Gesellschaft erfüllten.

Gesetz, soziale Ordnung und Vernunft wurden zum Ersatz für das magische Gefühl der Sicherheit, das früher aus der Geborgenheit in der Ordnung der Natur herrührte. Schoß und Brust der Muttergöttin wurden von Abrahams Schoß verdrängt. Die patriarchale Epoche neigt sich ihrem Ende zu, und diesen Beistand der Gruppe gibt es nicht mehr.

Das Gefühl unserer Zeit, Gott sei tot, bedeutet, daß die Führung des Über-Ich als psychologische Dominante weitgehend an Geltung eingebüßt hat. Gesetz und soziale Ordnung werden nicht mehr als gottgegeben und geheiligt betrachtet. Die sozialen Strukturen gelten als ich-bestimmt, für willkürliche Verträge, die auch aufgekündigt werden können. Die Disziplin der Unterdrückung und Selbstkasteiung fördert das Wachstum der Persönlichkeit nicht mehr. Wenn das durchschnittliche, gegenwärtige Niveau der Ich-Festigkeit erreicht ist, scheint die Verdrängung eher gefährlich als hilfreich zu sein. Die Einhaltung der Gesetze, die Anpassung an die Gesellschaftsordnung, weit entfernt, uns einen Platz in Abrahams Schoß zu sichern, werden zunehmend als eine Angelegenheit persönlicher Entscheidung gesehen. Einseitige Konformität wird jetzt als erstickend für das Wachstum der Persönlichkeit empfunden. Dazu ist die ehemalige Gesellschaft mit ihren Großfamilien und Sippen in jetzt isoliertere, weniger verbundene Einheiten aufgespalten, in Kleinfamilien, die nur aus Elternpaar und Kindern bestehen. Diese wiederum lösen sich zunehmend durch

Ehescheidungen auf; isolierte Interessengruppen, Parteien und Organisationen nehmen überhand. Persönliche Interessen und Vorteile halten sie nur zusammen, solange die Verbindung rein egoistische Bedürfnisse befriedigt. Die Industrialisierung, die die Sättigung der materiellen Bedürfnisse des Ich zum Ziel hatte, vollendete folglich den Abstieg aus einem magischen und mythologischen heiligen Kosmos in die Wüstenei bürokratischer Organisation. In dieser Kultur hat die Gewalt freie Bahn, weil es keine archetypisch wirksamen Kanäle mehr gibt, die sie fassen könnten. In unserer modernen Welt der Entfremdung und Unsicherheit »spielt« die Durchschnittsperson zwischenmenschliche Beziehung und Individualität, kennt aber keine echte soziale oder individuelle Identität. Wir haben uns als einsame Wanderer in der Wüste verirrt und sind wirklich in die Flucht geschlagene Sündenböcke. Die häufigste Haltung dem Leben gegenüber ist die Wirklichkeitsflucht.

Diese Entwicklung stellt den psychologischen Wendepunkt unserer Zeit dar. An wen soll sich der Sündenbock, der Wanderer in der Wüste wenden, wenn nicht an seinen Herrn, Asasel-Dionysos, die unzerstörbare Lebenskraft, *das Leben, wie es ist*, ohne Rücksicht auf das, was es sein *sollte*?

Der aufrüttelnde Ruf des neuen Gewissens unserer Zeit ist der Ruf nach Selbstheit oder Individuation, wie Jung es nannte. Es ist der Ruf, zu sein, was wir sind. Dionysos-Asasel kann aber nicht allein kommen. Er ist der Gott des Weiblichen, der Gefährte der Großen Göttin. Sie ist mit ihm verbannt worden und muß gemeinsam mit ihm wiederkehren. Der Weg des Phallus allein ohne die personalisierende und integrierende Haltung des Weiblichen, ohne dessen Gefühl für die Ganzheit oder das Umfassende, könnte uns das, was wir für unser Wachstum benötigen, nicht geben. Die Bedrohlichkeit der Macht rührt heute ja von der noch nicht erkannten und unbewußten Epiphanie des Dionysos her, die eine Inflation des unvorbereiteten Ichgefühls bewirkt, das dann nur noch »*ich, ich*« und »*mir, mir*« sagt. Ohne eine neue Assimilierung der weiblichen Werte wäre Asasel tatsächlich Satan. Auf diesen wichtigen Punkt kommen wir zurück, wenn wir den Gralsmythos und seine Pervertierung durch Hitler behandeln.

Immerhin legt die Notwendigkeit von individuellem Selbstbewußtsein und Selbstsicherheit ein neues Gewicht auch auf die Beziehung zwischen Kind und Familie. Die Geborgenheit in einer einzelnen Familie erfüllt nun die Funktion, die ehemals bei Sippe und Gemeinschaft lag. Die Kinder heute müssen Disziplin lernen und zugleich von der Familie und den Eltern liebevoll als das akzeptiert werden, was sie sind, nicht nur als das, was sie sein sollten.

Kinder können nur erzogen werden, wenn sie Disziplin und Verantwortung lernen. Auf Werturteile und die Autorität des Über-Ich kann nicht verzichtet werden. Wenn das Sündenbockdenken und die Strenge, die brandmarken will, vermieden werden sollen, müssen die Werturteile und Regeln nicht als Vorschriften, sondern als Modelle aufgestellt werden, die ihrem Geist nach und nicht bis zum letzten Buchstaben erfüllt werden. Wir können ablehnen, was wir *taten* oder tun, nicht aber, was wir *sind*. Nur so kann echte Verantwortlichkeit des Ich gelehrt werden. Die unvermeidliche Tatsache, daß wir den neuesten Erfordernissen noch nicht entsprechen können, ist typisch für eine Übergangszeit. In der Kindererziehung bleibt die alte psychologische Gewohnheit noch erhalten, entweder disziplinarisch zu unterdrücken oder eine unkritische Nachgiebigkeit walten zu lassen. Erforderlich aber ist die liebevolle Bestätigung individueller Bedürfnisse und Talente. Das unausgeglichene Schwanken zwischen Unterdrückung und Freizügigkeit ist zum Teil der Grund für die gegenwärtige Epidemie, die Narzißmus genannt wird. Die Bezeichnung ist wirklich irreführend. In dem Zustand, von dem wir sprechen, zeigt sich eher zu wenig als zu.viel Selbstliebe. Narzißmus ist die Psychologie oder Psychopathologie des Außenseiters, des Dionysos-Asasel, noch immer ein Wanderer in der Wüste. Der Sündenbock möchte zurückkehren und angenommen werden. Seine egoistische und gesellschaftsfeindliche Beschäftigung mit sich selbst ist ein erster, noch eitler und unzulänglicher Versuch, nach innen zu gehen und das wahre Selbst zu entdecken.

Der Sündenbockzustand ist heute überall anzutreffen. In unserer Kultur müssen alle ihre Bürde an Schuld und Entfremdung tragen. Das damit verbundene Gefühl der Unruhe, des Ungesunden und der Unsicherheit kann als letzte Auswirkung einer gewollten Entwicklung personaler Autonomie verstanden werden. Das unabhängige *Ich* wird nicht mehr vom allesumfassenden Mütterlichen gehalten. Das ist die Vertreibung aus dem Paradies. Sie bezeichnet jene Entwicklungsstufe des Bewußtseins, die uns Gut und Böse erkennen läßt. Sie macht uns alle zu Wanderern in der Wüste, die sich vom transpersonalen göttlichen Ursprung abgeschnitten fühlen, für immer in »Sünde« verstrickt. Es ist der Preis für die Ich-Entwicklung in ihrer ersten patriarchalen Phase. Zu ihr gehört die Reaktion, mit dem Machtstreben zu kompensieren. Der Minderwertigkeitskomplex, wie ihn Adler als erster beschrieb, ist tatsächlich eine Reaktion auf ein Gefühl körperlicher Minderwertigkeit, nämlich des Gefühls der Unzulänglichkeit des *Ich* in seiner körperlichen Gestalt. Der Komplex entspricht nicht so sehr einer persönlichen Schwäche, wie Adler annahm. Er ist vielmehr ein universelles Phänomen. Die einzelnen fühlen sich im gefahrvollen Kosmos, in einem Kollektiv isoliert, das keine liebevolle Gemeinschaftlichkeit kennt, und haben ein tiefes Bedürfnis nach Liebe und Beistand, das selbst unter den günstigsten Umständen nie ganz und angemessen befriedigt werden kann, und so reagieren sie instinktiv mit Angst und fühlen sich unsicher. Das Ergebnis ist der Minderwertigkeitskomplex. Kompensiert wird er mit dem Machttrieb, dem Versuch des *Ich*, seine Stellung zu sichern, indem es das Gefühl der eigenen Wichtigkeit steigert und sich müht, Schutzwälle zu errichten und Verteidigungsmaßnahmen zu ergreifen. Dieser Trieb hat in unserer Zeit ein Höchstmaß erreicht. Dionysos rächt sich für seine Verdrängung und hetzt die Männer gegen einander, gegen die Frauen und die Welt, und getrieben werden sie von Schuldgefühlen und unstillbarer Machtgier. Wir haben uns eingeredet, unser Bewußtsein und Verstand würden uns allem anderen auf diesem Planeten überlegen machen. Wir erheben den Anspruch, die selbsternannten Herren unseres Universums zu sein, und geben vor, die Welt und Natur, in der wir leben, kraft unserer überlegenen Mittel zu lenken, zu beherrschen und zu verbessern. Wir alle versuchen, unser Leben, unsere Lage mit unserem freien Willen zu kontrollieren und zu steuern. Ebenso versuchen wir, das Verhalten der anderen Menschen zu lenken, damit die Befriedigung unserer Bedürfnisse gesichert ist und wir einen Halt finden in unserer Unsicherheit. Während ein gewisses Maß von all dem Teil der gewollten Entwicklung zu sein scheint, bedroht sie uns zugleich mit zunehmender persönlicher Isolation, führt zu Konflikten, Weltkriegen und ökologischen Katastrophen. Wir können es uns nicht mehr leisten, unsere Welt, unsere Mitmenschen wie passive Objekte auszubeuten.

Dionysos-Asasel kehrt aus seinem Dasein als verjagter Sündenbock zurück und bemüht sich, den Raum des Weiblichen mitzubringen und ihn Seite an Seite mit der männlichen Ordnung wieder einzusetzen. Er versucht Disziplin, Aggression und Tapferkeit mit natürlichem Rhythmus, Bejahung persönlicher Werte, Spiel und einem Gefühl des unermeßlichen Mysteriums der Natur und des Daseins zu vereinen.

Da Dionysos wiederkehrt, kann die Unterdrückung des Weiblichen nicht länger fortgesetzt werden.

10 Das Weibliche und seine Unterdrückung (Weiblichkeit und Männlichkeit)

Der Himmel ist mein, die Erde ist mein
Ich bin Kriegerin, das bin ich
Gibt es einen Gott, der sich mit mir messen kann?

Die Götter sind Spatzen – ich bin ein Falke
Die Götter trudeln dahin.
Ich bin eine prächtige wilde Kuh.

Lied der Inanna[1]

Gelobt seist du, Ewiger, unser Gott, König der Welt, der mich nicht als Weib erschaffen.

Morgengebet der Männer

Gelobt seist du, Ewiger, unser Gott, König der Welt, der mich nach seinem Willen erschaffen.

Morgengebet der Frauen[2]

Die Frau ist die Verwirrung des Mannes, ein unersättliches Tier, eine fortwährende Sorge, eine ständige Kriegsfackel, ein tägliches Verderben, ein Haus des Sturms, ein Hindernis der Frömmigkeit.
Aus dem Speculum des Vinzenz von Beauvais, 13. Jh.

Die Abwertung der Weiblichkeit ist ein wesentlicher Zug der vorherrschenden Kultur während der Epoche patriarchaler Ich-Entwicklung. Frauen wurden bestenfalls als zweitrangige Menschen und oft genug als ziemlich unter dem Menschen stehend gesehen. Da diese Abwertung religiöser Natur war, hat sie das Selbstbild der Frau ebenso stark wie die Anschauungen der Männer über sie geprägt. Und die Frauen haben die eigene weibliche Art in eben dem Maße unterdrückt, wie die Männer den weiblichen Teil ihrer Psyche verdrängt haben. Der Kern der Sache bleibt unberührt, wenn das Problem nur soziologisch gesehen wird.

Betrachten wir die soziologischen Erklärungen genauer, kann keine wirklich befriedigen. Die untergeordnete Stellung der Frau wurde mit dem Übergang von einer Ackerbau-Gesellschaft zur Viehzucht erklärt. Doch selbst in der späteren römischen und griechischen Gesellschaft, die noch sehr auf den Ackerbau angewiesen war, mußte sich die Frau unterordnen, vielleicht sogar noch mehr, als in früheren primitiveren Gesellschaften. Die größere Abhängigkeit vom Kriegführen ist auch keine Antwort, da in germanischen und frühkeltischen Stämmen die Frauen Seite an Seite mit den Männern kämpften. Die Sagengestalten der Walküren und Amazonen bestätigen es. Noch dazu waren viele der frühen, prähistorischen Gottheiten des Krieges weiblich: Sekhmet in Ägypten, Inanna in Sumer, Anath in Uruk, die Morrigan in Irland, Bellona in Rom, um nur einige zu nennen.

Die Frauen waren nie eine Minderheit, die als solche zur Diskriminierung herausforderte. Die Frauen waren immer und überall die Mehrheit. Das lag an der größeren biologischen Stärke der Frauen wie auch daran, daß die männliche Bevölkerung durch Kriege dezimiert wurde. Wenn bloße Körperkraft ungeachtet aller geistigen Fähigkeiten der ausschlaggebende Faktor gewesen wäre, hätten Tiger und Löwen leicht die Macht über die Menschen gewonnen. Was die geistigen Fähigkeiten angeht, sind Frauen und Männer gleich, und die Frauen übertreffen die Männer sogar in der Fähigkeit, gut mit Beziehungen zwischen den Menschen umgehen zu können. Die Industrialisierung ist keine Erklärung; die untergeordnete Stellung der Frau bestand schon sechstausend Jahre davor. Wenn wie in den beiden Weltkriegen Not am Mann war, erwiesen sich die Frauen an Werkbank und Fließband als ebenso tüchtig, wenn nicht gar tüchtiger als die Männer.

Jane Harrison, die Kennerin der Klassik, war einer Erkärung nahe, erfaßte aber aufgrund ihres soziologischen und unbewußt androlatrischen Vorurteils die Tragweite ihres Arguments nicht vollständig.

Der Wechsel (vom Matriarchat zum Patriarchat) ist ein notwendiger Schritt, der wirklich weiterführt. Das Matriarchat verlieh den Frauen ein *falsches, weil magisches* Ansehen (Hervorhebung durch mich). Mit dem Patriarchat fand man sich unausweichlich mit der Tatsache ab, daß die Frau von Natur aus schwächer ist. Als der stärkere Mann seinem Glauben an die magische Kraft der Frauen entwachsen war, ging er in einem verzeihlichen Schritt angewandter Logik weiter und verachtete und versklavte sie als die Schwächeren.[3]

Die Anschauung, die Frau sei »von Natur aus schwächer«, haben wir inzwischen als Fiktion erkannt. Sie stimmt weder biologisch noch psycho-

142

logisch. Sie war wie die »Falschheit« des magischen Ansehens ein Vorurteil der androlatrischen Sicht, das gegenwärtig verschwindet. Der Übergang von der magischen zur mentalen Weltanschauung erforderte jedoch die Fiktion, die magische Dimension sei falsch, zugleich aber auch, daß der bloßen Muskelkraft ein größerer Wert beigemessen wurde. Diese Fiktion ist die Grundlage des androlatrischen, patriarchalen Wertsystems. Sie veranlaßt beide Geschlechter, nicht so sehr die Frau an sich, sondern das Weibliche und die gesamte magisch-mythische Dimension abzuwerten. Da die Frauen im großen und ganzen weiblicher als die Männer sind, wurden sie in gegenseitigem Einvernehmen für minderwertig erklärt.

Männlichkeit und Weiblichkeit sind archetypische Grundformen, die sich in unterschiedlicher Weise auf das Leben, die Welt und das andere Geschlecht beziehen. Die Unterdrückung des Weiblichen beeinflußt daher die Beziehung der Menschheit zum Kosmos nicht weniger als die Beziehung individueller Männer und Frauen untereinander. Soziologische Lösungen erfüllen einen gewissen Zweck, gehen aber kaum von einem tiefen Verständnis der weiblichen Psychologie aus. Sie stellen nicht einmal die Frage, die in der mittelalterlichen Sage Artus das Leben rettet und so das Reich wiederherstellt. Jahrhunderte später taucht sie in Sigmund Freuds verwunderter Feststellung wieder auf: »Die große Frage, die nie beantwortet worden ist und die ich trotz dreißig Jahre langem Forschen in der weiblichen Seele nicht habe beantworten können, ist die: ›Was will das Weib?‹«[4]

Freuds Verwunderung ist angesichts der Tatsache bedeutsam, daß die Antwort in der alten Sage schon gegeben wurde. Wir werden darauf im Kapitel über den Gralsmythos zurückkommen.

Um den erhabenen Status derjenigen zu erreichen, »die wertvoller als Rubine ist«, muß die »tugendhafte« Frau ihr Tun und Handeln und selbst ihre Träume auf den Bereich von Mutterschaft, Familienleben, Erziehung der Kinder einschränken oder, wenn die Umstände sie zwangen, ins Leben hinauszugehen, auf die Laufbahn als Grundschullehrerin. In der Erziehung der Kinder wurde bei Jungen Geltungsbedürfnis und Aggression gefördert, den Mädchen aber verboten. Die Mädchen mußten sich mit dem häuslichen Alltag zufriedengeben, und jedes Interesse für persönliche Autorität und Befriedigung eigener Bedürfnisse wurde bei ihnen mehr noch als bei den Jungen unterdrückt. Ich erinnere mich an eine Frau mittleren Alters, die immer wieder schwere Probleme in persönlichen wie beruflichen Situationen bekam, weil sie unfähig war, für ihre Überzeugungen einzutreten. Im Verlauf der psychologischen Arbeit kam schließlich eine recht schmerzhafte Erinnerung aus der frühen Kindheit ans Licht. (Erinnerungen aus der frühen Kindheit sind für die Diagnose wichtig, weil die schlichte Tatsache, daß etwas aus einer Zeit erinnert wird, von der das meiste vergessen ist, dies zu einem Wegweiser macht, der zu einer traumatischen Situation oder einem Komplex führt.) Sie erinnerte sich, daß sie sich im Alter von drei oder vier Jahren mit ihrem kleinen Bruder gestritten hatte, wer vorn im Familienauto sitzt. In der Balgerei hatte sie zugeschlagen und wurde von ihrer Mutter streng zurechtgewiesen, weil sie sich so »unmädchenhaft« aufführte. Ihr wurde eisern eingeschärft, Mädchen müßten immer lieb und nachgiebig sein, dürften sich nie mit Jungen auf einen Kampf einlassen und sich mit ihnen messen, sollten *nie, nie*, unter keinen Umständen offen Aggressivität zeigen. Die Frauen mußten lernen, ihren Trieben innerhalb der engen kulturell akzeptablen Möglichkeiten die Spitze zu nehmen, was sie häufig genug anfällig für Scham und Selbsthaß machte. Auf einem gynäkologischen Kongreß zu Beginn des Jahrhunderts wurde allen Ernstes erörtert, ob Frauen sexuell etwas empfinden oder nicht. Und die meisten der gelehrten Experten waren sich einig, daß die *gute* Frau sexuell nichts empfindet. Gute Frauen hatten zumindest psychologisch kühl und harmlos zu sein.

Wo Freud sich verwundert zeigt, waren die Reaktionen der Männer vor ihm weit weniger edelmütig. Der heilige Augustinus erklärte, Frauen hätten keine Seele. Mittelalterliche Gelehrte überlegten, ob die Frauen nicht erst von Gott in Männer verwandelt werden müßten, damit sie am Tag der Auferstehung berücksichtigt werden konnten. Sehr aufschlußreich ist der »Hexenhammer«, der *Malleus maleficarum*. Er wurde von zwei Dominikanermönchen zusammengestellt und von Papst Innozenz VIII. als rechtsverbindlich für die Verurteilung von Hexen erklärt. Von 1486 bis 1669 geben die führenden deutschen, französischen und italienischen Drucker dreißig Auflagen heraus. Er wurde nicht nur von katholischen, sondern auch von protestantischen Gesetzgebern vorbehaltlos anerkannt. Er war vom fünfzehnten bis in das siebzehnte Jahrhundert der Maßstab der Rechtsprechung.

Dem *Malleus* nach werden die Frauen vorwiegend von außergewöhnlichen Affekten und Leidenschaften angetrieben. Ihr ungewöhnliches Lieben und Hassen entsteht durch die »fleischlichen Begierden«, durch Besitzgier und Eifersucht. »Fleischlicher gesinnt als der Mann« sind sie sexuell unersättlich, eitle, vergnügungssüchtige Lügnerinnen und Verführerinnen, die zur List greifen, um ihre Ziele zu erreichen. Sie sind geistig tieferstehend, »mangelhaft an Geist und Körper«, erinnern sich nur schlecht, »sind leichten Verstandes, fast wie Knaben«, leichtgläubig, abergläubisch, leicht beeinflußbar, hätten eine »schlüpfrige Zunge«, seien undiszipliniert, alles in allem ein »unvollkommenes Tier«.

... weil die erste Verderbnis der Sünde, durch welche der Mensch der Sklave des Teufels geworden ist, durch den Zeugungsakt in uns hineingekommen ist, deshalb eine Hexengewalt dem Teufel von Gott bei diesem Akte mehr gegeben ist als bei einem andern ... Denn mag auch der Teufel Eva zur Sünde verführt haben, so hat doch Eva Adam verleitet. Und wie die Sünde der Eva uns weder leiblichen noch seelischen Tod gebracht hätte, wenn nicht in Adam die Schuld gefolgt wäre, wozu Eva und nicht der Teufel ihn verleitete, deshalb ist sie bitterer als der Tod.
Nochmals bitterer als der Tod, weil dieser natürlich ist und nur den Leib vernichtet; aber die Sünde, vom Weibe begonnen, tötet die Seele durch Beraubung der Gnade und ebenso den Leib zur Strafe der Sünde.

Bemerkenswert, daß für den *Malleus* Sünde praktisch gleichbedeutend mit »fleischlichen Lüsten«, besonders mit sexuellem Vergnügen ist. Diese »Lockung des Fleisches« wurde als von den Frauen verkörpert und als die Wurzel allen Übels gesehen.[5]

Es sind nicht nur die Kulturen des Westens, die das Weibliche gefürchtet und abgelehnt haben. Das Gesetzbuch des Manu, Grundlage der indischen Kultur, stellt fest, »die Frau ist aus ihrem Wesen heraus immer bestrebt, den Mann in Versuchung zu führen ... Grund der Unehre ist die Frau, Grund der Feindschaft ist die Frau, Grund des weltlichen Lebens ist die Frau – daher muß der Frau aus dem Weg gegangen werden.«[6] Umgekehrt, »ganz gleich, wie schlecht, entartet oder bar aller guten Eigenschaften ein Mann sein mag, eine gute Frau muß auch ihn wie einen Gott verehren.«[7]

Die religiösen Richtungen, die die Epoche der patriarchalen Ich-Entwicklung bestimmten, beruhten auf der Abwertung des natürlichen Lebens und der Materie, des weltlichen Daseins und des Körpers. Die konkrete Wirklichkeit wurde zunehmend als geistlos und geistfeindlich aufgefaßt. Die innere Tiefe des Seins in der Welt, die das Reich des Weiblichen ist, wurde verworfen.

Misogynie und Androlatrie sind unauflösbar mit den religiösen Überzeugungen und Glaubensinhalten verflochten, die während der letzten zwei- bis viertausend Jahre oder länger gültig waren. Die religiösen Vorstellungen sind als Normen akzeptiert worden. Durch bloße Suggestivkraft und kulturelles Einverständnis haben sie sich auch denen aufgedrängt, die die Projektionen angeblicher Minderwertigkeit auf sich nehmen müssen, den Frauen selbst. Herabsetzung führt zur Selbstablehnung, zur Identifizierung mit dem Bild der Minderwertigkeit und zu Selbsthaß. Das Bild der geistig minderwertigen, doch trügerischen und arglistigen Schlange, die durch tugendhafte Zurückhaltung und sterile Selbstverleugnung Buße tun muß, ist in unseren früheren Kulturen von den Frauen ebenso akzeptiert worden wie von den Männern. Wäre das nicht geschehen, hätte sich dieses Bild als kulturelle Norm nie so lange halten können.

Die Abwertung des Weiblichen hat ihre Wurzeln in einer Dynamik der Psyche, die tiefer geht als oberflächliche Moden oder Vorurteile des Denkens. Diese Haltung mag zwar bedauerlich, ja zerstörerisch gewesen sein, war aber offenbar für die Entwicklung des Ich-Bewußtseins notwendig.

In der Entwicklung der Religionen geschieht es immer wieder, daß die Götter der einen Phase die Teufel der nächsten werden. Androlatrie und Misogynie spiegeln den Sturz einer älteren Ordnung, die das Göttliche in weiblichen Gestalten und Werten manifestiert sah. Das Göttliche wurde in Bilder der Großen Göttin – Jungfrau, Mutter, Hure und Zerstörerin – gefaßt, deren Reich Himmel, Erde und Unterwelt waren. Im Alten Testament häufen sich die Warnungen, die Verehrung der Astarte und des Baal nicht wieder aufzunehmen. Diese Muttergöttin der Kanaaniter und ihr Gefährte drangen immer wieder in die hebräische Religion ein, waren ursprünglich ein Teil von ihr, wie zu vermuten steht.[8]

Dieselbe Besorgnis zeigt sich auch in den Zehn Geboten, die mit Nachdruck darauf bestehen, »du sollst keine anderen Götter neben mir haben«, vielleicht auch in der Warnung vor den »Bildnissen«. Das goldene Kalb, das Moses so erzürnte, war nichts als eine der vielen Gestalten der Isis-Hathor, der Großen Göttin Ägyptens. Der Jesus zugeschriebene apokryphe Spruch »Ich bin gekommen, die Werke des Weiblichen zu zerstören«[9], wie auch die Verdammung der »großen Hure Babylon«, des »Tieres« in der Offenbarung des Johannes, lassen eine ähnliche Haltung erkennen.

Wir können uns fragen, weshalb das Weibliche so gesehen wurde, nämlich als im Widerspruch zum sich neu entwickelnden Bewußtsein stehend, warum es für das leibhaftige Böse gehalten werden mußte? Bevor wir versuchen, diese Frage zu beantworten, sollten wir klären, was die Begriffe weiblich und männlich im symbolischen, archetypischen Sinn bedeuten. Besteht wirklich ein grundlegender, das heißt nicht bloß kulturell und sozial verursachter Unterschied zwischen Frauen und Männern? Wie lassen sich die symbolischen Geschlechter mit konkreten Männern und Frauen in Beziehung setzen? Die Wertsysteme einer Kultur und einer Umwelt haben ganz sicher großen Einfluß auf Selbstbild und Selbstbewertung der Frauen und Männer. Das Verständnis des Wesens und der Bedeutung dieser kulturgebundenen Einflüsse ist ja Thema dieses Kapitels. Immerhin hat die Hirnforschung während der letzten Jahre zunehmend Beweise erbracht, daß es grundlegende Unterschiede in den Funktionen von Gehirn und Geist tatsächlich als a priori bestehende primäre Geschlechtsmerkmale gibt. Sie gehen nicht nur auf Umwelteinflüsse zurück.

Außerdem ist allein schon die Tatsache, daß die Kulturen Gewicht auf die Unterschiede zwischen Mann und Frau legen, psychologisch bedeutsam. Die Unterscheidung besteht in allen Kulturen, zu allen Zeiten und ist Ausdruck dafür, daß die Polarität von männlich und weiblich für die kollektive Psyche a priori existiert. Kultur ist ja keine willkürliche Erfindung, sondern der Niederschlag archetypischer Kräfte, des »So-Seins« der psychischen Erfahrung. Damit sprechen wir lediglich einen bestehenden Sachverhalt an, ob wir ihn mögen oder nicht. Wir wollen die Abwertung des Weiblichen, die Diskriminierung der Frauen weder rechtfertigen noch forterklären. Wir versuchen vielmehr, die Dynamik dieser Haltung zu verstehen, um besser mit ihr umgehen zu können.

Das führt uns zu einem weiteren Punkt: wie leicht sexuelles und archetypisches Geschlecht verwechselt werden. Unterlassen wir es, die beiden zu unterscheiden, können wir leicht den psychologischen Faktor zugunsten des soziologischen übersehen. Wir bemerken dann vor allem die Diskriminierung der Frauen, wo wir uns eigentlich mit einer Verdrängung des Weiblichen in den Frauen *und* Männern befassen müssen.

Wir haben nämlich die Tatsache außer acht gelassen oder ihr keinen Wert beigemessen, daß jedes Geschlecht in sich die Eigenschaften des anderen trägt. Im Westen war Jung der erste, der auf diese polare Einheit hinwies, nämlich daß die Männer in biologischer wie psychologischer Hinsicht rezessive weibliche Züge aufweisen, und die Frauen männliche.

Männlichkeit und Weiblichkeit müssen als a priori bestehende archetypische Züge von den individuellen männlichen und weiblichen Personen abgegrenzt werden. Damit entgehen wir der Gefahr der Verwechslung, die auftritt, wenn wir persönliche und psychologische Probleme nicht von ihren religions- und kulturgebundenen Determinanten trennen.

Die Verehrung einer Gottheit in männlicher oder weiblicher Form kennzeichnet ein Wertsystem und eine Wahrnehmungsweise, in denen ein archetypisches Geschlecht psychologisch mehr Gewicht als das andere hat und Frauen wie Männer überzeugt und für sie maßgebend ist. In gynolatrischen Kulturen messen Männer und Frauen den männlichen Zügen nur zweitrangige Bedeutung bei. In einer androlatrischen Welt blicken die Frauen nicht weniger als die Männer zu den männlichen Eigenschaften auf. Männliche und weibliche Züge, Hormone, Organe, archetypische Tendenzen, Komplexe und Eigenschaften der Persönlichkeit finden sich in beiden Geschlechtern. Wir wissen jetzt, daß es vom relativen Überwiegen des einen Geschlechts über das rezessive andere abhängt, ob eine Person ein Mann oder eine Frau ist. Das vorherrschende Geschlecht prägt sich dem Bewußtsein, der psychischen Grundstruktur und den körperlichen Geschlechtsmerkmalen auf. Die rezessiven Züge wirken unbewußt eher als Entwicklungsmöglichkeiten und nicht so sehr als tatsächliche Gegebenheiten. In der Terminologie, die Jung eingeführt hat, bezeichnet der Begriff *Animus* männliche Eigenschaften in der Frau, *Anima* Weibliches im Mann. Aufgrund des relativen Übergewichts eines Geschlechts über das andere unterscheiden sich Männer und Frauen psychologisch nicht weniger als biologisch. Der Unterschied ist freilich relativ und bewegt sich durch ein fließendes Spektrum der Übergänge und Mischungen. Er ist nicht absolut.

Aber warum sprechen wir überhaupt von männlich und weiblich, wenn wir nur Eigenschaften meinen, die Frauen und Männer in verschiedenem Maß gemeinsam besitzen? Es führt anscheinend zu einer recht verwirrenden Terminologie. Auf die Gefahr hin, mich zu wiederholen, möchte ich noch einmal betonen, daß die Unterscheidung in männlich-weiblich a priori tief geht; sie ist eine archetypisch vorgeprägte Wahrnehmung, die in den Strukturen der unbewußten Psyche wurzelt. Gegensatz und gegenseitige Ergänzung des Männlichen und Weiblichen gehören zu den grundlegenden Bildern der Erfahrung des Dualismus. Sie liegen den Polaritäten von solar und lunar, Licht und Dunkel, aktiv und passiv, Geist und Materie, Energie und Materie, Initiative und Empfänglichkeit, Himmel und Erde zugrunde. In der Alltagssprache kennt die Metaphorik des Männlichen und Weiblichen den eindringenden Schraubenbolzen und die umschließende, haltende Schraubenmutter. Zu den ältesten symbolischen Darstellungen der kosmischen Polaritäten gehört eine phallische Form, die in einem Gefäß, dem Abbild des weiblichen Schoßes, steht: Speer oder Schwert und Gral im Westen, *lingam* und *yoni* im Osten weisen auf die archetypisch männlichen und weiblichen Prinzipien hin. Sie stellen die Strukturen oder Themen bildlich dar, die in den Geschlechtsorganen lediglich ihren spezifisch physiologischen Ausdruck finden. Die alte chinesische Philosophie sprach von Yang und Yin als kosmischen Prinzipien. Das gesamte Dasein wurde von ihrem Wechselspiel in unterschiedlichem Maß zum Ausdruck gebracht.

Im großen und ganzen denken wir uns inzwischen das männliche Yang als schöpferisch, das weibliche Yin als empfangend. Mir erscheint das als zu eng gesehen. Eine angemessene Deutung wäre vielleicht für Yang die Vorstellung von Veräußerlichung und Objektivierung, Differenzierung und Analyse, Durchdringung und äußerer Aktion, für Yin Innewohnen, Vereinigung, Einverleibung und Sein. Robert Ornstein sieht Analogien zwischen den Funktionen der rechten und linken Gehirnhälften und den Kräften von Yang und Yin.[10]

In der westlichen patriarchalen Tradition ist das archetypische Yang-Prinzip in Mythos, Alchemie und Astrologie durch Sonne, Mars und Saturn symbolisch dargestellt worden, das archetypische Yin durch Mond und Venus. (Die Weiblichkeit der Sonne bzw. Männlichkeit des Mondes im deutschen Sprachgebrauch sind wohl als Überreste der älteren gynolatrischen Periode anzusehen, in der wahrscheinlich die Sonne als zentrale Lebensquelle das damals dominierende Prinzip des Weiblichen und der Mond das subordinierte Trabantentum des Männlichen allegorisiert haben mag.) Das Solare jetzt steht für Geist, Logos, schöpferische Kraft und Selbsterkenntnis, für ein Streben nach Bewußtsein und Getrenntsein, Zielbewußtheit und Machtbefugnis. Der römische Gott des Krieges Mars (und seine griechische Entsprechung Ares) verkörpert eine aktive Energie, die etwas ins Leben ruft, Mut, Entschlossenheit, Verlangen, den Drang, zu arbeiten und aggressiv vorzugehen, auch mit Mitteln der Brutalität, Verwegenheit und mit zerstörerischer Feindseligkeit und Gewalt.

Es ist allgemein weniger bekannt, daß Mars in der astrologischen Symbolik auch für Eros, sexuelle Anziehungskraft und Begierde steht. Der saturnische Faktor sieht auf Disziplin und Grundsätze, auf Trennung und systematische Ordnung, ist hemmend und tyrannisch, fördert Geltungsbedürfnis und rücksichtslosen Einsatz der Macht in ihren weniger angenehmen Formen.

Auf der Seite des Yin verkörpert der Mond die Verwirklichung. Im Gegensatz zum Wirkungsvermögen der Sonne empfängt er das Gepräge des solaren *Logos*, das *Noumenon*, manifestiert es als Phänomen. Der Mond ist wahrscheinlich eines der ältesten Symbole für die Sinne, die Sinnlichkeit, für Seele und Körper, ist der Nährboden der Phantasie und der Träume. Er ist Gefäß und Bewahrer der Lebensenergien, der Welt der Sinne in ihrer Beziehung zur materiellen Wirklichkeit. Der Mond steht im Hinblick auf die äußere Welt wie auf das innere Bewußtsein für das Kollektive. Er kennzeichnet eine Lebensauffassung, die sich nicht auf planmäßiges Streben, sondern eher auf das Spielerische, die Einbildungskraft verläßt, welche die Welt der Phantasie und die Wirklichkeit als zwei Seiten derselben Münze sieht. Diese Betonung der Sinnlichkeit und körperlichen Erfahrung, die weniger Gewicht auf abstraktes Denken und Rationalismus legt, gestattet eine größere Offenheit dem nicht Greifbaren gegenüber, eine größere Empfänglichkeit für das Magische, Mystische, Mediale und Parapsychologische. Das kann positiv zu einer Erweiterung der Kenntnisse über neue Bereiche führen. Negativ an dieser Empfänglichkeit mag sein, daß sie die Gefahr einer Regression auf atavistische, primitive Stufen, ein Zurückfallen in Massenpsychologie, in *Ismen* und Moden mit sich bringt. Wenn sie die individuellen Fähigkeiten der Integration übersteigt, kann es zum borderline-Syndrom, zu Sucht und Verlust des Wirklichkeitssinnes kommen.

Dem Yin oder weiblichen Element werden außerdem die Eigenschaften der Venus oder Aphrodite zugeschrieben: Freude, Vergnügen, künstlerische Ausdruckskraft, Aufgeschlossenheit für Schönheit und Harmonie. Zur Schattenseite gehören Eitelkeit, Trödelei und nackter Hedonismus.

Allerdings stehen Yin und Yang eher für kosmische als für spezifisch psychologische Prinzipien. Es ist eigenlich nicht einzusehen, warum eine Ich-Entwicklung dem Yin-Prinzip feindlich gesinnt sein sollte. Wir müssen uns die mytho-psychologischen Aspekte der jeweiligen Archetypen genauer ansehen und eine neue Einschätzung versuchen.

Anfang der dreißiger Jahre versuchte Jung, eine vorläufige Charakterisierung der weiblichen und männlichen Anlagen zu geben. Er nannte die Tendenz zur Bezogenheit Eros, hielt sie für einen grundlegenden Ausdruck des Weiblichen. Die männliche Haltung sollte durch Logos, Geist, schöpferische, ordnende Intelligenz und Sinn bezeichnet sein. Bedauerlicherweise wurde dieser vorläufige Versuch in der jungianischen Literatur so behandelt, als sei er das letzte Wort. Angesichts der wachsenden Bewußtheit der Frauen über sich selbst hat es sich gezeigt, daß das Begriffspaar Eros-Logos nicht ausreicht, den weiten Bereich weiblicher und männlicher Dynamik zu behandeln. Außerdem ist es terminologisch wie psychologisch ungeeignet.

Zum einen ist Eros im Mythos eine männliche, phallische Gottheit.

Er verkörpert als aggressiver Jäger den Drang, Verbindung herzustellen, zu berühren und zu besitzen. Er motiviert die menschliche Suche nach Menschlichkeit, Schönheit, dem Guten und Göttlichen. Er drückt nach außen gewandte aggressive Libido aus, kämpferisches Verlangen und den beharrlichen Impuls nach Vereinigen und Eindringen. Als patriarchaler kosmogonischer Eros, als erste Gottheit, die aus dem Weltei hervorgeht, ist er verwandt mit einem Urlicht oder Logos, die dem Schoß des Nichtseins entspringen. Er ist ein Sohn der Großen Mutter. Er führt seine Ordnung des Verbindens und Verlangens in das ein, was vor ihm leere Urfinsternis war. Die Geburt des Eros ähnelt in der mythologischen Darstellung dem biblischen »Es werde Licht«. Im Evangelium des Johannes ist dieses Licht vom Logos, ist Leben und Liebe (1. Johannes 4, 16). Das mittelalterliche Bittgebet des Hrabanus Maurus zeigt die gleiche Sicht: *Veni creator spiritus* (»Komm, Schöpfer Geist«). Es ruft den Heiligen Geist als männliche schöpferische Wesenheit an, »den Sinnen Licht und den Herzen Liebe zu bringen« (*accende lumen sensibus, infunde amorem cordibus*). Dem griechischen *Eros* entspricht im Lateinischen *Amor*. Beide Begriffe sind grammatikalisch männlich.

Die Sprache drückt in ihrem poetischen und etymologischen Zusammenhang oft die verborgene Weisheit des Unbewußten aus. So fällt uns die Nähe von *Eros*, *Eris* (Göttin des Streites und Kampfes) und *Ares* (griechischer Gott des Krieges) auf: Liebe, Zwist und Kampf. Die Nähe besteht nicht nur im Phonetischen, sondern auch im Psychologischen und Mythologischen.[11] Als römischer Mars zeigt Ares eine enge Verbindung mit Eros. *Mars gradivus* verkörpert den Leben und Liebe schaffenden Genius des Frühlings. Astrologisch bedeutet Mars aggressive Aktivität wie auch erotisches Verlangen und Sexualität. Sein Symbol ist ein erigierter Phallus ♂.

Eros stellt so einen Aspekt des archetypischen Yang dar: nach außen gewandte, aggressive Männlichkeit. Der unbarmherzige Krieger, kämpfende Held und oft rücksichtslos begehrende Liebende zeigen die Doppelgestalt des Eros-Ares. Sie können bei aller Phantasie nicht als Gestalten des Logos gesehen werden.

Im Mythos ist Eros der Sohn, Ares der Geliebte der Aphrodite. Sie sind die Zwillingsfreier, die dionysischen Sohn-Geliebten der Großen Göttin, Eros und Thanatos, die Leben spendenden und zerstörenden Aspekte.

Ihre apollinische Ergänzung sind Logosfiguren. Hier stehen Jungs »alter weiser Mann« sowie Priester- und Magierfiguren für geistige Sicht und Bewußtsein und, als vierter Aspekt, Saturn-Jehova, auf materielle Manifestation ausgerichtet. Letzterer konkretisiert, schafft und erhält, indem er Grenzen setzt, Ordnung herstellt und Gesetze erläßt. Er ist Schöpfer und Herrscher, der eifersüchtige, kranke oder verwundete König oder der zum Krüppel gemachte kunstvolle Handwerker. Immer strebt er nach Vollkommenheit und leidet unter den Mängeln seiner Schöpfungen, am Dasein, wie es ist, und neigt dazu, sie zu leugnen. Die schöpferische Kraft bringt Verwundung hervor oder beruht auf Verwundetsein.

Dagegen kann eingewendet werden, daß in der Polarität von Yang und Yin dennoch Geist und Ordnung der Bezogenheit gegenüberstehen, ganz gleich, welche begriffliche Haarspalterei wir betreiben oder welche mythologischen Namen wir ihr geben. Der Einwand läßt die Tatsache außer acht, daß Worte buchstäblich *Logos sind*. Worte, vor allem jene, die durch uralte Tradition geheiligt sind, durch die Kraft mythologischer Phantasie, sind bedeutungsschwer, lassen Bedeutungen entstehen. Wenn sie ungenau eingesetzt werden, schaffen sie Verwirrung.

Beziehung und Bezogenheit, ganz gleich, welche Namen wir ihnen beilegen, sind keineswegs ausschließlich Eigenschaften des Weiblichen, genauso wenig, wie der Geist nur dem Männlichen gehört. Beziehung ist ein Prinzip der Ordnung – im Raum oder in der Zeit. Die Ordnung ist Teil der männlichen wie weiblichen Prinzipien, wenn auch auf unterschiedliche Weise. Bezogenheit als psychologischer Begriff hat wiederum die Bedeutung »Bewußtheit der Beziehung« angenommen. Zu ihr gehören sowohl Anziehung und Verbindung wie auch Abneigung, Zurückweisung und Aggression, Gemeinsamkeit wie Getrenntheit, im Innern Gefühle und Gedanken wie im Äußern Interaktionen, rhythmische und gesetzmäßige Ordnung wie auch Spiel oder sogar chaotisches Durcheinander, Sinnfindung wie das Akzeptieren der Sinnlosigkeit.

Bezogenheit darf nicht mit dem Verlangen nach persönlichem Engagement und empathischer, einfühlender Identifizierung verwechselt werden, die allerdings eine typische Eigenschaft des weiblichen Bewußtseins ist. Ein einfühlendes Engagement läßt andererseits nicht unbedingt Bezogenheit entstehen. Ohne die entsprechende Bewußtheit, daß die Partner über eine eigene Identität verfügen, ist die Bezogenheit vielleicht kaum mehr als eine symbiotische Identifizierung oder schlichtweg Gefühlsduselei. Zur Bezogenheit gehören die Bereitschaft und Fähigkeit, die anderen so wahrzunehmen und zu würdigen, wie sie sind, und die eigene wahre Position zu halten. Konflikte sind ebenso ein Aspekt der

Bezogenheit wie Verbundensein und Kommunikation. Die jeweilige Beziehung muß in ihrem trennenden wie verbindenden Aspekt gesehen werden.

Die Bezogenheit ist eine bewußte Leistung, ein Aspekt der Individuation, um die sich beide Geschlechter bemühen müssen. Weder Beziehung noch Bezogenheit sind typische Merkmale des weiblichen oder männlichen Bewußtseins. Sie haben mit dem weiblichen Drang nach Personalisierung und Engagement ebenso zu tun wie mit den männlichen Tendenzen zu Abstand, Kontrolle, Besitz, Konkurrenz und Sinnfindung.

Wenn wir das Weibliche in erster Linie mit Begriffen der Bezogenheit bestimmen, übersehen wir außerdem seine Tiefendimension, die aktiv und umwandelnd ist, der es überhaupt nicht um Bezogensein geht. Wird Yin einfach mit Beziehung gleichgesetzt, reduziert sich das Weibliche auf einen relativ passiven, reagierenden und empfänglichen Komplex, der nie etwas in die Wege leitet. Ich glaube, das patriarchale kulturelle Vorurteil zielte genau in diese Richtung. Die Durchschnittsfrau ist allerdings vor der bewußten Arbeit an ihren Beziehungsproblemen nicht authentischer in ihren Beziehungen als der Mann, der, von seiner erotischen Libido getrieben, *verliebt* ist. Wegen der kulturellen Schulung, die von ihr verlangt, aufmerksam, einfühlsam und empfänglich zu sein, kann der äußere Schein für ihre Bezogenheit sprechen, die doch nur eine Geste ihrer Persona, ihrer sozialen Maske ist. Der irreführende Eindruck der Bezogenheit als einer apriorischen Funktion des Weiblichen wird auch von anderen Zügen verstärkt: Frauen zeigen Gefühle; Wahrnehmung und Reaktion sind konkret und persönlich, nicht so abstrakt und unpersönlich wie oft bei den Männern. Die Frauen dürfen nähren, bemuttern und schützen.

Wenn genau diese Züge nicht bewußt durchgearbeitet werden, machen sie eine Frau unangenehm, egozentrisch, besitzbetonend, und auf eine egoistische, persönliche Weise unfähig zur Beziehung. Der ihr entsprechende, von Eros-Ares getriebene Mann ist eigenwillig und entschlossen, zu erobern und zu bekommen, was er will. Auf persönliche Werte nimmt er keine Rücksicht, er ist auf eine unpersönliche egoistische Weise unfähig zur Beziehung.

Der Liebhaber, der nur von seinem Bedürfnis, zu erobern und seine erotischen Begierden zu befriedigen, motiviert ist, kann im Objekt seines Verlangens weder Individualität noch menschliche Würde sehen, ihnen auch keinen Raum geben. Die übermäßig bemutternde und schützende Frau sucht ihrerseits die eigenen Bedürfnisse ohne Rücksicht auf die ihres

Partners zu befriedigen. Vom Mann wird sie als erdrückend und verschlingend erlebt. Seine instinktive, meist unbewußte Reaktion besteht darin, sie zu lieben und zu verlassen, die Flucht zu ergreifen, wenn er erreicht hat, was er wollte, und sie als Person nicht zur Kenntnis zu nehmen. Sie handelt tatsächlich aus unbewußtem Besitzstreben, aus dem Bedürfnis, ihrem Drang, zu geben und zu umfangen, Ausdruck zu verleihen, ganz gleich, ob das, was sie gibt, vom anderen gewünscht wird oder assimiliert werden kann.

Daß die jeweils anderen in beiden Fällen nicht als individuelle Wesen mit unterschiedlichen Bedürfnissen gesehen werden, verhindert eine echte Bezogenheit.

Einer Frau, die keine Verbindung zu ihren abgetrennten Yin-Zügen herstellen kann, fällt es schwer, sich ihrer Mitte, ihrem Urquell instinktiver Weisheit bewußt zu sein. Echte Bezogenheit verlangt, daß eine Verbindung mit dieser Quelle aufgenommen wird.

Wenn nicht Eros, was sind also in beiden Geschlechtern die archetypischen Ausdrucksformen des Yin? Wir finden in Erich Neumanns *Über den Mond und das matriarchale Bewußtsein*[12] und Sylvia Pereras *Der Weg zur Göttin der Tiefe*[13] hervorragende Beschreibungen des weiblichen Bewußtseins, die es wert sind, im Original gelesen zu werden. Ich beschränke mich auf eine knappe Zusammenfassung. In Neumanns Darstellung wird das weibliche Bewußtsein als nicht systematisiert, als abhängig von Intuiton und Impuls gesehen, auf Phantasie, Träume und Wünsche eingehend. Seine geistige oder schöpferische Tätigkeit ist eher mit Inspiration als Analyse verknüpft. Es verhält sich dem Gefühlten, dem Impuls oder Auftauchen des Geistes, das überfallartig sein kann, gegenüber empfangend. Diese Haltung ist stärker als die Auffassung, das Ich könnte der Urheber sein. Erkenntnisse müssen reifen und durch Assimilation zu einer totalen, organischen Gefühlserfahrung werden, damit sie als wirklich erlebt werden können. Die weibliche Erfahrung ist daher mit den Prozessen des Wachsens und Zerfallens, den Abläufen, Rhythmen und der Periodik von Natur, Geist und Zeit verbunden. So bezeichnen wir sie als in Übereinstimmung mit dem Mond. Das weibliche Bewußtsein erfährt die Zeit als Qualität, nicht als abstraktes Maß des Handelns. Folglich ist es auf Stimmung, Sinn, günstige oder ungünstige Qualität eines Augenblicks eingestimmt. Es ist fähig, ja gezwungen, geduldiger als der Mann den rechten Moment abzuwarten, in dem ein Ereignis oder Impuls zur Welt gebracht werden kann.

In der Welt des Yin, der Anima, sind erwartungsvolle Wahrnehmung und Offenheit für den *Anruf* betont, auf den mehr reagiert wird, als daß ihm ein vom Ich-Willen bestimmtes Handeln zuvorkäme. Diese Einstellung kann meditativ und auf das Mysterium des Daseins und des Erlebens ausgerichtet genannt werden. Das Analysieren des Intellekts, der rasch in Worte faßt, ist ihr weniger wichtig. So ist die archetypisch weibliche Haltung eher auf Einfühlung und Engagement ausgerichtet als die abstraktere männliche Haltung. Sie ist Teil eines ausgedehnten, naturhaften Feldes, in dem alle Elemente mehr in Kreisbewegungen als linear verknüpft sind.

Genau aus diesem Grund hat das Weibliche paradoxerweise aber auch Teil an dem unpersönlich Verspielten der Natur, weil es nämlich eher geneigt ist, Leiden, harte Notwendigkeiten, Trennungen und Zerstörung zu akzeptieren und sie, wenn nötig, auch anderen aufzuerlegen. Zur Natur des Weiblichen gehört auch eine grundlegende Beziehung zur Sexualität als lustbetontes, wechselndes und ephemeres Spiel, dem die Bezogenheit auf den persönlichen Mann fehlen kann.

In ihrer Arbeit über den Abstieg Inannas in die Unterwelt gibt uns Sylvia Perera als Frau eine persönlich authentische, tiefschürfende Ansicht jener Nachtseite des Weiblichen, die so furchterregend für das Patriarchat ist, daß es sie unterdrücken mußte. Selbst in ihrem helleren Tagesaspekt als Königin des Himmels, des Lebens und der Fruchtbarkeit weisen die Symbole Inannas nicht auf verläßliche Sicherheit hin; sie verkörpert vielmehr wie »der strahlende, wandernde Morgen- und Abendstern, der das Leben erweckt und es zur Ruhe bringt ... unberechenbare Energien, die nicht in bestimmte Bahnen gelenkt werden können«. Sie »... symbolisiert eher das Bewußtsein der Übergänge und Grenzbereiche, ... die für Kreativität, Veränderung und alle Freuden und Zweifel des menschlichen Bewußtseins stehen, das verspielt, wechselhaft und sich nie für lange Zeit sicher ist. ... Und als Richterin ›verhängt sie Schicksale‹«, wacht über das Auf und Ab des Geschicks, das so unvorhersehbar wie unerbittlich ist und fordert, das Leben als ständig sich veränderndern Prozeß zu akzeptieren.

In dem sumerischen Gedicht ist Inanna auch die Löwengöttin des Krieges, tötet den Drachen, ist » ›das Herz der Schlacht, der Arm der Krieger ... alles in ihrer Macht verschluckend ... mit furchterregendem Antlitz, zornigen Herzens‹ «. Als Göttin der sexuellen Liebe ist sie ebenso leidenschaftlich. Sie preist die Wonnen der Liebe, »ruft ihren Geliebten zu sich, ihren ›honigsüßen Mann‹ ... Sie lädt ihn ein, ihren ›heiligen Schoß‹ und ihre ›lebenspendenden Zärtlichkeiten‹ zu genießen und mit ihr die Süße sexueller Liebe ... zu teilen ... sie fleht, fordert, nimmt und zerstört, leidet und erfindet immer neue Klagelieder. Sie weckt nicht so sehr das Begehren an sich, sondern verlangt selbstbewußt die Befriedigung ihrer Wünsche und feiert dabei singend ihren eigenen Körper. *Ihre Empfänglichkeit ist aktiver Natur.*« Sie ist die Göttin der Kurtisanen, wird Hure, Brautjungfer und *Hierodule* (Hohepriesterin und heilige Dirne) der Götter genannt, ist »liebevoll, eifersüchtig, bekümmert, voll Freude, ängstlich, exhibitionistisch, räuberisch, leidenschaftlich, ehrgeizig, großzügig ...« Sie ist aber auch Jungfrau, ewig jung, dynamisch, wild und unabhängig, verkörpert den verspielten, eigenwilligen, nie gezähmten Aspekt des Weiblichen.

Die Verkörperung dieses wilden, unbezähmbaren Gefühlsbereichs war schon schlimm genug, doch dem entstehenden Ich der beiden Geschlechter erschien das dunkle, unterweltliche Gesicht ihrer *anderen Seite* Ereschkigal als noch schrecklicher. Ereschkigal ist Herrscherin über alles, was dem Leben feindlich scheint: Tod, Nichtsein, Vernichtung, Leere. »Sie ist die Wurzel aller bewegten und unbewegten Dinge, wo Energie und Bewußtsein noch schlafen. In ihr liegt das potentielle Leben noch bewegungslos, aber schon in den ersten Geburtswehen, jenseits jeder Sprache und ihrer Unterscheidungen und doch schon im Urteilen und Handeln begriffen. ... Sie rast vor Wut, Gier, Angst vor Verlust bis hin zur Selbstverachtung. Sie symbolisiert ... rohen Instinkt, der vom Bewußtsein getrennt ist.« Das sind unentrinnbare Aspekte der Unterwelt, der gefährliche Boden, auf dem sich das Bewußtsein bewegt, ein Zustand der Energie, der mit einem schwarzen Loch vergleichbar ist, in dem die Energie umgekehrt und transformiert wird. So gehören zu diesem Zustand auch Verwesung, Verfall und Schwangerschaft, »die auf den passiven Empfänger selbst gegen seinen oder ihren Willen einwirken. Diese unpersönlichen Kräfte verschlingen und zerstören, brüten und gebären unerbittlich und ohne Anteilnahme.« Und dies alles mit unerbittlicher Unbarmherzigkeit, wodurch ein hoffnungslos leeres Gefühl der Nutzlosigkeit, der Leere, des Verlustes entsteht, eine abgrundtiefe Qual, Leiden und Hilflosigkeit und Vergeblichkeit, ein Verlust der Individualität, dazu ein Gefühl gleichgültiger Kälte wie die der »Augen des Todes, mitleidslos, ohne persönliche Anteilnahme«. Hier ist jener schwarze Schlund, jene Existenzangst, die, wie wir schon sagten, durch ein Brandopfer, einen Holocaust besänftigt werden muß.

Im griechischen Mythos begegnet uns Ereschkigal als Gorgo wieder, als Medusa (der Name bedeutet Herrscherin) mit gräßlichem Gesicht und

Hauern wie ein Eber, Haupt und Körper von Schlangen umwunden. Ihr Anblick raubt dem Betrachter den Atem und läßt ihn zu Stein erstarren. Sie wird vom Sonnenhelden Perseus getötet, der unter dem Schutz der Pallas Athene steht. Noch später begegnet sie uns im Gralszyklus als Kundrie wieder, die abstoßende Gralsbotin, die Häßliche Dame oder Göttin, die verehrt und in ihre Macht eingesetzt werden muß, wenn der Gral wiederhergestellt werden soll. In der griechischen Sage, die schon patriarchal ist, wird ihr abgetrenntes Haupt Pallas Athene übergeben, die es auf der Brust und auf der Ägis (Ziegenfell), ihrem Schild, trägt und uns daran erinnert, daß der Ziegengott Dionysos mit der Unterwelt verbunden, ja sogar Hades und der Tod *ist*. Athene wurde auch »gorgogesichtig« oder die »Versteinernde« genannt, eine Göttin der wilden Schlacht und zugleich Beschützerin der Künste und Kultur.

Wenn die Kräfte des Abgrunds durch Kampf und Konflikt ans Tageslicht des Bewußtseins gebracht werden, können sie zu wesentlichen Faktoren des Schöpferischen werden.

Für das entstehende patriarchale Bewußtsein aber ist der mit Ereschkigal verbundene Aspekt des Daseins in höchstem Maß erschreckend. Er wird als eine »Vergewaltigung des Lebens« zurückgewiesen, als Gewalt, die gefürchtet, umgangen oder zumindest so weit wie möglich kontrolliert werden muß.

Wir glauben an Ordnung, Vernunft und Fortschritt und weisen Veränderung, Zerstörung und Wandlung dem Unbewußten zu. Wir werfen lieber keinen zu genauen Blick in den gräßlich auflösenden und zerstörerischen und doch so gefährlich anziehenden Abgrund der dunklen Seite der Göttin. Dem patriarchalen Ich waren aus dem weiten Bereich weiblicher Eigenschaften nur die Leben spendenden und schützenden mütterlichen Qualitäten annehmbar. Der freie Ausdruck weiblicher Instinkthaftigkeit mußte eingeschränkt und den patriarchalen Fortpflanzungszwecken unterworfen werden. Dieser Wechsel wird im Bedeutungswandel der Worte »Jungfrau« und »Jungfräulichkeit« deutlich. In den gynolatrischen Kulturen bezeichnete »Jungfräulichkeit« jenen Aspekt der Göttin oder ihrer Priesterin, der das Mysterium des Daseins durch Körper und Sexualität erfahrbar machte. Eine Jungfrau gehörte keinem Mann, sondern nur sich selbst. Der Begriff hatte nichts mit sexueller Enthaltsamkeit oder Keuschheit zu tun. Aphrodite wurde Jungfrau genannt und war alles andere als keusch. Die Jungfrau war *Hierodule* (griechisch für Dienerin des Heiligen; daraus machten wir Tempelprostituierte). Sie war nur der Göttin und der inneren, ekstatischen, dionysischen Finsternis verpflichtet und verantwortlich. Sie unterwarf sich keinem einzigen Mann, sondern ließ dem Anbeter aus eigener Machtfülle die erneuernde Kraft des Göttlichen in der geschlechtlichen Vereinigung zuteil werden.[14] Wenn wir uns im elften Kapitel mit der Göttin des Grals beschäftigen, werden wir dieses Thema wieder aufnehmen.

Im androlatrischen System nahm das lateinische »virgo« die Bedeutung von »virgo intacta«, der unberührten, keuschen und unverheirateten Jungfrau an. Eine Frau war »gut«, wenn sie eine gute Gebärerin war, die die patriarchale Familie mit ihrem Stammbaum weiterführte. Sie durfte den »Gebrauch« ihres Körpers einzig ihrem Herrn und Besitzer gestatten.

Künftig mußte die Frau die bedrohliche Macht ihrer dunklen Mondseite verleugnen, keusch und demütig sein und aufhören, den Mann mit Lust und Leidenschaft zu verführen, damit die abgründige Kraft des Weiblichen seinen festen Willen nicht auflöse und ihn dadurch hilflos dem Sog der Wandlung übergebe.

Ein großes, symbolisches Bild jener Bedrohung des patriarchalen, sich mit dem Männlichen identifizierenden Ich kann als elementare Tatsache der Natur in der Dynamik der Geschlechts- und Fortpflanzungsorgane untersucht werden. Dieser Hinweis ist symbolisch gemeint. Er will nicht etwa nahelegen, daß weibliche wie männliche Dynamik sich aus anatomischen Strukturen oder biologischen Funktionen *herleiten*. Ich sehe Anatomie und Physiologie im Gegenteil als analoge Manifestationen, und zwar im Bereich von Form und Struktur ganz genau der archetypischen Muster, die sich auch psychodynamisch manifestieren.

Die weiblichen Geschlechtsorgane und vor allem das Verhalten der Eizelle wirken auf den ersten Blick passiv, empfangend und verschlingend. Im Gegensatz zu dieser offenen ruhigen Bewegungslosigkeit versuchen Tausende von ruhelos wimmelnden Spermien aggressiv einzudringen. Das ist allerdings nur der oberflächliche Eindruck. Sobald sich nach dem Eindringen in die Eizelle die Aktion nach innen verlagert, kehrt sich das Kräftespiel um. Das Männliche ist jetzt nicht länger aktiv, hat seine Energie verbraucht und wird passiv. Das Weibliche tritt nun aus seinen inneren Tiefen vor, beginnt zu handeln. Die Samenzelle wird von den Enzymen in der Eizelle aufgelöst. Ihre Bestandteile werden von der Eizelle verwendet, um aus der eigenen Struktur heraus einen neuen Organismus, den Embryo aufzubauen, der zu Beginn immer weiblich und nicht, wie früher angenommen wurde, geschlechtlich neutral ist. Durch das Auflösen und Umwandeln wird das Weibliche selbst verwandelt.

Wenn sich das Weibliche auch empfangend zeigt und sich dem aggressiven Eindringen unterwirft, im inneren, unsichtbaren Mysterium seines Wesens löst es aktiv auf, um Neues zu schaffen, während das äußerlich aggressive Männliche im inneren Heiligtum die Wonne der Hingabe an eine andere Art von Weisheit erfährt.[15]

Andererseits kann die Angst vor der überwältigenden und verschlingenden Wandlung zu Erkrankungen führen. Der Psychologie der Frigidität und Impotenz liegt häufig eine übermäßige Identifizierung des Mannes mit seiner dynamischen und aggressiven Seite und der Frau mit ihren Bedürfnissen nach Passivität und der empfangenden Seite zugrunde. Sie sind nicht in der Lage, sich die Erfahrung der eigenen Dualität, der Polarität von empfangend und aggressiv zu gestatten. Diese Erfahrung ist absolut notwendig für die sexuelle Ekstase, die Fülle der Potenz.

Der Orgasmus des Mannes führt zu einer Erfahrung, die in ihrer extremen Form die Qualität einer dem Tod ähnlichen Hingabe mit sich bringen kann, worauf das französische *petit mort* anspielt. Umgekehrt hat die Erfahrung des Höhepunkts für die Frau einen anregenden, elektrifizierenden Charakter, der ihr das Gefühl der Fülle, Stärke und Kraft verleiht. Das Gefühl des sich hingebenden, kleiner werdenden Penis nach dem Höhepunkt wird von manchen Frauen als so vergnüglich wie die vorausgegangene Erektion beschrieben.

Wenn die umwandelnde Dynamik des Weiblichen nicht verstanden wird, äußert sie sich in Beziehungen gern als scheinbar störender, plötzlich auftauchender Faktor. Das geschieht vor allem, wenn die Frau bewußt oder unbewußt spürt, daß die Beziehung schal geworden ist, unter Umständen deshalb, weil der Mann dazu neigt, sich mit hübsch geregelten und verteilten Rollen und Erwartungen zufrieden zu geben, wobei alles seinen gewohnten Gang geht.

Scheinbar ohne äußeren oder aus relativ geringfügigem Anlaß, und gewöhnlich ohne bewußte Absicht, bricht plötzlich aus dem Unbewußten der Frau etwas hervor. Sie reagiert übertrieben, beginnt wegen einer Kleinigkeit zu streiten, will sich zurückziehen, nicht mehr lieb und nett sein, wird zum launischen »Biest«. Grundlos und irrational bringt sie eine ruhige Beziehung durcheinander. Eine Lächerlichkeit führt zu einem schweren Gefühlsausbruch und zerstört den lieben Frieden unnötigerweise – jedenfalls nach Ansicht des verblüfften Mannes. Ihm hat sich wieder einmal bestätigt, daß die Frau unbegreiflich und irrational ist. Noch schlimmer, die Entfesselung der Gefühle hat sie anscheinend emotional tief befriedigt. Sie wirkt sexuell »angemacht«. Wenn ihr Partner

nicht vor dem Sturm geflohen ist, liegt er am Ende des Streits wahrscheinlich mit ihr im Bett und erlebt sie als ungewöhnlich liebevoll und leidenschaftlich. Ihm mag sie dann so unbegreiflich sein wie das »Biest« von
vorhin. An der Oberfläche scheint alles wie vor dem Sturm. Der verwirr-
te Mann hält es für »eine dieser Geschichten« und zuckt die Achseln.
Trotzdem hat sich etwas geändert, ist es zumindest emotional zu einer
Neuanpassung gekommen. In der psychologischen Beziehung hat sich
etwas geändert, ist in Frage gestellt worden, damit schließlich eine Wandlung geschehen kann. Irgendeine Qualität des Fühlens hat sich verwandelt, ob das die Partner bemerken oder nicht. Was an der Oberfläche wie
ein mutwilliger Bruch aussieht, kann vom psychologisch einfühlsamen
Beobachter als Phase notwendiger Wandlung gesehen werden.

Selbstverständlich kann ein derartiger psychologischer Anfall auch
den Mann aus der Tiefe seines inneren Weiblichen, aus der Anima heraus
treffen. Da der Angriff seine innere Empfänglichkeit in diesem Fall direkt
trifft, ist er noch hilfloser, noch unfähiger, angemessen zu reagieren. Er
kann den Konflikt nach außen wenden und die Störung auf eine äußere
Situation, auf eine Person projizieren. Das ist ein Schuß ins Blaue, der
nicht viel ändert. Eine erfolgreiche Karriere oder eine Zeit stiller Aktivität wird plötzlich von unerklärlichen Launen, wilder Leidenschaft, tiefer
Depression oder einem völlig irrationalen Gefühl der Sinnlosigkeit unterbrochen. Werden solche Anfälle beachtet, deuten sie auf grundlegende Veränderungen der Anschauungen und des schöpferischen Potentials
hin. Wenn sie mißachtet und unterdrückt werden, können sie in gefährliche, zerstörerische, sogar selbstzerstörerische Krisen münden. Ob der
Ausbruch nun von der Frau außen oder der Anima im Inneren ausgeht,
in beiden Fällen ist der dem flüchtigen Blick zerstörerisch erscheinende
Anfall ein Zeichen einer unerbittlichen Tendenz zur inneren Wandlung.

Die umwandelnde Dynamik der Ereschkigal-Medusa ist Ausdruck
des tiefsten Mysteriums der Lebenskraft, in dem Schöpfung, Zerstörung,
Veränderung und Neuschöpfung nichts als Variationen eines einheitli-
chen Prozesses der Form, der Formspiele sind. Das zentrale Lebensspiel
der umwandelnden Dynamik hat etwas Unerbittliches. Mit den Schmerzen, die es bereitet, läßt es auch eine eigenartige, ekstatische Befriedigung entstehen. Sie gebiert die Kräfte des Dionysos, des dunklen Zwil-
lings, Aggression und Zerstörung, die in den Opferriten alter Zeiten ge-
bändigt werden sollten. Daher ist sie nah mit religiöser Verzückung oder
sexueller Ekstase verwandt und oft nicht von ihnen zu unterscheiden.
Diese Tatsache ist uns bekannt und wird durch die Erscheinungsformen

des Sadomasochismus dokumentiert. Sie drücken sich gern in sexueller und religiöser Gewaltanwendung wie auch in revolutionären Aufständen aus, wobei letztere nichts als säkularisierte religiöse Ausbrüche sind. Die Gewalt reicht von der mänadischen Raserei antiker und moderner religiöser Zeremonien (dionysische Feiern, Orgien der russischen Chlysten, schwarze Messen) bis zur kalten Pervertiertheit der Folterkammern der Inquisition oder den Konzentrationslagern unserer Zeit sowie den Anschlägen der Terroristen und Kriminellen. Je mehr die Besessenheit durch ideologische Erklärungen rationalisiert und säkularisiert wird, desto unmenschlicher und destruktiver wird sie. Erst wenn wir ihre Ursprünge im Wandlungscharakter des Weiblichen erkennen, das von beiden Geschlechtern verdrängt worden ist, können wir hoffen, neue, akzeptable und menschlichere Bahnen zu entdecken, in die wir die sonst atavistischen und gefährlichen Triebe lenken können.

Die verwandelnde Ekstase wirkt in den Tiefen, zusammen mit der Dynamik der magischen und mythischen Dimensionen, die wir schon geschildert haben. Wird sie in einem Ich-System unterdrückt, das auf Stabilität aus ist und Veränderung wie Wandel fürchtet, wird sie gezwungen, zerstörerisch zu wirken, wodurch Verbitterung und Selbsthaß entstehen. Außerdem konstelliert die Unterdrückung des schwelenden Feuers eine Atmosphäre, in der es sehr wahrscheinlich früher oder später zu blindwütig destruktiven Vorfällen kommt.

Die Angst des Ich vor dem Wandlungscharakter hat den Frauen etwas genommen, was während der gynolatrischen Epoche wesentlich für die Wandlung war, nämlich ihre Rollen als Priesterin, Seherin, Prophetin und magische Heilerin. Überall, wo die Kirche ihren Fuß hinsetzte, sind sie als Trägerinnen dieser Funktionen gnadenlos verfolgt worden.

Freilich kann keine Frau, auch wenn sie von kulturbedingten Vorurteilen frei wäre, bewußt den gesamten Bereich der Gefühle und Verhaltensweisen des weiblichen Archetyps assimilieren, integrieren und ihm Ausdruck verleihen. Genauso wenig kann ein Mann die Gesamtheit der möglichen männlichen Züge leben. Zusätzlich zu den gegengeschlechtlichen Trieben werden so auch einige der grundlegenden Antriebsenergien und Gefühle des eigenen Geschlechts bei der Frau wie beim Mann unbewußt bleiben und nicht assimiliert werden. Sie sind dann »minderwertige« Funktionen, das heißt sie wirken häufig auf primitive oder gar zwanghafte Weise und arbeiten der bewußten Anpassung entgegen oder kompensieren sie. Diese Tatsache ist für die Frage der psychologischen Typologie und der Dynamik von Anima und Animus bedeutsam.

Ich möchte hier die traditionellen jungianischen Vorstellungen über Anima und Animus noch einmal daraufhin ansehen, inwieweit sie auf Bewußtsein und sexuelles Geschlecht anwendbar sind. Jung schränkte Anima und Animus auf die unbewußten Vorgänge beider Geschlechter ein. Aufgrund klinischer Erfahrungen, die seither gemacht wurden, läßt sich die Auffassung nicht länger halten, die Anima verkörpere ausschließlich das unpersönliche Unbewußte des Mannes, der Animus jenes der Frau. Wir können auch nicht mehr davon ausgehen, daß das Bewußtsein in Männern wie Frauen männlich sei und das Unbewußte weiblich.[16]

Die Struktur des Bewußtseins wurde lediglich während des Patriarchats durch männliche Werte, Wahrnehmungsweisen, Gefühle und Verhaltensmuster geprägt. Das geschah, *weil* ihnen der höchste Wert zugemessen wurde. Weibliche Normen wurden entwertet. Folglich wurden sie unterdrückt und zu unbewußten Faktoren reduziert. Daher stand das Männliche symbolisch für das Bewußtsein.

Gegenwärtig erleben wir, daß im kollektiven Wertsystem die weiblichen Qualitäten von Yin und Anima wieder erscheinen. Sie werden erneut zu kulturell wirksamen Faktoren, formen bei beiden Geschlechtern das neue Bewußtsein mit. In Träumen und Phantasien tauchen bewußtseinsbestimmende Figuren auf, die an den Seelenführer oder Psychopompos denken lassen, und zwar ebenso häufig in weiblicher wie in männlicher Gestalt.

Bewußtsein ist schwer zu definieren. In den antiken Sprachen findet sich kein festumrissener Begriff. Im lateinischen *conscientia*, auf das die entsprechenden Wörter im Englischen und Französischen zurückgehen, werden Gewissen und Bewußtsein noch nicht unterschieden. *Conscientia* heißt Mitwissen, Einverständnis, ein Gefühl haben, und ist also die Wahrnehmung einer Beziehung zwischen Subjekt und Objekt. Das Bewußtsein ist ein Modus der Bezogenheit, die Bezogenheit ein Modus des Bewußtseins. Die Wahrnehmung der Beziehung kann auf zwei Weisen auftreten, in der des Yin oder des Yang. Die des Yang setzt vor allem die linke Hirnhälfte ein, strebt von der Mitte zur Peripherie. Sie betont das Unterscheidende, Analytische, Abstrahierende. Yin entspricht der Tätigkeit der rechten Hirnhälfte und zielt nach innen, zur Mitte hin. Es bewegt sich auf Einheit, Identität, Muster und Analogie zu. Yang steht für ein männliches, für ein Animus-Bewußtsein. Die Weise des Yin steht für das weibliche, das Anima-Bewußtsein, das wir zunehmend als gleichwertig mit der analytischen Tendenz erkennen.

Auf Männer und Frauen übertragen können wir höchstens feststellen, daß männliche Züge in Männern und weibliche in Frauen vorherrschen. Ich weiß nicht, ob dieses Überwiegen auch im Zusammenhang mit der Tätigkeit der Hirnhälften und der Art nachgewiesen wurde, wie Männer und Frauen mit sich und der Welt »in Verbindung sind«. Bei den Frauen sind die Funktionen der Hirnhälften augenscheinlich nicht so zweigeteilt wie bei den Männern. Aber selbst wenn wir ein Überwiegen von Yang oder Yin bei den Männern beziehungsweise den Frauen als Tendenzen des Psychischen annehmen, sind sie auf keinen Fall konstant. Bei beiden Geschlechtern können einige von ihnen Dominanten des Bewußtseins darstellen, andere wiederum unbewußt bleiben.

Wir haben uns daran gewöhnt, die Begriffe Animus und Anima nur auf gegengeschlechtliche Antriebselemente anzuwenden, auf männliche Züge in Frauen und weibliche in Männern. Aber weder die Eigenschaften, die sie darstellen, noch das spezifisch Zwingende von Animus und Anima, noch ihre Fähigkeit, uns mit dem Selbst in Beziehung zu bringen, sind auf ein bestimmtes Geschlecht beschränkt.[17] Männer können wie Frauen vom Animus heimgesucht werden und unduldsam, streitlustig, aufdringlich und machthungrig sein, Frauen so von der Anima besessen, launisch, verführend, beziehungslos und deprimiert sein wie Männer.

Im Lateinischen wurden die beiden Begriffe synonym gebraucht, wobei *anima* im dichterischen Gebrauch bevorzugt wurde. Beide decken einen weiten Bereich von Gefühlsregungen und Stimmungen ab, heißen Mut, Geist, Stolz, Hochmut, Verlangen, Willen, Entschluß, Neigung und Vergnügen. Jung war gelegentlich geneigt, Animus als gleichbedeutend mit Geist, Anima als Instinkt oder Seele zu definieren. Als Instinkt, Seele oder Geist gehören sie aber zu beiden Geschlechtern. Männer sind nicht unbedingt stärker als Frauen auf das Geistige ausgerichtet. Ebensowenig haben Frauen ein Monopol auf Seele und Instinkt. Die Ansicht, das Geistige sei vorwiegend ein männliches Merkmal, die Seele ein Kennzeichen der Frauen, ist ein Erbstück einer romantisierenden Haltung des neunzehnten Jahrhunderts, die zu Jungs Zeiten vorherrschte und heute nicht mehr gültig ist. Frauen können und konnten stets in ihrer bewußten Einstellung psychologisch vom Logos bestimmt sein und dabei den Kontakt mit ihren Gefühlen verlieren. Männer können sehr sensibel auf Instinkt, Gefühle und Affekte reagieren und überhaupt nicht wissen, was sie im Hinblick auf den Logos oder die anderen Archetypen des Männlichen machen sollen.

Wenn die Worte Animus und Anima verwendet werden, um die archetypische Männlichkeit und Weiblichkeit zu bezeichnen, unabhängig davon, ob es um Männer oder Frauen geht, befinden sie sich in besserer Übereinstimmung mit der Wortbedeutung und mit dem, was sich klinisch als praktisch erweist. Wir vermeiden so eine terminologische Verwechslung von Geschlechtssymbolik und Geschlecht und müssen nicht ständig den Unterschied zwischen dem Männlichen und den Männern, dem Weiblichen und den Frauen erklären. Wir wären so auch in der Lage, eigene, westliche Worte für psychologische Kräfte zu verwenden und könnten das chinesische Yang und Yin den kosmischen und biologischen Prinzipien vorbehalten, die sie ursprünglich bezeichnen. Und sobald wir uns darauf geeinigt haben, daß Männer so vom Animus besessen wie Frauen, Frauen von der Anima so heimgesucht sein können wie Männer, wäre ein weiterer Streitpunkt und Grund für Verwechslungen verschwunden.

Eine Frage, auf die wir hier nicht im einzelnen eingehen wollen, ist der Einfluß der Mutter auf die Art, wie wir unsere Beziehung zum archetypisch Weiblichen wahrnehmen. Ein komplexes Thema, das vor allem für den therapeutischen Prozeß wichtig ist, aber über den Rahmen dieses Buches hinausgeht. Im allgemeinen konstelliert die eigene Mutter den Archetyp des Lebens in seinen weiten Bezügen. Die Mutter enspricht unbewußt der Göttin. Je stärker die Mutter die Bedüfnisse des Kindes abgelehnt und übergangen hat, desto deutlicher herrscht im Denken und in der Anpassung des Kindes der Todesaspekt der Göttin bis ins Erwachsenenalter hinein vor. Je nährender und bejahender die Mutter war, desto stärker wird die Göttin mit ihren lebenserhaltenden Eigenschaften gesehen. Die Elternfiguren unserer frühkindlichen Erfahrungen stellen mehr oder weniger verzerrt die großen universellen Archetypen dar. Unsere grundlegende Vorstellung vom Archetyp des göttlichen Vaters kann sich so vom strengen Richteramt oder der moralischen Unterstützung Jehovas bis zur Anarchie oder Lebensbejahung des Dionysos bewegen, je nachdem, wie unsere Väter mit uns umgingen.

Zusammengefaßt war die Abwertung des Weiblichen, des Yin, der Anima und daher auch der Frauen während des Patriarchats eine Folge der Notwendigkeit, das entstehende Ich vom umfassenden Feld-Bewußtsein der magisch-mythischen Welt der Bedürfnisse und des Instinkts mit ihrer (das Ich bedrohenden) umwandelnden Dynamik des Daseins abzutrennen. Das resultierende Gefühl der Getrenntheit ist eine Täuschung, und doch ändert das nichts an dem Wert, den es für ein Bewußtsein hat, das es als wahr erlebt. Durch Vernunft, Willen und Gehorsam gegenüber Gottvater und seinem rationalen Gesetz konnte ein Gefühl der Individualität und Freiheit erreicht werden.

Ein zweifacher Preis war dafür zu entrichten: der Verlust der Verbindung mit dem existentiellen Kontinuum von Leben und Tod, und die Erfahrung des Ich, ein Fremder in einer sinnlosen Welt zu sein. Außerdem sehen wir uns nun der Gefahr der kollektiven Selbstvernichtung ausgesetzt, da die instinkthaften sadomasochistischen Gewalt- und Aggressionstriebe nicht mehr durch Appelle an Gesetz und Vernunft besänftigt werden können.

Dieser kritische Augenblick ist Zeichen einer Wende. Die Göttin und ihr Gefährte, Jahrtausende verbannt und vergessen, erscheinen wieder im modernen Bewußtsein. Wir müssen jetzt die Frage beantworten, welchen Mythos sie bringen und welche psychologischen Wege er uns zeigt, um das auszudrücken, was sie im Sinn haben.

Vierter Teil

Ein Mythos für unsere Zeit

Der Geist der Quelle stirbt nie.
Er heißt das Geheimnisvoll Weibliche.
Die Pforte des Geheimnisvoll Weiblichen
Ist die Wurzel von Himmel und Erde.
Zart, zart ist es, kaum sichtbar.
Berühr es, es wird nie austrocknen.
Lao-tse, *Tao-te-king*[1]

11 Der Gral

Das Land war tot und öde,
und sie vergaßen so die Stimmen der Quellen,
die Jungfern, die in ihnen waren.

»Elucidation«,
Prolog zum *Perceval* des Chrétien de Troyes

O weh! O weh! O jemine!
Meinen Liebsten trug der Falke in die Höh'.

Er trug ihn hoch, er trug ihn weit,
er setzt ihn ab in einem Garten voll Leid.

Ein Bett in diesem Garten war,
aus Gold und Silber ganz und gar.

In diesem Bett ein Ritter lag.
Seine Wunden bluteten Nacht und Tag.

Und vor dem Bett eine Jungfrau knit',
die weinte und sang ihr trauriges Lied.

Neben dem Bett stand ein Stein immerdar,
»Corpus Christi« darauf geschrieben war.

The Corpus Christi Carol,
anonym, England, 16. Jhdt.[1]

Welche zeitgenössischen Mythen und Rituale wären also geeignet, das Wiedererscheinen der Göttin und ihres dionysischen Sohnes und Gefährten in sichere Bahnen zu lenken? Um es psychologisch zu sagen, welche Wahrnehmung, welches Fühlen und Verhalten kann Sinn und Einheit von Welt und Mensch wiederherstellen, die Entfremdung des modernen Geistes überwinden und uns ein Ritual, eine neue Ethik schenken, mit deren Hilfe sich die Aggression kontrollieren läßt?

Der moderne Mythos wird nicht mehr von Barden in Königshallen gesungen, nicht von Großmüttern am warmen Kamin erzählt. Er muß aus den Notizen der Journalisten, der Leitartikler, der Sozialtheoretiker, der Bewerber um politische Ämter zusammengesetzt werden, aus dem, was der Zeitgeist für wahr und selbstverständlich ansieht, was wir uns für ein »besseres« Morgen erhoffen. Diese Erwartungen, Forderungen und Postulate lassen drei Hauptmotive erkennen: die Hoffnung auf Befreiung, das Thema Erforschung und Entdeckung – der Geheimnisse der Natur wie des Inneren – und schließlich die Wiederherstellung eines Goldenen Zeitalters der Freiheit, Menschenwürde und Erfüllung. Diese Themen sind selbst hinter den Marihuanawolken von heute weiterhin Hauptfaktoren der Motivation. Sie wirken unter der sichtbaren Oberfläche scheinbar zynischer Resignation formend auf unser individuelles wie kollektives Unbewußte ein. Es sind die modernen Ideologien, mit deren Hilfe die unbewußte Bildwelt des Gralsthemas die rationale Haltung des modernen kollektiven Bewußten strukturiert.

Befreiung

Den Ruf nach Befreiung kann es nur geben, wenn etwas versklavt oder zumindest eingeengt ist. Geht es dabei nur um eine mißglückte Gesellschaftsstruktur? Seit fast zweihundert Jahren ist unser Denken vom politischen Aspekt fehlender Freiheit gefesselt. Wir überlegen uns kaum, was dieser Mangel an Freiheit wohl psychologisch zu bedeuten hat. Paradoxerweise führte die wachsende soziale und politische Freiheit außen zu immer neuen Formen der Unterdrückung. Gleichzeitig nahm das Gefühl der Entfremdung, Leere und Unzufriedenheit zu, von Freud das »Unbehagen« in der Kultur genannt.

Zur Freiheit gehört wesentlich, daß jene Einschränkungen fortfallen, die uns hindern, unser wahres Wesen auszudrücken. Diese Einschränkungen sind aber nicht bloß äußerer, materieller Art, wie eine Generation annahm, die die Individualität in der bewußten Ich-Persönlichkeit sah, die wiederum annahm, die Freiheit haben zu können, alles zu sein, was sie nur wollte. Psychologisch jedoch ist die bewußte Persönlichkeit nicht frei. Wir sind durch unsere gegebene, zum größten Teil unbewußte Eigenart eingeschränkt. Unsere wahre Individualität ist uns meistens nicht bewußt, weshalb wir sie auch nicht erleben. Schließlich verhindern repressive Vorurteile, Gewohnheiten und Prägungen, daß wir unser wahres Selbst ausdrücken, und zwingen uns zur Verstellung. Nach Schopenhauer können wir tun, was wir wollen, aber wir können nicht wollen, was wir wollen. In der Spätzeit der Viktorianischen Epoche hielt man es zum Beispiel für unvereinbar mit echter Männlichkeit, starke Gefühle oder Tränen zu zeigen, sich weich zu geben. Den Frauen war damals nicht gestattet, zuviel Initiative, Unabhängigkeit, durchdringenden Verstand zu zeigen oder sich ihrer erotischen Wünsche bewußt zu sein. Im wesentlichen ist es noch heute so. In der Art, wie kulturbedingte Muster Selbstbewußtsein und Selbstausdruck der Individuen formen und hemmen, wird in ihnen auch das kollektive Bewußtsein in seiner Entwicklung sichtbar. Ein gemeinsamer Nenner ist die Hemmung und Abwertung der weiblichen Yin-Züge zugunsten der männlichen Yang-Haltung der Konkurrenz, aggressiven Kontrolle und Ausbeutung. Auf der Bühne der Politik werden die Freiheitshelden von gestern leicht die neuen Unterdrücker. Die Tyrannen draußen wurden gestürzt, und das Kommando übernahm der innere Aggressor, der die Beziehungen außen neuen Zwängen unterwarf.

So übersah die Frauenbewegung von heute am Anfang gern die unbewußte Unterdrückung und Abwertung des weiblichen Yin-Elements in der Haltung der Feministinnen selbst. Wie alle archetypischen Determinanten bleibt diese Haltung, solange sie unbewußt ist, zwanghaft und läßt keine Wahl zu, verhindert folglich die Befreiung.

Die politischen und sozialen Ziele der Frauenbewegung verdienen jede Unterstützung. Sie sind wesentlich für die Schaffung gleicher gesellschaftlicher Rechte. Eine Gleichmacherei jedoch, die die menschlichen Unterschiede außer acht läßt und soziologische Probleme so angeht, als gäbe es keinen Unterschied zwischen archetypischer Männlichkeit und Weiblichkeit, ist nichts als ein Überbleibsel der repressiven, monotheistischen und monolithischen Einstellung des Patriarchats. Sie verhindert die Befreiung der entwerteten und unterdrückten Yin-Natur.

Wir müssen erkennen, daß die Geringschätzung der wahren weiblichen Dynamik als unbewußter Faktor in der Psyche von Männern sowie auch Frauen zu finden ist, Feministinnen mit inbegriffen. Die Männer bringen ihr androlatrisches Vorurteil, das Sensibilität und Innerlichkeit abwertet, zum Ausdruck, wenn sie ihre eigene abgelehnte Weiblichkeit auf die vermeintlich übertrieben gefühlvolle, törichte oder auf ihren Vorteil bedachte *Femme fatale* projizieren. Frauen verhalten sich genauso, wenn sie keine Unterschiede zwischen männlich und weiblich anerkennen wollen und das genormte androlatrische Verhalten der Männer mit ihrer Ellbogenmentalität und Überbetonung des abstrakten Intellekts nachahmen. Sie projizieren die eigene unbewußte Selbstablehnung als Frau auf den repressiven Tyrannen. Ein Teil der Frauenbewegung macht die Männer zu Sündenböcken und identifiziert sich hauptsächlich mit Leistung, die auf Konkurrenz beruht, und äußeren Reformen. Er läuft so Gefahr, die schlimmsten Auswüchse der androlatrischen, patriarchalen Vergangenheit fortzusetzen.

Die Queste

In der Suche äußert sich der Drang zu entdecken, »was die Welt im Innersten zusammenhält« (Goethes *Faust*), um unserer Stellung im Kosmos Ordnung und Sinn zu geben. Wie bei der Befreiung war unser Augenmerk zu sehr auf die äußere, räumliche Wirklichkeit begrenzt. Das Motiv der Suche treibt Kolumbus zu neuen Ufern, läßt die Ritter der Tafelrunde auf die Queste nach dem Heiligen Gral ziehen; Demeter sucht die geraubte Tochter, und der Wissenschaftler will versuchen, die Rätsel der Materie zu lösen. Die Suche nach dem Glück ist ebenso eine Queste wie die Suche des Alchimisten nach dem Stein der Weisen, die das Mysterium der Seele und der Materie entschleiern will. Im Aufbruch des Menschen in den Weltraum wird die Sehnsucht sichtbar, eine Antwort auf das Wie und Warum unseres Daseins zu finden. Er ist die äußere Entsprechung der Queste ins Innere, die Integration und Erfüllung sucht.

Der Mythos

Wenn wir unsere heutige Mythologie der Suche und Befreiung als zusammenhängendes Ganzes betrachten, so erleben wir sie in folgender Form: Die Entwicklung unserer Kultur hat eine kritische Phase der Gefahr, der Krankheit und des Stillstands erreicht. Industrialismus, Technologie und Kapitalismus haben unseren Planeten in eine Wüstenei verwandelt. Die vormals ergiebigen Naturreichtümer gehen zur Neige. Die Menschheit ist durch ökologische Katastrophen gefährdet, kann sich selbst vernichten. Leid und Unterdrückung nehmen überhand. Eine große Anzahl Menschen, eigentlich die gesamte Gesellschaft, muß vom Leiden an der technokratischen, kapitalistischen Industrie befreit werden, die den natürlichen Fluß des Lebens hemmt. Außerdem hat die von Männern beherrschte Gesellschaft die Frauen unterdrückt und sie um ihre Individualität betrogen. Auch sie müssen befreit werden. Die Menschen sind der ganzheitlichen Natur entfremdet. Andrerseits stehen wir am Beginn eines neuen Zeitalters. Im kommenden Zeitalter des Wassermanns beginnen die Wasser wieder zu fließen. Leben und Geist werden erneuert. Frieden, Glück, Liebe und Weisheit werden wiedergewonnen. Ziel der menschlichen Suche ist es, den Weg in dieses neue Zeitalter zu finden. Er wird sich uns auftun, wenn wir die verborgenen Geheimnisse der Natur und des Geistes noch weiter erforschen.

Dieser utopische Mythos unserer Zeit ist eine leicht entstellte, säkularisierte Fassung verschiedener messianischer Erlösungsmythen vom verlorenen und wiedergefundenen Paradies. Diese Visionen eines Goldenen Zeitalters, das durch einen göttlichen Erlöser wiederhergestellt wird, haben im Westen zahllose Geister und Herzen vor und während der christlichen Epoche bewegt. Eine endgültige Formulierung fanden sie im Gralsmythos, dessen Wirkung ständig zunahm. Sie alle spiegeln das wachsende Gefühl der Isolation und Entfremdung wider, das während des Aufstiegs des Patriarchats mit der Entwicklung von Ich und rationalem Denken einherging. Die bedeutendste und modernste Form des Erlösungsmythos aber ist die Sage vom Gral.

Was die psychologische Wirkung angeht, hat der Gralsmythos das alte christliche, messianische Denken verdrängt. Er hat vom Spätmittelalter an bis in unsere post-christliche Zeit starken Einfluß ausgeübt. Er vereinigt vorchristliche Züge mit christlichen und modernen post-christlichen Elementen. Der uralte Kessel der Göttin ist nun mit Christi Blut gefüllt und wartet auf die »Erlösung dem Erlöser« (Wagner, *Parsifal*), die mit Hilfe der menschlichen Suche, der bewußten Bemühung eines Suchers zustandekommen wird, der es wagt, die von der Gesellschaft verbotenen Fragen auszusprechen: »Wem oder was ist es dienlich?« und »Was bedeutet es?«

Ich möchte die Kernelemente des Gralsmythos, wie sie in den zahlreichen Versionen zu finden sind, zusammenfassen, was keine leichte Aufgabe ist. Denn es »... findet sich kein einziges fest umrissenes Bild des Grals, wie es auch kein Zeugnis dafür gibt, daß der Gral je Wirklichkeit war. Uneinigkeit herrscht über den Ursprung der Geschichten, die seit Beginn des 12. Jahrhunderts bekannt wurden.«[2] Die zentrale Bedeutung des Gralssymbols übte eine so starke Anziehungskraft aus, daß sich ihm viele Bilder anlagerten. Wie die Ritter der Sage den Gral nur nach Überwindung vieler Hindernisse finden konnten, kann auch der heutige Leser nur schwer Zugang zum Kern des Geheimnisses finden. Wir sind Erben einer vielschichtigen Vergangenheit. »Eine Vermischung unterschiedlicher Motive führte zur Herausbildung des Gralssymbols. Spuren alchemistischer Vorstellungen und antiker Mythen, arabischer Dichtung und des Sufismus, der keltischen Mythologie und der christlichen Ikonographie lassen sich allesamt im Bild des Grals wiedererkennen.«[3] Bevor ich mich dieser reichen Bildwelt zuwende, möchte ich eine Version nacherzählen.[4]

Joseph von Arimathia wurde damit betraut, den Leichnam Christi beizusetzen. Beim letzten Abendmahl erhielt er die Schüssel, aus der Jesus getrunken hatte. Sie war der Gral. Als Joseph den Leichnam wusch, fing er mit dem Gefäß etwas Blut auf, das aus den Wunden floß. Als der Körper verschwunden war, wurde Joseph beschuldigt, ihn gestohlen zu haben, und in den Kerker geworfen, wo man ihn hungern ließ. Im Kerker erschien ihm Christus im Strahlenkranz, übergab ihm die Schüssel zur Aufbewahrung und weihte ihn in das Mysterium der Messe und in andere Geheimnisse ein. Jeden Tag kam eine Taube in Josephs Zelle geflogen und legte eine Oblate in das Gefäß. Diese Nahrung erhielt Joseph am Leben.

Im Jahre 70 n. Chr. wurde Joseph aus dem Kerker befreit. Er führte eine kleine Gruppe übers Meer ins Exil. Sie errichteten zum Andenken an die Runde des letzten Abendmahls die erste Tafelrunde, an der zwölf Menschen Platz fanden. Den Platz Christi nahm ein Fisch ein. Ein dreizehnter Sitz, der des Judas, verschlang jeden, der sich auf ihn setzte, und mußte leer bleiben. Er wurde der gefährliche Sitz genannt.

Joseph segelte darauf nach England und errichtete in Glastonbury die erste christliche Kirche. Sie war der Mutter Jesu geweiht.

Der Gral wurde als Kelch in der Meßfeier verwendet. Dann wurde auf dem Berg des Heils ein Tempel errichtet, in dem der Gral aufbewahrt wurde. Ein Orden der Gralsritter wurde zu seiner Bewachung gegründet. Ein heiliges Mahl, das der Gral spendete, wurde an einer Zweiten Tafel gemeinsam eingenommen. Der Gralshüter trug den Namen Fischerkönig. Er feierte als Priester die Messe. Schon bald fügte ihm ein Speer eine Wunde zu, an den Schenkeln oder Genitalien, und zwar weil der Gralshüter entweder seinen Glauben verloren oder sein Keuschheitsgelübde gebrochen hatte, oder weil er einer Frau ein Unrecht zugefügt hatte, oder es hatte ihm ein Fremder einen Hieb (den *coup douloureux*) versetzt. Er hieß von da an der gelähmte oder verwundete König. Sein Land verdorrte, und es wurde das Öde Land genannt. Zwischen der Verödung des Landes und der Wunde des Königs bestand ein tiefer Zusammenhang. Die Wunde war ihm mit der Lanze des Longinus zugefügt worden, der Christus am Kreuz die Seite geöffnet hatte.

Am Hofe des Königs Artus richtete der Zauberer Merlin eine Dritte Tafel ein, die Tafelrunde. Artus sammelte an ihr seine Ritter um sich. Der Gral erschien ihnen Pfingsten in einem Sonnenstrahl. Sie gelobten, auf die Queste zu ziehen und ihn zu suchen. Jeder schlug einen anderen Weg ein und ging durch Prüfungen und Einweihungen. Zu den Rittern gehörten Lanzelot, sein Sohn Galahad, Gawan, Bors und Parzival, der wegen seiner Einfalt der vollkommene Tor genannt wurde.

Die Ritter erblickten den Gral nur flüchtig. Jeder mußte allein suchen. Oft zogen sie durch tiefe Wälder, wo sie auf Einsiedler trafen, die ihnen halfen, ihre Leidensprüfungen zu verstehen. Ihre Unfähigkeit, den Gral zu erreichen, beruhte weniger auf äußeren Umständen als vielmehr auf ihrer Unvollkommenheit. Nach einem ersten Mißerfolg wanderte Parzival fünf Jahre durch das Öde Land. Wieder erreichte er die Burg des Fischerkönigs. Als er diesmal die vorgeschriebene rituelle Frage stellte, heilte er den König. Die Frage lautete: »Wem dient man mit dem Gral?« oder »Was fehlt dir?« Der geheilte König konnte endlich sterben. Das Öde Land wurde wieder fruchtbar.

Diese natürlich sehr vereinfachende Nacherzählung der Handlung der späten, christianisierten Fassung der Gralssage ist eine Orientierungshilfe in der verwirrend reichen, die Tiefen der Psyche stark anregenden Bildwelt. Der Gral ist ein wundersames Gefäß, eine Quelle lebenspendenden, lebenserhaltenden Wassers, ein Füllhorn der Nahrung, eine Schale, an der Brust Helenas geformt. Er ist ein wundertätiger Stein, der Kopf eines Mannes oder die geheime, urzeitliche Überlieferung der Mysterien. Er steht unter dem Schutz einer Göttin oder schönen Jungfrau. Er wird von heldenhaften Rittern in einem Zauberschloß behütet, in einem jenseitigen Land, im Paradies, im Reich der Geister oder Feen. Er kann ein antiker Kessel sein, der das Leben erneuert und die Jugend wiederherstellt. Er ist ein unversiegbarer Quell der Nahrung, der Freude und des Vergnügens wie auch der Ekstasen der Venus.[5] Als Gefäß ist er die Schüssel, aus der Christus beim letzten Abendmahl trank. Sie empfing das Blut, das bei der Kreuzigung aus seinen Wunden floß. Als Stein ist er ein Juwel aus Luzifers Krone, das von jenen Engeln zur Erde gebracht wurde, die sich am Streit zwischen Gott und Teufel nicht beteiligten. In der mittelalterlichen Poesie waren Gefäß, Gral und Uterus wie auch der *lapis* (Stein) synonyme Bilder für Maria, die Mutter Gottes.[6]

Zum Gral gehört eine Lanze, angeblich jene, die Christus am Kreuz in die Seite drang. Er steht auch im Zusammenhang mit zwei Königen, der eine jung, der andere alt und bereit, zu sterben, oder auch mit einem König, der eine nicht heilen wollende, ständig schwärende Wunde am Geschlecht hat, auch mit der Gestalt eines Schamanen oder Zauberers mit Hirschkopf[7], der dem keltischen Kerunnus, dem nordischen Odin ähnelt oder dem römischen Pluto, dem griechischen Hades oder Dionysos und dem chaldäischen Dumuzi oder Tammuz.

In der letzten Gestalt erkennen wir leicht den dionysischen Gefährten der Göttin wieder. Zum Gral gehört auch eine Frau mit Hauern wie ein Eber, Haaren wie Schweinsborsten, einer Hundenase, Bärenohren, mit behaartem Gesicht und Fingernägeln wie Löwenkrallen. Dieses entsetzlich häßliche Wesen erinnert an die griechische Medusa oder sumerische Ereschkigal, an den dunklen Todesaspekt der Göttin, an die Sphinx. Sie ist die Schwester Malcreatiures, der seinerseits eine weitere Variante der gehörnten Schamanen-Dionysos-Gestalt ist. In vielen keltischen Sagen kann der Gral oder das Reich oder die Quelle schließlich nur mit Hilfe dieser schrecklichen Medusa gefunden werden, und nur der, der sie akzeptieren und küssen kann, ist fähig, in ihrem zeitlosen Reich König zu werden.

Gral, Burg und Wächter sind verzaubert, weil letztere gegen etwas verstoßen haben: entweder wurden die Gralsjungfrauen beleidigt, vergewaltigt oder angegriffen, oder die Herrschaft des Grals oder sein Gesetz wurden mißachtet, weil die Einstellung zur Minne, zur Liebe nicht stimmte. In Wolfram von Eschenbachs *Parzival* kommt es zur Verzauberung, weil man der schönen Orgeluse dient, deren Name »Zorn und Stolz« bedeutet. In anderen Fassungen tritt die Verzauberung aufgrund eines Bruderkampfes ein, durch den *coup douloureux* (schmerzhaften Schlag), den einer der Brüder empfängt. Er ist fortan der verwundete König. Die Verzauberung kann auch auf einen machthungrigen Magier, einen zum Teufel verwandelten Dionysos zurückgehen. Gral, Burg und Wächter sind darauf den Menschen entrückt. Ihr König leidet und kann nicht sterben. Ein Fluch liegt auf dem Land: die Gewässer versiegen, es wächst keine Nahrung mehr. Es entsteht ein Ödes Land, »wo der Mythos der Autorität entspringt und nicht dem Leben, wo kein Dichterauge blickt, keine Abenteuer zu bestehen sind, wo alles ein für allemal festgelegt ist«.[8]

Angstvoll wird der suchende Held erwartet, der den Bann brechen, den seligen Zustand wiederherstellen, die Wasser zum Fließen bringen wird, der den König heilt, ihm hilft, zu sterben, und selbst die Königswürde erringt. Das gelingt ihm, weil er die magische Frage stellt, die in den verschiedenen Fassungen lautet: »Wem dient man mit dem Gral?« oder »Was bedeutet dies?« oder »Was fehlt dir?«

In der bekanntesten mitteleuropäischen Version, der des Wolfram von Eschenbach, erreicht Parzival die Burg. Da er höfisch erzogen wurde und gelernt hat, keine Fragen zu stellen, versagt er zunächst. Als er die Burg verläßt und von seinem Versagen Kenntnis erhält, wird er zum Wanderer in der Wüste. Er verliert den Glauben, und an diesem Punkt tritt er in den Hintergrund. Unerklärlicherweise erhält er eine zweite Gelegenheit und hat Erfolg, aber erst, nachdem Gawan sich erfolgreich mit Orgeluse und Malcreatiure auseinandergesetzt hat, ein Zauberschloß voller Frauen erlöst und schließlich zum Kampf gegen Parzival antritt. Wir werden uns diesen Abenteuern noch zuwenden, da sie der Schlüssel zum Verständnis des verborgenen, tieferen Sinns des Mythos sind.

Die Gralssage ist eng mit der Bildwelt des Wassermanns und den Mythen vom Paradies und Garten Eden verknüpft. Die »Elucidation«, der Prolog zu Chrétiens *Perceval*, beschreibt das Gralsland als ein Land der Fülle, bis ein rücksichtsloser Angreifer, König Amangons, das Goldene Zeitalter beendete. »Das Land war tot und öde, und sie vergaßen so die Stimmen der Quellen, die Jungfern, die in ihnen waren.« Wenn sich ein Wanderer früher der Quelle näherte, trat aus der Grotte »ein schönes Fräulein hervor, eine goldene Schale in der Hand mit Speisen aller Art ... Ein zweites Mädchen folgte mit einem weißen Handtuch und einer weiteren Schüssel mit den Dingen, die der Ankömmling sich gewünscht hatte. So bedienten die Mädchen alle Wegfahrenden, bis einst ein König, Amangons, einem der Mädchen Gewalt antat und ihm die goldene Schale raubte. ... von da an kamen die Mädchen nie mehr aus den Grotten heraus, um die Wanderer zu erlaben. Seither ging es mit dem Lande bergab. Die Bäume verloren ihre Blätter, Gras und Blumen verdorrten, und die Wasser nahmen mehr und mehr ab. Und seither konnte auch der Hof des reichen Fischers nicht mehr gefunden werden, der das Land erstrahlen machte ...«[9] (In dieser Fassung ist es übrigens Gawan und nicht Parzival, der das Unrecht an den Quelljungfern wieder gutmacht, den Gral findet und wieder einsetzt.) Das erinnert uns an die Entweihung in der Geschichte von Eden, an das verlorene Paradies und das biblische »verflucht sei der Acker um deinetwillen; mit Kummer sollst du dich darauf nähren dein Leben lang. Dornen und Disteln soll er dir tragen, und sollst das Kraut auf dem Felde essen.« (1. Mose 3, 17, 18)

Campbell bildet einige mesopotamische Siegel ab, welche die Schlange in männlicher wie weiblicher Form zeigen, wobei sie einen Becher trägt oder von einem *Aquarius*, einem Wasserträger, begleitet wird, und zwar vor einem Weltenbaum, einer *axis mundi*, der einem Fürbitter eine Frucht gewährt.[10] »Auf diesen Siegeln weist nichts auf göttlichen Zorn oder eine Gefahr hin. Mit dem Garten ist kein Motiv der Schuld verbunden. Die Frucht der Erkenntnis des Lebens kann dort im Heiligtum der Welt gepflückt werden. Und sie wird allen Sterblichen, ob Mann oder Frau, gern gewährt, die in bester Absicht und mit der Bereitschaft, zu empfangen, nach ihr greifen.«[11] Auf einem anderen Siegel sitzt die

Göttin mit der Schlange zur Seite des Baums, ihrem gehörnten, göttlichen Gefährten, ihrem geliebten Sohn-Gemahl Dumuzi gegenüber, »Sohn des Abgrunds, Herr des Lebensbaums, der ständig sterbende, ständig wiederauferstehende sumerische Gott, der Archetyp des fleischgewordenen Wesens ist«.[12]

Der Wassermann verweist ebenfalls auf dieses vorbiblische Paradies des Goldenen Zeitalters. Sein Sternbild soll das kommende Zeitalter regieren. Er wird als männliche und/oder weibliche göttliche Wächtergestalt neben einem Brunnen, Gefäß (im Mittelalter hieß der Wassermann »Amphora«), einer Quelle am Fuß des Weltenbaums oder der Weltachse dargestellt, aus denen Leben, Erleuchtung und Weisheit fließen. Auch in der nordischen Mythologie finden wir die Nornen (Schicksalsgöttinnen) am Fuße der Weltesche, dazu Mimir (ein Wächter der Weisheit) an den Wurzeln, der die Quelle hütet, aus der die höchste Gottheit Odin Weisheit trinkt, um den Preis, neun Tage und Nächte am Baum zu hängen, als Initiationsopfer seiner selbst an sich selbst. Und aus dem Garten Eden strömen nach biblischer Überlieferung vier Flüsse in die vier Himmelsrichtungen und bilden so ein Weltkreuz der Wasser.

Im primitiven Mythos vor der jüdisch-christlichen Zeit ist das Ende des Goldenen Zeitalters, bei dem Tod, Tränen und Elend in die Welt kommen, mit der Tötung der Schlange oder der Frau oder beider verknüpft, außerdem mit Pflanzen, die Früchte tragen und dem begrabenen Leib oder Kopf des Opfers entsprießen. In der patriarchalen Fassung des Mythos tritt an die Stelle der Tötung der Schlange oder Frau der Ungehorsam von Frau und Schlange, die sich dem nun ausschließlich männlichen Schöpfergott nicht beugen wollen. In einer ähnlichen Sage wird Lilith, angeblich Adams erste Frau (und Herrin der Welt) verstoßen, weil sie ihm den Gehorsam verweigerte. In der patriarchalen Fassung gibt es zwei Bäume, den des Lebens, den der Erkenntnis. Die Erkenntnis ist vom Leben getrennt. Ein *coup douloureux* verdrängt die Erneuerung durch Opfer. Diesen schmerzhaften Schlag versetzt Kain (der Ursohn Gottes)[13] seinem Bruder Abel. Der Herr des Lebensbaums und der Reinkarnation, Kain oder der gehörnte Gott, wird zum Sündenbock. Dem Goldenen Zeitalter, das nach den *Metamorphosen* des Ovid »Angst und Strafe nicht kannte, weil alle aus eigenem Willen das Richtige taten«, folgt nun der erzwungene Gehorsam, der sich einem von außen auferlegten Gesetz beugt, in einer Welt, in der die Erde ihre Nahrung nicht mehr mit Freuden gibt. Es herrscht Elend. Wir sind im Öden Land der Gralssage.

Der Mythos von Gral und Wassermann meint also nichts anderes als die Umkehrung der patriarchalen Entwicklung, die zum Verlust des Paradieses magischer All-Einheit geführt hat. Sie wird sich ereignen, wenn der Brunnquell und seine Jungfrauen, das heißt die Welt der Göttin, wieder in ihr Recht eingesetzt werden. Sie wird sich auch dadurch ereignen, daß die Frage gestellt und/oder die häßliche Jungfer geküßt wird.

In jenem Reich waren Leben und Erkenntnis eins; es gab nur einen Baum. Das Erkennen war ein Erfahren, glich der geschlechtlichen Vereinigung, war ein Verschmelzen. Im Lateinischen bedeutet *sapere* noch beides, *schmecken* und weise oder verständig sein. Die Trennung der Bäume zusammen mit dem Verbot, die Frucht zu essen oder zu *schmekken*, setzte Abstraktion, Gehorsam und die Vorstellung von der Sündhaftigkeit des sexuellen »Erkennens« an die Stelle der ganzheitlichen Entdeckung durch Erfahren. Ähnlich trennte das Verbot der Götzenbilder den Geist von der bildlichen Erfahrung. Diese Spaltung tat dem ganzheitlichen Wesen der Göttin Gewalt an, war ein Vergehen gegen die Quelljungfrauen. Mit dem patriarchalen Ich und der Betonung der linken Hirnhälfte, der Getrenntheit und Verantwortlichkeit, traten zugleich Konkurrenzdenken, Kampf und Brudermord, Schuldgefühle und Sündenbock-Haltung auf. Wir kennen das moderne Öde Land, in dem Mensch gegen Mensch steht. Kein Wunder, daß die Sehnsucht nach der verlorenen ganzen Wirklichkeit, nach den goldenen Tagen der Geborgenheit unter der Herrschaft der Göttin während des Patriarchats wie eine nostalgische Melodie im Hintergrund immer stärker wurde. Die Sehnsucht fand Ausdruck in den Erlösungsmythen. Sie gipfelte im Gralsmythos, der mit zunehmender Kraft die unbewußten Phantasien des letzten Jahrtausends in seinen Bann zog.

Die Gralssage und Hitler

Joseph Campbell machte als erster auf die Bedeutung der Gralssage für die Gegenwart aufmerksam, die durch die vielen Schriftsteller, Künstler und Anthropologen unterstrichen wird, die sich seit Wagners *Parsifal* mit dem Mythos beschäftigten. Die Entdeckung, daß Hitler und einige seiner Vorläufer von der Gralssage wie besessen waren, zeigte mir, daß der Mythos, obwohl ihn unsere Zeit entstellte und sentimental auffaßte, tatsächlich ein wichtiger Faktor der Motivation sein dürfte, der unerkannt unser kollektives Bewußtsein im guten wie im bösen formt. Wenn wir den

Mythos verstehen, könnten wir uns Zugang zu seinen konstruktiven Möglichkeiten verschaffen. Bleibt er jedoch unbewußt, droht uns die Gefahr der Besessenheit, der Destruktion, einer Wiederholung des hitlerschen Wahns.

Ich behaupte nicht, daß Hitlers politische Vorstellungen bloß als Versuche erklärt werden können, ein Gralsprogramm in die Tat umzusetzen, wobei selbst diese Möglichkeit nicht auszuschließen ist. Offenkundig ist immerhin, daß die messianische Vorstellung einer Erneuerung, einer Wiederherstellung der idealen Ordnung, dazu die buchstabengläubige Wiederaufnahme der Blutrituale der vorchristlichen Mysterien (Hitler erkannte scharfsinnig das Vorchristliche in den Sagen), von Hitler und den nationalistischen, pseudospirituellen Bewegungen vor ihm zwanghaft Besitz ergriffen hatte.

Adolf Hitlers leidenschaftliche und nachhaltige Beschäftigung mit der Gralssuche und ihrer mystischen Bedeutung bei Wagner und Wolfram von Eschenbach ist von einigen bestätigt worden, die ihn persönlich kannten. Vor Hitlers und Wagners Neugestaltung hatte Wolfram von Eschenbachs *Parzival* den Mythos von der Mitte des neunzehnten Jahrhunderts an zu einem Bestandteil des Denkens und der Phantasie Mitteleuropas gemacht. Weniger bekannt ist die Tatsache, daß das Grundmotiv der Sage, die Queste nach dem verlorenen heiligen Gegenstand, der heiligen Überlieferung oder dem heiligen Dienst, ob nun christianisiert oder vorchristlich, die mittelalterliche wie moderne Kultur und Geschichte wie ein roter Faden durchzieht.

Das Thema klingt in den Kreuzzügen ebenso an wie in der Gründung des Ordens der Tempelritter. Letzterer wurde 1314 mit der Begründung unterdrückt, seine Mitglieder seien häretische, blasphemische Sodomiten, die einen eigenartigen dionysischen Gott mit Namen Baphomet anbeteten, den die Kirche mit dem Teufel gleichsetzte. Otto Rahn versucht nachzuweisen, daß sich in Kult und Ritus der Albigenser Hinweise auf den Gral finden lassen.[14] Er ging sogar so weit, Montsegur, das Hauptheiligtum und letzte befestigte Bollwerk der Albigenser, mit der Gralsburg Montsalvat gleichzusetzen. Die Albigenser wurden in blutigen Kreuzzügen verfolgt, die das jetzige Südfrankreich in Schutt und Asche legten. Ihnen wurden ähnliche Dinge vorgeworfen wie den Tempelrittern. Die Freimaurer, insbesondere der Schottische Ritus, behaupten, die Tradition des Templer-Ordens fortzuführen. Im 18. Jahrhundert bildete sich eine Art Templer-Orden, die Strikte Observanz, der vorgab, geheime Dokumente zu besitzen, die bis ins 14. Jahrhundert zurückreichten, und unter der Leitung »geheimer Oberer« zu arbeiten.[15] Diese Überlieferung hinterließ Spuren in der Freimaurerei und beeinflußte Madame Blavatsky, die Begründerin der Theosophie, und in England den *Order of the Golden Dawn*, aus dem gegen 1880 der O.T.O. (Ordo Templis Orientis) entstand. Im Hinblick auf unser Thema ist es gleich, ob diese Behauptungen historisch stichhaltig oder falsch sind. Die schlichte Tatsache, daß sie ausgesprochen wurden, zeigt, daß man sich mit der lebendigen Kraft der Gralssage mythologisch identifizierte oder auf sie aufmerksam wurde. Golden Dawn wie O.T.O. beeinflußten spürbar die Kultur: zu ihren Mitgliedern zählten Yeats, Aleister Crowley und ursprünglich auch der Begründer der Anthroposophie, Rudolf Steiner.

Während der Fertigstellung dieses Textes stieß ich auf einen neuen Bestseller, *Holy Blood Holy Grail*.[16] Das Buch will beweisen und mit Dokumenten belegen, daß eine lebendige Gralsüberlieferung bis in den Beginn der christlichen Zeit zurückreicht und noch heute besteht. Diese Tradition soll von einer Prieuré de Sion in Frankreich getragen werden, einer esoterischen Gesellschaft, die hinter den Kreuzfahrern, Tempelrittern, einigen Logen der Freimaurer, hinter Rosenkreuzern und Hermetischen Gesellschaften stand. Nach den Unterlagen der Prieuré gehörten zu ihren Großmeistern Nicolas Flamel, René I. von Anjou, die Künstler Sandro Botticelli und Leonardo da Vinci, Robert Fludd, Robert Boyle und Isaac Newton, Maximilian von Habsburg, Förderer Haydns, Mozarts und Beethovens, Victor Hugo, Claude Debussy und Jean Cocteau.

Den Autoren nach setzt sich die Prieuré de Sion geistige und politische Ziele, zum Beispiel die Errichtung der Vereinigten Staaten von Europa als konstitutionelle Monarchie unter einem Priesterkönig, der ein Nachfahre der Merowinger sein muß. Die Merowinger werden als Gralskönige aufgefaßt, weil sie dem Schoß der Magdalena (dem Gral) entstammen, die angeblich Jesu Frau war.

Ich kann nicht nachprüfen, ob diese Behauptungen stimmen. Die Tatsache jedenfalls, daß sie aufgestellt werden, und das Fortbestehen der Gralsgesellschaften zeigen deutlich, wie lebendig und bedeutsam das Gralsmotiv heute ist. Ganz abgesehen von der Möglichkeit, es außen in Politik umzusetzen, oder genau wegen dieser Möglichkeit ist es notwendig, daß wir uns mit der psychologischen Wirkung und Bedeutung des Mythos befassen.

Im 18. Jahrhundert wurden in den okkulten Geheimlehren die Sagen vom Gral mit dem Sagenkreis von Thule verschmolzen. Goethe spielt im *Faust* darauf an, in Gretchens Lied vom goldenen Becher des Königs in

Thule, angeblich ein altes Volkslied, das ihr in den Sinn kommt, als die verbotene Welt von Faust und Mephisto zum erstenmal in ihre Kammer eingedrungen ist. Die Anspielung war nur den Eingeweihten verständlich, was an die Hinweise auf die Freimaurer im Text zu Mozarts *Zauberflöte* erinnert.

Am dramatischsten schließlich lebte das Motiv des Gralstempels um die Jahrhundertwende in Österreich wieder auf. Zu der Zeit, als Freud sein erstes grundlegendes Werk, *Die Traumdeutung*, veröffentlichte, wurde ein Orden des Neuen Tempels von Georg Lanz von Liebenfels gegründet, einem ehemaligen Zisterziensermönch. Ausdrückliches Ziel des Neutemplerordens war die Weiterführung der Gralstradition. Der Orden erwarb und unterhielt einige Burgen in Österreich. Er war nach Graden gegliedert: Novize, Magister, Convenual, Familiar, Prior, Presbyter usw. Jeder Templer gehörte zu einer bestimmten Burg. Der Orden war öffentlich tätig und veranstaltete Feiern, und für die Eingeweihten gab es ein System geheimer Rituale und Liturgien. Da gab es ein Legendarium, Evangelarium und Visionarium, vorgeschriebene Lesungen und ein Bibliomystikon, Geheimbibel der Eingeweihten, Gebete und Anrufungen. All dies stellte eine Gralsliturgie dar, welche die alten, vergessenen Mysterien der geheiligten Überlieferung (die auf ein sagenhaftes arisches Thule zurückgeführt wurden) wiederbeleben sollte, von der angeblich die gesamte indogermanische Kultur ausgegangen war.

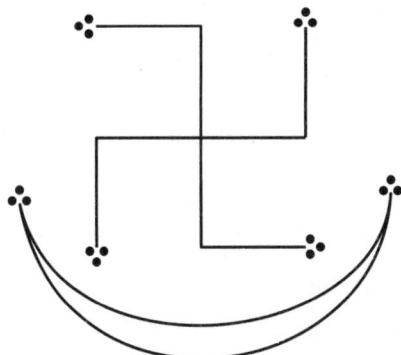

Das zentrale Symbol der Thule-Gral-Mysterien war ein Hakenkreuz, das alte Symbol der Erneuerung, über einer liegenden Mondsichel, den Hörnern des altkeltischen Schamanengottes Kerunnus. Von diesem Symbol hieß es, es sei auch auf gotischen Speerspitzen zu finden. Das Zeichen wurde nun zum geheimsten Symbol des Armentum erklärt, wie der Orden von seinen Hohepriestern und geistigen Leitern genannt wurde. Die Neutempler behaupteten, den Gral rassereinen Blutes und die Mysterien der alten arischen Wurzelrasse zu bewahren und ihnen zu dienen.[17]

Die zentrale Lehre des Neutemplerordens war der fanatisch rassistische Nationalismus und Antisemitismus, den Hitler dann auf die Spitze trieb. Sie betonte die Zucht rassereinen Blutes, reiner »asischer« oder arischer Menschen. Der ursprüngliche, paradiesische Zustand beruhe auf der Reinheit der Rasse, der Sündenfall auf der Vermischung des Blutes. Das Wiedererscheinen Christi als Erlöser und Verteidiger der rassischen Reinheit würde die wichtigste Schlacht und den endgültigen Sieg der blonden, blauäugigen Rasse ankündigen, der das Reich Gottes wiedererstehen lassen wird. Jesus ist in dieser Darstellung übrigens Arier und nicht Jude.

Nach Liebenfels ist der Gral »der Gottmensch, getragen und erhalten von dem züchtigen Weib der höheren Artung«.[18]

Die Religion des Ordens wurde in einer Zeitschrift verbreitet, deren Namen *Ostara* auf eine fiktive germanische Erdgöttin des Frühlings und der Schönheit zurückgeht. *Ostara* hatte die körperliche wie geistige Überlegenheit der Arier zum Thema. Die Hefte propagierten die Pseudotheorien, daß die blonde, nordische Art den mittelmeerischen, slawischen, jüdischen und negroiden Rassen überlegen sei, die wahre Kultur und wahren Geist nur untergraben würden.

Daims Forschungen zeigen, daß zu den Lesern der *Ostara* auch höchst einflußreiche Kreise des alten Österreich vor dem Ersten Weltkrieg gehörten, unter anderen die Stabschefs des Heeres und der Kriegsmarine, Mitglieder des Herrenhauses, der Erfinder des Kunstkautschuks, natürlich auch Karl Lueger, der antisemitische Bürgermeister von Wien, auch der Thronfolger Franz Ferdinand, dessen Ermordung den Ersten Weltkrieg auslöste. In einem Brief benutzte Franz Ferdinand schon das später viel verwendete Schlagwort von den Juden, Freimaurern und Sozialisten, die den Staat zersetzen.

Das wichtigste Mitglied, den bedeutendsten Schüler nennt Lanz von Liebenfels (oder Fra Georg ONT) in einem Brief an Bruder Aemilius (ein Herr Emil ...): »Du warst einer unserer *Ersten* Anhänger u. Templeisen! Weißt Du daß *Hitler* einer unserer *Schüler* ist? Du wirst es noch erleben, daß er u. dadurch auch wir siegen u. eine Bewegung entfachen werden, die die Welt erzittern macht. Heil Dir! (Hervorhebungen von Lanz!)«[19] Der Brief trägt das Datum des 22. Februar 1932. Und 1934 spricht er von der anfänglich kleinen Schar, »die der erste Träger der Bewegung wurde, die nunmehr, nach dem Strafgericht Gottes, als die gewaltigste Bewegung der Geschichte unaufhaltsam über die Welt rollt!«[20] Hitler wird vom Gauleiter von Danzig, Rauschning, wie folgt zitiert:

Sie müssen übrigens den Parsival ganz anders verstehen, als er so gemeinhin interpretiert wird, wie etwa von dem Flachkopf Wolzogen. Hinter der abgeschmackten, christlich aufgeputzten äußeren Fabel mit ihrem Karfreitagszauber erscheint etwas ganz anderes als der eigentliche Gegenstand dieses tiefsinnigen Dramas. Nicht die christlich-Schopenhauerische Mitleidsreligion wird verherrlicht, sondern das reine adelige Blut, das in seiner Reinheit zu hüten und zu verherrlichen sich die Brüderschaft der Wissenden zusammengefunden hat. Da leidet der König an dem unheilbaren Siechtum, dem verdorbenen Blut. Da wird der unwissende, aber reine Mensch in die Versuchung gestellt, sich in dem Zaubergarten Klingsors der Lust und dem Rausch der verdorbenen Zivilisation hinzugeben oder sich zu der Auslese von Rittern zu gesellen, die das Geheimnis des Lebens hüten, das reine Blut. *Wir alle* leiden an dem Siechtum des gemischten, verdorbenen Blutes. Wie können wir uns reinigen und sühnen? Merken Sie, daß das Mitleid, durch das man wissend wird, nur dem innerlich Verdorbenen, dem Zwiespältigen gilt. Und daß dieses Mitleid nur eine Handlung kennt, den Kranken sterben zu lassen. Das ewige Leben, das der Gral verleiht, gilt nur dem wirklich Reinen, Adligen! ... Wie kann man den Rassenverfall aufhalten? Muß das so sein, wie der Graf Gobineau das gesagt hat? Die politischen Konsequenzen haben wir gezogen, keine Gleichheit, keine Demokratie! Aber soll man die Masse des Volkes ihren Weg gehen lassen, oder soll man sie aufhalten? Soll man nur eine erlesene Schar von wirklich Wissenden bilden? Einen Orden, die Brüderschaft der Templeisen um den Gral des reinen Blutes?[21]

Hitler fand schließlich die Antwort auf diese Frage: die Ordensburgen der SS wurden als Gralsburgen erbaut, um eine reine Rasse zu züchten. Hitlers Ausrottung der Minderheiten, vor allem der Juden, kann möglicherweise als rituelles Opfer gedacht gewesen sein: als *Holocaust*, als Brandopfer für sein Allerheiligstes. Sein Vorgehen entfesselte schauerliche dionysische Orgien der Zerstörung. Ein mißachteter, vergessener und verdrängter Mythos brach hervor und überschwemmte die Welt mit Vernichtung.

Das Phänomen Hitler ist ein Beispiel zwanghafter, ja psychotischer Psychopathologie kollektiver Natur. In seiner grundlegenden Dynamik unterscheidet es sich nicht wesentlich vom Eindringen transpersonalen, mythologischen oder archetypischen Materials, das die individuelle Psyche mit Wahnsinn überschwemmen kann. Anscheinend lösten sich in Hitlers Nationalsozialismus sogar individuelle und kollektive Zwangsvorstellungen gegenseitig aus. Derartig gefährliche Möglichkeiten, die mit den damaligen Ereignissen nicht aus der Welt sind, werden viel zu wenig beachtet. Wir haben uns im ersten Kapitel das Beispiel einer individuellen dionysischen Besessenheit angesehen (die »zermürbte« Hausfrau) und die gefährliche Tendenz zur Zerstörung und Selbstvernichtung festgestellt, die Entfesselung des Tierischen in uns, wenn die Kraft nicht richtig verstanden und angenommen wird. In unserer Zeit nehmen Brutalität und Verwüstung überhand. Es gab sie nicht nur unter Hitler, Stalin und Ayatollah Khomeini.

Wir haben schon gesehen, daß der gehörnte Gott, der Gefährte der Großen Göttin, ein integraler Aspekt der Gralsdynamik ist. In den vorchristlichen Blutopfern wird er als der alte König (in der Gestalt seines Vorgängers oder anderer Opfer, Sündenböcke) getötet, zerstückelt und wiedergeboren.

Strabo schreibt, daß bei den germanischen Kimbern die Gefangenen, »wenn sie in ihr Lager gebracht wurden, von Priesterinnen mit Schwertern in den Händen ergriffen und, nachdem sie mit Blumen bekränzt worden waren, zu einem großen Kupferkessel geführt wurden, groß genug, um zwanzig Amphoren zu fassen, an dem eine Art Leiter lehnte ... Eine Priesterin stieg hinauf, bis sie über dem Kessel stand, zog die einzelnen Gefangenen zum Rand empor und schnitt ihnen die Kehle durch.«[22]

Der Archetyp des gehörnten Gottes und Schamanen, der Wahnsinn, Tod und Wiedergeburt bringt, taucht auch in den Ritualen und in der Liturgie der mittelalterlichen wie neuzeitlichen Templer-Orden auf. Über die Geheimrituale in Liebenfels' Neutemplerorden ist nichts zu erfahren, aber die Rituale des O.T.O., der von sich behauptet, die Überlieferungen der alten Templer weiterzuführen, verweisen ausdrücklich und wiederholt auf »unseren Gott Baphomet, den Unnennbaren, den Träger des heiligen Grals«.[23] Der alte Orden wurde vorgeblich wegen der ketzerischen Verehrung dieses Baphomet aufgelöst, der als hermaphroditische, gehörnte, göttliche Gestalt dargestellt wurde. In mittelalterlichen Hexenkulten tritt diese Figur als gehörnter Begleiter der Göttin auf. Die Kirche nannte ihn Teufel, und den Hexen war er als Herr der Reinkarnation vertraut. Wie beim Tod und der Erneuerung des Dionysos gehörten in den vorchristlichen, heidnischen Kulten sicher Blutopfer zum Umkreis dieser Gestalt.

Es ist wichtig, in der Äußerung eines Mythos zwischen den schöpferischen Möglichkeiten und einer krankhaften Regression unterscheiden zu können. Dabei ist zu beachten, daß das barbarische Blutopfer der Erneuerung durch Töten einen Prozeß der Symbolentwicklung durchlaufen hat. In der mittelalterlichen christianisierten Version wird die Erneuerung durch Zerstücklung und Blutvergießen durch eine Symbolik ersetzt, die mit der Messe verwandt ist. Der Gral enthält das Blut des gekreuzigten Christus. Es erneuert sich aufgrund der Hingebung der Gemeinschaft, das heißt durch einen psychologischen Akt der liebevollen Hingabe, des Engagements. In der Hitler-Psychose kam das *archaische Element* wieder zum Vorschein: in der nationalsozialistischen Paranoia wurde nicht Hingabe in Liebe gelebt, sondern mörderische Besessenheit ausagiert.

Ob schöpferische Möglichkeiten oder regressive Destruktion vorherrschen, hängt also nicht vom Wesen des Archetyps oder Mythos ab, sondern von der Haltung des Bewußtseins und seiner Entwicklungsstufe. Das ist die wichtigste und am wenigsten verstandene Tatsache der psychischen Dynamik. Sie gilt kollektiv nicht weniger als individuell. Jedes autonome archetypische oder mythologische Element, das aktiviert sein will, muß in das bewußte Leben integriert und auf irgendeine Weise konstruktiv und schöpferisch kanalisiert werden, wobei seine aktuellen Forderungen mit der Stufe des Bewußtseins, des Ethos und der Moral in Übereinstimmung gebracht werden müssen, die Gemeinschaft und Individuum entwicklungsmäßig erreicht haben. Wird dies nicht verstanden, kann es gefährlich werden. Wir erinnern uns an die Patientin des ersten Kapitels und ihr Problem. Wenn dieser schmerzhafte Reifeprozeß aus unbewußter Geringschätzung oder Ungeduld umgangen wird, kommt der energetische Kern in archaischer, primitiver, zwanghafter Form zum Vorschein, häufig in Verbindung mit paranoischer Projektion, und führt zu gefährlichem, oft destruktiven Ausagieren. Den tragischsten Beispielen solcher Abläufe begegnen wir natürlich in individuellen und kollektiven Übergangszeiten. Die bewußte Orientierung ist weder bereit noch fähig, die neuen Entwicklungen zu assimilieren. Das Bewußtsein kann das Neue nicht fassen. Es lehnt sich heftig auf und verteidigt, verhärtet die alte Haltung. Im öffentlichen Leben ist uns dieses Phänomen nur zu vertraut. Ein Beispiel ist der Versuch, die Schwarzen in Amerika zu integrieren, ihnen die öffentlichen weißen Schulen zugänglich zu machen, und die Gewalt, die deshalb an vielen Orten ausbrach. Die einzelnen neigen ebenfalls dazu, auf die bedrohlichen inneren Regungen mit zunehmender Starrheit zu reagieren. Dann werden die neuen Tendenzen im Rahmen der alten Verhaltensmuster unbewußt ausagiert. Das führt nicht bloß zu Ambivalenz, Widerspruch mit sich selbst und in eine Sackgasse, sondern auch zu bizarren oder ausgesprochen destruktiven Handlungen. So reagierte die Patientin des ersten Kapitels auf den schamanistischen, dionysischen Musiklehrer mit Selbstbestrafung und lief Gefahr, ihr Kind zu töten und zu zerstückeln, statt sich ihrer »inneren Musik« hinzugeben und ihr starres Verhaltensmuster zu »zerstückeln«.

Hitler begriff nicht, daß er aufgefordert war, die patriarchale Haltung des Konkurrenzdenkens, der Eroberung und der Selbsterhöhung zu transzendieren. Er verfiel in Besessenheit durch den großen Schamanen und Erlösergott. In paranoischer Identifikation hielt er sich für den segensreichen Gott der Erneuerung. Die Kehrseite der Medaille, den uneingestandenen Ego-Trip mit seiner selbstsüchtigen Machtgier projizierte er auf die Juden und andere Gegner, seine Sündenböcke.

Das folgende Zitat ist eine beinahe klinische Demonstration dieser Dynamik von Identifizieren und Projizieren und ihrer paranoischen Gefahr.

»Es ist wohl so«, meinte er (Hitler), »wie du einmal geschrieben hast: man kann den Juden nur verstehen, wenn man weiß, wohin es ihn letzten Endes drängt. Über die Weltherrschaft hinaus, zur *Vernichtung* der Welt. Er glaubt, die ganze Menschheit unterkriegen zu müssen, um ihr, wie er sich einredet, das Paradies auf Erden verschaffen zu können. Nur er sei dazu imstande, macht er sich weiß, und es wird ja auch bestimmt so kommen. Aber schon an den Mitteln, die er anwendet, sieht man, daß es ihn insgeheim zu etwas Anderem treibt. Während er sich vorspiegelt, die Menschheit hochzubringen, peinigt er sie in die Verzweiflung, in den Wahnsinn, in den Untergang hinein. Wenn ihm nicht Halt geboten wird, vernichtet er sie. Auf das ist er eingestellt, dazu drängt es ihn; obwohl er dunkel ahnt, daß er sich dadurch mitvernichtet. Er kann nicht aus, er muß es tun. Dieses Gefühl für die unbedingte Abhängigkeit seiner Existenz von der seines Opfers scheint mir die Hauptursache seines Hasses zu sein. Einen mit aller Gewalt vernichten zu müssen, gleichzeitig aber zu ahnen, daß es rettungslos zum eigenen Untergang führt, daran liegt's. Wenn du willst: die Tragik des Luzifer.«[24]

Auf ebenso unheimliche wie unbewußte Weise hat Hitler hier seine eigene Psychologie beschrieben, seine eigene Getriebenheit vom Mythos des Wassermanns. Es liegt nahe, in diesem Text »Jude« durch Hitler, Nationalsozialismus oder einfach »Ich« zu ersetzen, was den Wortlaut in eine höchst genaue und detaillierte Selbstbeschreibung verwandelt. Da wird nicht nur Hitlers Persönlichkeit geschildert, sondern auch das Wesen des dionysischen, schamanistischen Impulses, der ihn unausweichlich zum Holocaust und in die Selbstvernichtung trieb. Die Tragödie des Lichtbringers Luzifer nötigte ihn, zwanghaft statt bewußt und verantwortlich zu handeln.[25]

Wie können wir die Impulse der Strukturen von Wassermann und Gral so kanalisieren, daß sie nicht zu einer neuen Holocaust-Psychologie führen?

In gewissem Sinn hatte Hitler recht mit der Annahme, hinter dem Gralsmythos, wie er gewöhnlich verstanden wird, verberge sich ein tieferes Geheimnis. Er hatte freilich auf katastrophale Weise damit unrecht, seine Machtgier naiv im Rahmen des Rassismus auszuagieren, auch mit dem Versuch, alte Blutopfer, die Sündenbockpsychologie und den Holocaust konkret neu zu beleben. Statt sich einem neuen Bewußtsein zu nähern, regredierte er in Barbarei und Wahnsinn. Die Entwicklung des Bewußtseins hat sich jedoch von mythologischer Identifizierung zum symbolischen Ritual, von der tatsächlichen Opferung zur Eucharistie bewegt. Sie bewegt sich nun weiter zur Internalisierung von Ritual und Mythos, was unserer Lebens- und Funktionsweise einen neuen Sinn verleiht. Teilhard de Chardin definiert das Böse als ontologische Minderwertigkeit oder Unbewußtheit.[26] In diesem Sinn und in der Bewertung durch unser Gefühl verkörperte Hitler das Böse. Wir müssen nun den Gralsmythos unter dem Aspekt seiner psychologischen Bedeutung, vom neuen Schritt der Entwicklung aus betrachten.

Die Anthropologen stimmen zunehmend darin überein, daß die erhaltenen Fassungen der Gralssagen einschließlich Wolframs *Parzival* nur exoterische Versionen von Initiationsriten waren, möglicherweise auch von Geheimlehren, die nur Auserwählten enthüllt wurden.[27] Daß das Gralsmotiv in den oben erwähnten esoterischen Gesellschaften weiterwirkt, läßt diese Annahme noch einleuchtender erscheinen. Außerdem bestärkt uns die psychologische Deutung der Fabel, gerade bei Wolfram, in dem Gefühl, daß ein wichtiger, vielleicht entscheidender Punkt in den bestehenden Fassungen ausgelassen oder unterschlagen wurde. Es wird nämlich nie erklärt, was Parzival nach seinem ersten Versagen in die Lage versetzt, den Gral doch noch zu erreichen. Die Rettung des Grals hängt davon ab, daß er die Frage stellt: »Was fehlt dir?« oder »Wem dient man mit dem Gral?« Als er wegen seines Versagens beschimpft wird, verliert er seinen Glauben, wird in die christliche Lehre eingeführt und über den

Gral unterrichtet, worauf er ein Wanderer in der Wüste wird, ein Sünden-bock. Eigentlich hatte er keinen Fehler begangen, da er als Ritter dazu erzogen war, keine Fragen zu stellen. An diesem Punkt tritt ein Bruch in der Entwicklung auf. Parzival verschwindet unerklärlicherweise. Ebenso unerklärlich taucht er später wieder auf und wird zum Gralskönig berufen. Uns wird nicht mitgeteilt, wie er sich veränderte oder welche Initiation stattfand, die ihn nun auserwählt erscheinen läßt. Stattdessen wird die Heldentat Gawans geschildert, der das *Chastel marveil*, das verzauberte Schloß der Frauen befreit und mit gutem Ausgang Orgeluse dient, der Frau, die dem Gralskönig das Verderben brachte. Könnte dies die Initiation sein?

In der analytischen Psychologie haben wir aus unserer Arbeit mit Träumen gelernt, daß das unerwartet dazwischenkommende, scheinbar belanglose Motiv häufig den unbewußten Schlüssel darstellt, der das Problem löst. Könnten die Einweihungserfahrungen Parzivals in den Heldentaten Gawans versteckt sein?

Wenn wir das Material daraufhin ansehen, treten deutliche und erstaunliche Hinweise zutage. Zum einen scheint Gawan der ursprüngliche Name Parzivals zu sein. In der walisischen Fassung, dem *Mabinogion*, ist Gwri Gwalt Adwyn, was »der mit den schönen Haaren« bedeutet und schließlich zu Gawain oder Gawan zusammengezogen wird, der ältere Name von Pryderi, Peredur, Parzival.[28] Gawan wird auch Brunnquell des Mai genannt, »er, dem ewige Jugend verliehen ist« (in Diû Krône des Heinrich von dem Türlin). Auf seinem Schild führt er das Pentagramm, den endlosen Knoten, das Symbol der Venus Ischtar. Er ist zugleich ein irischer Sonnenheld[29] und der Gott des neuen Jahres, der den alten Gott heilt und wiederbelebt, den alten Gott, der den Kessel bewacht hat und nun sterben muß.[30] Gawan ist ein Heiler und der Liebhaber der Gralsgöttin. In Wolframs Fassung erlöst er das Schloß der Frauen, die Welt der Fee oder den Venusberg, also den verborgenen Aspekt der Gralsburg. Er dient Orgeluse, die wie die antike Göttin vielen Männern den Tod und dem Fischerkönig die Verwundung gebracht hat. In ihrem Dienst fordert er Gramoflanz, der seinen Vorgänger, ihren früheren Gemahl getötet hat, zum Kampf heraus, indem er einen Zweig vom heiligen Baum bricht, was mit dem »Goldenen Zweig«[31] zu vergleichen ist. Unsere These wird dadurch erhärtet, daß am Ende Parzival eben diesen Zweig trägt und seine Gawan-Seite in einer Episode entdeckt, in der es zu einem Zweikampf zwischen beiden kommt, der mit einem Stillstand endet.

Gawans Initiation und erlösende Tat geschehen im Umkreis des Schlosses der Göttin, die in den mittelalterlichen Fassungen von Kundrie, der Fee Morgan, Lady Ragnell oder den Gralsmädchen verkörpert wird. Die Gralsgöttin ist die Heldin einer jahreszeitlichen Entführungsgeschichte, Herrin des Mondes und der Vegetation. Sie verwandelt sich aus scheußlichsten Tiergestalten zu strahlender Schönheit und ist eine Führerin in die andere Welt. Mit Wissen ihres Gemahls umarmt sie einen jugendlichen Gott, und ihr Gatte fährt mit seinem Blitz dazwischen. Sie steht mit einem Kult in Verbindung, in dem eine Priesterin ein mit Lichtern geschmücktes Gefäß in einer Einweihungszeremonie trägt, die eng mit der Heilung des verwundeten Gottes verknüpft ist.[32]

Gawan und Parzival werden also in die Mysterien des Weiblichen eingeweiht. Die Einzelheiten können wir einer ähnlichen indischen Legende von der Großen Göttin entnehmen, in der sich die Hauptzüge von Gawans Initiation finden, ebenso zwei volkstümlichen mittelalterlichen Geschichten, der vom Grünen Ritter und der von Lady Ragnell. Sie enthalten den Kern in einer psychologisch verständlichen Form, die in den eigentlichen Gralssagen verschleiert ist. Ich werde sie kurz wiedergeben, da sie heute weniger bekannt sind als die Geschichte Parzivals.

Am Neujahrstag hält König Artus Hof auf Camelot. Wie üblich an Festtagen wird er sich erst setzen und speisen, wenn er seltsame Neuigkeiten hört oder ein Abenteuer sich ereignet hat. Plötzlich reitet ein gewaltiger Ritter in den Saal. Er ist prächtig gekleidet und mit einer Streitaxt bewaffnet. Gesicht, Haare, Bart, Rock, Umhang und Ausrüstung sind grün. In einer Hand trägt er einen Stechpalmenzweig, »von herrlichstem Grün, wenn die Haine nackt«. Er fordert den Hof zu einem weihnachtlichen Wettstreit heraus: er wird einen Streich mit der Axt über sich ergehen lassen, wenn sein Gegenspieler nach zwölf Monaten und einem Tag sich denselben Hieb von ihm gefallen läßt. Nur Gawan nimmt die Herausforderung an und schlägt dem Grünen Ritter den Kopf ab. Der Grüne Ritter hebt seinen Kopf auf, steigt aufs Pferd, gibt sich als der Ritter der grünen Kapelle zu erkennen und ermahnt Gawan, sich zum ersten Mond des nächsten Jahres an der Kapelle einzufinden, deren Ort er jedoch nicht preisgeben will. Sie muß auf der Queste ins Unbekannte gefunden werden.

Gawan macht sich auf die Suche, und nach langer, mühseliger Wanderung taucht am Heiligen Abend unerwartet eine prächtige Burg aus dem Nichts auf. Er wird vom Burgherrn, einem kräftigen Ritter von

»hohem Alter«, mit mächtigem Bart und einem Gesicht »wild wie Feuer« aufgenommen und bewirtet. Seine Frau ist sehr schön, und zur Burg gehört eine weitere Dame, zwar alt und häßlich, aber sehr verehrt. Der Gastgeber will, daß Gawan bleibt, da das Ziel seiner Suche, die grüne Kapelle, nur zwei Meilen entfernt sei. Gawan erklärt sich bereit, bis zum Mond des neuen Jahres zu warten.

Für die drei letzten Tage schlägt der Gastgeber einen lustigen Handel vor. Da Gawan von seiner anstrengenden Reise müde ist, soll er bis zur Zeit der Messe im Bett bleiben und den Tag zusammen mit der Frau im Haus verbringen, während der Gastgeber auf die Jagd geht. Am Abend wollen sie tauschen, was sie tagsüber erlangt haben.

Während der drei Tage wird Gawan jeden Morgen, wenn er noch im Bett liegt, von der Burgherrin besucht, die ihn flehentlich bittet, ihre Liebe anzunehmen. Mit großer Höflichkeit widersteht er der Versuchung, auch wenn es ihm schwerfällt. Er ist jedoch einverstanden, am ersten Morgen einen Kuß, zwei Küsse am zweiten und drei Küsse zusammen mit einem grünen Band am dritten anzunehmen, von dem sie sagt, es würde ihn im Kampf vor dem Tod bewahren. Die Küsse liefert er dem Gastgeber ehrlich aus, sagt aber nichts von der Herrin. Das grüne Band behält er und erwähnt es auch nicht. Sein Gastgeber bringt ihm am ersten Abend ein Reh, am zweiten einen riesigen Eber, am dritten einen Fuchs.

Am Neujahrstag wird er in die Nähe der Kapelle geführt und gewarnt, daß er dem sicheren Tod entgegengehe. Als Gawan ins Tal hinabreitet, kann er die Kapelle zunächst nicht entdecken. Schließlich erblickt er am Ufer eines reißenden Baches einen grasüberwachsenen Erdhügel mit Öffnungen an einem Ende und den beiden Seiten. Er kommt ihm wie »eine alte Höhle oder Felsspalte« vor. Er hört ein Geräusch, als würde eine Sense gewetzt, dann kommt der grüne Ritter. Gawan senkt den Kopf, und die Axt wird erhoben. Als sie zum erstenmal fällt, zieht er die Schultern ein wenig hoch. Der grüne Ritter hält inne und tadelt seine Ängstlichkeit. Das zweite Mal macht der grüne Ritter einen Scheinangriff, und Gawan hält still. Das dritte Mal saust die Axt nieder, schlägt Gawan aber nicht den Kopf ab, sondern streift ihn nur leicht am Hals. Gawan hat sein Versprechen erfüllt und will kämpfen, aber der grüne Ritter geht nicht darauf ein. Er gibt sich als der Burgherr zu erkennen. Auf sein Betreiben hin hat die Herrin Gawan umworben, um ihn auf die Probe zu stellen. Der erste und zweite Hieb hatten ihn nicht verletzt, weil er sich die ersten beiden Tage an die Abmachung hielt und zurückgab, was er erhalten hatte. Der dritte Hieb verletzte ihn leicht, weil er das grüne Band verschwiegen hatte. Da aber Angst um das eigene Leben bei einem Menschen natürlich sei, war es mit einem kleinen Kratzer genug. Der grüne Ritter nennt seinen Namen, Bernlak de Haut Desert, und teilt Gawan mit, daß die alte Dame auf der Burg Morgan le Fay ist, die das ganze Abenteuer geplant hat, angeblich, um den Hof des Königs Artus in Angst zu versetzen. Gawan kehrt an den Hof zurück und berichtet seine Abenteuer, schämt sich aber wegen seiner allzu menschlichen Unvollkommenheit, deren Zeichen die Narbe ist. »Denn kein Mensch kann seine Narbe verbergen, noch sie loswerden: wenn sie einmal an ihm ist, wird sie nie mehr verschwinden.« Artus ist allerdings voll des Lobes über Gawan und verkündet, von nun an sollen alle Ritter seiner Tafelrunde ein grünes Band wie Gawan tragen.

Die andere Geschichte, Gawans Begegnung mit der häßlichen Dame, mit Lady Ragnell, wirft ein weiteres Licht auf das psychologisch relevante Element. Artus will einer bedrängten Dame beistehen und trifft im Kampf auf einen »abscheulichen Ritter«. Dieser Riese mit dämonischen Kräften besiegt ihn mit Hilfe der Magie. Die Dame gibt sich als Dienerin der Morgan le Fay zu erkennen, und der Ritter mit dem Namen Gromar ist Herr der »Burg der schlimmen Göttin«. Artus hat sein Leben verwirkt und kann es nur retten, wenn er sich auf Wanderschaft begibt und unterwegs alle fragt, was die Frauen auf dieser Welt am meisten begehren. Nach einem Jahr und einem Tag soll er mit der richtigen Antwort zurückkehren, sonst wird ihm der Kopf abgeschlagen. Er begibt sich mit Gawan auf die Suche, und als das Jahr um ist, fehlt ihnen immer noch eine überzeugende Antwort. Sie kehren traurig zur verzauberten Burg zurück und treffen unterwegs die scheußlichste Dame, die je ein Mensch erblickt hat. Ihr Gesicht ist rot wie die untergehende Sonne. Lange gelbe Zähne ragen aus den schlaffen Lippen. Der Kopf sitzt auf einem dicken Hals, und sie ist fett und unförmig wie eine Glocke. In ihren großen, schielenden und rotgeränderten Augen lauert ein seltsamer, furchtbarer Schatten der Angst und des Leidens. Sie bietet Artus die richtige Antwort unter der Bedingung an, daß ein Ritter seines Hofes noch heute ihr Gemahl werde. Artus weigert sich entsetzt, doch Gawan erklärt sich bereit, das Opfer auf sich zu nehmen. Als Artus zum dämonischen Ritter kommt, der ihm schon den Kopf abschlagen und ihn Morgan le Fay bringen will, rettet er sein Leben mit der Antwort: was die Frauen am meisten begehren, ist Souveränität über die Männer. Darauf wird Gawans Hochzeit mit der gräßlichen Maid gefeiert. Der ganze Hof bejammert sein Schicksal. Als Braut und Bräutigam allein sind, will sie geküßt werden. Trotz seines Abscheus überwindet sich Gawan und erfüllt ihr den Wunsch. Daraufhin verwandelt sie sich, und er hält die lieblichste Jungfrau in den Armen. Sie verkündet ihm, daß er sie durch seine edle Tat vom Zauber erlöst hat, allerdings nicht vollständig, denn die halbe Zeit muß sie noch in ihrer schrecklichen Gestalt erscheinen. Er soll entscheiden, ob sie tagsüber oder nachts häßlich sein muß, ob er sich vor dem Hof mit ihr schämen oder nachts von ihr abgestoßen sein will. Gawan lehnt ab zu entscheiden und überläßt ihr selbst voll Mitgefühl die Wahl. Weil er ihr so die Souveränität gibt, ist der Zauber vollständig gebrochen, und sie erscheint von nun an immer schön.

Eine Geschichte aus einer ganz anderen Kultur (wenn auch nicht unbedingt aus einer anderen Zeit), aus Indien, enthält die wichtigsten Elemente des Gralsmotivs. Auch sie zeigt, daß die Verödung des Landes, die Verwundung der männlichen Schöpferkraft (die Wunde des Fischerkönigs) ihren Grund in der Mißachtung des großen Weiblichen haben. Zur Wiederbelebung von Land und Menschen kommt es, wenn das Weibliche von neuem geachtet wird.

Einmal ritt Vischnu auf dem Sonnenvogel Garuda durch die Luft dahin. Beide sahen voll Selbstgefühl in Vischnu das höchste unwiderstehliche Allwesen. Sie flogen am Sitz der Großen Göttin vorüber, achteten ihrer aber nicht. »Flieg zu, flieg zu«, sprach Vischnu zum Garuda. Da goß die Große Göttin Starre über sie, daß sie nicht vom Fleck kamen. Vischnu rüttelte voll Grimm mit beiden Händen ihren Sitz, konnte ihn aber nicht erschüttern. Er stürzte ins Weltmeer und sank bis auf den tiefsten Grund. Er vermochte sich nicht zu rühren und verlor das Bewußtsein, war wehrlos und leblos. Brahma, der Schöpfer, ging ihn suchen, wollte ihn nach oben bringen, erstarrte aber selbst unter dem gleichen Zauber. Nicht anders erging es allen Göttern, die mit Indra sich auf die Suche nach den beiden machten und sich vergeblich mühten, sie aus der Meerestiefe heraufzubringen. Nur Schiva, der Gatte der Göttin, verstand, was geschehen war und führte sie alle zurück, damit sie ihr huldigten und ihre Gnade gewönnen. Damit es möglich sei, lehrte er zuvor alle, den magischen »Schutz« oder »Panzer« der »Herrin aller Wünsche und Freuden« am eigenen Leibe zu vollziehen. So befreiten sie sich aus ihrer *Maya* und empfingen die Kraft der Göttin. Es war dieser »Panzer«, der Schiva vor der Verzauberung beschützte. Wer ihn in gesammelter Andacht übt, vermag die Göttin zu schauen. Als sie die Göttin anbeteten, offenbarte sie sich leibhaftig und hieß alle Götter von der Flut ihres Schoßes trinken und sich darin baden: »Davon wirst du ohne Wahnbefangenheit in dein Ich sein und von höchster Heldenkraft erfüllt wirst du an deine Stätte im Zenit des Himmels ziehen.«[33]

Eine Parallele zu dieser Geschichte findet sich im modernen Traum eines richtigen »Machos«, eines erfolgreichen Managers. Er hatte in seinem Leben die Phase des Öden Landes mit ihrem Gefühl der Sterilität und Sinnlosigkeit erreicht. Er träumte von einer Räuberbande, die ein Mädchen entführte und ihm das Herz herausriß. Das Mädchen murmelte: »Du mußt mein Wasser trinken. Du mußt mein Wasser trinken.«

Bernlak de Haut Desert bedeutet »Schäfer der hohen Wüste«, also des Öden Landes. Er verkörpert im Grund dieselbe Gestalt wie der Fischerkönig, der unter einer Wunde am Geschlecht leidet. In einer anderen Gestalt ist er der kastrierte Magier, der Wächter des Schlosses der gefangenen, verzauberten Frauen, die Gawan befreit, oder er erscheint als Sir Gomer Somer Jour (grollender, drohender Tag), als Wächter und Bruder der schrecklichen Morgan le Fay. Sie wiederum wird »Herrscherin«, Gorgo, Medusa genannt und verkörpert den abgründigen Schrecken der Tiefendimension der Göttin, den dunklen, geheimnisvollen Schoß des Ungeborenen. Sie ist die abscheuliche Maid der Quellgrotten, die Göttin des Landes war. Das patriarchale Ich hat sie in seinem Stolz, seiner Angst verstoßen, und sie wartet darauf, erlöst und angenommen zu werden, wartet auf Huldigung und daß ihr die Souveränität gegeben werde. Die Götttin und ihr dunkler Gefährte hüten gemeinsam die *Amphora*, den Gral des Wassermanns, die Quelle des Lebens und der Erneuerung. Ihre Wasser strömen unter den Wurzeln des Weltenbaums, der *axis mundi* hervor, dem Baum des Lebens *und* der Erkenntnis.

Im westlichen Mythos vom »verlorenen Paradies« führt der Genuß der Frucht, das auf Erfahrung beruhende Wissen, was gut und böse ist, zum Verlust des Gartens Eden. In der patriarchalen Ethik wurde die Aktivität der Schlange, das instinktive, natürliche Handeln für böse angesehen und durfte nicht mehr »geschmeckt« oder »probiert« werden. Das natürliche Handeln sollte nicht mehr vom Instinkt, sondern durch Gesetze gelenkt werden. Die Kanalisierung der Gewalt, des natürlichen Zerstörungstriebs durch das Menschenopfer, wie sie Kains Tat vorführt, wurde zum Mord erklärt und ist für uns jetzt untragbar. Es durfte nur noch mit Billigung der Gesetze getötet werden (die Sündenböcke vor allem), und zwar als Vergeltung für das Böse, das sie begangen hatten oder das auf sie projiziert wurde. Im Patriarchat sollte der Gehorsam vor dem Gesetz dafür sorgen, daß Moral und Anstand bewahrt blieben.

Sind das Böse und die destruktive Gewalt jetzt gerechtfertigt, nur weil die Amphora geöffnet wird? Hitler war wohl dieser Ansicht. Sein Mensch der Zukunft, der nur Eroberung im Sinn hatte, sollte rücksichtslos, grausam, ohne jedes Mitgefühl für menschliches Leid sein.

In den alten Kessel der Erneuerung ist aber nun inzwischen das Blut des Gottmenschen Christus geflossen, der sich in der mittelalterlichen Fassung des Mythos bewußt und freiwillig am Kreuz opfert. Es geht nicht länger um das Blut unfreiwilliger Sündenböcke oder eines ebenso anonymen rassischen Kollektivs.

Das Gefäß mit dem Blut der Kreuzigung, das sich immer wieder erneuert, verweist auf ein gefestigtes Inneres, auf eine psychologische Erneuerung durch bewußtes Annehmen der Kreuzigung, der inneren, emotionalen und psychischen Konflikte. Uns leiten keine sicheren, kollektiven Regeln des Über-Ich mehr, und wir müssen jetzt, wenn wir individuell Entscheidungen riskieren, das Gewissen entdecken, das aus unserem Selbst spricht. Gawans Prüfungen und das Motiv der Frage amplifizieren und vertiefen diesen Vorgang.

Bei Gawans Prüfungen geht es nicht um ein Überwinden. Die Fähigkeit, tapfer zu sein und zu erobern, wird für selbstverständlich angesehen. Sie muß schon erworben sein. Die neue Aufgabe besteht wie in der indischen Geschichte in einem Annehmen. Dieses Annehmen muß aus einer Haltung der Redlichkeit und Stärke heraus geschehen, nicht aus Schwäche. Die Prüfung erfordert Stärke, damit der Konflikt bewußt ertragen und hingenommen werden kann. Mit dem grünen Ritter erlebt Gawan den Konflikt zwischen Angst und Tapferkeit, mit der Burgherrin den Kampf zwischen Ehre und Verlangen und mit Artus den zwischen Treue zu seinem König und dem Ekel vor der scheußlichen Alten. Er handelt, läßt sich aber auf kein *Ausagieren* ein.

Er ist bereit, sich den Kopf abschlagen zu lassen. Dieses archetypische Motiv ist mindestens so alt wie die Kreuzigung, wenn nicht älter. Damit wird er »wie die Schlangen, die ihre alte Haut abstreifen und sich weiterbewegen, den Tod überwinden und zur Sonne werden ... er legt den alten Menschen ab [der Kopf wird als Sitz der Seele betrachtet] und nimmt den neuen an«.[34] Ebenso ergibt er sich der häßlichen Alten, die eine Gralsjungfrau und Hüterin der Quelle ist, Manifestationen der Erdmutter, die das Spiel eingefädelt hat.[35] Er beweist so seine Bereitschaft, sich mit Leben und Macht auseinanderzusetzen. Das Ich gibt seinen persönlichen Machtanspruch auf, wenn es die Wasser der Göttin trinkt. Das Ich sieht sich sogar als bloß empfangenden Kanal eines Schicksals, das einem tiefen, geheimnisvollen Seinsgrund entspringt, der sowohl Quelle des Schreckens und Abscheus wie des schönen Spiels des Lebens ist. Diese Kraft, die aus dem souveränen Leben strömt, muß ehrerbietig behandelt werden, wenn der Schutz der Göttin erlangt werden soll. Diesen Schutz symbolisieren der »Panzer der Göttin« und das grüne Band der Herrin.

In den meisten Gralslegenden muß eine Frage gestellt werden, damit die Wasser wieder fließen und das Öde Land erlöst ist. Auffällig ist, daß stets betont wird, wie wichtig die Frage ist. Wird sie aber schließlich gestellt, erfolgt keine Antwort.

Dieses Paradox ist doppelt zu verstehen, wobei sich die beiden Gesichtspunkte ergänzen. Das Wichtigste ist die Frage stellen, ganz gleich, wie die Antwort ausfallen wird, oder ob es überhaupt eine Antwort geben kann. Es wird nämlich nach dem Grund des Leidens und dem Wesen des Gralsgeheimnisses gefragt. Wem oder was ist es dienlich, was verbirgt sich hinter dem Geheimnis von Wunde und Schmerz? Darauf gibt es wirklich keine allgemein gültigen Antworten, auf jeden Fall nicht in unserer nachkirchlichen Kultur. Antworten sind nur individuell zu finden, indem wir nicht bloß Fragen stellen, sondern sie tatsächlich leben und erleiden. In unserer Zeit will das Leben als Koan-Frage gelebt sein, als ständige Suche, ohne wie früher auf eine Übereinstimmung mit dogmatisch festgelegten Verhaltensmustern und Moralgesetzen angewiesen zu sein. In der Ödipussage wird dem Menschen noch ein Rätsel gestellt; uns ist nicht mehr (oder wenigstens nicht allein) auferlegt, vom Leben (der Sphinx) befragt zu werden. Wir sollen selbst die Frage stellen und auf individuelle Weise durch eigene Prüfungen und Experimente entdekken, wann und wie das Geheimnis unserer Berufung, unseres Schicksals zum individuellen Selbst spricht. Campbell betont, daß die Artusritter zusammen auf die Queste nach dem Gral ausziehen, jeder aber seinen eigenen Weg durch den Wald sucht.

In den älteren irischen Quellen wird auf eine Antwort angespielt, die zu dem Obenerwähnten paßt. Wenn dem königlichen Becher zugetrunken wurde, mußte zeremoniell die Frage gestellt werden: »Wem dient man mit diesem Becher?« Die Antwort lautete: »Der Souveränität Erins.«[36] Die Priesterkönigin verkörperte diese Souveränität. Während die Antwort zunächst auf die höchste Gewalt im politischen Sinn anzuspielen scheint, werden wir zugleich an Lady Ragnell und ihre Frage erinnert, nämlich an das Annehmen der Souveränität der Frau, das Akzeptieren des Häßlichen mit dem Schönen, des Dunklen mit dem Lichten.

Die Priesterkönigin und Göttin muß nicht nur angenommen werden, wir müssen auch auf sie eingehen.

Das eben tut Gawan mit Lady Ragnell und der Burgherrin des grünen Ritters. Er weist sie und die Versuchung nicht ab, sondern läßt es zu, von ihr bewegt und berührt zu werden. Er bewahrt seine Integrität, geht aber auf sie, ihr Bedürfnis, ihr Spiel ein.

Es gibt aber noch einen Aspekt der Antwort. Gawan mußte alles, was er empfing, dem grünen Ritter überlassen, der dionysischen, schamanistischen Kraft von Tod und Erneuerung. Dafür erhält er ein Reh, das Tier der Artemis, das jugendliches, spielerisches Feingefühl verkörpert, einen Eber, Sinnbild der Stärke und Kraft der Reife, und einen Fuchs, Symbol der Klugheit und Weisheit des Alters. Was wir im Leben tun, können wir nicht als unser Eigentum, als Leistung ansehen, in der wir uns sonnen. Es muß den Göttern hingegeben werden, der Kraft des Lebens. Unsere Taten dienen der Veränderung, dem Wachstum, der Umwandlung und Erfahrung. Das Tun ist unser, nicht aber die Frucht unseres Handelns, stellt die *Bhagavad-Gita* fest. Oder anders ausgedrückt, nicht unser Handeln, sondern unsere Motivation, unsere Art des Erfahrens und das erreichte Bewußtsein sind wichtig, wenn wir den Konflikt zwischen Verlangen und tiefstem Gewissen erleiden und verarbeiten. Dem dienen Leben und Lebendigsein. So kommt es im Wassermann-Zeitalter auf den psychologischen Sinn und nicht auf heroische Taten an, die um ihrer selbst willen ausgeführt werden.

Wenn wir die Frage stellen, geben wir zu, daß unsere Haltung, vor allem die objektivierende Haltung des Ich mit seinem Vertrauen in die Herrschaft des Über-Ich, in die rationale Kontrolle des »Kopfes«, unbefriedigend oder steril sein könnte. Wir werden uns klar über das eigene Öde Land. In der indischen Fassung fragt Schiva: »Was weilt ihr hier? wie wurdet ihr starr und reglos und wie unbelebter Stoff des Bewußtseins bar?«[37] Stellen wir uns der dionysisch rasenden Kraft, dem dämonischen Jäger, der dunklen Mutter hinter ihm, und sind wir bereit, uns den Kopf abschlagen zu lassen, führt das zumindest zeitweilig zu einem Verzicht auf die Kontrolle durch den »Kopf«. Wir blicken in den finsteren Rachen der eigenen Natur, auf die Bedürfnisse und Verletzungen, die Affekte und Instinkte, einschließlich der zwei dämonischen Aspekte der »reißenden Leidenschaft und tierischen Dumpfheit« in ihren lockenden wie destruktiven Formen, und suchen eine individuelle, moralisch befriedigende Antwort.[38] Wir tun das freilich, um mit ihnen zu spielen, ohne dabei mitgerissen zu werden, um zu erfahren, statt auszuagieren. (Wir werden im

14. Kapitel auf den Unterschied zwischen Ausagieren und erfahrender Darstellung zurückkommen.)

Was ist das Wesen dieses »Spiels«, wie es sich in Gawans Schäkern mit der Dame des grünen Ritters zeigt? Die drei Tage im Bett wurden sicher nicht nur mit moralisierenden, philosophischen oder platonischen Gesprächen und eben nur ein bis drei Küssen zugebracht. Das ist angesichts der Tatsache recht unwahrscheinlich, daß Gawan in Wolframs *Parzival* von einem wilden Tier angefallen wird, während er auf dem Schloß der Damen im Bett liegt. Wenn wir diese Begegnung mit der Burgherrin, die sicher ein Aspekt der Gralsgöttin ist, verstehen wollen, müssen wir uns die Symbolik der höfischen Liebe ansehen, von deren Standpunkt aus die Begegnung beschrieben ist. Der Kult der höfischen Liebe stellt im Umfeld des westlichen Patriarchats einen ersten Hinweis auf eine höhere Einschätzung des Weiblichen dar. Die höfische Liebe war freilich ein Mittel, die Männer zu erziehen und umzuwandeln, »aus einem Rüpel einen Gentleman zu machen« und »das rohe Vieh von seiner Bestialität abzubringen und seine höhere Menschlichkeit zu enthüllen«.[39]

Die höfische Minne stellte sich nicht gegen die körperliche Liebe. Sie war wie das indische Tantra eine Schule der Erotik. Vermutlich kamen in ihr wie im Tantra vorübergehend geheime religiös-erotische Kultpraktiken im Dienst der Göttin an die Oberfläche. In den Riten der höfischen Liebe gibt sich die Dame als höchste Belohnung zu erkennen, jenseits aller irdischen Herrlichkeit und über den Tod hinaus.

»Dem eigentlichen Liebesakt geht die längste, leidenschaftlichste Phase der Liebe voraus, und in ihr sind die Frauen die Gebieterinnen und Prophetinnen. Sie unterziehen ihre Freier allen möglichen Prüfungen, erproben ihre Treue, ihre Verschwiegenheit, die in einer Epoche so wichtig war, in der Tugend, Disziplin und deren Vervollkommnung durch Heimlichkeit ersetzt wurde. Nur aufgrund dieser langen Zeit unerfüllter Wünsche, die von der Frau absichtlich ausgedehnt wurde, war sie in der Lage, eine flüchtige Verliebtheit von wahrer Leidenschaft zu unterscheiden, die sie dann schürte und im Schlafgemach einer Prüfung unterzog.

An diesem Punkt geht es nicht plötzlich zum Nachteil der Frau drunter und drüber, wie später im siebzehnten Jahrhundert. Sie selbst bestimmt das Datum dieser einen Nacht, die der Probe dienen soll, und lädt den Mann ein, zu ihr zu kommen, wenn ihm das recht ist, unter der Bedingung, daß er alles tut, ›was mir gefällt‹, wie Beatrix de Die sich ausdrückte. ... Diese Sitte der ersten Nacht der Zärtlichkeit und Achtung, die ganz Liebkosungen und Liebeserklärungen, der Vorbereitung des

Herzens auf den Liebesakt geweiht war, wird von mehr als einem Autor bezeugt.«[40]

In Indien müssen die Tantriker lernen, sich mit der kosmischen Freude am Spiel zu identifizieren und zu erkennen, daß das, was anderen als Elend erscheinen mag, ein unvermeidlicher und notwendiger Teil der Schöpfung dieses Spiels ist, während die Freude ein wahrer Abglanz der kosmischen Wonne ist.[41] Die Tantriker müssen ein kontrolliertes Leben wiederholter Rituale führen und sich in sorgsam gestalteten Meditationen einer erotischen Schulung unterziehen.

Das zentrale Ritual des Tantra besteht in der aufmerksam kontrollierten, meditativ sexuellen Vereinigung mit einer weiblichen Kraftträgerin, deren Gunst der Initiierte gewinnen muß. Die Frau verkörpert die Göttin: die Schakti oder reine Energie. Das Ritual zielt nicht auf Fortpflanzung oder körperliches Vergnügen an sich, sondern auf psychische Transformation, eine Wandlung des feinstofflichen Körpers. Es ist eine Art erotischer Eucharistie. Es ist auch insofern ein Blutritual, als der wirkungsvollste Ritus des Wiedereinswerdens die geschlechtliche Vereinigung mit einer Frau erfordert, die menstruiert, und deren rote sexuelle Energie auf dem Höhepunkt ist. Dieses Ritual kann auf dem Verbrennungsplatz zwischen Leichen und lodernden Scheiterhaufen ausgeführt werden. Dem entspricht in unserer Geschichte das grausige Reich des grünen Ritters.

Im Tantrismus wird die Frau als Verkörperung der Göttin angesehen und soll, ganz gleich, welcher Kaste, welchem Familienstand sie angehört, in der Kommunion mit ihr verehrt werden. Sie lenkt die göttliche Energie in ihren schönen und ekstatischen wie in ihren schrecklichen und häßlichen Aspekten zum Mann, der sich dem verfeinerten Ritual der Kommunion und »Keuschheit« fügt. Diese Keuschheit bedeutet wie die *castitas* der höfischen Liebe nicht sexuelle Enthaltsamkeit, sondern Reinheit der Absichten, die unbedingte Ausrichtung auf das Transpersonale in der persönlichen Begegnung, den Verzicht auf egoistische, sinnliche Triebbefriedigung, die einem sprituellen Ziel untergeordnet wird. Sexualität und Instinkttriebe dienen als Mittler.

Die Herrin des grünen Ritters erscheint als venusische Verführerin, die den Helden wie eine Schakta oder Tempeljungfrau einweiht. Sie macht ihm die Widersprüchlichkeit seiner Triebe und Verlangen bewußt. Sie verschafft ihm Zugang zu seiner Schwäche, seinen Ängsten, seiner psychologischen Ambivalenz und Gespaltenheit, die alle unvereinbar mit dem idealisierten Heldenbild sind. Er blickt den Widersprüchen zwischen Ehre und Verlangen, Mut und Angst, Moralkodex und seinen uneingestandenen und unannehmbaren Wünschen ins Auge. Sie macht ihm bewußt, daß er selbst der verabscheute Sündenbock ist. Er kann in zwei Extreme verfallen: entweder nimmt er Zuflucht zu den bestehenden Verhaltensregeln und leugnet die Wahrheit seines subjektiven Fühlens, indem er der Frau wie üblich ausweicht, oder er versinkt in seiner Leidenschaft und verstößt gegen seinen Moralkodex.

Bevor er sich der Axt des grünen Ritters stellt, entdeckt er eine völlig neue Aufgabe: er muß Verlangen und instinktiven Trieb anerkennen, ohne sich von ihnen überwältigen zu lassen. Das »unschuldige« Schäkern mit der Dame während der drei im Bett verbrachten Morgen deutet auf ein bewußtes Spiel innerhalb der Grenzen des moralisch Akzeptablen hin, und nicht so sehr auf ein unkontrolliertes Ausagieren oder totales Ausweichen.

Die neue Haltung für unsere Zeit (die in Gawans Prüfung verlangt wird) besteht darin, der Begegnung mit der Welt der Göttin und des grünen Hirtengottes Dionysos-Asasel-Pan nicht auszuweichen, sondern sie zu riskieren. Wir sind aufgerufen, diese Welt in ihren ekstatischen und freudigen, häßlichen und erschreckenden Aspekten kennenzulernen, das Risiko einzugehen, den Kopf zu verlieren, und das um den Preis einer schmerzhaften Verwundung. Dabei geben wir weder Bewußtheit noch Selbstkontrolle auf und sind voller Aufmerksamkeit für unsere Partner.

Gawan wird auf die Probe gestellt: kann er Liebe und Einfühlung auf disziplinierte, verantwortliche und das Ich transzendierende Weise empfangen und geben, kann er den Sittenkodex respektieren und ihn dennoch nicht dazu benutzen, einer ehrlichen, persönlichen Reaktion, einem Engagement aus dem Weg zu gehen, das mehr auf der Bejahung der Bedürfnisse und Gefühle als auf unpersönlichen Regeln und Gesetzen beruht? Freiwillig gekreuzigt oder geköpft zu werden heißt ein persönliches Risiko auf sich nehmen, damit Entwicklung, Wachstum und Einweihung durch Erfahren stattfinden können. Da wird keinem Sündenbock, keiner Person oder Gruppe mehr in selbstgerechter Weise Schuld und Schande zugewiesen. Es geht um gegenseitigen Beistand, gemeinsame Verantwortung und ein spielerisches Ausprobieren, um individuelle Begegnung mit sich selbst. Die Burgherrin und Lady Ragnell gehen wie Gawan ein Risiko ein. Sie stellen seine Integrität und Selbstkontrolle auf die Probe und verlassen sich gleichzeitig auf sie. So sind sie fähig, das unterdrückte Dionysische wachzurufen, *ohne grundlegende ethische Normen preiszugeben.* In Wolframs *Parzival* bestehen Gawans Abenteuer darin, Orgeluse (Stolz und Zorn) zu dienen und sie zu erlösen. Geprüft werden nicht nur das Verlangen, sondern alle Affektäußerungen, besonders Wut und Aggression.

Die neue Gralssuche, die Befreiung der Wasser, die Erneuerung des Blutes, ist eine symbolische und psychologische Suche. Als Gawan sich bei der Kapelle einfindet, liegt der größte Teil der Prüfung schon hinter ihm. Der wahren Prüfung unterzog er sich, als er die Rolle des Sündenbocks für Artus übernahm, als er der Burgherrin begegnete, sie höflich akzeptierte und ihr diente, also die Disziplin der höfischen Liebe bewahrte. Er kontrollierte ebenso einsichtsvoll seine instinkthaften Triebe, als er die »häßliche Dame« heiratete und ihr die »Souveränität« übertrug. So hatte er Erfolg, wo Fischerkönig wie Parzival versagt hatten. Dieser verweigerte der Dame den Dienst, während jener ihr »verfiel«.

Das alte Ausweichen, um der Sünde zu entgehen, mag im Hinblick auf die Anforderungen der nächsten Entwicklungsschritte des Bewußtseins nichts als Feigheit und Versagen sein. Jede äußere Verhaltensregel will nun mit der Frage geprüft werden: »Wem oder was dient sie?« Wir können uns über sie hinwegsetzen oder sie befolgen, je nachdem, wie im Innern das tiefste Gewissen, die *vox Dei*, die Stimme Gottes, oder unser überpersönliches Selbst urteilen. Das Selbst spricht durch die Wirklichkeit, die Bedürfnisse der anderen nicht weniger zu uns, als durch die eigene Realität. Im neuen Zeitalter wird die Goldene Regel als psychologische Dynamik und innere Erfahrung wiederentdeckt und ist nicht länger bloß ein äußeres kollektives Gebot. Was wir anderen gegenüber fühlen, was wir mit ihnen machen, wirkt psychologisch auf uns selbst zurück. Es modifiziert im guten wie schlechten unseren Charakter, unser Wesen. Wir betrachten jetzt die neuen Rollen zwischenmenschlicher Funktionen und die neue Ethik, die auf der Entdeckung des Selbst innen wie außen, in innerer wie äußerer Bezogenheit beruhen.

Fünfter Teil

Vision für ein neues Zeitalter

Ein jegliches hat seine Zeit
und alles Vornehmen unter dem Himmel hat seine Stunde.
Prediger 3, 1

Mühsal ist Blüte oder Tanz, wo nicht
Der Leib geschunden wird zur Lust der Seel,
Schönheit nicht wächst aus bitterstem Verzicht,
Triefäugige Weisheit nicht aus Mittnacht-Öl.
Kastanienbaum, großwurzliges Geflecht,
Bist Blüte, Blatt oder Stamm du wohl?
O Leib, musik-beschwingt, o Blickes Glanz,
Wie scheiden wir den Tänzer von dem Tanz?
William Butler Yeats,
Unter Schulkindern[1]

12 Neue Modelle der Orientierung

Nah ist
Und schwer zu fassen der Gott.
Wo aber Gefahr ist, wächst
Das Rettende auch.

Friedrich Hölderlin, *Patmos*

Die Psychoneurose ist ... ein Leiden der Seele, die ihren
Sinn nicht gefunden hat. Aus dem Leiden der Seele aber
geht alle geistige Schöpfung hervor und jeglicher Fortschritt des geistigen Menschen, und der Grund des
Leidens ist der geistige Stillstand, die seelische Un-
fruchtbarkeit.

C. G. Jung[1]

Wir haben gesehen, wie die patriarchale Kultur notwendigerweise das unterdrücken mußte, was sie für den bösen Aspekt des Weiblichen hielt. Das
Drängen der Instinkte, das leidenschaftliche Verlangen galten als gefährlich für die neue Willensfreiheit, die auf kühlem Denken beruhte. Verlangen, Instinkte und Gefühle wurden in ihrer Unberechenbarkeit als eine Art
Herausforderung empfunden, die von der ungezähmten Natur ausging. In
ihnen manifestierte sich das Zerstörerische des Satans und »Fürsten dieser
Welt«, der als Antigott dem allumfassend liebenden Ratschluß des Vater-
gottes gegenüberstand. Die Frauen wurden als Töchter der Verführerin
Eva oder der dämonischen Lilith gesehen, als Verkörperungen der Delila
oder Salome, männermordende Hexen.

Die Tragödie des Mannes, der dem Ideal des Helden nachstrebte,
wurde als Zusammenbruch seines Widerstands gegen die Weiberlist dargestellt, von der er sich verführen ließ, aus der Hand der Frau die verbotene Frucht von Verlangen, Leidenschaft und körperlichen Trieben anzunehmen. Je mehr die patriarchale Kultur das lebensfeindliche Ideal der
Askese betonte, desto stärker wurden die unterdrückten Leidenschaften
– die verwundbaren wie sinnlichen Seiten des Daseins – auf die Frauen
projiziert.

Folglich mußten die Frauen in untergeordneter sozialer Stellung gehalten werden, wenn sie nicht gleich in den Harem gesperrt oder unter
Gewändern, Schleiern oder *Scheitels* (Perücken der orthodoxen jüdi-

schen Frauen) versteckt wurden. Die Frauen durften nur noch gehorsam, passiv, häuslich und mütterlich sein. Selbst sie mußten lernen, den Gezeiten ihrer Gefühle und den Stimmen ihrer Körper zu mißtrauen.

Das Spiel der Sinnlichkeit und Sexualität wurde zu etwas Wertlosem, dem jede Tugend fehlte. Der Körper mit seinen Funktionen, Ausdünstungen, Ausscheidungen und Gerüchen war verwerflich, verachtenswert, gehörte versteckt. Um ihn sollte man sich nur insoweit kümmern, als Überleben und Fortpflanzung es erforderten.

Aus dem weiten Bereich der Manifestationen der Großen Göttin konnte der christliche Westen nur die unirdische Maria akzeptieren. In den Lehren von der Unbefleckten Empfängnis und der Jungfrauengeburt wurde sie geschlechtslos gemacht. Sie wurde zum Urbild aller liebenden, leidenden, guten Mütter, und ihrer gütigen Fürbitte wird großer Wert beigemessen. Der Protestantismus wollte selbst mit dieser geringen Vergöttlichung des Weiblichen nichts zu tun haben.

Frauen wie Männer wurden von einem Teil ihres inneren Wesens abgeschnitten, wobei »feminines« Verhalten wie Sinnlichkeit, Verspieltheit und das Zeigen der Gefühle bei Männern für besonders verwerflich gehalten wurde. Die instinktive Verbundenheit mit der Natur ging ebenfalls verloren. Der destruktive Aspekt des Lebens ist aber zugleich sein Wandlungsaspekt, ist Erneuerung und Wiedergeburt. Die Erfahrung einer ekstatischen, orgiastischen, sexuellen Hingabe kommt der Todeserfahrung nahe. Wenn die Sexualität geleugnet und gefürchtet wird, kommt es schließlich zur Leugnung des Todes und zur Angst vor ihm, zum Verlust der ganzheitlichen Bewußtheit von Tod und Wiedergeburt. Die Menschen finden sich in einer Körperlichkeit verfangen, der alles Göttliche abgesprochen worden war. Sie wurden auf Habsucht, Genußsucht und Konsumverhalten reduziert, eben weil sie leugneten, daß sich der Geist auch in der schöpferischen, ja göttlichen Dimension von Vergnügen, Freude und Spiel manifestiert.

Die Männer konnten den Verlust natürlicher und instinkthafter Verbundenheit dadurch kompensieren, daß sie sich zunehmend auf die Rationalität des Ich, auf Leistung, Macht und Kontrolle stützten. Den Frauen wurden im Wettstreit um die Macht die gleichen Rechte vorenthalten. Sie fühlten sich immer mehr eingeengt, abgeschnitten von ihrem natürlichen Wesen. Da der Zugang zu den umwandelnden Tiefendimensionen versperrt war, wich die aufgestaute Energie zunächst auf den noch vorhandenen Kanal der »weiblichen List« aus, um sich ein Gefühl der Identität, des Selbstwertes zu bewahren. Im androlatrischen System wurde dann die indirekte Durchsetzung mit Hilfe spielerischer, koketter Verführung allerdings auch als minderwertig oder gar verabscheuenswert angesehen. So reichte auch diese Form weiblicher Durchsetzungskraft nicht hin, die Selbstachtung der Frauen zu stärken. Kein Wunder, daß sich der Energiestau in depressivem Selbsthaß, Groll auf die Welt der Männer und konkurrierender Imitation männlichen Verhaltens äußert. In unserer Zeit hat sich die Lage so zugespitzt, daß beide Geschlechter zutiefst unzufrieden und verwirrt sind. Eine Tiefendimension ruft dazu auf, das Weibliche in beiden Geschlechtern von neuem aktiv auszudrücken.

Wie die unbewußte Psyche auf dieses Bedürfnis aufmerksam macht, wird in dem folgenden Traum deutlich. Ein Mann hatte einen Chiropraktiker über einen Zeitraum von neun Monaten aufgesucht. Es entstand eine tiefe emotionale Verbundenheit, schon wegen des körperlichen Wohlbehagens, das die Behandlung schuf. Der Patient zog fort, und bald fehlte ihm der Arzt. Vier Monate später träumte er, er sei wieder in dem Behandlungsraum. Die beiden Traumgestalten drückten sich ans Herz, wie es die Männer beim Abschied getan hatten. Dann träumte der Patient, er lege seinen Kopf an die Brust des Arztes und spüre den gleichmäßigen Herzschlag, die Zuneigung, die vom Herzen ausstrahlte. Dem Chiropraktiker wuchsen dann mütterlich tröstende Brüste unter dem Hemd, die den Kopf des Patienten weich betteten und das warme Gefühl, angenommen zu sein, steigerten. In diesem Traum muß der Chiropraktiker als *innere* Gestalt, als Teil der Psyche des Träumers verstanden werden. Er steht für den Heiler im Innern, der ihn befähigt, andere Menschen und sich selbst emotional zu nähren. Auffällig ist, daß eine neunmonatige Periode der »Schwangerschaft« auftrat, in der die äußere Beziehung die innere Entwicklung nährte und reifen ließ. Das Unbewußte reagiert äußerst feinfühlig auf solche Rhythmen.

Diese neue Form weiblicher Aktivität muß sich auf einer Ebene des Übergangs sammeln, um dort zu wachsen und zu reifen, bevor sie außen aktiv werden kann. Dabei wird es sich wohl um eine Art des Ausdrucks handeln, die die Dimension des Wachsens und der Wandlung, die inneren psychischen Wirklichkeiten und das tatsächliche Fühlen bejaht. Wie wir schon zeigten, trägt diese Dimension der Wandlung die Möglichkeit der Zerstörung in sich, weil die Geburt des Neuen eine Vernichtung des Alten erfordert. Kein Wunder, daß dieses Empordringen, das bis jetzt weder verstanden noch integriert ist, unserer kollektiven psychischen Atmosphäre etwa Beängstigendes gibt. Wir sehen einen Hang zur Gewalttätigkeit, der aus einer vagen Unzufriedenheit und Frustration entsteht und sich gern einen passenden Vorwand und Sündenbock sucht, damit ein Ausagieren möglich wird.

Wie kann diese latent zerstörerische Dimension der Wandlung, die verdrängte Medusa, wieder in die Psychologie der Männer und Frauen integriert werden? Wie können wir dem verführerischen Spiel der ebenso unterdrückten Venus die Tür öffnen und damit Athene, der Erneuerin der Kultur, Raum geben?

Wenn der neue Mann die Göttin mit ihrem lockenden Zauber, ihrer Gefährlichkeit, ihrer Schönheit und Häßlichkeit in sein Wertsystem aufnimmt, begegnet er seiner Angst vor dem Weiblichen, seiner Lebensangst, die nichts weiter als Furcht vor dem ganz Anderen ist. Dieser Aspekt des Daseins, den er auch in sich findet, liegt jenseits seiner gewohnten Maßstäbe des Begreifens und Beherrschens.

Es ist der Wandlungsaspekt des Lebens, den die Frau und die Anima zur Wirkung bringen. Häßlichkeit, Finsternis, Zerstörung und Schrecken wollen von uns mit Achtung, wenn nicht mit Liebe, ohne jedes Zurückzucken angenommen werden. Sie sind die andere Seite von Schönheit, Liebe, Nähren, Freude und Vergnügen: auch wenn wir Abscheu und Furcht verspüren, sobald wir sie in uns entdecken und uns ihnen stellen.

Das Leben ist nicht nur gut und angenehm, genauso wenig wie das eigene Wesen. Unsere häßlichen oder bösen Neigungen und Verlangen sind Teil unserer natürlichen Veranlagung. Selbst wenn sie bewußt in Schach gehalten werden, können sie immer rasch an die Oberfläche dringen und uns wie anderen das Leben vergällen.

Die Verführerin hat also die Rolle, uns in das wagemutige Unternehmen einzuführen, das uns die eigene Tiefe und die Ganzheitlichkeit des Lebens bewußt macht. Das Leben wird nicht mehr wie in den androlatrischen Kulturen hübsch aufgeteilt in innen – außen, gut – böse, nett – scheußlich. Es offenbart sich vielmehr in den unaufhörlichen Wandlungen von Schöpfung und Zerstörung als lebendige Tiefe sich ständig bewegender, verschmelzender Gleichgewichtszustände von Spannungen und Lösungen. Die Verführerin bringt dem Mann und sich selbst die Aufgabe nahe, den Mut zu zeigen, in die Tiefe zu blicken und zu lauschen, ganz gleich, ob das, was sie entdecken, mit dem übereinstimmt, was sie aus Gewohnheit für richtig hielten.

Die Verführerin nötigt uns, das stark vereinfachende Vertrauen aufzugeben, das wir in die Kraft gut gemeinter Absichten setzen, und dem Schattenaspekt des Daseins und des Ich ins Auge zu blicken, ohne uns abzuwenden oder ihn zu unterdrücken, ohne ihm aber auch zu unterliegen und von ihm verschlungen zu werden. Wir entdecken so, daß das, was wir für böse oder verwerflich halten, nicht nur in den anderen draußen, sondern ebenso in uns liegt. Die Kraft, die wir böse nennen, ist Teil der Substanz des Lebendigen. Wir müssen herausfinden, wie sie in das integriert werden kann, was für uns moralisch oder ethisch annehmbar ist.

Ziel des neuen Ich wird sein, die Erfahrungen der Angst und Destruktivität wie die der Liebe und des Spiels, der Freude und des Erfolgs vollständig und bewußt zu durchleben. Das muß geschehen, ohne sich gegen sie zu wehren, ohne sie auszuagieren. Wir müssen sie psychisch wie körperlich meditativ erfahren, wobei wir ihnen so viel Raum geben, wie unsere Bedürfnisse und Pflichten es erlauben. Dadurch stellen wir die Verbindung mit einem neuen Kern der Selbstheit her, der jenseits der gewöhnlichen Ich-Bewußtheit liegt. Es handelt sich um eine Dimension, die uns nach uralter Überlieferung durch das Tor des physischen Todes hilft. Aus diesem Grund sah Jung in der Analyse eine angemessene Vorbereitung auf das Sterben. Das scheinen Forschungen zu bestätigen, die die Wirkung von LSD auf Krebskranke im Endstadium untersuchen. Die meisten Behandelten waren fähig, den Tod friedlich anzunehmen, weil sich ihre Selbsterfahrung erweitert und vertieft hatte.

Eine ähnliche Erfahrungsebene soll durch jene traditionelle tantrische Meditation über die Göttin erreicht werden, die am Verbrennungsplatz geübt wird. Viele der neueren Verfahren der Psychologie im Westen – geführte Imagination, Psychodrama, Gestaltpsychologie, Angstabbau durch »Überflutungsverfahren« (Flooding) – zielen paradoxerweise darauf ab, sich mit problematischen oder angsterregenden Bereichen so zu befassen, daß Erfahrung und Bewußtheit schmerzhafter Ereignisse verstärkt werden. Das heißt sie werden innerhalb einer kontrollierbaren und sicheren Umgebung absichtlich durchgespielt und eben nicht umgangen.

All dem liegt ein neues Prinzip zugrunde, das den ganzheitlichen, zum Weiblichen gehörenden Gesichtspunkt ausdrückt, und das Konfrontation wie Bejahung akzeptiert. Es wird jetzt für einen Ausgleich der immer noch vorherrschenden patriarchalen Gewohnheit sorgen, die kontrollieren, unterdrücken und verstoßen will. Das neue Ich ist bejahend. Es akzeptiert, was früher zurückgewiesen wurde: Sinnlichkeit und Freude, aber auch Verwundung, Schmerz, Beunruhigung und Ungleichgewicht. Es nimmt an, was das Zeitalter des Aspirins für krankhaft oder unerträglich erklärte. »Die Wund' schließt der Speer nur, der sie schlug«, sagt Wagners Parsifal, als er die heilige Lanze zum Gral und zum leidenden König zurückbringt.

»Was verwundete, wird heilen«, war angeblich die Antwort des delphischen Orakels auf die Frage des Telephos, dem die Lanze des Achill eine Wunde zugefügt hatte, die nicht heilen wollte.

Die früher zurückgewiesenen Probleme mit dem Schatten – unsere verborgenen Schwächen, Schamgefühle, »perversen« Triebe und Gefühle, alles, was uns das Gefühl gibt, »schuldig« zu sein – wollen jetzt angenommen und als wertvoll erkannt werden, weil sie als unentbehrliche Aspekte zum Gleichgewicht des Lebens gehören, Aspekte der Wandlungskraft der Göttin sind. Sie müssen nun in gewandelter Form in eine neue Persönlichkeitsstruktur integriert werden, die die ethischen oder moralischen Prinzipien des Patriarchats, die Goldene Regel bewahrt. Das Handeln soll weiter auf verantwortliche Weise kontrolliert werden, auch wenn wir Verlangen und Trieb bejahen. Es wäre ein Schritt zurück, wenn wir die moralischen Errungenschaften der Vergangenheit aufgeben, nur um etwas zügellos auszuagieren. Das wäre nichts als ein Versuch, der Erfahrung inneren Gespaltenseins, innerer Konflikte, einem psychologischen und weniger historischen Erleben der Kreuzigung als Forderung des neuen Zeitalters aus dem Weg zu gehen. Die Hitler und Stalin, das politische Klima von heute, zeigen uns, wohin das führt. Eine Unterdrückung der moralischen Dimension führt zur Projektion, in der die moralisierende Zurückweisung als von den anderen ausgehend erlebt wird. Man identifiziert sich mit dem Sündenbock und fühlt sich von den anderen, die alles falsch beurteilen, verfolgt und zum Märtyrer gemacht. Und in gerechtfertigter Selbstverteidigung scheint dann jede destruktive Tat erlaubt.

Die Unterscheidung dessen, was für gut oder schlecht, moralisch akzeptabel oder untragbar gehalten wird, ist ein erster unerläßlicher Schritt der Entwicklung des Bewußtseins. Das Sündenbockdenken, die Projektion des negativen Aspekts jener Dualitäten auf die anderen, gehört der patriarchalen Phase der Entwicklung an. Der Sündenbock will jetzt freilich in uns selbst entdeckt und erlöst sein. Wir müssen lernen, mit dem zu leben, was früher verworfen wurde. Wir müssen die Verantwortung auf uns nehmen, den Platz zu finden, den es in unserem Leben einnehmen kann. In ihm äußert sich eine ausgleichende Kraft, die eine Abrundung unserer ganzen Persönlichkeit bewirkt. Wir können uns die Einseitigkeit und schablonenhafte Prägung der Person nicht mehr leisten, die sich nur mit ihren Tugenden, mit dem Kollektivideal identifiziert.

Die strenge Genauigkeit erfordert Lockerheit. Der Mut muß entdekken, wo Angst angebracht ist. Die Ehrlichkeit muß herausfinden, wo sie betrügt und den Bedürfnissen des Lebens gegenüber unaufrichtig ist. Die Liebe muß sehen, wo sie haßt und zurückweist oder den Realitäten der anderen gleichgültig gegenübersteht. Der Haß muß entdecken, wo er Zuneigung empfindet und liebt. Wir müssen unsere ganze Realität geduldig ertragen, nicht nur den Teil, der uns am liebsten ist. Die ganze Realität des lebendigen Wesens will für jede Höhe eine Tiefe, wie sie auch im Pulsschlag des Lebens aus jeder Tiefe in die Höhe führt.

Hier finden wir die neue und zeitgemäße Form des Sündenbockopfers: wir schauen unseren Schwächen und Stärken ins Auge, weil sie auf unerbittliche Weise Teil des gesamten Flechtwerks des Lebens sind. Wir müssen lernen, den Zwiespalt zwischen dem Ich, wie wir es uns wünschen, und dem realen Ich, wie es ist, als gegeben zu akzeptieren. Unsere einmalige Individualität ist unser Schicksal. Das hebt den Anspruch des Ich auf Vollkommenheit auf, dazu die Selbstrechtfertigung, mit der das Ich glaubt, sich selbst oder die Dinge zurechtrücken zu können. Es entsteht eine neue Haltung: wir sind im Einklang mit dem Leben und unseren Mitmenschen. Der Sündenbock, der als der Bruder angenommen wird, in dem ich mich selbst erkenne, wird ironischerweise zum neuen Erlöser. So bringt Parsifal »Erlösung dem Erlöser« (R. Wagner), weil er den Mut hat, seinen eigenen Weg zur Erlösung zu suchen, wobei er für gewisse Zeit die Rolle des Ausgestoßenen auf sich nimmt.

Wenn wir das früher Unterdrückte integrieren, wird sich die Art, wie sich Männliches und Weibliches ausdrücken, sicher radikal verändern. Es werden sich andere, neue ethische Normen ausbilden, eine neue existentielle Haltung: *amor fati*, das eigene Schicksal lieben, ein Ja zum eigenen Leben und Ich als einer gegebenen Gestalt statt eines zufälligen Durcheinanders, das anders sein könnte oder sollte, als es ist.

Weiblichkeit kann nicht mehr auf Empfänglichkeit, Passivität und Mütterlichkeit eingeengt werden. Es wird seine aktive, initiierende, schöpferische und umwandelnde Fähigkeit entdecken und äußern. Das drückt sich in der Bereitschaft aus, zu fordern und herauszufordern: daß zum Beispiel das eigene Wesen subjektiv bejaht und akzeptiert wird, wie es ist; daß wir bereit sind, zu spielen und mit uns spielen zu lassen. Es schließt alles Gegebene mit ein, auch wenn es für erbärmlich oder schlecht gehalten wird, und führt zur Annahme der Empathie, der Einfühlung, des »Mit-Leidens«. Auch die Männer werden die neuen Regungen spüren, weil die Frauen wie die Anima, der weibliche Aspekt der männlichen Psyche, unvermeidlich Forderungen stellen werden.

Die neue Weiblichkeit verlangt von den Frauen und der Anima eine Selbstbejahung, die sie befähigen wird, die Einmaligkeit der anderen angemessen gelten zu lassen. Selbstbejahung bedeutet für Frauen vor allem, zu akzeptieren, daß sie anders als die Männer sind, und sich nicht nach androlatrischen Maßstäben mit ihnen zu identifizieren und zu wetteifern, sie nicht zu imitieren. Wenn sie die grundlegende weibliche Haltung gefunden haben, können sie ihr Yang-Element geltend machen, die männlichen Antriebe und Fähigkeiten auf eigene Weise als Frauen ausdrücken. Dann können sie die ordnenden und schöpferischen Impulse anrufen, um von ihnen befruchtet zu werden. Sie sind in der Lage, diese widersprüchlichen, aufbauenden und zerstörerischen Triebe zu erfahren und zu ertragen, bis sie in eine Beziehung eingebracht werden können. Die nackten Impulse – verletzen, besitzen wollen, etwas oder jemand veranlassen, unseren Erwartungen zu entsprechen – können sich als destruktiv erweisen, wenn sie abreagiert werden, kaum daß sie sich zeigen. Das gilt für Männer wie für Frauen. Unsere Kultur hat uns daher dazu erzogen, diese Impulse allein mit Willenskraft und Disziplin zu beherrschen und zu verstecken, oder sie wegzudiskutieren. Da die männliche Psyche auf die repressive Disziplin eingestellt ist, kommt sie zum Teil mit dieser Art der Behandlung von Impulsen zurecht. Die Psyche der Frau empfindet dieses Ausweichen als verletzend. Es läuft auf eine Unterdrückung der Wandlungskraft des Yin, des Aspekts der Medusa hinaus, die neue Formen schafft und sie aus der Tiefe auf ihre eigene Art und zu ihrer Zeit heraufrufen muß. Außerdem arbeitet ein Ausweichen der spielerisch experimentierenden Venus und der kulturbringenden Athene entgegen.

Während die Männer eher den strategisch geeigneten Moment abwarten, ist das Zeitgefühl der Frauen durch die innere Erfahrung von Zyklen und Ereignissen bestimmt, die »zusammenpassen«, weil sie als Ganzes empfunden werden. Die instinkthaften Impulse wollen im Innern bejaht sein, bis etwas reift, das auf der personalen Ebene tragbar und annehmbar ist. Dann treten sie als Forderungen nach außen, die auf inneren Fakten beruhen und nicht auf eine Manipulation angewiesen sind, die sich der Schuldgefühle oder Drohungen bedient. Die Frau nimmt so die Rolle der Initiatorin und Führerin in eine neue Erfahrung der Subjektivität ein. Sie initiiert, weil sie ihre Bedürfnisse weckt, erträgt und klar äußert, ihren Standpunkt sich selbst und dem anderen gegenüber bejaht.

Die neuen Forderungen des Yin verlangen von den Männern und vom Animus den Mut, die feste Haltung des Ich, das sich selbst und andere kontrolliert, aufzugeben. Sie müssen das bejahen lernen, was *nicht Ich* ist, die Realität der anderen, und müssen Kräfte und Bedürfnisse respektieren, denen sie nicht gewachsen sind, über die sie keine Macht haben. Statt mit aller Kraft zu versuchen, ihr Ideal des Über-Ich zu erreichen, müssen sie lernen, einem gewissen Maß an »Zulassen« Raum zu geben. Das ist wichtig, wenn sie fähig sein wollen, aufrichtig zu bejahen, was sie wirklich sind und vom dem abzusehen, was sie gern sein möchten. Es verlangt einen neuen Mut: nicht nur mit der Stärke, auch mit der Verletzbarkeit zu leben. Wir werden den Zwiespalt widersprüchlicher Triebe und Aufrufe ertragen, wir werden zwischen dem »wir sollten« und »wir möchten« leben und keine vorschnellen Entscheidungen treffen. Eine Gewaltanstrengung des Willens zugunsten der einen oder anderen Seite genügt nicht länger. Wir werden mit der Ungewißheit leben müssen, wobei wir uns scheinbar rationaler Entscheidungen enthalten, bis Vernunft, Wunsch und »Bauchgefühl« sich einig sind.

Das heißt den Mut aufbringen, den Abgrund zu betreten, um uns für eine Zeitspanne vom alten Feind, dem Chaos der Subjektivität erfassen zu lassen. Es bedeutet, sich zu verlieren, um sich schließlich zu finden. Dabei werden Männer wie Frauen aufgerufen sein, versuchsweise ihren »verrückten« oder absurden Gefühlen und persönlich gefärbten Reaktionen Ausdruck zu verleihen, ohne die Integrität ethischer Verantwortung aufzugeben. Sie werden das »Loslassen« üben müssen, ohne Ehre, Selbstachtung oder Respekt vor den Rechten der anderen über Bord zu werfen. Die ethische Regel: »Du sollst kein Leid zufügen« bleibt bestehen.

Die Veränderung, von der wir sprechen, heißt lernen, unsere psychische Fruchtbarkeit und Feinfühligkeit zu bejahen, um so die eigene Weiblichkeit wieder zu erlangen, die Persönlichkeit schaffende und kulturbringende Kraft, die aus dem subjektiven Chaos entsteht. Auf diese Weise können auch die Männer ihre entsprechende Passivität entdecken oder besser ausgedrückt ihre Empfänglichkeit für die initiatorische Herausforderung des Weiblichen außen wie innen.

Die neuen Ich-Werte machen einen radikalen Wandel des männlichen Wertsystems beider Geschlechter notwendig. Das heldenhafte Streben nach Vorherrschaft, Eroberung und Macht, die Ordnung von Überlegenem und Unterlegenem, die Herrschaft aufgrund von Autorität und Rang, richtig und falsch, muß durch die Fähigkeit modifiziert werden, sich scheinbar ausschließende Gegensätze zu ertragen. Wir werden Schattierungen und Farbenspektren anstelle des Schwarz-Weiß schätzen lernen. Statt auf eine Hauptmelodie zu hören, zu welcher der Rest des Ensembles nur harmonisierende Stimmen beiträgt, sollten wir uns am Flechtwerk der Polyphonie erfreuen. Die neuen männlichen Werte müssen eine Vielzahl verschiedener Götter oder Ideale respektieren, statt nur einen beherrschenden Gott und König. Parlamentarische Zusammenarbeit ist angesagt, nicht ein monarchisches Prinzip oder auch nur das Mehrheitsprinzip. Dieses Wertsystem, das alles andere als chaotisch wäre, würde eine neue integrative, bewegliche und ausgleichende Ordnung anstelle der statischen einführen, an die wir uns gewöhnt haben.

Von hier aus können wir vielleicht versuchen, die neuen archetypischen Rollen der Männer und Frauen zu definieren. Das frühere männliche Ideal des erobernden Helden oder Königs wird nun durch die Rolle des *Suchers* oder Entdeckers modifiziert. Das Weibliche in seinem neuen Aspekt offenbart, schützt und fordert heraus, erscheint als Mittlerin, die zu sich selbst führt und zum Männlichen des *Seins*, wie es ist. Sie tritt als die *Priesterin* der Werte und Mysterien des Lebens auf. Auch die Frauen werden den Sucher in sich entdecken. Die Männer müssen auf die schützende Gestalt eingehen, die den persönlichen Wert enthüllt und fordert – innen so gut wie außen.

Das Männliche: der Sucher

Der Sucher ist eine Abwandlung des kämpferischen Helden und Herrschers, der im Patriarchat das Ideal war. Im kollektiven Bewußten des Westens erschien das neue Bild von Männlichkeit zum ersten Mal zwischen dem 11. und 13. Jahrhundert. Wir nehmen in dieser Zeit einen ersten, vorübergehenden Versuch wahr, das Weibliche neu zu werten, der sich am deutlichsten in den Artus- und Gralssagen niederschlägt. In der Queste des Helden geht es nicht um Eroberung, sondern um die Suche nach *Minne*, einer neuen Form ritualisierter Liebe. Diese Liebe schließt Eros, Leidenschaft und körperliche Anziehung, wie auch Agape, himmlische Liebe und fürsorgliche Achtung der anderen ein. Das rituelle Ziel des Suchers war, sich der Liebe einer Dame würdig zu erweisen und das Geheimnis des Grals zu entdecken, dessen Königtum zu erneuern. In Anbetracht des oben Gesagten können wir sicherlich feststellen, daß die Gralssuche die mythologische Erklärung der Praxis der Minne ist. Denn die Minne ist die Verehrung des Mysteriums der göttlichen Macht, die sich in Schönheit, Sinnlichkeit und Spiel ebenso wie im leidenschaftlichen Fühlen und der Erschaffung und Zerstörung der Formen äußert. All das verkörpert die

Gestalt der Partnerin. Die archetypische Figur des Suchers ist in den verschiedenen Spielarten des duldenden, fahrenden Ritters wie Parzival oder Gawan zu erkennen. Moderne Gestalten des Suchers oder Verehrers des Geheimnisses sind Pionier, Forscher, Entdecker des inneren oder äußeren Bereichs.

Vom fahrenden Ritter, der seine Dame verehrte und sich ihr ergab, wurde erwartet, daß er die ritterlichen Tugenden Mut, Unternehmungsgeist, Treue und gute Umfangsformen wie auch Geschick in Kampf und Poesie schon erworben hatte, wenn er ihrer Wertschätzung würdig sein wollte. Er war kein ziellos herumwandernder Mensch, kein Blumenkind. Aus dem gleichen Grund verlangt das neue männliche Verhalten zunächst die angemessene Entwicklung der Ich-Stärke und Disziplin, der moralischen Integrität, Stabilität, der sozialen Anpassung. Selbstkontrolle und die Fähigkeit, sich auf der Ebene des Wettstreits und Existenzkampfes zu behaupten, gewähren einen angemessenen psychologischen Schutz. Kurzum, zur poetischen Feinfühligkeit gehören hochentwickelte patriarchale Werte und Eigenschaften. Sie alle sind freilich keine endgültigen Ziele, sondern Vorstufen zur Queste. In der Gegenwart der Dame, im Bereich des Gralsgeheimnisses wird der Schutz, der Panzer abgelegt, bleiben die Waffen zurück.

Die neue ehrerbietige Haltung gegenüber dem Weiblichen als dem Mysterium der Wandlung erfordert die Bereitschaft, aufmerksam und sensibel auf die eigenen Gefühle, Bedürfnisse und Werte wie auch auf die der anderen einzugehen.

Auf die Frage, was die Frauen von den Männern wollen, erhielt Artus die Antwort: »Souveränität«. Für die modernen Frauen heißt das Respektierung ihrer Autonomie. Sie wollen, daß ihrer Person Aufmerksamkeit geschenkt wird, nicht nur ihren Funktionen als Ehefrau, Bettgenossin, Mutter oder Tochter. Sie möchten, daß ihnen zugehört wird, vor allem, wenn sie sich sprachlos fühlen oder unerklärlicherweise launisch sind. Sie wollen, daß die Männer sie ernst nehmen und wenigstens versuchen, auf die Gefühle mit ihren Anspielungen und Nuancen einzugehen, auch wenn sie oberflächlich und logisch gesehen belanglos wirken. Eine Frau meinte, wenn sie sich bei ihrem Mann über Schwierigkeiten mit der Waschmaschine beklage, hoffe sie auf eine Reaktion, die ihr zeigt, daß er sich von Herzen dafür interessiert, wie sie sich an diesem Tag gefühlt hat. Es genügt nicht, daß er sich bereit erklärt, die Maschine zu reparieren. Sie wünscht sich vielmehr eine Reaktion, die auf das Gefühl, weniger auf das Faktische eingeht. Auf diese Weise kann er ihr helfen, das zu entdecken, was sie im Innern noch nicht versteht und nur im Zusammenhang mit der Maschine ausdrücken kann. Frauen sind sich im großen und ganzen mehr als Männer über ihre emotionalen Motivationen bewußt, was nicht unbedingt heißt, daß sie sie auch genau erklären können. Dazu brauchen sie oft die Hilfe eines fragenden Partners, der einer Begegnung nicht ausweicht und sich als aufmerksam und feinfühlig erweist, wobei er zur gleichen Zeit die eigene Gefühlslage klären kann.

Die moderne Frau möchte, daß sich ihr Partner die Zeit für dieses gemeinsame Erforschen nimmt. Die Rolle des Forschers verlangt von ihm Beweglichkeit, damit er nicht in festen Erwartungen, Vorstellungen und Forderungen steckenbleibt. Der Forscher erhofft sich von seinem Spielen, neue Dimensionen der Bedeutung zu entdecken. Das alles gilt ebenso für seine Einstellung zur eigenen inneren Weiblichkeit wie auch zur Frau in Fleisch und Blut. Wenn sie zum Beispiel schlecht gelaunt ist, geht es darum, sie in einen inneren Dialog zu führen. Diese Methode ähnelt denen, die in Jungs Aktiver Imagination oder Perls Gestaltarbeit entwickelt wurden. So könnte er aufmerksam auf ihre inneren Forderungen eingehen und auch, wenn nötig, gegen sie Stellung beziehen. Auf jeden Fall wird er zuhören und zu verstehen suchen, was sie möchte, statt in standardisiertes Verhalten zurückzufallen.

Da er in Bewegung ist, kann er mit mehr als einem Partner oder einer psychologischen Möglichkeit in Berührung kommen. Er könnte riskieren, zumindest zeitweilig in die Zwickmühle seiner Konflikte zu geraten, sich den Gefühlen des Versagens und der Schuld auszusetzen. Wie Parzival muß er den Mut haben, Fragen zu stellen, die in der Vergangenheit gewöhnlich verboten waren. Er muß fragen und dabei auf seine Wunde und die der anderen achten. Er wird vielleicht etwas tun müssen, was die Kollektivnormen nicht zulassen. Er muß dann aber auch die Verantwortung für die Folgen seiner Taten, Fragen und Fehler übernehmen.

Ich möchte noch einmal betonen, daß ich nicht von einem absichtlichen Ausagieren spreche, kein Mißachten der kollektiven Regeln aus blankem Übermut meine. Ich spreche davon, das Gefühl zu akzeptieren, also nicht nur abstrakt zu wissen, daß jedes Gute, das wir zustande bringen, auch sein Schlechtes hat. Was ich auch gebe, es mag für mich oder andere einen Verlust bedeuten. Selbst wenn ich Liebe gebe, kann ich mir selbst oder anderen etwas entziehen. Wenn ich einen Rat gebe oder Hilfe leiste, riskiere ich, die Verantwortung für die Möglichkeit tragen zu müssen, daß sie auch zur Katastrophe führen können. Die neuen Menschen können die Verantwortung für Schuld und Scham nicht auf einen bequemen Sündenbock projizieren. Sie können nicht einmal sich selbst zum Sündenbock machen. Sie versuchen, die Auswirkungen ihrer Fehler zu korrigieren und zu mildern. Sie tragen die Wunde der Scham oder Schuld, die sie als Opfer für den nächsten unausweichlichen Schritt der Entwicklung verstehen. Das Akzeptieren und Wiedereingliedern des Sündenbocks, die Hinnahme von Verwundung, Schmerz, Schuld und Scham sind der unvermeidliche Preis für die Suche. Die wachsende Bewußtheit erfordert Mut, macht bescheiden und ermöglicht eine Einfühlung in andere, die sich im selben Dilemma befinden, ob sie es wissen oder nicht.

Der suchende Forscher kann sich und die anderen nie für vollkommen ansehen. Er ist sich stets schmerzlich bewußt, wie unzulänglich selbst das Beste ist, das uns gelingt. Er akzeptiert die ethischen Ideale des Patriarchats, vermeidet aber die Selbstgerechtigkeit. Leben und Beziehung werden als Prozesse gesehen, nicht als feste Formen, die die Erwartung nähren, wir könnten verlangen oder gar wissen, was als nächstes zu geschehen habe. Er ist sich klar, daß es in jeder Situation das Beste ist, zu suchen, zu fragen, offen zu bleiben und etwas zu riskieren. Er akzeptiert einen Zustand der Wandlung und des Werdens statt der Hoffnung, recht zu haben und unverwundbar zu sein. Er stellt weiter Parzivals Fragen: »Was fehlt dir?« – »Was bedeutet das?« – »Wem ist es dienlich?« und »Wie dient es der Souveränität des Lebens?« Das heißt auch auf die Erwartung verzichten, es gäbe Sicherheit, wenn wir nur in der Lage wären, Umstände wie Menschen zu beherrschen.

Der Forscher und fahrende Ritter begreift, daß Schwierigkeiten und Schmerz zur Welt gehören, in der wir uns bewegen, und sich nicht vermeiden lassen. Wir können nicht vorher wissen, was in einer bestimmten Lage das Richtige sein wird.

Die Entdeckung der Verwundung, besonders des Kindheitstraumas (Trauma heißt Wunde) als beinahe allumfassender Faktor menschlicher Motivation, menschlichen Verhaltens, ist einer der wichtigsten Funde der modernen Tiefenpsychologie. Eigentlich wird sie aber immer noch aus der patriarchalen Haltung heraus falsch verstanden. Noch immer ist die Ansicht weitverbreitet, das Trauma könne und müsse vermieden werden. Man hält es praktisch für selbstverständlich, daß es mit »reifen« Eltern, in einer »gefestigten« Familie und einer »richtig« funktionierenden Gesellschaft weder zu Benachteiligungen noch Traumas kommen würde: das ist die alte Hoffnung, wie schön die Welt wäre, wenn sich nur alle richtig verhielten.

Die Wunde ist aber der Beweggrund der Suche. Sie gehört zu einer Intensivierung des Bewußtseins, das sich dem Schmerz des Bösen aussetzen muß, um das Gute zu erkennen. Der Ritter begreift auf seinem Weg, daß er in seinem Streben nach dem Guten dem Bösen nicht ausweichen kann. Er wird es in der eigenen Seele entdecken. Dort genau ist nämlich der Gral zu finden. Das patriarchale Ich versuchte festzuhalten, wollte vollkommen und schuldlos sein, sich nie schämen müssen. Folglich wurde es selbstgerecht und starr, ein harter Richter. Der Sucher blickt seinem inneren Konflikt ins Auge und bewegt sich in Erwartung der Veränderung durch Schmerz und Freude. Der Schmerz ist von ihm akzeptiert: die anderen dürfen auch Schmerzen haben.

Der Gralssucher stellt sich freiwillig Konflikt und Schmerz. Auf die Gefahr hin, den bindenden Bereich kollektiv anerkannter Normen zu überschreiten, antwortet er nicht nur wie Ödipus auf die Frage des Lebens, sondern stellt sie selbst. Er begibt sich auf seinen individuellen Weg. So setzt er das Prinzip der Individuation frei, das im christlichen Motiv der Kreuzigung eingeschlossen ist. Dieses Prinzip fand Ausdruck in dem »Mein Gott, warum hast du mich verlassen«, ging aber in der Ödnis der institutionalisierten patriarchalen Kirche verloren. Auf seiner Suche geht es um die Wunde, die wir nicht vermeiden können.

Wenn wir uns zur eigenen Wunde und der der anderen bekennen, entsteht eine Klärung des Fühlens und damit die Möglichkeit, das individuelle und wahre Gewissen zu entdecken. Das sind zwei Aufgaben der neuen Zeit, wie die Klärung des Denkens die Aufgabe des patriarchalen Zeitalters war.

Die Fähigkeit zu fühlen, entspricht der Fähigkeit, Verletzung zu erleben. Wir neigen dazu, uns vor Verletzungen zu schützen, indem wir die Gefühle zum Schweigen bringen. Wenn wir Berührung zulassen, werden wir offen und verletzbar. Berührungs- und Schmerzempfindung sind nur graduell verschieden. Die Gefühle erforschen heißt also berühren und berührt und verletzt werden. Der Sucher darf daher seine Rüstung in Kampfsituationen tragen, muß jedoch auch riskieren, die Deckung aufzugeben, um zu sehen und gesehen zu werden, zu hören und gehört zu werden.

Wir müssen verstehen, daß die Ablehnung von Schmerz, Schuld oder Scham zu Gefühllosigkeit, Abgestumpftheit, Zynismus und damit ins Destruktive führt. Um mich zu verteidigen, muß ich meine Fehler auf andere projizieren, sie anklagen und angreifen. Wenn ich unempfindlich bin, füge ich wahrscheinlich Schmerzen zu, ohne es zu wissen, will sie also nicht wahrhaben und bin nicht in der Lage, sie zu lindern. Die Verwundung, die ich bei mir selbst ablehne, muß ich dann wahrscheinlich gezwungenermaßen in unbewußter Kompensation anderen zufügen.

Der Gral als Füllhorn ähnelt einer »Urbrust«, einer mütterlichen Quelle, die ohne Unterlaß fließt. Zu Suchern werden wir wegen unseres Urhungers, unserer Bedürfnisse, unserer Wunden, die allen im Kindesalter zugefügt werden, weil unsere Sehnsüchte und Notwendigkeiten nie ganz zu erfüllen sind. Wenn wir diese Verletzungen und Sehnsüchte als Geschenk einer »leeren Offenheit« sehen könnten – wenn wir die Frustration von Schmerz und Verlangen ertragen und durch Vergnügungen und Leid, Prüfungen und Irrtümer bis zu ihrem Ursprung verfolgen könnten, ohne uns vom Bedürfnis abzuschneiden – wären wir in der Lage, uns der Quelle des Lebens zu nähern, dem archetypischen unendlichen Gefäß, das den Menschen die Wünsche erfüllt und uns zur großen Gemeinschaft der Sucher verbindet, die zur wahren transpersonalen Quelle streben.

Das Weibliche: die Anrufung des Seins

Welches sind die Werte, die angesichts der inneren wie äußeren patriarchalen Tendenzen dem neuen Weiblichen aufgegeben sind? Worum geht es? Um eben den Wert, der auch Ziel der männlichen Gralssuche ist, um das Gefäß oder den magischen Kessel, der für Spiel und Erneuerung des Lebens steht. Es geht um die Selbsterfahrung der Seele durch subjektives und persönliches Fühlen, durch Intuition, die sich auf das konkrete Hier und Jetzt beziehen. Dem Augenblick und seiner Freude, seinem Schmerz wird Wert beigemessen, nicht den abstrakten Ideen oder fernen Himmeln der endlosen, friedlichen Vollkommenheit, zu denen das Patriarchat aufblickte.

Das Patriarchat unterdrückte die magische Ebene, die Märchenwelt. In ihrer umfassenden Bewußtheit waren Leben und Tod Höhe und Tiefe einer Welle. Die emotionale Einheit wurde in Gruppe, Sippe, Natur und Blutverbundenheit erfahren. Das Leben wurde durch die Gezeiten und Rhythmen des Instinkts *erkannt*, durch außersinnliche Kommunikation und eine nachgiebige Offenheit gegenüber allem, was kam. Diese Tendenzen sind in ihrer archaischen Form zu passiv, zu fatalistisch, und daher von unserer gegenwärtigen Bewußtseinsebene aus gesehen regressiv. Wenn sie allerdings mit den besten Errungenschaften der mentalen Phase und der patriarchalen Ethik integriert und in der Realität der Selbsterfahrung und der zwischenmenschlichen Beziehungen hier und jetzt erprobt werden, können sie zu einem neuen Entwicklungsschritt des Bewußtseins beitragen. Die neue Weiblichkeit wird dem Wert der Innerlichkeit und der Bejahung (wie auch der bewußten Klärung und Differenzierung) dessen, was *ist*, Geltung verschaffen. Sie ist offen für Verwundung, Schmerz und Häßlichkeit wie für Freude und Schönheit und so fähig, sie zu integrieren. Das Sinnliche ist so wertvoll wie das Geistige, das nicht Greifbare so wichtig wie das Konkrete. Und – was wesentlich ist – die patriarchalen Errungenschaften der Vergangenheit sollen nicht über den Haufen geworfen, sondern auch in die neue Anschauung integriert werden.

Das neue Weibliche soll in seiner archetypischen Rolle als Priesterin für die Fülle des Lebens einstehen, mit seinen nicht vorhersehbaren Fallgruben und unauslotbaren Tiefen, seinem Reichtum und Verzicht, seinen Risiken und Irrtümern, Freuden und Schmerzen. Die Priesterin besteht auf persönlicher Erfahrung der Bedürfnisse der menschlichen Situation.

Sie kann spielen und tanzen wie Artemis, verführen wie Aphrodite, zivilisieren wie Vesta oder mütterlich sein wie Demeter. Sie kann als Athene Kultur und Kunstfertigkeit fördern oder wie Maria trösten und dem Elend abhelfen. Das sind nur einige der vielen Gesichter der Großen Göttin. Sie alle haben die Umwandlung der chaotischen Kraft des abgründigen Yin, der Medusa, in das Spiel des Lebens zum Ziel. Als Mittlerinnen verwandeln sie das erschreckende Antlitz der Gorgo in das hilfreiche der Athene. Das Leben soll um seiner selbst willen gelebt und genossen werden, in feinfühligem Wechselspiel mit Erde und Kosmos als lebendigen Organismen, nicht als toten Objekten einer Ausbeutung, der es um wirtschaftlichen oder technischen »Fortschritt« geht.

Die Frau von morgen wird offen zu sein haben und im Kontakt mit ihren Gezeiten und den Weisungen des Instinkts, um dieser Anforderung zu genügen und sie auch an andere stellen zu können. Die Bewußtheit, die uns schmerzt, kann uns heilen. Die Verwundung ist nicht zu umgehen. Da ihr das bewußt ist, wird sie dem Risiko des Engagements nicht ausweichen. Vor allem in persönlichen Begegnungen mit anderen und mit sich selbst wird sie die Tatsachen, Impulse und Gefühle annehmen, auch wenn sie von den überlieferten wie den eigenen Normen der Ästhetik und Moral aus gesehen zunächst häßlich, destruktiv und verboten scheinen. Das heißt nichts anderes, als Gefühle, Phantasien und Wünsche ins Bewußtsein zu nehmen und zu klären, was immer ihre moralischen oder ästhetischen Begleiterscheinungen auch sein mögen. Es bedeutet auch, Emotion und Motivation vom Handeln zu trennen. Wir waren traditionell der Ansicht, daß die Schuld ebenso auf Denken und Fühlen beruht wie auf Handeln. Wir hielten uns verantwortlich für unsere egoistischen oder unkonventionellen Verlangen, Impulse oder Phantasien, weil wir der Auffassung sind, Fühlen und Handeln seien identisch. In der »guten« Welt, die vom lieben, königlichen Gott geschaffen und gelenkt wurde, mußte jede Regung, jedes Gefühl, die seinem Gesetz zuwiderliefen, vom Satan stammen oder Ausdruck des Bösen in uns sein. So haben wir gelernt, unsere »unanständigen« Wünsche, Gefühle, Phantasien zu unterdrücken. Wir wollen uns zum Beispiel nicht eingestehen, daß wir unserem Kind im Zorn den Hals umdrehen könnten. Solch ein Gefühl ist zu entsetzlich, um es in Worte oder Gedanken fassen zu können.

Und doch ist auch solch ein Impuls Ausdruck der Lebenskraft. Er zeigt uns, welches Gefühl *im Augenblick* tatsächlich herrscht, ganz gleich, was wir von ihm halten. Später mögen wir wieder anders fühlen. Wenn die Phantasievorstellung bewahrt, ertragen, genährt und über sie meditiert werden kann, wenn auf sie als symbolische Äußerung gehört wird, mag sie noch so gräßlich und abstoßend sein, kann sie schließlich eine verborgene Weisheit offenbaren und der Energie neue Bahnen öffnen. Der Drang, dem Kind den Hals umzudrehen, kann einer allzu liebevollen und zuckersüßen Mammi zeigen, daß eine andere Einstellung wünschenswert wäre. Symbolisch gesehen muß sie vielleicht den eigenen Hals in eine andere Richtung *drehen* oder die *halsstarrige* Haltung der Nachsicht sich selbst oder ihrem Kind gegenüber aufgeben. Es ist eine Herausforderung, alles, was auftaucht, zu durchdenken, zu erfühlen und auf die verborgene symbolische Botschaft zu warten, statt die Sache auszuagieren oder unter den Teppich zu kehren. Die neue Frau (oder im Mann die Anima) wird für das Bedürfnis eintreten und es verteidigen, alles zu leben und zu erfahren, was das Patriarchat unterdrückt hat (damit der festgesetzten Ordnung kein Chaos drohe). Sie setzt sich nicht für abstraktes *Sollen*, sondern für tatsächlich vorhandene Gefühle ein, ganz gleich, wie sie sich auf die anderen auswirken. Wir müssen verstehen, daß die Frau (oder die Anima), wenn sie sich von dieser «Nachtseite» oder den verbotenen Impulsen berühren läßt, das Reich der Medusa, die Unterwelt des dunklen Yin betritt. Das gleicht dem Abstieg der sumerischen Inanna in die Unterwelt des Todes und Schreckens, um ihre Schwester, die schwarze Ereschkigal, zu treffen. Während dieser Phase scheint sie für die Alltagswelt der Lebenden verloren. Sie muß also abwarten, kann nicht aus ihren Impulsen heraus direkt handeln. Was sie erblickt, eignet sich noch nicht für *dieses* Leben. In dieser Phase ist sie nämlich nur mit ihrer noch unbekannten, verwirrenden, ja bedrohlichen Tiefe verbunden, und nicht mit den anderen Menschen, wie lieb und nah sie ihr sonst sind. Sie mag fremd, gleichgültig, kalt, sogar haßerfüllt reagieren, wenn jemand Forderungen an sie stellt. Wie Inanna in der Sage ist sie in der Gegenwart Ereschkigals nackt, gepfählt und tot, ohne Beziehung zur Außenwelt. Der Zustand kann für sie und ihre Umgebung freilich äußerst erschreckend sein. So ist die Versuchung groß, die Erfahrung abzulehnen und zu unterdrücken, um lieber *etwas zu unternehmen*. Alles, was in diesem Zustand unternommen wird, ist jedoch wahrscheinlich falsch, wenn nicht gar destruktiv. Wenn der Abstieg in die Unterwelt andrerseits bewußt auf sich genommen wird, in einer Haltung, die bestimmt ist durch Warten können und ein horchendes Bewahren der Tiefenbilder, als ob sie Kinder wären, die es zu behüten und aufzuziehen gilt, verheißt er eine Erneuerung des Lebens. Wird so der Abstieg in das »Ausgebrütet-werden« durch das dunkle Yin gewagt, und zwar der Wandlung und Erneuerung zuliebe, ist es zumindest vorübergehend nötig, sich über alle »ich sollte oder müßte« und abstrakten Ideen hinwegzusetzen. Neue Werte können nur angesichts der nackten persönlichen Erfahrungen gewonnen und auf dem Boden der Tatsachen überprüft werden.

Wenn eine Frau die Spannung dieser Phase ertragen kann, wird sie zur Vorreiterin, im Dienst des sich entfaltenden Lebens. Aus der Tiefe des Chaos ruft sie neue Strukturen hervor und verlangt, daß sie akzeptiert und als wertvoll integriert werden, nicht nur in ihren erhaltenden, auch in ihren potentiell zerstörerischen Aspekten. Denn ein Bedürfnis kann lebenserhaltend sein, aber auch genausogut einen bereits existierenden Zustand auflösen. Veränderung und Wandlung wollen das feststehende Alte beseitigen. Darum dient die Bejahung des Neuen zunächst bloß dem Zwecke der Gegenüberstellung und inneren Reifung. Das erfordert vorübergehend einen Verzicht auf das »ich möchte«, »ich sollte«. In dieser Zeit ist die Frage des Ausagierens der Phantasien und Impulse noch völlig zur Seite zu stellen. An erster Stelle stehen psychologisches Akzeptieren, Durcharbeiten und Meditation. Danach schlage ich oft vor, die Bilder in eine Art mythologisches Spiel oder Ritual einzubauen (siehe Kapitel 15), das mit gegenseitigem Einverständnis inszeniert wird, damit die emotionale Dynamik und symbolische Bedeutung erfahrbar werden. Das Halsumdrehen der Phantasie oben kann nun in eine Pantomime des

Zerreißens oder kraftvollen Wendens in eine neue Richtung umgewandelt werden, in einen ekstatischen Tanz, in dionysischen Überschwang. Auf diese Weise kann ein neuer Lebensmythos gefunden werden. Er kann ganz oder zum Teil im Ritual oder in psychodramatischer Darstellung erlebt werden, um dann ausprobiert zu werden im Hinblick auf das, was in einer Beziehung tatsächlich möglich und erträglich ist und gemeinsam akzeptiert werden kann. Nur in diesem Reifeprozeß wird es zur Geburt neuer Einsichten, eines neuen Gewissens kommen, das in voller Übereinstimmung mit der »Tiefenschicht« das Risiko eingehen kann, sich wenn nötig über konventionelle Moralgesetze hinwegzusetzen. Vor diesem Prozeß birgt jedes Handeln die Gefahr des destruktiven Ausagierens.

Das Akzeptieren und Verteidigen der neuen Lebensimpulse erfordert eine Haltung, wie sie im Umgang mit einem Kind angebracht ist. Dazu gehört die Bereitschaft, unter Einhaltung von entsprechenden Sicherheitsmaßnahmen, mit allem, was geschehen will, zu spielen, zu experimentieren, damit anstelle des Unterdrückens eine sachte Diszipin entstehen kann. Das gleicht einem Tanz, ist aufmerksame, einfühlsame Bewegung *mit* den Gezeiten des Seins und Geschehens, ob sie nun zu dem, was sein »sollte«, passen oder nicht.

Wenn die Frau so ihre Gefühle, Impulse und Phantasien zum Reifen bringt, wird sie zur Offenbarerin ihrer selbst und der anderen. Unsere Motivationen entspringen nicht bloß dem Denken, sondern ebenso den Emotionen und Gefühlen. Gedanken motivieren das Handeln nur, wenn sie das Fühlen in Bewegung setzen können. Nur zu gern rationalisieren sie die Gefühle und emotionalen Vorurteile. Wir verstehen uns selbst erst, wenn wir unsere Gefühle und die von ihnen gefärbten Impulse verstehen.

Diese reifmachende Bejahung ist wie der Mond ein *Spiegel*, der eine sacht offenbarende Wirkung hat. Er *reflektiert* nicht nur das eigene Wesen, sondern verhilft anderen zur Erfahrung ihrer subjektiven Wirklichkeit, wie sie sich in einer bestimmten Begegnung äußert. Diese Form des Lernens, die abstrakten Erklärungen oder Unterweisungen, wie alles sein *sollte*, bei weitem überlegen ist, beruht auf schrittweisen Offenbarungen und Erlebnissen.

Eine bedeutsame Parallele ist, daß die Physik unserer Zeit entdeckt hat, daß die Wirklichkeit subjektiv ist, insofern sie aus der Begegnung des Beobachters und seiner Interaktion mit einem »Du« und seiner Orientierung hin auf das reagierende Objekt seiner Beobachtung entsteht. Was wir früher als objektive Realität gesehen haben, erkennen wir nun als subjektive Erfahrung der Begegnung und Beziehung.

Das bejahende Offenbaren steht dem männlichen Fragen, Zweifeln und kritischen Beurteilen gegenüber, das unsere intellektuelle Tradition kennzeichnet, ergänzt es aber auch. Das Ziel der Queste ist eine Entdeckung des »Glaubens«, des Vertrauens in den »Fluß«, das Fließen des Lebens. Im Raum ist es nicht zu greifen und kann nur in der Zeit, durch die Erfahrung des Sinnes und des Werts entdeckt werden, den es für die eigene Gefühlswelt hat. Aus diesem Grund fällt es dem weiblichen Ich schwerer als dem männlichen, sich als vereinzeltes Ich zu fühlen. Es empfindet sich eher als *mit-fühlendes* Ich.

Das weibliche Ich gleicht mehr einem offenen Strom, einem inneren Fließen von Emotionen, Gefühlen und Wahrnehmungen. Es ist nicht so von Willensäußerungen und Überzeugungen bestimmt wie das männliche. Es sieht in dem, was zunächst als Chaos erscheint, im Fluß unstrukturierter, ungeordneter, nichtrationaler Kräfte und Ereignisse, leichter eine natürliche Ordnung. Durch Einfühlen und Nähren offenbart und bejaht das weibliche Ich die subjektive Erfahrung des Augenblicks als eine neue Dimension der Wirklichkeit, die sich nicht nur im Raum erstreckt, sondern auch die Bewegung der Zeit durchdringt. Diese relative Plastizität des Ich schafft zwar über die Einfühlung eine neue psychologische Feinfühligkeit, kann jedoch auch Schwierigkeiten verursachen. Das undifferenzierte Fließen kann, wenn es nicht in ausreichendem Maß von der Klarheit, Differenzierung und Gewißheit des Yang im Weiblichen getragen wird, zu Verwirrung, Selbstzweifeln, Abhängigkeit und Unselbständigkeit führen. So entsteht ein Bedürfnis nach Bestätigung; die andern, vor allem die Männer, müssen der Frau sagen, daß sie wirklich existiert, daß ihre Offenbarungen und subjektiven Erlebnisse nicht nur wertvoll für sie selbst, sondern auch für andere sind. Diese sinnenhafte und sinnliche Verbundenheit mit dem, was *ist*, das Gefühl für Schönheit, Vergnügen, Spaß, hat den Frauen außerdem den Vorwurf des Patriarchats eingebracht, sie seien leichtfertig und oberflächlich, wenn nicht gar Werkzeuge des Satans.

All dies entwertet keineswegs die mütterliche, nährende Rolle, die ganz elementar und untrennbar zum weiblichen Charakter gehört, sondern weitet sie eher aus. In jeder Beziehung, die eine Begegnung zuläßt, entwickelt sich unvermeidlich die Neigung, sich mütterlich zu geben oder Tochter zu sein. Das Gefühl, die anderen seien Kinder, das Gefühl der Verbundenheit mit ihnen ist ein wesentlicher Teil der »mit-fühlenden« Daseinserfahrung. Zum Weiblichen gehört ein Gefühl des Empfangens und Nährens, der Achtung vor dem Leben, des Kontakts mit den Wurzeln, die uns mit der Natur verbinden. Die Frau muß sich dieser Dimension bewußt sein, damit diese sie nicht, wenn unbeherrscht, dazu bringt, andere Menschen übermäßig zu bemuttern und zu ersticken. Außerdem hilft ihr das, neue Wege zu finden, wenn die konventionellen, diese Dimension zu äußern, versperrt scheinen. Wenn man die eigenen oder »geistigen« Kinder loslassen mußte und sich von »sollen« oder Zwängen beschwert fühlt, bedrückt ist, sich »kindisch« fühlt, stellt sich für beide Geschlechter die Notwendigkeit, sich selbst liebend zu »bemuttern«.

Wird dieses Bedürfnis, uns zu pflegen, die eigene Schwäche zu ertragen, bis wir neue Kräfte gesammelt haben, nicht befriedigt, kommt es leicht zum Gefühl der Leere und zu Depressionen. Das Akzeptieren dieser Notwendigkeit steht wieder im Gegensatz zur überwiegend extravertierten patriarchalen Tradition im Westen, ergänzt sie aber auch, da das patriarchale Denken einseitig die Aktivität nach außen, das »etwas für andere tun« betont, und dabei unsere eigenen Bedürfnisse und Wünsche übersieht.

Die anderen gern haben und sie in ihrem wahren Anderssein achten, ist ein unerläßlicher erster Schritt der Individualisierung. Der nächste Schritt vertieft sie insofern, als das neue Weibliche mütterlich die inneren Werte und unsere Unsicherheit schützt, die aus der Tatsache herrührt, daß wir uns so wenig auf äußere Regeln und Gesetze verlassen können. Er verlangt ein Reifenlassen, ein geduldiges Horchen in die Dimension der Zeit, damit die Gezeiten steigen und fallen können, bis die rechte Zeit den Geburtsmoment herbeiführt.

Schließlich stellt das Weibliche, weil es nach seinem Innern ausgerichtet ist, eine neue Beziehung zum Göttlichen her, zur Erfahrung, daß das eigene Leben eine transpersonal *gegebene*, individuelle Struktur des Schicksals ist. Mit Ausnahme der mystischen Strömungen hat sich die westliche patriarchale Religiosität vor allem nach außen gewandt. Gott erscheint als grimmiger, selbstgerechter und humorloser Patriarch, obwohl immer wieder behauptet wurde, er sei die Liebe. Sein Reich ist irgendwo »dort oben«, die Hölle unten, beide im äußeren Raum. Religiös leben hieß, sich richtig verhalten und bestimmte Dinge tun oder nicht tun, ohne Rücksicht auf individuelle Bedürfnisse und Unterschiede, und die Gebote Gottes einhalten, wie sie von Kirche und Staat bescheinigt wurden.

Diese extravertierte Religiosität lehrte uns soziales Bewußtsein. In unserer Zeit aber hat sie ihren Höhepunkt überschritten. Sie ist zu einem Moralpredigen verkommen, zu einer Weltanschauung, die nur materielle und wirtschaftliche Kräfte erkennen kann und der jeder Bezug zum Geheimnis des Lebens fehlt.

In der Welt der Göttin wird das Materielle als Manifestation des Geistes erlebt, ist nicht von ihm abgetrennt. Materie ist nichts als eine Form, in der der ewig schöpferische Puls des Lebens, sein Sinn und das sich entwickelnde Bewußtsein wahrgenommen werden. Sie ist, wie unser Körper, die Greifbarkeit und Sichtbarkeit von Seele und Geist. Daher will die Erfahrung des Mysteriums des »Höchsten« auch hier und jetzt im subjektiven Erleben unserer Probleme, Schmerzen und Freuden, und auch unserer Körper, gesucht werden. Die Entfaltung des Alltagslebens, die Konflikte der Persönlichkeit und der Beziehung, die Schwierigkeiten und Entdeckungen lassen dann einen Sinn durchscheinen, der sich in der Dimension der Zeit verwirklichen will. Die persönliche Erfahrung erhält mehr Gewicht als abstraktes Denken und Dogmen. Freude und Schmerz, Geistigkeit und Sinnlichkeit werden als Manifestationen der transzendenten Kraft, also als geheiligt angenommen und erkannt. Mit ihrer Hilfe erfahren wir die Verflechtungen unserer inneren wie äußeren Lebensschicksale. Wenn wir sie akzeptieren und erfassen, unterziehen wir uns den Prüfungen des Wachsens und der Wandlung. Mit der Frage »Wem sind sie dienlich?« können wir in unseren Leben eine Dimension entdecken, deren Bedeutung über die Grenzen des Ich hinausweist. Wenn wir fragen »Was fehlt dir?« (und ebenso »Was ist dir angenehm?«), wird unser Fühlen bewußter, werden wir uns der Tiefe und des Reichtums unserer subjektiven Gefühlswelt gewahr.

Das Fühlen übernimmt nun eine Funktion, die eine Neuorientierung und Neubewertung schafft. In seiner subjektiven, umkreisenden Weise (anders als der objektive, geradlinige Weg des logischen Denkens) ist trotzdem eine eigene Objektivität enthalten, weil es uns Einsichten gibt, auf die Verlaß ist. Es ist ein neuer Wegweiser voller Informationen, der allerdings noch undifferenziert und ungeschickt ist. Es muß verfeinert und entwickelt werden, etwa so, wie das Denken in der patriarchalen Epoche ausgestaltet wurde.

Eine neue, nach innen orientierte Tiefenpsychologie entdeckt im Fühlen neue Zugänge zu Lebensentscheidungen und existentiellen Orientierungen. Dem Gewebe von Leben und Kosmos scheinen Qualitäten des Fühlens innezuwohnen, die als objektiv gegeben und vielschichtig gesehen werden müssen, nicht nur als gut oder böse.

Ein Beispiel verdeutlicht die neue Erfahrungshaltung. Eine Analysandin mittleren Alters rang mit den Problemen, die aus ihrer traditionellen Schwarz-Weiß-Moral entstanden. Sie hatte eine Art Traumvision. Sie erblickte ein göttliches Schöpferwesen, das die Erdkugel in den Händen hielt und belustigt wie auch gleichgültig mit Riesenbränden, Kriegen, Katastrophen und Zerstörungen spielte und sie beobachtete. Als die entsetzte Träumerin fragte: »Warum läßt du solche Dinge geschehen?«, antwortete es: »Weil es mir so gefällt.«

Der schockierten Träumerin begegnete hier jener Aspekt der schöpferischen Kraft, der Wandlungen bewirkt. Im Westen ist dieser Aspekt vom patriarchalen Gottesbild absoluter Güte und Gerechtigkeit abgetrennt. In älteren Darstellungen der Göttin wie der ägyptischen Sekhmet oder der indischen Kali finden wir noch die sich ergänzenden Aspekte der Erschaffung von Leben, Liebe und Freude und des Schwelgens in Leid, Zerstörung und Tod. Diese Dualität der Funktionen umfaßt im Gefühl die wirkliche Fülle des Daseins, deren Phase des *Nein* von uns verdrängt wurde.

Es ist genau diese Phase des *Nein*, die in der neuen Erfahrung des Weiblichen wieder zur Geltung kommt. Das Fühlen in seiner Funktion als Führer enthält auch diese Phase des *Nein* in Form der Gleichgültigkeit gegenüber der Zerstörung, ja in ihrer Bejahung als einer Notwendigkeit, wenn die nährende und unterstützende Phase an ihr Ende gekommen ist. Wenn wir bejahen wollen, müssen wir auch zur Verweigerung fähig sein, wollen wir helfen, müssen wir auch ein Versagen zulassen können. Der weibliche Instinkt weigert sich, geben zu *müssen*, gesagt zu bekommen, wie er fühlen *soll*, daß er lieben und unterstützen *sollte*, wenn das eigentliche Fühlen nein sagt, Gleichgültigkeit und sogar Zurückweisung verlangt. In Beziehungen gibt es notwendigerweise Zeiten des Abstands, der Zurückweisung und Abneigung, die eine Kommunikation unmöglich machen. Auch sie müssen akzeptiert und ertragen werden, damit durch die positive Arbeit an ihnen die Verbindung der Beteiligten lebendig bleibe. Das Negative kann dem, was die Beteiligten anzieht und zusammenhält, Hintergrund geben, wie in einem Gemälde eine zweidimensionale Flachheit vermieden wird, wenn Hell gegen Dunkel gesetzt wird. Ähnlich verstärken Dissonanzen in der Musik den Eindruck, wenn sie in der Konsonanz aufgelöst werden. Ohne sie gäbe es nur Langeweile. Ein anderes Mal kann die Erneuerung eines Lebens, das seinen Weg durchmessen hat, nur durch Tod und Zerstörung geschehen. Auch das will aus dem Fühlen heraus bejaht sein.

Scheinbar schwierige und schmerzhafte Phasen des *Nein*, wenn einfach alles gegen uns ist, sind nicht bloß frustrierende, vergeudete Zeiten. Sie bedeuten eine zwar negative, aber zweckgerichtete Phase der Wendung nach innen. In ihnen manifestiert sich eine besondere Phase des Fühlens, die sich in der Dimension der Zeit entfaltet. Sie sind mit ihren Botschaften und Wahrnehmungen so lebenswichtig wie die positiven Abschnitte.

Auflösung der Form, Ende eines Zyklus, dazu das Gefühl des Verlusts und der Trauer, sind unvermeidliche Phasen des Lebensprozesses. Wandlung und Zerstörung sind der innere beziehungsweise äußere Aspekt desselben Prozesses. Das zu erfassen ist von wesentlicher Bedeutung für unser gefühlsmäßiges Verhältnis zu kollektiven wie persönlichen Endphasen. Sie zeigen sich uns als hoffnungslose Situationen, Sackgassen, Depressionen, im Aufgebenwollen und letztlich im Tod. Endphasen sind ein Hinweis, daß Änderung verlangt ist. Wenn wir uns weigern, daran mitzuarbeiten, stürmt vielleicht im Psychischen oder in der Außenwelt etwas durch höhere Gewalt auf uns ein, und zwar in Form von Zwängen. Mörderische Impulse, gegen uns selbst oder andere, können ein Ausagierenwollen unerkannter oder blockierter Triebe bedeuten, die eine Wandlung verlangen und zwanghaft aus der Tiefe der unbewußten Psyche aufsteigen. Werden die konstruktiven Möglichkeiten erkannt, können diese Impulse für eine psychologische Veränderung anstatt für destruktives Handeln eingesetzt werden. Wieder sollen wir die Gralsfragen stellen: »Wem ist der Impuls dienlich?« und »Was ist das Wesen des Leidens?« Was muß im Innern notwendigerweise getötet, zerstört, aufgelöst oder radikal verändert und überwunden werden? Der selbstmörderischen Haltung wird nicht abgeholfen, wenn man sie lediglich als unterdrückte Mordlust sieht. In beiden drückt sich die Notwendigkeit aus, ein überholtes Selbstbild sterben zu lassen. Der Impuls der Mordlust möchte Komplexe oder Eigenschaften beseitigen, die auf eine andere Person, den Sündenbock projiziert wurden.

Immer wieder strebt die Psyche nach inneren Veränderungen, die mit Hilfe eines psychologischen Verständnisses zustande gebracht werden müssen, wenn ein Ausagieren vermieden werden soll. Zerstörung bezeichnet stets das Ende eines Zyklus und den Beginn eines neuen. Sie verlangt eine schöpferische Haltung und eben nicht Unterdrückung oder lähmende Verzweiflung.

Das Weibliche ist mehr als das Männliche darauf eingestimmt, sich natürlich durch das Auf und Ab dieser Dimension zu bewegen, weil es keine Vollkommenheit erwartet (ihr eigentlich mißtraut), auch nicht auf den Schein einer dauerhaften Stabilität angewiesen ist. So bleibt es in Kontakt mit dem Geheimnis des Werdens, der Geburt, die auch den Tod bedeutet, der Verlockung und Gefahr des Spiels der Welt, das ein unaufhörlicher Prozeß ist. Das Weibliche ist in Fühlung mit dem Schicksalsaspekt der Göttin.

13 Individuation und Schicksal

Ducunt volentem fata, Nolentem trahunt.
(Willige führt das Geschick, Unwillige zerrt es.)

Seneca

Hinter der neurotischen Verdrehung steckt Bestimmung, Schicksal und das Werden der Persönlichkeit, die
völlige Verwirklichung des dem Individuum eingeborenen Lebenswillens. Der Mensch ohne amor fati ist der
Neurotiker; ...

C. G. Jung[1]

Der Illusionswelt, die sich das patriarchale Ich errichtet hat, erscheint die
Idee eines Schicksals kindisch. Unserer kartesianischen Schizophrenie ge-
treu glauben wir einerseits, daß die Materie einem absoluten, mechanischen Determinismus unterworfen sei, andererseits wiederum, daß Denken und Wollen ausschließlich »unser« Denken und Wollen seien, daß wir
kraft unseres Verstandes die alleinigen Schöpfer der Struktur unserer Le-
bensgesetze sind. Von der Tätigkeit »unseres« Geistes wird behauptet, sie
sei frei und unbegrenzt.

Dabei sind es genau die Eigenart unseres Wesens und das Ziel seiner
Entwicklung – unser individueller »historischer Prozeß« der Individuation –, die unsere Freiheit begrenzen und unseren Lebenslauf vorzeich-
nen. Unsere Individualität wird daher auch unser Schicksal. Als einzelne sind wir genetisch vorprogrammiert hinsichtlich Konstitution, Veranlagung, Verhaltensmustern, Trieben und potentiellen Motivationen, die
typische Formen der Reaktionsbereitschaft bedingen, die aber trotzdem
bei jeder Person spezifisch und einzigartig sind. Ihre Auswirkungen
lassen sich in unterschiedlichem Maß durch gesteigerte Bewußtheit modifizieren. Solange wir unbewußt bleiben oder ihre Existenz leugnen,
sind sie unser »Los«. Sie können in erster Linie als charakterliche Veranlagungen verstanden werden, in geringerem Maß aber auch als wahr-
scheinliche oder mögliche äußere Strukturformen. Unsere Persönlichkeit
wählt nämlich aus, wenn sie Menschen anzieht und auf sie reagiert. Sie
neigt dazu, sich ihre eigenen, eingebauten Vorlieben immer wieder zu bestätigen. Unsere Neigungen wirken wie Prophezeiungen, die sich selbst

erfüllen. Wer sich gern selbst bemitleidet, schafft sich seine Katastrophen, der Aggressive seine Feinde.

Jung nannte die Gesamtheit unseres potentiellen Wesens das Selbst. Er stellte dieses größere Selbst dem kleineren Ich gegenüber, vor allem unserem bewußten Selbstbild, dem Gefühl persönlicher Identität, den persönlichen Hoffnungen und Erwartungen. Das Selbst wirkt so, als sei es die Ursache eines überpersönlichen Willens, der eine Entwicklung der Person beabsichtigt, und der oft im Widerspruch zur bewußten Ich-Persönlichkeit steht. Dem Selbst entstammen sowohl unsere »niederen« Instinkte wie das geistige Streben. Es schafft den Individuationstrieb, den Drang, das zu werden, was wir sind, wie auch das wahre individuelle Gewissen, das aufgrund seiner psychologischen Bedeutung mit der *vox Dei*, der Stimme Gottes verglichen wird. In diesem Sinn wirkt das Selbst wie eine transpersonale oder gar suprapersonale Wesenheit, als Schicksal oder *Karma*, das verwirklicht werden will, so gut es uns unter den gegebenen Umständen und innerhalb der Grenzen möglich ist, die uns Familie, Gesellschaft und kulturelle Umwelt setzen. Der Begriff Schicksal umfaßt also weder einen fatalistischen Determinismus noch die kalvinistische Prädestination. Schicksal ist die vorpersönliche und doch individuelle Struktur einer beabsichtigten Ganzheit. Es ist auf den Versuch einer Mitarbeit, auf bewußte Verwirklichung im konkreten Leben angewiesen, auf eine Erfüllung im Rahmen der Fähigkeiten des Ich. Schicksal ist so die Entfaltung des Selbst-Archetyps in Zeit und Raum.

Im Kindesalter besteht unsere erste Aufgabe darin, uns in der sozialen Umwelt zu orientieren, uns ihr anzupassen. Wir lernen das Gesetz von Ursache und Wirkung kennen, lernen unsere unberechenbaren Impulse und Affekte kontrollieren, so daß wir wollen und handeln können und für die Folgen unseres Handelns verantwortlich sind. Später im Leben, wenn wir diese Selbstsicherheit und Verantwortlichkeit erworben haben, müssen wir die größere Struktur entdecken, in der unser Bewußtsein, unser Sein enthalten ist. Wir werden die vorpersönlichen Absichten erkennen, die durch unsere persönlichen Absichten Ausdruck finden sollen: unser Schicksal oder Karma, den Plan oder die Strukturen unseres Selbst.

Das Sanskritwort *Karma* bedeutet Handeln, Verhalten, Ergebnis. Es beinhaltet als dynamische Einheit Ursache, Struktur und Handeln: es ist der Urgrund des Selbst, der sich durch die Evolution der Zeit im Raum manifestiert. Es verwirklicht die potentielle Eigenart unseres Wesens im Fluß der Zeit mit seinem Erschaffen und Zerstören, und zwar kraft dessen, was im Hier und Jetzt mit uns und durch uns geschieht. Die Ganzheit unseres Wesens kann folglich zu einem einzigen Zeitpunkt nie hinreichend erfaßt werden; wir müssen sie in ihrer Veränderung und Bewegung wahrnehmen, wie sie Evolution und Involution durchläuft, von der Geburt bis zum Tod, vom Tod zur Geburt.

Die weitverbreiteten Ansichten, Karma sei Belohnung oder Strafe für gute oder schlechte Taten, oder das Schicksal sei als fatalistischer Determinismus zu verstehen, der Passivität oder gar Trägheit rechtfertige, gehen auf ein ungenügendes Verständnis psychischer Dynamik zurück. Solche Auffassungen beruhen auf einer materialistisch eingestellten, verdorbenen, spätmittelalterlichen Version des jüdisch-christlichen Mythologems, die auf die im Psychologischen wesentlich subtilere östliche Überlieferung projiziert wurde. Im westlichen Mythologem geht es um den etwas willkürlichen und trotzdem für gerecht angesehenen despotischen Herrscher »dort droben«. Er ist Richter, verschafft seinen Geboten Geltung und verteilt nach Gutdünken Wohltaten und Strafen an Geschöpfe, die nichts tun können, als sich zu unterwerfen, die in alle Ewigkeit schuldig sind und Bestrafung verdienen.

Als Kinder dieser Überlieferung verwechseln wir leicht die Verantwortung für unsere bestimmte Lebensaufgabe mit Schuld und Bestrafung, weil wir unvermeidlicherweise so sind, wie wir sind, Mängel haben und Fehler machen. Fehler sind nichts als Gelegenheiten, zu lernen und sich zu entwickeln; sie sind unumgänglich. Statt uns voller Schuldgefühle auf die Brust zu schlagen, sollten wir die Verantwortung auf uns nehmen, auf fruchtbare Weise aus unseren Fehlern und Irrtümern zu lernen. Wenn ich mir eine Aufgabe stelle oder sie gestellt bekomme und sie heute nicht zu Ende führe, wird sie mich morgen in Anspruch nehmen oder eine unerledigte Last sein.

Was uns unser Schicksal an Problemen, Schwierigkeiten, Vergnügen oder Möglichkeiten bringt, mag geschehen, *um* uns bei einer neuen Verwirklichung zu helfen, genausogut aber auch *aufgrund* dessen, was sich bis jetzt zugetragen hat. Wir können mit seiner Hilfe erfassen, wie sich das Selbst in der Erweiterung und Differenzierung des Bewußtseins durch eine gesteigerte Bewußtheit über das Ich und das Ich-Du entfaltet.

Bewußtsein und seine Differenzierung nach außen in Begegnungen und Beziehungen wie nach innen in der Selbstbegegnung scheint das universelle, vielleicht gar kosmische Ziel zu sein, auf das sich alles Schicksal zubewegt.

Kein Wunder, daß Bewußtsein und bewußtes Akzeptieren zugleich die universellen Faktoren sind, die unser Verhalten dem Schicksal gegenüber verändern können, dazu auch die Art, wie uns das Schicksal trifft. Den Willigen führen die Schicksalsgöttinnen, den Unwilligen zerren sie, sagte Seneca.

Gesteigerte Bewußtheit und Akzeptieren – keine fatalistische Passivität, sondern ein Akzeptieren des So-Seins als der Orientierung dienende Landkarte, die dem individuellen, schöpferischen Handeln den Weg weist – können widriges Karma, widrige Umstände modifizieren. Unglücklichsein und Frustration wiederum sind Zustände der Persönlichkeit, sind Teil unserer Gegebenheit, sind die Art, wie wir uns und dem Leben begegnen. Diese Eigenschaften sind nicht einfach als Folgen äußerer Umstände zu verstehen. Sie dienen höchstens dazu, äußere Umstände zu schaffen oder so zu modifizieren, daß sie mit unseren Erwartungen übereinstimmen. Es ist verblüffend, wie sich die äußeren Umstände, selbst Zufälle, die wir unmöglich willentlich kontrollieren können, zu ändern beginnen, sobald die Einsicht ins eigene Wesen und in das der anderen zunimmt und das So-Sein akzeptiert wird.

»Unbefriedigendes« Karma (und irgendwie ist es immer irgendwo unbefriedigend) ist ein Ruf an das Bewußtsein, sich zu wandeln. Die unausweichlichen existentiellen Konflikte zwischen gut und böse, Verlangen und Notwendigkeit – das Leid, das für das Dasein charakteristisch ist – geben offenbar die Kriterien für eine Differenzierung der Werte ab und sind die Schleifsteine, die unser Bewußtsein polieren. Das Experiment mit Leben und Schicksal wird durch Konflikte eingeleitet.

Bewußtsein darf nicht mit Selbstreflektion verwechselt werden, mit bloßem Nachdenken über sich und der Lektüre psychologischer Bücher. Das gehört auch dazu, aber Bewußtsein ist mehr, ist ein Zustand, in dem wir uns klar über die Struktur unseres Charakters, die Muster unseres Lebens werden, in dem wir erkennen, ob und wie diese Strukturen und Muster im Widerspruch zu unseren Idealen und dem sich offenbarenden Plan des Selbst stehen. Wenn das Bewußtsein wirksam werden soll, muß es sich im Experiment Bewußheit über unsere Affekte und instinkthaften Triebe schaffen, ob unsere mentale Prägung sie gutheißt oder nicht. Es ist auf eine experimentierfreudige Lebenseinstellung angewiesen, die auf verantwortliche Weise diese Einsichten im wirklichen Leben, in Beziehungen erprobt. Das bedeutet, unserer Berufung zu folgen, was sie auch sein mag.

Die neuen Energien und Eigenschaften, die im Verlauf unserer Entfaltung entstehen »wollen«, erscheinen uns oft als unvereinbar mit

unseren moralischen und ethischen Prinzpien, die freilich notwendigerweise von unserer individuellen wie kollektiven Vergangenheit geprägt
sind. Wir neigen stets dazu, die Konflikte von morgen mit den Waffen
von gestern zu bekämpfen. Bedürfnisse, unberechenbare sexuelle Impulse, Zorn, Aggression und das Auftauchen mystischer Erfahrung, die
sich mit dem sogenannten Realen nicht vereinen läßt, sind die häufigsten
Beispiele. Wir fühlen uns schuldig und verdrängen sie oder agieren sie
trotzig aus, wenn die Unterdrückung mißlingt. Beides macht uns Schuldgefühle. Ich kann dem, was ich weder kenne noch verstehe – und Schuld
wie Verdrängung machen mir ein erkennendes Verständnis unmöglich–,
keinen geeigneten Platz zuweisen. Wenn wir unser Schicksal erfüllen
wollen, müssen wir irgendwo einen relativ sicheren Ort entstehen lassen,
an dem wir mit diesen Verlangen experimentieren. Der Kreislauf von Unterdrücken und Ausagieren kann nur unterbrochen werden, wenn wir uns
bewußt auf ein Risiko einlassen: auf eine behutsame, besonnene *Darstellung* im Spiel, um nicht ins Unbewußte, in ein destruktives Ausagieren
hineingezogen zu werden. Wir müssen das kalkulierte Risiko eingehen,
»Narren« zu sein, bereit, den Preis für Lernen und Selbsterkenntnis zu
zahlen, wie wir uns beim Schlittschuhlaufen oder Radfahren dem Risiko
aussetzen, auf die Nase zu fallen. Wenn wir ein Verlangen spüren und
fasziniert sind, zugleich aber auch von Schuld und Angst ergriffen
werden, genau dann hören wir die Stimme des Schicksals. Wir müssen
eigene Wege entdecken, das auszudrücken, was lebendig werden will,
und zwar auf eine Weise, die den höchsten Ansprüchen eines Gewissens
entspricht, das meistens erst noch entdeckt werden muß (und das daher
mit Angst besetzt ist, die aus alten Neigungen und Gewohnheiten herrührt). Blinde Notwendigkeit kann um den Preis von Konflikt und Spannung in die Richtung des freien Willens gelenkt werden, wenn wir bereit
sind, es zuerst mit einer bedachtsamen spielerischen Darstellung zu versuchen, statt Verlangen und Instinkte schlicht auszuagieren. Kein
Wunder, daß Jung diese Aufgabe der Individuation das »magnum opus«
nannte.

Selbsterfahrung und die Begegnung mit dem Schicksal können nie
ohne das Gefühl der Unzulänglichkeit, der Schuld auftreten. Mindestens
zweimal im Leben ist es uns bestimmt, mit diesem Gefühl Bekanntschaft
zu machen: zuerst in der Begegnung mit dem kollektiven Gewissen, dem
Über-Ich, dann in der mit unserem individuellen Gewissen, dem Ruf des
Selbst. Das kollektive Über-Ich kollidiert mit dem Körper-Ich, das von
Verlangen motiviert ist. Das wahre Gewissen, das dem Selbst entstammt,

kollidiert mit dem vom Über-Ich geprägten Ich. Diese grundlegenden Konfliktsituationen gleichen zwei großen, bewachten Toren, die wir durchschreiten müssen, um unser Schicksal zu finden und zu erfüllen. Im Patriarchat sprach die Stimme Gottes vor allem durch die kollektiven Normen. Gewissen und Über-Ich waren noch weitgehend identisch. Es konnte nur tragisch enden, wenn eine starke Individualität mit den kulturellen Normen zusammenstieß. Ein bekanntes Beispiel sind Abaelard und Heloise.

Viele Schicksale mußten anscheinend mit solchen Tragödien abschließen. Wenn wir uns in eine neue Phase psychologischer Entwicklung bewegen, findet die Strukturierung des Ich zunächst notwendigerweise in der Konfrontation mit dem kollektiven Über-Ich statt, das kulturelle Anpassung verlangt. Wenn diese Prüfung erfolgreich bestanden ist, entdecken wir, daß sie nicht ausreicht, daß sie uns in Gefahr bringt, unsere Seele zu verkaufen. Jetzt hören wir einen zweiten Ruf, die Stimme des Selbst, des individuellen Schicksals. Die erste Anpassung, die unter vielen Schwierigkeiten erreicht wurde, muß transzendiert werden. Ein neues, vom Selbst geprägtes Ich möchte verwirklicht werden.

Die erste Prägung im Kindesalter, die in unterschiedlichem Maß von Eltern, Schule und Umwelt traumatisiert ist, strukturiert unser Über-Ich. Es konstelliert unsere Scham, unsere Schuldgefühle im Sinne der Tradition. Wenn wir diesen Konflikt mehr oder weniger erfolgreich durch Anpassung an die Notwendigkeiten der äußeren Realität gelöst haben, was gewöhnlich in der Jugend und im frühen Erwachsenenalter geschieht, entdecken wir, daß wir uns Formen aufzwingen mußten, die mit unseren tiefsten angeborenen Trieben und Werten im Widerspruch stehen. Der Konflikt unseres Schicksals tritt uns nun unausweichlich aus dem Innern entgegen.

Die Bedürfnisse und Werte der Eltern und Autoritätspersonen, ihre ungelösten Bestrebungen und Verlangen, ihre Anpassungen an das Außen, modifizieren unvermeidlich Einstellung, Persönlichkeitsstruktur und Anpassung des Kindes auf ihre Weise, nicht auf die des Kindes. Sie bringen das Kind davon ab, es selbst zu sein. In unserer Zeit wenigstens ist das ein unumgänglicher Aspekt menschlichen Schicksals. Da wir unserem tiefsten Ich entfremdet sind, entsteht ein dumpfes Gefühl existentieller Schuld. Uns sind Wesen und Forderungen jenes verborgenen Selbst noch nicht bewußt, und so täuschen wir uns über die Natur des Rufs. Wir reagieren auf ihn im Rahmen unseres gewohnten Wertsystems. Die Erklärung für die Schuld suchen wir in der Tatsache, daß wir den

Normen der Eltern und der Kultur nicht genug Wert beimessen, daß wir uns gegen sie auflehnen. Weitere Versuche, sich noch konformer zu verhalten, führen zu wachsender Entfremdung und Schuld. Wir sind in einem Circulus vitiosus gefangen. Er kann Sackgassen und Lebenskrisen schaffen, die die Phantasie des erfindungsreichsten Dramatikers übersteigen. Es ist, als wolle uns die Kraft des Schicksals blind machen und in die falsche Richtung schicken, um ein spannendes Drama zu inszenieren: das Drama der Queste der Selbstfindung durch Prüfung und Frustration. Wenn ein packendes, sinnvolles Schauspiel entstehen soll, muß es zu einer ausweglos scheinenden Situation, einer scheinbar hoffnungslosen Krise kommen. Hamlets Vater wird vom eigenen Bruder ermordet; Cordelia, die liebevolle Tochter, wird von König Lear verstoßen. Ohne Hindernis keine Lösung, kein Spiel. Schicksal ist das Weltenspiel der Göttin, das sich in der Selbstheit personalisiert.

Das Leben als ein Schauspiel ist ein archetypisches Motiv, das immer wieder in Träumen, in der Dichtung auftaucht. Die zutiefst bewegende Katharsis, die die Schauspielkunst durch die Jahrhunderte immer wieder hervorrief, kann darin begründet sein, daß sie uns einen Spiegel der Seele und des Lebens vorhält, Männer und Frauen zeigt, die ihr Schicksal gegen sich haben.

Unsere Lebensgeschichten können vor dem Hintergrund eines dramatischen Sinnzusammenhangs als die Folgen früherer Prägung und Traumatisierung gesehen werden. Die vergangenen Ereignisse können auch als notwendig aus der Handlung des Dramas entstanden aufgefaßt werden, damit jene zukünftigen Sackgassen, Geschehnisse und Entdekkungen möglich werden, die dem Spiel des Lebens Inhalt und Sinn geben. Was wir als Kinder oder Erwachsene aufgrund der Beziehungen zu Eltern oder nahestehenden Freunden erlitten, muß dann nicht als bedauerlicher, unvermeidbarer Unglücksfall aufgefaßt werden, sondern kann als vorbestimmte, emotional notwendige Situation begriffen werden, wesentlich für die Ausgestaltung unserer individuellen Wirklichkeit. Die Notwendigkeit, in der Kindheit einen gewissen traumatischen Konflikt zu erfahren, würde die Situation von Eltern und Kind so gestalten, daß sie die Entstehung »notwendiger« späterer Lebensschwierigkeiten bewirkt.

Eine dramatische Entwicklung verlangt, daß wir uns der Reihenfolge der Ereignisse bewußt sind, von der Exposition über die Krise zur *lysis*, zur Lösung des Konflikts, außerdem aber auch, daß wir die zugrundeliegende Idee, den Sinn verstehen. Der naive Beobachter identifiziert sich direkt mit dem Schauspiel und seinem Stoff, er nimmt Ursache und

Wirkung wahr und ist davon ergriffen. Um zu motivieren und zu einem Engagement aufzurufen, muß ein Schauspiel so vorgestellt werden.

Die tragische oder lustige Situation im zweiten Akt ist anscheinend die Folge richtigen oder falschen Handelns im ersten. Ebenso wahr ist aber auch, daß dieses Resultat absichtlich herbeigeführt wurde, um den Sinn des Dramas herauszustellen. Das Wissen, daß die Rollen der Schauspieler bloß Rollen sind, ist aber auch wichtig: die Schurken können im Zuschauer Zorn oder Haß erzeugen, die Helden Zuneigung und Bewunderung. Aber nur ein naiver Zuschauer würde auf die Schurken verzichten wollen. Ihre Anwesenheit ist notwendig, und die Darstellung von Unglück und Ungerechtigkeit ist zur Vollständigkeit des Dramas unerläßlich. Andrerseits ist uns ebenso klar, daß es kein Drama, keine Krise und keine Lösung gibt, wenn wir uns dem Kampf gegen jene Mächte nicht anschließen. Das Wissen, daß alles nur Spiel ist, kann Trägheit oder Fatalismus nicht entschuldigen. Die erfolglosen oder gelungenen Versuche, den Schurken zu überwinden, die Ungerechtigkeit zu beseitigen, sind angemessene Reaktionen auf das Schicksal als dynamische Herausforderung. Diese Versuche bezeichnen den Bereich, in dem unsere Freiheit dem Schicksal entgegenwirkt. Aus dieser Begegnung werden Wachstum und Bewußtsein geboren.

In einer Hinsicht unterscheidet sich das Schauspiel unseres Lebens wesentlich von dem auf der Bühne. Es läßt uns die Freiheit, den Text zu modifizieren oder gar zu ändern, wobei notgedrungen improvisiert werden muß. Das patriarchale Prinzip lautete: »Du sollst« (oder »sollst nicht«). Die Göttin spricht: »Du darfst – vielleicht.« – »Es liegt an dir, etwas herauszufinden. Spiel mit mir, entdecke mich.« Es ist, als hätten alle Mitwirkenden Anweisungen erhalten, nur einer nicht, das Ich. Vielleicht ist das, was schließlich zum Ich wird, ebenfalls eingewiesen worden, hat aber (wie manche Mythen und Träume nahelegen) den Text vergessen. Wahrscheinlich weist der Text leere Stellen auf, gibt nur allgemeine Anweisungen, damit schöpferischer Ausdruck möglich wird. So ist das Ich aufgefordert, auf Stichworte zu achten und es mit Vermutungen und Improvisieren zu versuchen, während sich die Handlung entwickelt. Hier liegt unsere Freiheit, auch unsere Verantwortung: nicht für die unerwünschten Eigenschaften, die Konflikte und Verwirrungen, in die wir geraten sind, sondern für unsere »Aufführung«, für unsere Reaktion auf diese Schwierigkeiten, für die Art und Weise, wie wir unsere Talente einsetzen. Die vorausbestimmte Entwicklung der Zeitstruktur übt wider Erwarten keinen Zwang im Sinn des Fatalismus aus. Sie schließt die Freiheit mit ein, ja erfordert sie sogar. Sie fordert uns auf, unsere eigene Textvariante schöpferisch zu improvisieren.

Die strengen Grenzen des Schicksals schließen die Freiheit mit ein. Das ist das große Paradox des Lebens: Begrenzung und Freiheit sind die gegensätzlichen Pole der Achse, der Selbstfindung durch schöpferisches Reagieren und Verantwortlichsein. Freiheit ist nicht die Abwesenheit von Beschränkung und Begrenzung. Sie besteht vielmehr in einer schöpferisch erfinderischen Art des Reagierens auf diese Einschränkungen, in der wir unsere Selbstheit finden. Es gibt nichts, was nicht Gesetzen und Einschränkungen unterworfen wäre. Ein Kapitän kann nicht im Namen der Freiheit Wind, Wetter, Gezeiten oder das Ziel der Reise außer acht lassen. Genauso können wir nicht nach Belieben die Person sein, die wir gern wären, oder leben, wie wir wollen, und dabei von vornherein Gegebenes außer acht lassen. Zwar können wir diese vorgegebenen Faktoren nicht beiseiteschieben, aber zur Untätigkeit sind wir durch sie auch nicht verdammt. Wind, Wetter und Gezeiten können in die Navigation miteinbezogen werden.

Freiheit ist die Fähigkeit, das eigene authentische Sein zu verwirklichen und Entscheidungen treffen zu können. Genau darin liegt ihre typische Einschränkung. Ich kann nämlich nur sein, was mit meinem inneren Wesen übereinstimmt. Unsere Motivationen sind nicht irgendwelchen Launen des Ich unterworfen. Sie sind Funktionen der a priori gegebenen Strukturen, in deren Rahmen wir uns entwickeln. Erst wenn wir ein Gefühl, ein *amor fati* für die inneren Eigenschaften dieses Schicksalsmusters mit seinen Aussichten und Einschränkungen entwickeln können, wird eine Selbstverwirklichung möglich.

Zu dieser Empfindung gehört als wichtiger Aspekt das, was wir Zeitgefühl nennen. Es macht uns die Beschaffenheit eines Zeitabschnitts als günstig oder ungünstig für eine bestimmte Handlung bewußt. Um unsere Position wirkungsvoll in das Spiel einzubringen, ist weniger eine kraftvolle Haltung nötig, als vielmehr ein Feingefühl für die Dynamik und die Rhythmen der Handlung, ein aufmerksames Reagieren auf die Stichwörter. Wir müssen unsere Sätze sprechen, handelnd eingreifen, und zwar dann, wenn das Spiel es verlangt oder zumindest eine günstige Gelegenheit bietet, die uns Wirksamkeit verspricht. Es nützt dem Helden nichts, wenn er eine aufrüttelnde Rede anfängt, während seine Zuhörer gerade schlafen oder etwas anders zu tun haben. Umgekehrt können auch wir selbst eine Gelegenheit versäumen, wenn wir das Stichwort verschlafen.

Der Einsatz unserer Freiheit erfordert ein Feingefühl für Struktur und

Zeit, ein Gefühl für den *kairos*, für den Zeitpunkt, an dem Freiheit gegeben ist, eine Entscheidung möglich wird. Logik und Verstand sind Hilfen, doch Intuition und Gefühl, ein gleichsam künstlerisches Gespür für den dramatischen Augenblick helfen uns mehr.

Vielleicht ist gerade diese Entfaltung von Intuition und Zeitgefühl einer jener Faktoren, die in der nächsten Phase der Bewußtseinsentwicklung eine Herausforderung für uns sein werden. Analytisches, rationales und logisches Denken allein kann die Kluft zwischen Ich und Selbst nicht überbrücken, kann uns nicht die Motivation aus dem Selbst heraus bringen. Ebensowenig vermag es die Kluft zwischen den Menschen, zwischen den einzelnen und dem Kollektiv und der Welt zu überbrücken.

Die Bedeutung, die eine bewußte Entwicklung von Fühlen und Einfühlung nicht bloß für uns, sondern offenbar auch für unsere Kultur und das Kollektiv hat, wird durch die Erfahrung und den Traum einer älteren Frau erhellt. Sie war schon Anfang sechzig und mühte sich noch mit ihrem Kindheitstrauma ab, mit dem Gefühl, in persönlichen Beziehungen abgelehnt und verlassen zu sein. Sie führte dies auf das schmerzliche Erleben zurück, daß ihre eher kühle und ferne Mutter sie nicht genug geschätzt habe. Das Gefühl erreichte auf höchst traumatische Art einen Höhepunkt, als sie im Alter von acht Jahren plötzlich mit Lungenentzündung ins Krankenhaus kam. Sie fühlte sich verwirrt und verlassen, als ihre Mutter es unterließ, sie zu besuchen.

Als sie in der Therapie diese Erinnerungen noch einmal durchlebt hatte, träumte sie von einem Mann, der auf einer Pritsche lag und an der Seite eine tiefe Wunde hatte. Die Träumerin kniete neben ihm nieder und sandte ihm Heilung, indem sie ihr Gefühl meditativ gesammelt zu ihm strömen ließ. Hier zeigt sich die Träumerin als Dienerin des Archetyps des verwundeten Mannes, einer Wesenheit jenseits ihres persönlichen Ich. Wir denken dabei an das Bild in dem Lied vom Gralsritter: »In diesem Bett ein Ritter lag / seine Wunden bluteten Nacht und Tag. / Und vor dem Bett eine Jungfrau knit', / die weinte und sang ihr trauriges Lied.«

In diesem Traum weint sie nicht mehr hilflos wie die Jungfrau im Lied. Stattdessen strömt sie nun durch ihr bewußt gelenktes Fühlen Heilung aus. Das bedeutet, daß durch das bewußte Akzeptieren unserer Wunden eine Heilung geschehen kann, nicht nur mit uns, sondern auch *durch uns*. Unser bewußtes Fühlen hilft dem Corpus Christi, der verwundeten Verkörperung des Geistes im Menschen. Auf diese Weise können wir offenbar unseren Teil zur Heilung der Menschheit beitragen, »Erlösung dem Erlöser« bringen.

14 Ethik

> Zwei Dinge erfüllen das Gemüt mit immer neuer und
> zunehmender Bewunderung und Ehrfurcht, je öfter und
> anhaltender sich das Nachdenken damit beschäftigt: der
> bestirnte Himmel über mir und das moralische Gesetz
> in mir.
>
> Kant

Ethik ist eine Wertordnung von menschlichen Beziehungen. Einem allein-
lebenden Individuum würde sich die Frage einer Ethik gar nicht stellen.
Ethik und Moral entstehen, weil sich die Individuen bewußt sind, Einzel-
wesen zu sein, denen es wichtig ist, wie sie sich zu den anderen und der
Gemeinschaft verhalten. Moral in unserem Sinn entstand mit ihren Werten
von Gut und Böse zusammen mit dem Ich. Denn ein Sinn für individuelle Verantwortlichkeit setzt ein Ich-Gefühl voraus.

Wir haben gesehen, daß die magischen vorpatriarchalen Gesellschaften das Verhalten weniger durch Moral als durch Tabus regelten, die Gefahren von der Gruppe und ihren Mitgliedern abwenden sollten. Maßgebend waren praktische Überlegungen, keine moralischen. Es ging dabei
um das Überleben, nicht um Gefühlswerte.

Die höchste Errungenschaft aller patriarchalen Ethik ist die Goldene
Regel, das »Liebe deinen Nächsten wie dich selbst«. Einer Legende nach
sah Rabbi Akiba sie als die Essenz des Judentums, wobei er bemerkte:
»Alles übrige ist nichts als Kommentar«.

Die Goldene Regel machte die Rücksicht auf unseren Nächsten zum
Gesetz, stellte seine Bedürfnisse mit unseren gleich. Die Rechte der
anderen als Persönlichkeiten werden ausdrücklich als etwas anerkannt,
das individuelle Rücksicht verlangt, aber zunächst noch im Namen des
Überlebens der Gruppe. »Du sollst nicht rachgierig sein, noch Zorn
halten gegen die Kinder deines Volks. Du sollst deinen Nächsten lieben
wie dich selbst.« (3. Mose 19, 18)

Während das Patriarchat andererseits zu einer individuellen Differenzierung führte, wurde jede Person in erster Linie als *homo faber* gewer-
tet, als jemand, der durch sein Tun auf die äußere Welt einwirkt und sie
beherrschen hilft. Die Individualität wurde von äußeren Werten her definiert. Handlungen waren akzeptabel (gut), wenn sie sozial nützlich

waren. Sonst waren sie unerwünscht (schlecht). Die einzelnen wurden nach ihrem Tun bewertet, nicht danach, was für Menschen sie waren. Auf dieser frühen, noch vorpsychologischen Stufe der Entwicklung wirkten Emotionen, Bedürfnisse und Motivationen zwanghaft. Sie liefen häufig auf kalkulierbare Handlungen hinaus. Der Abstand zwischen Emotion und Ausagieren war gering. Das ist bei kleinen Kindern leicht zu sehen; Wut führt zu Aggression, Verlangen zu Versuchen, Besitz zu ergreifen. Auf dieser vor-ichhaften Ebene sind Emotion und Aktion eins. Ein schädliches Handeln kann nur durch eine hemmende Emotion, durch vom Über-Ich ausgelöste Furcht, Scham und Schuld verhindert werden. Dieser Lernprozeß zur überlegten Selbstkontrolle hin war außerdem langsam und schmerzhaft. Die Disziplin, mit Willenskraft und Vernunft die Verhaltensnormen einzuhalten, ganz gleich, welches Gefühl gerade vorherrschte, war die höchste Errungenschaft der Persönlichkeit, auf die das Patriarchat abzielte. Gefühle und Emotionen wurden nur von den Handlungen her beurteilt, die sie wahrscheinlich hervorrufen würden. Die Gefühle selbst wurden mit Argwohn betrachtet, da sie gern vernünftiges Tun störten. Vernünftiger Gehorsam wurde höher eingeschätzt als Fühlen.

Von der Antike über das Mittelalter bis in die Renaissance war die kulturelle Entwicklung bestrebt, das individuelle Bewußtsein zu differenzieren. Das Ziel mußte freilich mit Hilfe der kollektiven Gruppendisziplin erreicht werden. In der Antike hatten Individuen und individuelle Haltung kein Gewicht. »Privat« wie in Privatleben ist aus dem lateinischen *privatus* abgeleitet, das »benachteiligt« oder »beraubt« bedeutet. Der entsprechende griechische Begriff war *idiotes*, von dem unser Wort »Idiot« abgeleitet ist. Individuelles Leben war wenig wert und konnte im Bedarf geopfert werden. In diesem System wurde einzelnen nur Wert beigemessen, wenn sie die Kollektivideale verkörperten und verwirklichten. Ein erfolgreicher Kampf brachte öffentliche Anerkennung. Der Held war Eroberer. Umgekehrt wurden Individualität und individuelles Verhalten (was wir jetzt Ich-Stärke nennen) dadurch entwickelt, daß mit Willenskraft Impulse, instinkthafte Bedürfnisse, Verlangen und Empfindlichkeiten unterdrückt wurden. Kurzum, individuelle Gefühle und Motivationen des Verhaltens wurden so kanalisiert, daß eine Übereinstimmung mit dem kulturell gebilligten Wertsystem erreicht wurde. Tugend wurde als Tapferkeit und Selbstkontrolle aufgefaßt, die den von Kirche, Staat und Gemeinschaft verkündeten Geboten Gottes gehorchte. Das Christentum verstärkte die Vorstellung einer individuellen Seele, eines

Gewissens, wenn auch nur abstrakt. Das wirkliche Kriterium für den Wert jeder Seele war ihr Gehorsam gegenüber den kollektiven Regeln. *Extra ecclesiam nulla salus*: außerhalb der Kirche (und ihrer Gesetze) ist kein Heil. Ich-Stärke nahm die Bedeutung von Selbstkontrolle an, im Sinne des patriarchalen, androlatrischen Wertmaßstabs, der auf Handeln, Leisten, Beherrschen, Trennen, Befehlen, Verbieten und Verneinung der eigenen Bedürfnisse beruhte. »Du sollst« und »Du sollst nicht« wurden den widerspenstigen, naturhaften und spontanen Instinkten und Emotionen aufgezwungen. Subjektive, also individuelle Emotionen und Gefühle wurden für unvernünftig und störend gehalten und rücksichtslos unterdrückt.

Das Tun wurde von den Gesetzes- und Verhaltensnormen her beurteilt. Selbst die Liebe wurde zum Gebot: »Liebe deinen Nächsten wie dich selbst.« – »Du sollst den Herrn, deinen Gott, liebhaben von ganzem Herzen, von ganzer Seele, von allem Vermögen.« (5. Mose 5, 6). Und »Das ist mein Gebot, daß ihr euch untereinander liebet« (Johannes 15, 12). Wille und Vernunft sollten die spontane Emotion meistern und dafür sorgen, daß die kollektiven Verhaltensregeln eingehalten wurden. Da das Gesetz die Äußerungen der Aggression und des Eros regelte, entsprach es auf der sozialen Ebene den aggressionshemmenden Ritualen der Tiere und dem Tabu der magischen Primitivgesellschaft. Das Gesetz der Agape wurde Ares und Eros aufgezwungen. Eros steht für natürliches Bedürfnis und Leidenschaft, läßt Verlangen entstehen und ist potentiell destruktiv, weil er der Sohn der dunklen Mutter Medusa ist und der verführerischen Venus hilft. Für die Welt des Gesetzes ist er ein ungebärdiger Störenfried. Folglich wurde in der Spätantike und im Frühmittelalter eine Leidenschaft gewöhnlich für eine Katastrophe angesehen, nicht als große emotionale Erfahrung. So stellte die jüdisch-christliche Kultur das »Gesetz der Liebe« an die Stelle des ungebärdigen Eros, der gemeinsam mit Pan-Dionysos in die Verbannung geschickt wurde. Später wurde er durch versüßlichte Sentimentalität kastriert. Die Agape, die Liebe der Goldenen Regel, die vernünftige Fürsorge für die anderen, wird Gesetz und soll auf das eigentliche Fühlen keine Rücksicht nehmen. »Wer ein Weib ansieht, ihrer zu begehren, der hat schon mit ihr die Ehe gebrochen in seinem Herzen« (Matthäus 5, 28). »Und so dich dein Auge ärgert, reiß es aus und wirf's von dir. Es ist besser, daß du einäugig zum Leben eingehest, denn daß du zwei Augen habest und werdest in das höllische Feuer geworfen« (Matthäus 18, 9).

Die gleiche repressive Disziplinierung des Ich durch das Über-Ich wird auch von anderen gefordert. Die Inquisition folterte und tötete die Ketzer als Akt der christlichen Agape: damit ihre unsterbliche Seele gerettet werde. Aus dem gleichen Grund wurde von den normalen Menschen erwartet, daß sie sich kasteiten, um die fleischlichen Begierden zu überwinden und höchste Tugend zu erreichen. Irdisches Leben galt als sündhaft. Durch harte Arbeit und grimmige Nützlichkeit war es zu rechtfertigen (»Verflucht ist der Acker um deinetwillen ... Im Schweiße deines Angesichtes sollst du dein Brot essen.« – 1. Mose 3, 17 – 19). Von Plato und Aristoteles an und vor allem in der christlichen Theologie wurden Spiel und Verspieltheit mehr und mehr entwertet.

Die naturhaften Triebregungen, zugunsten von Vernunft und Gehorsam abgewertet, wurden nicht länger als etwas betrachtet, in dem sich das Göttliche äußerte. Die Säkularisierung der Natur führte weitergehend auch zur Säkularisierung der Materie, was wiederum eine Verteufelung von Freude und Genuß und eine Vergöttlichung von Arbeit und Leistung mit sich brachte, die puritanische Arbeitsethik. Als Gott schließlich tot war, wurde auch die Arbeit säkularisiert, und es gab nur noch tote Materie.

Das patriarchale Ich-Ideal stützte sich im wesentlichen auf drei Dinge: 1. den Willen zur Tüchtigkeit – »ich kann« und »wo ein Wille ist, ist auch ein Weg«; 2. Besitz – »das gehört mir«; und 3. Ehre, Ruhm und Ansehen in der Hierarchie der Gemeinschaft – »ich bin anerkannt und geachtet«. Das Gefühl des »ich kann« beruht auf der Fähigkeit, etwas zu leisten, auf Objekte, andere Menschen und die Umwelt einwirken zu können, was Stärke, Geschicklichkeit und Selbstvertrauen ausdrückt. Es schafft Identität, und zwar mit Hilfe von Willenseinsatz, Manipulation und Gewalt über das Objekt, mit einem Wort durch Aggression. Besitz erweitert und verankert das Gefühl der Identität durch Einverleibung des Objekts, macht das Leben bequem und sicher. Ehre und Ruhm stärken das *Ich bin*, weil sie Anerkennung durch die anderen bedeuten. Die Abhängigkeit der Kinder von Anerkennung und Bestätigung, und der Verlust der Sicherheit und Selbstachtung, wenn Ablehnung erfolgt, zeigen, wie sehr wir noch auf die Anerkennung durch andere Menschen und die Gesellschaft angewiesen sind. Auf dieser Ebene gründet das *Ich bin* Selbstachtung und Selbstvertrauen auf das Erwerben von Ruhm und Ehre und das Vermeiden von Schuld und Schande. Dafür müssen wir allerdings einen Preis zahlen, nämlich unsere sozial unerwünschten Bedürfnisse und Gefühle unterdrücken.

Das Bedürfnis nach einer nährenden, pflegenden Umgebung ist so stark, daß die körperliche Entwicklung von Kindern gefährdet ist, wenn diese Umgebung fehlt. Dieses Syndrom, das durch den Entzug sozialer Kontakte entsteht, ist sogar bei Affen nachgewiesen worden.[1] Wenn Annahme und Pflege fehlen, kommt es zu Selbstablehnung und dem Gefühl der Minderwertigkeit. Das allgemein menschliche Gefühl des Verlorenseins in einem fremden Kosmos wird verstärkt, weil man sich in der eigenen Familie und Gruppe hilflos und verlassen fühlt. Dies ist wahrscheinlich die Dynamik, die dem unterliegt, was Adler als Organminderwertigkeit erklärt, die psychologisch zum Minderwertigkeitskomplex und zu seiner Kompensation durch Machtstreben führt.

Wenn die drei Faktoren vereinigt und bis zum Höchstmaß gesteigert werden, schaffen sie ein Ich-Ideal, das auf aggressiver Stärke, Besitzstreben und Beifall beruht. Im Extremfall führen sie zu Streitsucht, Habgier, Selbstgerechtigkeit und rücksichtslosem Powerplay. Denn in einem vom Über-Ich beherrschten Kollektiv, das keinen Nonkonformismus zuläßt, kann sich der entstehende und ständig wachsende Drang nach Individualität und Trennung nur in einem *Mehr* der erlaubten Eigenschaften äußern, und nicht in einem Abweichen von ihnen. Die einzige Alternative ist die totale Auflehnung, die Weigerung, mitzumachen. Chronische Ablehnung der Bedürfnisse untergräbt unser Gefühl der Selbstachtung und führt zum Gefühl persönlicher Unzulänglichkeit, zur Kompensation mit Neid, Habgier und Machthunger, die übergroß werden, wenn die Durchsetzungskraft zu schwach ist. Wenn Anerkennung fehlt, fühlen wir uns als Person unwirklich und kraftlos. Wenn dieses Gefühl zunimmt und nicht erfolgreich durch das Gefühl von individuellem Machtzuwachs kompensiert werden kann, führen Leere und Ohnmacht zu Neid. Sie wecken den atavistisch tiefen Drang, eine Welt zu zerstören, die wir nicht zu unserer eigenen machen können, und in der wir uns bedroht, eingeengt und unterlegen vorkommen. Das Streben nach vorzüglicher Leistung, das aggressive Konkurrenzverhalten, die beide aus dem Drang nach Macht und Besitz entstehen, wurden im Patriarchat zu Tugenden erhoben und gefördert. Nonkonformismus galt als böse und verwerflich, führt nur zu Ketzerei und abweichendem Denken, egoistischem Verhalten und zur Identifizierung mit der Rolle des Sündenbocks. Die abweichenden und störenden Emotionen, Instinkte und Bedürfnisse werden gewöhnlich unterdrückt. Sie werden durch ein selbstgerechtes Gefühl der Sicherheit ersetzt, weil man mit Gott und der Gemeinschaft übereinstimmt und das Recht auf seiner Seite hat, was durch Ansehen und Besitz bewiesen wird. Die abgelehnten Eigenschaften und Tendenzen werden dann auf den

Ketzer, Feind, Juden, Schwarzen, auf die Frauen, auf alle projiziert, die zu Sündenböcken gemacht werden. Sie müssen unterworfen und vernichtet oder wenigstens in ihre Schranken gewiesen werden, damit sie die Tugendhaftigkeit der Gemeinschaft nicht untergraben. Da das Kompliment gewöhnlich von der anderen Seite ebenso heftig zurückgegeben wird, werden Menschen und Völker zu Feinden. Im Zeitalter der Kernkraft führt diese Art der Projektion zur ernsten Gefahr totaler Vernichtung.

Im strengen Bezugsrahmen der Gesetze werden gewisse Handlungen oder Unterlassungen ohne Rücksicht auf Umstände oder Motive grundsätzlich für gut oder schlecht erklärt. Töten ist zum Beispiel ein Verbrechen, auch wenn das Opfer an einer unheilbaren Krankheit leidet und extreme Schmerzen hat. Gesetzlich gestattet ist es nur, wenn das Opfer zum Feind der Gesellschaft oder des Staates erkärt wird. Ehebruch, »unnatürlicher« und vorehelicher Sex waren vor kurzem noch Todsünden. Der Autorität gehorsam sein war lobenswert, ganz gleich, wie unmoralisch die befohlene Handlung war.

Wenn es um die Frage geht, ob das Gesetz eingehalten oder dem individuellen Drang nachgegeben werden soll, kann es zu ernsten Gewissenskonflikten kommen. Im Umfeld von Gesetz und Tradition einerseits und individuellem Fühlen andererseits spielt sich in unserer Zeit der Konflikt zwischen der neuen Ethik des sich entfaltenden individuellen Gewissens und der alten Ethik des allgemein anerkannten Gesetzes hauptsächlich ab. Tatsache ist, daß unsere Wertungen noch stark vom Über-Ich bestimmt sind. Hinter unseren nonkonformistischen Ansichten mit ihrer modernistischen Terminologie verbergen sich nur allzu oft traditionelle Überzeugungen. Wir sind sexuell befreit, müssen den Sex aber dadurch rechtfertigen, daß wir ihn Erholung nennen. Wir möchten uns wirklich selbst erkennen, schämen uns aber dessen, was wir entdecken.

Wenn wir sehen können, wie sehr wir uns schuldig fühlen, wenn wir nach den traditionellen religiösen Vorstellungen »gesündigt« haben, wird uns klar, wie sehr wir noch dazu neigen, gut und böse im Sinne dieser Traditionen aufzufassen. Der quälendste Widerstreit der Werte entsteht, wenn das individuelle Gewissen zur traditionellen Moral nicht ja sagen kann.

Während des Zweiten Weltkriegs zum Beispiel war die Schlacht um Frankreich in der Schwebe, als der deutsche Oberbefehlshaber West um die Entscheidung rang, ob er dem Gefühl seines Gewissens folgen und sich dem Widerstand gegen Hitler anschließen oder seiner traditionellen Offiziersehre und dem Eid auf den Führer als Staatsoberhaupt treu bleiben sollte. Eine Entscheidung war ihm unmöglich, und er beging Selbstmord. Eine Gelegenheit, den ohnehin schon verlorenen Krieg zu verkürzen, war vertan. Graf Stauffenberg geriet in denselben Konflikt und suchte geistlichen Beistand beim Bischof von Berlin, bevor er seine Bombe in Hitlers Hauptquartier legte. Angeblich stand ihm der Bischof persönlich wohlwollend gegenüber, sagte aber, die Kirche könne sein Handeln nicht vergeben und ihm auch keine Absolution erteilen.[2] Der Bischof befand sich im selben unlösbaren Konflikt zwischen Kirchenrecht und der Stimme Gottes, die sich an den einzelnen wendet. In den Nürnberger Prozessen wurde zum ersten Mal von einem Gericht ausgesprochen, daß der Gehorsam gegenüber Gesetzen keine Entschuldigung für Handlungen sei, die mit dem Urteil von Gewissen und Moral (der jüdisch-christlichen Tradition) unvereinbar sind. Zum erstenmal in der Geschichte wurde der Ungehorsam gegenüber einem Gesetz, das individueller Moral, individuellen Gefühlswerten widersprach, gerichtlich sanktioniert. Bis dahin war die Vorstellung, daß es zwischen dem moralischen Empfinden eines einzelnen und den Gesetzen der Gemeinschaft einen Unterschied geben könne, der christlichen Tradition ein Greuel gewesen, so wie er es heute dem modernen Totalitarismus noch ist.

Genau an diesem Punkt zeigt der neue Mythos den Weg zum Verständnis des neuen Ethos. Die Kosmogonie, die sich auf einen persönlichen Gott und Weltschöpfer beruft, der seine Gebote erließ, hat an Glaubwürdigkeit verloren. Von außen auferlegte Gesetze haben für uns nichts *Numinoses* mehr. Ganz gleich, was geschehen mag, immer mehr von uns stellen Parzivals Frage. Wir möchten wissen, wem oder was diese Gesetze dienlich sind.

Die neue Weltsicht des Wassermann-Zeitalters, die sich in der Physik des zwanzigsten Jahrhunderts ankündigt, denkt nicht mehr in Begriffen wie dem eines isolierten Objekts zum Beispiel. Zu ihr gehört eher die Vorstellung eines kontinuierlichen Flusses von Prozessen, Schwingungsfeldern, Quantenimpulsen einer undefinierbaren, nichtmateriellen Substanz, bei der es sich vielleicht um ein universales Bewußtsein handelt, das allerdings vor dem ist, was *wir* Bewußtsein nennen. Es geht Energie und Materie voraus und führt zu beiden. Es ist ein aus sich selbst gelenktes Fließen, das Form gibt. In der Anschauung des modernen Mythos entstammen die dynamischen Kräfte unserer Welt nicht einem persönlichen Schöpfer oder Regisseur, der sie wie Objekte manipuliert. Die Welt lenkt sich selbst aus dem Innern, ist eine göttliche Immanenz, die in den drei Dimensionen des Raums und der vierten der Zeit tastend die Selbstverwirklichung sucht. Bewußtsein und Gewissen entdecken nun dieses Selbstgelenktsein. Sie nehmen Verbindung mit dem wiedererscheinenden Weiblichen auf, dem Yin als von innen gelenkter Bewußtheit mit seinem Aspekt der Wandlung, der Zeit. Das neue holistische Bewußtsein sieht das menschliche Dasein als einen Aspekt eines ganzheitlichen, kosmischen Organismus. Von daher gesehen ist das Gewissen eine dem Leben innewohnende und ihm zugrundeliegende Entwicklungsmöglichkeit, und nicht ein quasi zufälliges Nebenprodukt einer menschengeschaffenen Kultur. Das neue Gewissen wird aufgrund seiner Einfühlung in das tätig, was in jeder neuen Situation, mit der Zeit geboren werden will. Aus der Tiefe des dunklen Abgrunds heraus reagiert es feinfühlig auf die Ereignisstrukturen, auf das, was der *Amphora* des Wassermanns entströmt, auf die Anweisungen des Grals.

Wir sehen eine neue Vision entstehen, neue Einsichten, von denen wir uns keine Vorstellungen machen können. Oberflächlich gesehen mag es erscheinen, als ob zwischen einem aus dem Selbst heraus gelenkten Ich und persönlichen, willkürlichen Launen kaum ein Unterschied bestehe. Die innere Stimme läßt sich jedoch von der Launenhaftigkeit unterscheiden. Sie spricht aus den Tiefen der unbewußten Psyche zum Ich, welches sie subjektiv erlebt wie die vergleichbare Macht, die sich früher mit dem kollektiven, von Gott gegebenen Gesetz an die einzelnen wandte. Wir dürfen nicht vergessen, daß uns das »göttliche Gesetz« nicht direkt aus dem Himmel herabgereicht wurde, daß es weder von einer göttlichen noch irgendeiner engelsgleichen Person angeordnet wurde. Es war die Erkenntnis einer transpersonalen (wenn wir wollen: göttlichen) Notwendigkeit, die durch die Bewußtheit großer einzelner wie Hammurabi, Moses, Jesus und Mohammed der Kollektivpsyche einverleibt wurde. Forderungen des Über-Ich sind Ausdruck kollektiver psychischer Entwicklungen, zu denen sich die einzelne Psyche verhält wie ein Zweig zum Baum. Während der magischen, mythischen und mentalen Phasen waren sich die einzelnen nicht ausreichend bewußt über die innere Dynamik und auch nicht genügend psychologisch differenziert, um zu erkennen, daß die Quelle ethischer Forderungen aus der eigenen Seele fließt. So wurden die Gebote als von einem Gott draußen stammend erlebt, dem es noch mehr um soziale als um individuelle Bedürfnisse ging.

Das beginnt sich nun zu ändern. Die Gralssucher machen sich gemeinsam vom Hof König Artus' auf, doch wählt sich jeder einen eigenen Weg. Das innere Gewissen, das jetzt entdeckt sein will, ist individuell. Seine Werte und Forderungen können von Mensch zu Mensch verschieden sein.

Die Werte können im Widerspruch zu den Normen von Ich und Über-Ich stehen oder auch nicht. Aus der unbewußten Psyche taucht ein individuelles und zugleich autonomes, lenkendes Zentrum auf; Jung nannte es das Selbst, um es vom gewöhnlichen Gewissen des Ich zu unterscheiden. In der Psychologie des modernen Menschen macht es sich als neuer Instinkt und neues Bedürfnis fühlbar. Dem Zentrum und Selbst ist unsere ethische oder moralische Haltung dem Dasein gegenüber wichtig. Es entspringt nicht den Impulsen des Ich oder kollektiven Forderungen, sondern wendet sich in Träumen und durch emotionale, intuitive Triebregungen und Widerstände an das Ich. Es ist wie ein individuelles, aber nicht- oder überpersönliches Gewissen und verlangt eine psychologische Orientierung hin auf individuellen Sinn und Ziel des Lebens. Die Fähigkeit, sich für moralisches Fehlverhalten verantwortlich zu fühlen, ist ein Aspekt dieses archetypischen Bedürfnisses nach Sinn, und der unterscheidet die Psychologie des Menschen von der des Tieres. Diese individualisierte Feinfühligkeit für die Ethik besteht auf einem Erleben der Konflikte und öffnet uns dafür, weil sie in Konfliktsituationen individuelle Entscheidungen verlangt. Nachdem wir gelernt haben, uns durch Willenseinsatz und Einhaltung der Regeln zu kontrollieren, müssen wir nun lernen, auf eigene Gefahr individuelle Entscheidungen zu treffen. Das Gewissen, die innere Stimme, ist eine neue Dimension der Sinnfindung, deren Forderungen an das Ich nicht weniger bedeutsam sind als jene, die Über-Ich und Kollektivmoral stellten. Individuelle Ethik und Kollektivmoral sind *beide* Teile des sozialen und kulturellen Geflechts; sie müssen beide primär aus der menschlichen Psyche aufsteigend und nicht als bloß von außen durch die Kultur aufgezwungen gesehen werden. Die Beziehung zwischen den einzelnen und der Kollektivpsyche ist jetzt dialektischer Natur, ist eine sich ergänzende Polarisierung. Die Einmaligkeit der einzelnen entsteht durch die Entdeckung eigener Synthesen aus der These der Forderungen des Über-Ich und der Antithese innerer Werte und Bedürfnisse, der inneren Stimme. Aufgrund dieser dialektischen Spannung von individuellen und kollektiven Werten wird die Suche nach dem Gral, dem Sinn des eigenen Lebens, der Selbst-Identität unternommen.

Die individuellen Antithesen zu den kollektiven Themen stellen Herausforderungen dar, die schließlich zu einer kritischen Beurteilung und Erneuerung der Kollektivnormen führen. Wenn das Ich zunehmend vom Selbst und weniger vom Kollektiven bestimmt ist, modifiziert es bewußt die Normen des kollektiven Über-Ich, statt sie wie in der Vergangenheit unbewußt zu akzeptieren. Diese neuen Normen sind die Forderungen des

Über-Ich für folgende Generationen, müssen wiederum ergänzt, in Frage gestellt und durch neue Antithesen individueller Gewissen umgeformt werden.

Insofern beruht die ethische Entscheidung auf innerer Erfahrung, da sie einer Prüfung durch die innere autonome Stimme unterliegt. Wenn wir Zwangslagen, Entscheidungen und auch einfache Situationen richtig einschätzen wollen, müssen wir sie durchleben und erfahren, ebenso wie die Reaktionen des Gewissens. Diese Beurteilung kann nicht durch gesetzgeberische Maßnahmen vorweggenommen werden. Zur Erfahrung gehört aber, daß wir Risiken auf uns nehmen. Die Unschuld bewahren wollen, indem wir Risiken und Irrtümer scheuen, ist nichts anders, als der Entdeckung des eigenen Gewissens aus dem Weg zu gehen. Was in der Vergangenheit für Tugend und Rechtschaffenheit angesehen wurde, erscheint uns jetzt eher als blinde Fügsamkeit, ja als moralische Feigheit, wenn sie sich auf ein Ausweichen vor individueller Erfahrung, vor Fehlern und Gefühlen gründen.

Wenn das rationale Bewußtsein in Fühlung mit den Signalen des Selbst sein möchte, die das Gewissen ordnen wollen, muß es eine neue Fähigkeit entwickeln. Es muß lernen, die Anstöße und Warnungen des Selbst zu empfangen und zu enträtseln, die aus nichtrationalen, bis jetzt unbewußten Quellen aufsteigen. Ein erster Schritt in diese Richtung ist von der jungianischen Tiefenpsychologie gemacht worden, besonders was die Entschlüsselung der Botschaften betrifft, die sich in Träumen, Phantasien und Aktiver Imagination finden. Eine Darstellung technischer Einzelheiten dieser Methodik würde hier zu weit führen. Einige Punkte möchte ich jedoch herausheben.

Das Verständnis und die Deutung der Träume oder Phantasien wird beträchtlich erleichtert oder manchmal sogar erst ermöglicht, wenn andere Menschen als Resonanzboden helfen und Fragen stellen. Sie teilen als Außenstehende ihre Ansichten über die Aspekte mit, die die Träumer nicht sehen können, auch wenn sie die Botschaft des Traums theoretisch verstehen. In der heutigen psychotherapeutischen Praxis übernehmen Therapeut oder Gruppenmitglieder diese Rolle. Aber auch feinfühlige, vertraute Freunde, die in Verbindung mit der unbewußten Dimension sind, können helfen. Bei der Methode werden Fragen gestellt, Informationen und Assoziationen ans Licht gebracht, Reaktionen gezeigt. Diese Urteile, auch wenn sie vom Therapeuten kommen, dürfen natürlich nicht unkritisch übernommen werden. Das eigene Aha-Erlebnis ist der beste Hinweis.

Zum zweiten ist zu beachten, daß die Stimme des Unbewußten weder eine Spiegelung von Ich-Wünschen noch ein verinnerlichtes Über-Ich ist. Sie sagt uns nicht, was wir tun oder lassen sollen, sondern zeigt uns in Bildern, wo wir stehen. Sie läßt uns das Wesen des Dilemmas erkennen und auch, wohin es führen wird, wenn wir unseren Motivationen folgen. Sie zeigt uns jene Eigenschaften, die uns lenken oder in die Irre führen, und die wir nicht deutlich sehen. Das Unbewußte stellt dies alles in Symbolen und Gleichnissen dar und überläßt es uns, Schlüsse zu ziehen. Auf diese Weise wird eine neue Fähigkeit, die ich ethische Intuition nennen möchte, ausgebildet.

Ein Beispiel wäre ein Traum, den ein Patient Jungs hatte, der sich Gedanken über ein bestimmtes geschäftliches Vorhaben machte. Er träumte, seine Hände seien mit schwarzem Schlamm bedeckt. Der Traum lenkte seine Aufmerksamkeit auf zwielichtige Aspekte des geplanten Unternehmens, die er vorher nicht hatte sehen wollen. Er begriff nun, daß er sich die Hände »schmutzig« machen würde und beschloß, sich zurückzuziehen.

Freilich führen uns die Träume gewöhnlich verwickeltere dramatische Darstellungen unserer inneren Dynamik vor. Dabei hilft uns der Gedanke, daß sie als dramatische Schilderungen wahrgenommen werden können, die zu uns in der Form eines *als ob* sprechen: »Deine Situation, (oder häufiger) deine innere Haltung – die du nicht vollständig siehst, aber verstehen mußt – ist, als ob ...« Dann folgt das Bild oder die Botschaft. Sie sprechen immer das an, wofür wir blind sind. Da es bei diesen Botschaften meistens um die Entfaltung der Bewußtheit geht, sind sie eher darauf angelegt, unser Selbstverständnis zu korrigieren, als auf äußere Faktoren hinzuweisen. Die meisten Träume ergeben nur wenig Sinn, wenn wir sie auf äußere Situationen übertragen. Daran müssen wir uns vor allem dann erinnern, wenn ein Traum scheinbar eine Haltung oder Überzeugung bestätigt, die im bewußten Ich schon fest verankert ist. Ein Traum, der mich zum Beispiel vor der Niedertracht von X warnt, kann durchaus auf eine äußere Situation hinweisen, über die ich im Bilde sein sollte, vor allem dann, wenn ich mir der Lage nicht genau bewußt bin. Wenn mir aber die reale oder eingebildete Niederträchtigkeit von X ganz klar ist, zeigt mir die Botschaft des Traums vermutlich meine Projektion auf X. Der Traum führt mir jene Seite meiner Persönlichkeit vor Augen, die dem Bild entspricht, das ich von X habe, nämlich meine eigene Niedertracht.

Die Botschaften verstehen wir am besten, wenn wir uns in die Personen der Handlung und die Situation eines Traumes oder einer Phantasie meditativ einfühlen und sie als Kräfte in uns erleben. Einige Beispiele werden das verdeutlichen. Ein Traum: »Ich fahre einen Berg hinauf, aber die Straße ist von einem Reiter und seinem Pferd versperrt. Er macht die Weiterfahrt so gut wie unmöglich, und es würde zu einem Unfall kommen, wenn ich nicht langsamer fahre.« Als sich der Träumer als der Reiter auf dem Pferd sah, wurde er von großer Ungeduld erfaßt. Er fühlte sich wie ein Ritter in schimmernder Rüstung, voller Stolz und hochfliegendem Idealismus. Die Botschaft lautet, daß der Fortschritt des Träumers von seinem unrealistischen Idealismus und übersteigerten Stolz verhindert wird. Seine Impulsivität und Ungeduld stellen wirklich eine Gefahr für ihn dar. Das Fahren deutet auf die Verfolgung seiner Lebensziele hin.

In einem weiteren Traum sah sich der Mann als Mitfahrer in einem schwarzen Wagen, den ein Herr A mit Hilfe eines Fräulein B steuerte. Als der Träumer nachsann, meinte er: »Es kann nicht gutgehen. Ich steige lieber rasch aus. Ich bin zu sehr von Fräulein B fasziniert.« Das schwarze Auto erschien ihm deprimierend wie ein Leichenwagen. Er fühlte, daß Herr A ein rücksichtsloser Perfektionist und Fräulein B eine schmollende, trübsinnige Prinzessin waren. Der pessimistische Gang des Träumers durchs Leben (das Automobil steht für das, was sich aus eigener Kraft bewegt) und seine depressive Haltung erweisen sich hier als von einem unrealistischen Perfektionismus bestimmt, zu dem eine schmollende, trübsinnige Art des Reagierens gehört, wenn seine Erwartungen nicht erfüllt werden. Das kann nicht gut enden, aber er ist so in seine Haltung verliebt, daß er nicht aus ihr herausfindet.

Ein weiterer Traum: »Herr Y will sich in eine Sandburg am Strand zurückziehen.« Herr Y wurde als unpraktisch denkender Idealist gesehen, der Schwierigkeiten hat, mit den Menschen zurechtzukommen. Der Träumer hatte als Kind oft Sandburgen am Strand gebaut, die er in Gedanken mit Soldaten, Rittern, Königen und Ungeheuern bevölkerte. Sandburgen sind zu klein für wirkliche Menschen. So wird gezeigt, wie sich der unpraktische Idealist gern in die kindliche Phantasiewelt zurückziehen möchte.

Diese Träume zielen vor allem darauf ab, dem einzelnen die existentielle Situation vor Augen zu führen, für die es ihm an Verständnis mangelt. Eine direkte Darstellung eines moralischen Dilemmas zusammen mit einem Eingreifen der Stimme des Gewissens zeigen zwei Träume verschiedener Menschen, die sich in einer vergleichsweise ähnlichen Lage befanden.

Der erste hatte sich entschlossen, Frau und Kinder zu verlassen, um ein reiches Mädchen zu heiraten, das um einiges jünger war. Als er den Entschluß gefaßt hatte, träumte er, er wolle eine Reise nach einem abgelegenen Ziel antreten. Als er übereilt aufbrach, kam er an einer Gruppe respekteinflößender älterer Männer vorüber, die mißbilligend die Köpfe schüttelten. Er gönnte ihnen aber keinen Blick, sondern hastete weiter. Plötzlich erschien aus den Wolken heraus eine riesige Hand und schob ihn an seinen Ausgangspunkt zurück.

Der Traum zeigte, daß der Träumer etwas vorhatte, was seinen gewohnten moralischen Normen völlig zuwiderlief. Er kann sich zwar über jene Kollektivnormen des Über-Ich, die hier als mißbilligende Alte auftreten, hinwegsetzen, doch etwas anderes, eine gewaltigere Kraft, die er bis jetzt übersehen hatte, greift vom Himmel her ein und hindert ihn, weiterzumachen. Wir können diese Kraft den inneren Richter, das Gewissen nennen, die moralische Integrität der Persönlichkeit, oder die Hand Gottes. Wir verwenden bloß verschiedene Worte oder Begriffe für eine im wesentlichen unerkennbare Kraft, die andererseits in der Lage ist, für ernste psychologische Schwierigkeiten zu sorgen, wenn sie nicht beachtet wird.

Wir könnten uns mit Recht fragen, ob der Traum den Träumer nicht mit seinem Wunsch konfrontiert, »auszusteigen«, indem er eine Rationalisierung anbietet, die auf die Religion zurückgreift. Gelegentlich kommt es zu diesem Rationalisieren, und der Wunsch, auszusteigen, wäre dann das moralische Problem, das eine Lösung verlangt. Meistens führt der Traum einen Gesichtspunkt vor Augen, der sich mit den bewußten Ansichten und Wünschen des Träumers nicht verträgt oder gar unannehmbar ist. Er zeigt so eine Zwangslage, in der eine Wahl getroffen werden muß, wo der bewußte Blick nur eine einfache Entscheidung sah. In diesem Fall wird der einseitigen Bereitschaft, ein Risiko einzugehen, etwas entgegengesetzt: das Gewissen verbündet sich mit dem Über-Ich.

Ein anderes Beispiel zeigt die entgegengesetzte Situation. Ein junger Mann träumte, daß ihn ein Polizist aufzuhalten suchte, als er einen wunderschönen Obstgarten betreten wollte. Er ging trotzdem hinein. Als er sich aber eine saftige Frucht pflücken wollte, ließ ihn eine Schlange zurückschrecken, die sich um den Ast ringelte, und wie er zurückfuhr, biß ihn die Schlange.

Hier neigte der Träumer dazu, auf Nummer Sicher zu gehen, einen Bogen um das Risiko der Schlange im Paradies zu machen, die ihm zur Erkenntnis verhilft, was gut und böse ist, allerdings um den Preis, daß er sich nicht mehr an das göttliche Gebot des kollektiven Tabu »Du sollst nicht« halten kann. Wissen (das Wachstum des Bewußtseins) kostet Mühe, bringt auch Leiden; dabei verlieren wir unsere paradiesische Unschuld. Die Weigerung des Träumers, das Leben mutiger anzugehen, wird hier auf zwei Quellen zurückgeführt – auf den Polizisten, den Wächter des kollektiven Über-Ich, an dem er vorbeikommt, und die Furcht vor der Schlange, die sich als verhängnisvoll erweist. Das Über-Ich sagt ohne weiteres »Halte dich fern«, doch der Lebenswille, durch die Schlange dargestellt, die hier mit dem wahren Gewissen gleichgesetzt werden könnte, spricht: »Geh das Risiko ein.« Der Traum zeigt, daß seine Angst, Risiken einzugehen oder tatsächlich zu überprüfen, wie weit sein Widerstand gegen akzeptierte Normen trägt (wobei er denkt, er habe sich von ihnen befreit), genau zu den Schwierigkeiten führt, die er umgehen will, weil er sie fürchtet.

Eine Schlange greift gewöhnlich nur an, wenn sie sich gestört fühlt. In diesem Traum war es genau der Fluchtversuch, der wider Erwarten den Angriff auslöste. Und eben darin liegt die Botschaft des Traumes. In allen Kulturen, die der jüdisch-christlichen Tradition vorausgingen, stand die Schlange für das Gift wie das Heilmittel und war ein Symbol der Heilung und Erneuerung. Wenn wir uns der Gefahr nicht stellen, zeigt sich wie in diesem Traum ihre destruktive Seite.

Das führende Zentrum äußert sich so, *als ob* es eine Autorität wäre, die verlangt, daß wir einen persönlichen Mythos, ein Schicksal akzeptieren und verwirklichen. Es ruft dazu auf, den Sinn, die Wichtigkeit einer Ethik zu entdecken (immer auf die Gefahr des Irrtums hin), und sich nicht blind an ein vorgefertigtes, sicheres Moralsystem zu halten. Wir verlassen endlich den Ersatzgarten von Eden, in dem uns das Über-Ich schlecht und recht bis jetzt festhielt. Die unbewußte Führung sagt uns selten, wenn überhaupt, was wir tun oder lassen sollen. Es stellt kein Gesetz vor uns hin, übt keinen Zwang aus. Es weist eher auf die mutmaßlichen Auswirkungen unseres geplanten Handelns hin und überläßt uns die Entscheidung. Meistens geht es um eine Wahl zwischen Emotionen oder moralischen Verpflichtungen, die sich gegenseitig ausschließen.

Diesem Tiefenzentrum ist anscheinend die Suche an sich wichtig, und nicht so sehr, ob wir das Rechte tun und uns an die Normen halten. Wichtig ist ihm, was geschieht und wohin es führt. Es trägt Sorge, daß wir Dilemma und Konflikt bewußt erleben und uns darin üben, die Gefühle zu unterscheiden, uns einzufühlen und die moralische Intuition auszubilden.

Erst wenn bewußter Maßstab und Absicht, unbewußte Wünsche wie Ängste und die unbewußte »Stimme Gottes«, die ethisch urteilt, übereinstimmen, kann eine Entscheidung getroffen werden, die die ganze Person wirklich angeht und sie bestätigt. Zu diesem Prozeß gehört das Warten, bis ein Bild, eine Phantasie aus den Tiefen aufsteigt, die einen Einklang schafft und vom Ich weder erfunden noch erzwungen werden kann. Die Antwort beginnt zu keimen, und das Ich umsorgt sie wie eine Hebamme, wartet, bis die Zeit gekommen ist.

Unter der Herrschaft des Patriarchats mußte die magische Ebene verschüttet werden. Wir entdecken sie nun wieder und erkennen, daß wir alles, was wir unseren Nächsten tun, uns selbst tun. In unserer Zeit ist folglich die Ethik der Goldenen Regel keine nur soziale Notwendigkeit mehr. Von ihr hängen unser psychologisches Wachstum, unsere Entwicklungsstufe als Menschen und die Integrität unseres Fühlens ab. Wie wir uns fühlen und mit uns selbst umgehen, so tun wir auch anderen. Wir bewundern und schätzen an ihnen, was wir selbst gern wären. Wir hassen und bekämpfen sie wegen jener realen oder eingebildeten Mängel, die wir an uns selbst nicht mögen und nach außen projizieren. Mit dem Versuch, die anderen zu zerstören, machen wir Möglichkeiten des Wachstums in uns zunichte. Der Sündenbock, den wir verstoßen möchten, ist in uns selbst und wartet auf Erlösung.

Zur Goldenen Regel wurde früher gefragt: »Wer ist denn mein Nächster?« (Lukas 10, 29). Wir müssen jetzt fragen: »Wer bin ich?« und »Wie liebe ich mich selbst?« Denn so bin ich, ob ich will oder nicht, gezwungen, meinen Nächsten zu lieben. Das Patriarchat hat uns leider herzlich wenig Liebe für uns selbst beigebracht. Selbstliebe und Beachtung der eigenen Bedürfnisse wurden als Schwäche, Egoismus, Hochmut, Eitelkeit, Narzißmus mißbilligt (auch in der frühen Psychoanalyse noch!). Uns wurde nur beigebracht, »selbstlos« zu sein, unseren Wünschen und Bedürfnissen, vor allem unserem Körper, unseren Sinnen, unserem Fühlen nicht zu trauen, sie unbeachtet zu lassen, sie zu verdrängen; das alles natürlich zur Rettung unserer Seelen und in Übereinstimmung mit den kollektiven Verhaltensnormen. Da uns beigebracht wurde, unsere unangepaßte, individuelle innere Wirklichkeit zu verdrängen, haben wir auch gelernt, unsere Mitmenschen zu unterdrücken, gegen sie zu kämpfen und sie zu zwingen, sich um Himmels willen zu benehmen. Um Demokratie, soziale Gerechtigkeit, Freiheit und sonst noch so einiges zu erhalten, sind wir bereit, den Feind zu vernichten, und uns gleich mit. Wenn wir je friedlich miteinander leben wollen, müssen wir entdecken, wie wir im Frieden mit uns selbst sein können, damit wir Ja zum inneren Feind oder Sündenbock sagen und mit ihm leben. Wir werden lernen müssen, gut mit uns umzugehen und unsere Schwächen und Laster hinzunehmen, was nicht bedeutet, daß wir ihnen nachgeben. Wir sehen dann, daß sie tatsächlich Wachstum und angemessene Beziehungen verhindern, auch wenn sie an sich weder schlecht noch sündhaft sind. Sie wollen nicht unterdrückt, sondern umgewandelt werden. Psychische »Hygiene« bedeutet, daß wir uns selbst entdecken und akzeptieren. Unbewußte, unterdrückte Kräfte neigen nämlich dazu, zwanghaft und zerstörerisch auszubrechen und alle guten Absichten über den Haufen zu werfen. Es ist daher wichtig, Unterdrückung nicht mit bewußt gewollter Disziplin und Einschränkung des Ausagierens zu verwechseln. Eine Funktion des menschlichen Bewußtseins besteht darin, anscheinend unangemessenes Handeln zu verhindern. Unterdrückung ist andererseits ein Verlust an Bewußtheit, ein instinktives Leugnen dessen, was wir für schlecht halten. Sie verhindert das Handeln nicht, versucht aber, das Gefühl auszuschalten. Dieser Versuch treibt es lediglich in den Untergrund, wo es als unbewußter Motivationsimpuls weiterlebt. Statt uns über den inneren Zustand zu unterrichten, zwingt es uns, etwas zu tun, was wir eigentlich nicht wollten.

Kein Impuls, keine Motivation ist freilich für sich genommen gut oder schlecht. Entscheidend ist, wie wir mit ihnen in einer bestimmten Situation umgehen. Zorn und Haß sind frustriertes und latentes Selbstbewußtsein. Neid zeigt, daß Leben und Welt durch eigenständige Initiative ergriffen werden müssen. Stolz weist auf fehlende oder falsch gelagerte Selbstachtung hin. Destruktive Eigenschaften sind Zeichen eines instinktiven Drangs, der ändern und umstrukturieren will. Hinter der Faulheit verbirgt sich ein undiszipliniertes Bedürfnis nach meditativem Abwarten und Reifen, bis Handeln möglich ist. Gefräßigkeit ist die primitiv übertriebene Sehnsucht nach sinnlichem Genuß und Lebensbejahung.

Wenn diese verborgenen Triebe schlicht als Laster unterdrückt werden, wirken sie als persönliche wie gesellschaftliche Stolpersteine. Werden sie erkannt, diszipliniert und in ihrem Zusammenhang wie im Hinblick auf ihre Folgen wahrgenommen, können sie Trittsteine werden, die zu Wachstum führen. Wenn irgend etwas als absolut böse angesehen werden kann, dann die willentliche Weigerung, mit dem lebendigen Drang nach Wachstum und Reifung in uns und anderen zusammenzuarbeiten, ebenso die bewußte Absicht, andere um einer persönlichen Befriedigung willen zu vernichten oder ihnen wehzutun. Kann sein, daß sogar auch hier dem Leben auf eine Weise gedient ist, die wir unmöglich ausloten können.[3]

Gut und böse sind gefühlsbetonte Wertungen, die uns aus der Tiefe der Psyche heraus erreichen. Es gibt aber keine festen Normen, die uns ermöglichen, in jeder gegebenen Situation rational vorauszusagen, ob sie zu etwas Gutem oder Schlechtem führt.

Das Urteil des Gefühls aus dem Unbewußten spricht uns im Gewissen an. Wir können uns in der Wahrnehmung des Gewissens täuschen; wir können zur Konvention gewordene Normen mit den tiefsten Einsichten verwechseln, die den unbewußten Grundlagen der Persönlichkeit entstammen.

Uns bleibt nur, die Herausforderung anzunehmen, wie Gawan oder Parzival auf die Suche, auf Entdeckungsfahrt zu gehen, auf eigene Gefahr hin zu experimentieren und zu erleben. Es gibt kein sicheres und zweifelsfreies Regelwerk, das uns vor dem Bösen, vor der Schuld bewahren kann. Nur wenn wir unsere Schattenseiten kennenlernen, weil wir uns auf Risiken einlassen und mit uns und der jeweiligen Situation experimentieren, können wir herausfinden, was für uns richtig oder falsch ist. Unsere Beweggründe sind immer selbstsüchtig und selbstlos zugleich, konstruktiv und destruktiv. Wenn wir Risiken eingehen und bereit sind, für unser Tun, unsere Fehler Verantwortung zu übernehmen, können wir unsere Motivationen aufdecken und forschend betrachten. Wir sind nicht verantwortlich für das, was wir *sind*. Verantworten *müssen* wir uns aber, wenn wir nicht *sehen* wollen, was wir sind und was wir mit uns anfangen könnten. Willensfreiheit entdecken wir, wenn wir unsere gegebene Situation als Menschen wahrnehmen und nicht grollend resignieren, sondern sie akzeptieren, indem wir uns zur schöpferischen Wandlung bekennen. Wenn wir resignieren, erkennen wir zwar die tatsächliche Lage an, behaupten aber, wegen der widrigen Umstände nichts tun zu können. Das führt zu Flucht oder Aufgeben. Dann kommt es zu Protest und Mißgunst, Trägheit und Selbstmitleid, und wir identifizieren uns mit dem Sündenbock.

Wenn wir andererseits die inneren und äußeren, guten wie schlechten Umstände der Situation akzeptieren, sind sie für uns das Rohmaterial, mit dem wir experimentieren und etwas Neues beginnen können. Das gleicht der Haltung des Spielers, der sich mit Geschick und Unternehmungslust den Karten widmet, die an ihn ausgeteilt wurden, und nicht jammert, sich hilflos fühlt, weil das Schicksal ihm kein besseres Blatt zukommen ließ. Die Lust am Spiel des Lebens entdecken wir, wenn wir unsere Geschicklichkeit mit schlechten wie mit guten Karten oder Eigenschaften, Partnern und Beziehungen auf die Probe stellen. Allerdings ist das leider leichter gesagt als getan.

Das Gefühl der Eigenverantwortlichkeit kann freilich auch in Anfälle von Egoismus und Selbstverherrlichung ausarten, wenn das Gefühl überhand nimmt, wir könnten mit jeder Situation zurechtkommen, und zwar allein. Wir alle haben Grenzen. Entdecken können wir sie nur, wenn wir versagen: in der Erfahrung, sich zu sehr oder zu wenig bemüht zu haben, zu viel oder nicht genug riskiert zu haben, und schließlich auch im Stehen- und Steckenbleiben, wenn wir nicht riskieren wollen, vom Mittelweg abzuweichen. Der Versuch, in vollkommenem Gleichgewicht zu verharren, belastet uns mit Unbeweglichkeit und Härte und stellt sich schließlich als unmöglich heraus. Er ist nichts als das Bemühen, sich das Leben vom Leib zu halten. Helfen kann uns nur ein lebendiges Gleichgewicht, das nicht zu viel und nicht zu wenig schwankt. Was zuviel oder zuwenig ist, entdecken wir erst im nachhinein: durch Versuche, Risiken, Fühlen und Beachten der Intuition. Wenn wir unsere Kräfte bis zum äußersten anspannen, erkennen wir unsere Fähigkeiten und Grenzen. Wir brauchen Freunde und Feinde, die uns zeigen, was wir nicht sehen können, Freunde, die zu uns halten, wenn wir unsere unvermeidlichen Fehler machen.

Den Segen des Grals erhalten wir, wenn wir in dieser neuen Phase des menschlichen Bewußtseins der Herausforderung der Suche gewissenhaft gerecht werden. Frühere Generationen lebten im Schutz der Illusion, daß Schicksal und Leben durch rechtes Handeln gemeistert werden könnten, daß Elend auf einem Versagen beruhen muß, das zumindest prinzipiell durch die richtige Einstellung korrigiert werden könne. Unsere Aufgabe dagegen scheint zu sein, direkt in den Abgrund zu blicken und ihn zu bejahen, ohne Gelassenheit und Mitgefühl zu verlieren. Wir müssen lernen, mit dem Abgründigen zu leben und es uns bereitwillig zu eigen zu machen. Dabei fällt uns das Gleichnis Buddhas ein, das von einem Mann erzählt, der von einem hungrigen Tiger verfolgt wird und sich an eine wilde Kletterpflanze über einem Abgrund klammert. Er sieht unten einen zweiten Tiger warten, über sich den hungrigen, und zwei Mäuse, eine weiße und eine schwarze, die an der Ranke nagen, die ihn trägt. Der Mann entdeckt in seiner Nähe eine saftige Erdbeere. Er hält sich mit einer Hand fest und pflückt mit der anderen die Frucht. Wie süß sie schmeckt! Sich dem Leben anzuvertrauen, zu ihm ja zu sagen auch angesichts der härtesten Realität kann die Aufgabe der neuen Helden sein. In dieser Weise erhalten Spiel und Spielen einen neuen Wert, nachdem das Patriarchat sie verboten und trivialisiert hatte.

Spiel ist Ritual, Forschen und Experimentieren. Wenn es um seiner selbst willen und nicht zu einem Zwecke oder auf ein Ziel hin gespielt wird, entfaltet sich sein bester Sinn. Spiel heißt, sich im Hier und Jetzt selbst zu entdecken. Es ist spontan, kennt aber eine eigene Disziplin. Es hat Leichtigkeit, kann aber leidenschaftlich werden. Es ist die Entdekkung unserer Möglichkeiten, Fähigkeiten und Grenzen und der Freude an ihnen. Viele große Entdeckungen, auch in der Wissenschaft, waren das Ergebnis intensiver Anstrengung und freudiger, spielerischer Neugier.

Die Freude am Spiel wächst mit der Fähigkeit, die Qualität der sich entfaltenden Zeitstrukturen auszukosten. Die Spieler entdecken nicht nur Sinn, sondern auch Gefühlsnuancen: persönliche Werte, Freude und Schmerz, Erfolg und Enttäuschung. Im Wechselspiel von Ich und Welt, von Ich und Du wird die enorme Weite der Affektmöglichkeiten offenbar. Spiel ist die Yin-Seite des Erforschens, so wie Forschen, Experimentieren und Entdecken die Yang-Seite von Spiel, Freude und Fühlen sind.

Wir haben schon geschildert, wie die neuen psychologischen Archetypen des Yang sich im Forschen und Experimentieren und weniger im Urteilen und Leisten äußern. Die neue archetypische Ausrichtung des Yin zeigt sich in der Differenzierung persönlicher und zwischenmenschlicher Gefühlswerte, die das Spielerische betont, und nicht so sehr eine sich unterordnende Empfänglichkeit.

Im Patriarchat mußte das Leben ernst und hart sein. Das Spiel brauchte eine Rechtfertigung, entweder als Vorbereitung auf das Leben oder als Ausbildung in den Kriegskünsten, als Erholung, um morgen besser arbeiten zu können. Eine spielerische Lebenshaltung war nie erlaubt und auch unser Verhältnis zum Körper durfte nicht spielerisch sein. Empfohlen wurde höchstens das »Vorspiel«, um die sexuelle Leistung zu steigern. In gynolatrischen Kulturen ließen die Beziehungen zwischen den Geschlechtern auch die Freiheit zu, mit dem Körper zu spielen, die Sexualität als heilig zu erleben. Die Frauen waren nicht nur als Priesterinnen der Göttin aktiv, die die Mysterien von Leben und Tod durch die körperliche Erfahrung vermittelten, sondern stellten auch Normen für zwischenmenschliches Verhalten auf und sahen auf ihre Einhaltung. Ich glaube, daß die Möglichkeit, menschliche Beziehungen auf der Basis gegenseitigen Vertrauens und Akzeptierens im Individuellen wie Kollektiven zu gestalten, von einer gegenseitigen Bejahung abhängt, und zwar angesichts elementarer menschlicher Gegebenheiten, die nicht geändert, sondern nur angenommen werden können, mit denen wir aber spielen und arbeiten können.

Tatsache ist, daß die Struktur unseres Charakters gegeben ist, daß wir sie nur modifizieren können, wenn wir mit ihr spielen und so ihre Möglichkeiten entdecken, statt bewußt in der Hoffnung gegen sie anzukämpfen, wir könnten uns bessern. Wir alle sind verletzbar. Wenn wir diese Tatsache anerkennen, können wir uns gegenseitig helfen, statt vorwurfsvoll zu sagen: »Das hättest du dir denken können« oder »Wieso hast du nicht?« Sobald die anklagende Haltung in einer Beziehung aufgegeben ist, können wir erkunden, wo die Schwierigkeiten liegen, wo wir zusammenpassen und wo nicht, und wie wir uns einspielen können.

Wenn wir unsere Verletzbarkeit bewußt in die Suche und Queste einbringen und aus ihr heraus weder Sündenböcke schaffen, noch anklagen und auch auf Vergeltung verzichten, kann eine neue Verhaltensweise entstehen, die menschliche Entsprechung zu den Befriedungszeremonien der Tiere, ihren Ritualen und Demutsgebärden. Sie kann vielleicht die neue Möglichkeit sein, Aggression zu kanalisieren. Dieser Prozeß verlangt Selbsterforschung, Selbstbejahung, ein Akzeptieren unserer weniger angenehmen Eigenschaften und Bedürfnisse, wie sie sind und mit Hinblick auf das, was aus ihnen vielleicht werden könnte. Das bedeutet, auch den anderen dasselbe zuzugestehen, bis an die Grenzen unserer Fähigkeit zu Teilnahme, Toleranz und Vertrauen. Nicht weil wir das tun *sollen*, sondern weil wir begreifen, die anderen sind ebenso hilflos wie wir, wenn sie sich zu besseren Menschen machen wollen. Das erfordert Vertrauen in die Fähigkeit, uns auf den Schmerz einlassen zu können, ohne zurückzuschlagen: Vertrauen in den eigenen elementaren Wert und die fürsorgliche Teilnahme der anderen. Dann kann gefragt werden: »Was können wir gemeinsam tun, was nicht?« – »Was fühlen wir angesichts der Dinge, die uns gemeinsam angehen?« und »Wie weit sind sie wünschenswert, erfreulich, tragbar oder unakzeptabel?« Erst dann können lebensfähige Formen der Wechselbeziehung gemeinsam erarbeitet werden, ohne Rücksicht auf Konventionen und Erwartungen, nur auf der Grundlage, daß zwischen verantwortlichen Erwachsenen in gegenseitiger Übereinstimmung »alles« möglich und erlaubt ist. Die gemeinsame Annahme und Bejahung in einer Beziehung entspricht dem, was wir oben als Übereinstimmung von äußeren Kollektivnormen, Forderungen und Ich-Wünschen mit der inneren Stimme schilderten. Beides verlangt Hinhören, Suchen, Austauschen, Bejahen, Spielen und Experimentieren. Die Zunahme analytischen Rollenspiels und der Gestaltarbeit in Encounter-Gruppen scheint mir ein Schritt in diese Richtung. Wenn die Gruppenarbeit zu einem Maximum an Hilfe führen soll, darf allerdings ein wesentliches Problem aller Gruppenbildungen nicht übersehen werden: daß nämlich eine kollektive Gruppennorm entsteht, die wie ein neues Über-Ich darauf abzielt, höchste Autorität zu sein. Das soll aufmerksam beachtet werden, ohne den Versuch zu machen, es zu vermeiden, denn *vermeiden* läßt es sich nicht. Die Entwicklung einer Über-Ich-Autorität ist ein eigenes, archetypisches, evolutionäres Prinzip der kollektiven Dynamik. Sie kann nicht umgangen, sondern nur erlebt und transzendiert werden. Einzelne, Paare und Gruppen müssen daher ihre Erwartungen, wie sich das Verhältnis zwischen den einzelnen und der Gruppenautorität gestalten soll, überprüfen und sehen, wie diese Vorstellungen zur jeweiligen Realität passen. Echte Individualität braucht den Partner und die Gruppe, um austauschen und helfen zu können, aber auch, um im Prozeß der Abgrenzung der eigenen Position von den anderen oder gar gegen sie ihr wahres Wesen zu entdecken.

All diese Formen des gemeinsamen Wechselspiels stützen sich zum größten Teil auf die Überprüfung und Abgrenzung der eigenen Gefühlsreaktionen. Intellektuelles, begriffliches Verstehen ist sicher nötig, genügt aber nicht, um die eigene Wirklichkeit und die der anderen wahrhaft zu erleben. Fühlen hat auch die Funktion des Wertens, und zwar im Rahmen emotionaler und affektiver Reaktionen. Eine unterscheidende Gefühlswertung ist auf eine differenzierte Bewußtheit der Eigenschaften unserer Emotionen und Affekte angewiesen. Letztere werden vor allem in Körperreaktionen, Verspannungen und Gesten sichtbar. Meiner Meinung nach werden Akzeptieren und Differenzieren der Emotionen, Gefühle und Bedürfnisse als Mittel einer Orientierung über die Wirklichkeit und der Kommunikation für die kommenden Jahrhunderte so wichtig sein, wie es die Differenzierung und Ausbildung der Denkfunktion in der Spätantike und im Mittelalter waren. Hier entfaltet sich eine neue Dimension der Orientierung über die Welt.

Das Denken ist zum größten Teil abstrakt, während Fühlen und Äußerung von Bedürfnissen konkret sind, da sie mit Objekten und Körpern verbunden sind. Das Fühlen kennt eine eigene Logik, ist nicht weniger objektiv als das Denken. Tatsächlich sind beide wirklich subjektiv, aber das Denken vermeint »objektiv« zu sein, weil es mit allgemein akzeptierten Vorstellungen und Normen arbeitet.

Während sich die Abstraktion vom Objekt entfernt, greift das Fühlen nach ihm. Es berührt und wird berührt. Austausch und Erforschung der Gefühle schließt notwendigerweise Berühren und Erforschen der körperlichen Reaktionen mit ein. Das androlatrische Wertsystem schuf Distanz und Trennung; der zukünftige Trend zur Integration wird im übertragenen wie konkreten Sinn Kontakt und Nähe schaffen und fordern.

Die Physik hat entdeckt, daß das kleinste Ereignis Auswirkungen auf den gesamten Kosmos haben kann, und wir beginnen zu entdecken, daß kein Mensch in unserem kollektiven Leben eine Insel ist, daß das Leben auf diesem Planeten auf wechselseitiger Abhängigkeit beruht, und daß jedes Ereignis, ganz gleich wie isoliert, einen Nachhall in der Gemeinschaft, auf der Welt haben wird. Wir können die Geschehnisse in China oder Afrika nicht länger damit abtun, daß sie uns nichts angehen.

Ich möchte keine Vermutungen darüber anstellen, inwieweit jenes oben geschilderte Wechselspiel auf das politische Leben eines Landes oder der gesamten Welt übertragen werden kann. Die grundlegende Polarität ist zweifellos in dem Sinn die gleiche, daß auch hier der autonome archetypische Faktor der Zeit und ihrer Evolution im historischen Prozeß wirkt und Bejahung und aktive Mitarbeit von den einzelnen und Gruppen verlangt. Die Untersuchung eines solchen historischen Prozesses, der Wechsel von der Vorherrschaft des Yang zu einem größeren Einfluß des Yin ist auch Gegenstand dieses Buches.

Mir scheint allerdings, daß, anders als beim individuellen Gegensatz von Unbewußtem und Bewußtem, im Konflikt zwischen Massendynamik und persönlicher Dynamik die Macht des Kollektiven zumindest jetzt noch ein Übergewicht hat. Der einzelne hat bis jetzt noch wenig Gewicht. Es besteht andererseits kein Zweifel, daß individuelle Bewußtheit und Verantwortlichkeit modifizierenden Einfluß haben und an Bedeutung zunehmen. Wir dürfen nicht vergessen, daß die einzelnen und die Individualität wie Zweige und Blätter eines Baumes sind. Das Überleben des Baumes hängt von ihrer Gesundheit, ihrer Funktion ab, und doch hat der Baum, verglichen mit dem einzelnen Blatt, unermeßlich mehr Gewicht und Kraft. In einer Gemeinschaft sind Höhe und Stärke des entwickelten Bewußtseins von Individuum zu Individuum verschieden. Einige Menschen sind modern, andere noch viktorianisch, einige noch nicht einmal mittelalterlich. So kann es sein, daß bei einer großen Mehrheit von Menschen die Integration, die hier beschrieben wurde, noch nicht zum Tragen kommt.

So müssen die einzelnen zumindest jetzt noch vernichtende Feuerstürme und Konflikte als einen Aspekt des Schicksals oder Karmas akzeptieren. Ein weiterer Faktor, den wir nur wenig oder gar nicht ändern können, und der bejaht und erforscht sein will.

15 Über das Ritual

Ich kenne keine andere Art, mit großen Aufgaben zu ver-
kehren, als das Spiel: dies ist, als Anzeichen der Größe,
eine wesentliche Voraussetzung.

Friedrich Nietzsche[1]

Der die Wunde zufügt, wird heilen.

Orakel von Delphi

Können wir Rituale finden, die den instinkthaften Ritualisierungen
entsprechen, mit denen die Tiere Aggression hemmen und umwandeln?
Wie können solche Rituale der neuen Ethik eine Form geben und ihr
dienen? Wir wollen zuerst prüfen, was ein Ritual ist und wie es wirkt.

Das Ritual gibt der Energie eine konkrete Form und bringt den Übergang aus einem Zustand in den anderen zur Darstellung. Die Dynamik
der archetypischen Kräfte wird integriert, damit sie den kollektiven wie
persönlichen Bedürfnissen zugänglich wird.

Alle Affekte oder Emotionen, die in ihrer Rohform zu intensiv sind
und mit Willenseinsatz allein nicht kontrolliert werden können, brauchen
ihr eigenes Ritual. Ohne Ritual können diese Energien das Ich überschwemmen und zum Ausagieren, zu einem bestimmten Verhalten
zwingen. Das Ritual bewirkt eine Eindämmung, ein Akzeptieren, eine
Kontrolle und Dosierung der Intensität. Die bewußte Persönlichkeit kann
lernen, sich von den wachgerufenen Affekten abzusetzen und gleichzeitig doch mit ihnen in Verbindung zu bleiben. Dabei wird eine Ganzheits-
struktur entdeckt, die es uns ermöglicht, die Spannungen der gegensätzlichen Emotionen zu ertragen und mit bewußten Absichten und Bedürfnissen auszubalancieren. Das Ritual bietet uns im Umgang mit potentiell
überwältigenden Affekten eine Alternative zur Unterdrückung an.

Alle Affekte sind autonome »Mächte«, die in Instinkt und Trieb ihre
Wurzeln haben. Sie sind nicht von uns gemacht, können aber mit uns
machen, was sie wollen, auch uns vernichten, uns beherrschen. Sie brauchen vielleicht ihre eigenen Rituale, fordern sie gar ein. Die Antike wußte
das. Die Griechen hielten es für gefährliche Hybris, nur einem Gott zu
dienen. Abhängigkeit, Bedürfnis, Verlangen, aggressive Gewalt, Sexualität, Depressionen sind alles »Mächte«, die Beachtung und »Tribut«

fordern. Wir haben unser Hauptaugenmerk zwar auf die Gewalt gerichtet, aber alles hier Gesagte gilt ebenso für alle übrigen Affekte.

Die traditionellen Rituale der Vergangenheit dienten vor allem den kollektiven Bedürfnissen. Von Heilritualen für einzelne abgesehen, hatten sie nur insoweit mit Individuen zu tun, als sie ihnen helfen wollten, ihre Funktionen in die kollektiven Normen und Erfordernisse zu integrieren. Das wurde durch zwei grundlegende Elemente des Rituals erreicht, durch Besänftigung und Entwicklung (oder Neuausrichtung). Ein Beispiel für die Besänftigung ist auf der Tierebene die Demutsgebärde der Schwächeren und die dadurch ausgelöste partielle Hemmung des aggressiven Impulses in den Stärkeren. Eine Neuausrichtung sehen wir, wenn ein Teil der ursprünglich aggressiven Energie, zum Beispiel die Tötung und Verspeisung des Gottes, eine höhere Ausdrucksform findet, wie in der Messe. In den primitiveren und vorpsychologischen Formen des Rituals wird die Energie, die vernichtet werden soll, auf ein Opfer, einen Sündenbock projiziert, der sie auf sich nehmen soll. In den neuen Ritualen unserer Zeit müssen wir in unseren Partnern einen Teil von uns selbst sehen. Besänftigung, Opferung und Entwicklung bezieht sich jetzt auf unsere eigenen Impulse, Verlangen und Antriebe, auch wenn wir ihnen zunächst im Partner begegnen.

Durch die besänftigende Hemmung und Neuausrichtung unterstützt das Ritual die Sublimierung. Es wirkt als zivilisierender und kultivierender Faktor, der die rohen und brutalen Energien in Formen umwandelt, die gemeinschaftlicher Kooperation dienlich sind. In der Vergangenheit diente diese Sublimierung ausschließlich den Bedürfnissen des kollektiven Über-Ich. Die Folge war, daß Blockieren, Ausweichen und Abspalten wichtiger waren als Umwandlung. Der neue Impuls geht in Richtung ganzheitliche Individualität. Er will das wieder integrieren, was früher unterdrückt wurde. Daher wird er die Umwandlung stärker betonen als das Blockieren und Abspalten.

Auf der tierischen Ebene reicht ein reines Verhaltensmuster als Ritual aus. Beim Menschen ist es nicht so. Der Sinn unterscheidet als wesentlicher Faktor den Menschen vom Tier. Das Ritual muß das Bewußtsein vermitteln, sinnvoll zu sein. Wenn das Gefühl eines Sinnes fehlt, spricht ein Ritual das Bewußtsein nicht an und kann keine Wandlung herbeiführen.

Wenn andererseits ein bestimmtes Ritual seinen Zweck erfüllt hat, leert sich sein Sinngehalt. Es fehlt ihm an psychologischer Wirksamkeit. Ein neuer Schritt auf dem Weg der Differenzierung und Entwicklung wird eine neue Form des Rituals erforderlich machen. Der jetzige neue Impuls stellt die Rückkehr des Unterdrückten dar, die Wiederkehr der Göttin und des Dionysos-Asasel.

In unseren alten Ritualen drückten sich die übermächtigen Forderungen des Über-Ich und der partriarchalen Werte aus. Sie richteten sich vor allem an die Affekte, um deren Unterdrückung zu fördern. Gestärkt wurde das patriarchale Ich in der Hauptsache durch Unterdrückung und Abspaltung. Das Ritual der Messe will uns in der *imitatio Christi* helfen, in der Nachahmung des geopferten Sündenbocks. Durch die Kasteiung von Körper und Verlangen können wir das Gesetz erfüllen und den Zorn des Vaters besänftigen, der über die sündige Menschheit zu Gericht sitzt. Diese Vorstellung spricht uns heute nicht mehr an. Die neue Richtung entspringt den Tiefen des Unbewußten der unpersönlichen Psyche und versucht nicht mehr, die dunkle und sündige Seite zu verleugnen. Das neue, aus dem Selbst heraus motivierte Ich verlangt nach einer Integration, die beide Seiten nebeneinander bestehen läßt und keine unterdrückt. Das stellt hohe Anforderungen an unsere Fähigkeit, die Kreuzigung zu ertragen. Das heißt psychologisch gesehen, daß wir den Konflikt zwischen gegensätzlichen und sich gegenseitig scheinbar ausschließenden Forderungen, Bedürfnissen, Affekten und Gefühlen bewußt ertragen. Von unserer Generation wird das Opfer gefordert, bereit zu sein, die Disziplin des bewußten Rollenspiels und des verantwortungsvollen Experimentierens auf sich zu nehmen, und nicht den scheinbar einfacheren Weg der Unterdrückung, des Ausagierens und der Schuldzuweisung an andere zu wählen. Wir müssen die mühsame Suche nach Antworten unseres persönlichen Gewissens auf uns nehmen, ganz gleich, ob das Kollektiv damit einverstanden ist oder nicht, und den Preis für unsere Fehler entrichten. Dafür sind neue Rituale erforderlich. Erich Neumann nimmt an, daß sie nur intrapsychisch sein werden und äußeres Handeln kaum miteinschließen.[2] Das würde allerdings nicht ausreichen.

Für das moderne Ich spricht das Selbst nicht nur aus dem Innern, sondern ist auch in der Außenwelt zu hören. Ebenso ist das moderne Ich psychisch wie physisch von der Gemeinschaft abhängig, von der es ein Teil ist. Gerade um der neuen und andersartigen Haltung eines vom Selbst motivierten Ich in der Beziehung auf ein *Du*, auf eine Gruppe, eine Grundlage zu geben, sind wir auf geeignete zwischenpersönliche und Gruppenrituale angewiesen. Vielleicht hat noch keine Zeit solche Rituale so nötig gehabt wie unsere.

Da die alten Kanäle nicht mehr ausreichen, die Affekte einzudämmen und zu lenken, suchen sich diese Energien freie Bahn und laden das psychische Feld mit hochexplosiven Kräften auf, die ein Gefühl der Beklemmung und Krise schaffen. Die Motivation aus dem Selbst führt, wenn sie noch nicht angemessen kanalisiert ist, zu einem unverantwortlichen, utopischen Egoismus. So sehen wir, daß die individuelle und kollektive Geringschätzung und Mißachtung des Gesetzes zunimmt, daß seine Rolle als Regulativ der Moral und der sozialen Veränderung nicht mehr anerkannt wird. Umgekehrt besteht die Reaktion auf diese Gefahr darin, mit immer starrerer Beharrung auf abstrakter Gesetzlichkeit zurückzuschlagen. Die veralteten Einstellungen verschärfen sich und werden unnachgiebig. Das wachsende Mißtrauen gegenüber Kirche, ethischen Normen, internationalen und sozialen Abmachungen und den Riten der Gerichtsmaschinerie läßt ein Vakuum entstehen, das mit weiteren Maßnahmen und moralischen Beteuerungen gefüllt wird, die sich an Ritus und Gesetz klammern und an die niemand mehr wirklich glaubt. Es kommt zu einem Circulus vitiosus, in dem das sinnvolle Ritual von einer Fixierung auf das Rituelle verdrängt wird. Wir neigen unwissentlich zur Regression auf die Tierstufe mit ihrem Ausagieren, und zwar so lange, bis der neue Sinn die neue Form des Rituals gefunden hat.

Die Kontrolle der Aggression veränderte sich von der Opferung des Gott-Königs oder eines Stellvertreters (Kriegsgefangener, *pharmakos* oder Sündenbock) hin zum gesetzlichen Gerichtsverfahren des Patriarchats, was von einem mit der Natur verknüpften magisch-mythischen System, das die Mächte versöhnen wollte, zu einer ethisch-verantwortlichen Auffassung von persönlicher Freiheit und Entscheidung führte. Das Über-Ich wußte, was gut und böse war, setzte sich mit Richtig und Falsch auseinander und machte das Ich einem höheren Richter (Gott, König, Staat) verantwortlich, der über seinen Bedürfnissen und Wünschen stand.

Der nächste Schritt ist wie alle neuen Schritte gefährlich. Die Entscheidungsgewalt über die aggressive, Durchsetzung suchende Energie einem inneren Richter zu übertragen, birgt die Gefahr der Willkür und Mißachtung der Bedürfnisse und Rechte der anderen Menschen. Folglich muß besonders die Beachtung der anderen – die Rücksicht auf das Nicht-Ich in den Tiefen des Innern, wie auf die Bedürfnisse des Du und Wir draußen – hervorgehoben und differenziert werden.

Mit dem aggressiven Impuls müssen auch jene Faktoren auf neue Weise kanalisiert werden, die Aggressivität verstärken. Zu diesen Faktoren gehören vor allem folgende: das wirkliche oder eingebildete Gefühl der Unfähigkeit, auf andere so zu wirken, daß sie mich wahrnehmen, anhören, schätzen und sich um mich kümmern; die Unfähigkeit, die eigenen körperlichen, emotionalen und sexuellen Bedürfnisse bestätigt und befriedigt zu bekommen; die Unfähigkeit, auf Ereignisse Einfluß zu nehmen, und mit ihr das Gefühl, kein Mensch zu sein, sondern ein Objekt, ein Rädchen in einer riesigen, sinnlosen Maschinerie.

Das Gefühl der Ohnmacht und Entfremdung, das Fehlen eines persönlichen Sinns, einer Geborgenheit, einer lebendigen Verbindung mit einem organischen Feld – ob nun soziale Gruppe, Natur oder Kosmos – ist sicherlich das psychologische Charakteristikum unserer Zeit, das die vorherrschende Religion der letzten beiden Jahrhunderte, nämlich die Wissenschaft, nach Kräften gefördert hat. Ohnmacht und Entfremdung werden zudem durch die Auswirkungen der Stadtkultur, der beengenden Kollektivierung und der Technologie verstärkt, die alle dazu beitrugen, den Organismus der Gesellschaft abzustumpfen. Die entmenschlichende Wirkung dieser Entwicklungen ist zusätzlich durch die Rüstungs- und Nachrichtentechnik verstärkt worden, die aggressive Zusammenstöße und den Krieg in abstrakte Begriffe der Statistik und Verwaltungstechnik verwandelt haben. »Statistiken bluten nicht«, meinte Arthur Koestler.[3]

Das emotionale Feedback, das in einer direkten Begegnung mit einem Feind entsteht (weil wir die Auswirkungen unserer Gewalt hautnah erleben), wird umgangen, wenn wir Atombomben aus dreitausend Metern Höhe abwerfen. Schmerzhafte Emotionen werden so ausgeschaltet und geleugnet. Die Wahrnehmung menschlichen Leids wird unterdrückt. Der andere zählt nicht, aber das gilt auch für die eigene Individualität, für das Gefühl, das die Tat hervorruft, die Verantwortung.

Die Entmenschlichung nimmt zu, weil das Fehlen der direkten Wahrnehmung des andern noch durch die vorherrschende Sündenbockpsychologie des Patriarchats verschlimmert wird, die einen starken Hang zur paranoischen Projektion entstehen läßt. Wir sehen die anderen als Werkzeuge des Teufels, als Parasiten und Ausbeuter, Feinde der Gesellschaft, des Staates oder der Menschheit, folglich als schlechte Menschen, als Unter- oder Unmenschen.

Diese Schattenseiten der patriarchalen Gesetzestreue wurden weiter verstärkt durch die schleichenden Wirkungen der unterdrückten, aber durchaus lebendigen magischen Schicht. Diese Ebene der Psyche reagiert besonders stark auf Affekte und Emotionen der Gruppe, auf Gruppenängste und Panik. Sie trägt dazu bei, daß Wunsch oder Befürchtung mit der Wirklichkeit verwechselt werden, und ist besessen vom Drang nach Kontrolle und Führung.

Auf der magischen Ebene wirken auch die elementaren sadomasochistischen Antriebe, die schon geschildert wurden, die Urlust, die Urekstase der Vernichtung des Ich und der anderen um einer Erneuerung willen, die Verzückung im Verschmelzen mit dem Ozean und Mysterium des mütterlichen Nicht-Ich. Das alles ist sowohl Bestandteil der aggressiven Gewalt wie der Sexualität. Es gehört auch zur Kinderwelt des Spiels und der Geborgenheit im mütterlichen Ozean der All-Einheit. »Ein Werden und Vergehen, ein Bauen und Zerstören, ohne jede moralische Zurechnung, in ewig gleicher Unschuld, hat in dieser Welt allein das Spiel des Künstlers und des Kindes. Und so wie das Kind und der Künstler spielt, spielt das ewig lebendige Feuer, baut auf und zerstört, in Unschuld – und dieses Spiel spielt der Aeon mit sich.«[4]

Diese Energien werden nicht mehr (noch nicht) von lebensfähigen kulturellen Schutzvorrichtungen eingedämmt und gelenkt. Sie sind gefährlich wie die feurige Lava, die giftigen Gase eines Vulkans, den man für untätig hielt. Die individuelle Psyche ist durch das bedroht, was Jung »psychische Infektion« nannte, durch die ungebundenen Impulse aus der magischen Schicht. Wie groß die Gefahr ist, hängt davon ab, wie beeinflußbar die einzelnen sind, wie unbewußt ihnen ihre Beeinflußbarkeit und das Wirken der magischen Kraft ist. Das Ergebnis ist ein Zustand der Berauschtheit, ein Eindringen des kollektiven Affekts: der Ängste, des Verfolgungswahns und des Lynchverhaltens ihrer Gruppe, von denen sich die einzelnen frei wähnten. Das kann sich in Familienkontroversen wie im sozialen, nationalen, patriotischen oder religiösen Fanatismus äußern.

Das sind die Pulverfässer, die auf die Funken aus den Fackeln des wiederkehrenden Dionysos und seiner mänadischen Begleitung warten. Guter Wille und bloß abstrakte oder besinnliche Meditation können ihnen nicht die Gefährlichkeit nehmen. Sie erfordern ein Mittel, das die magische Affektdynamik im Rahmen direkter Beziehungen und Begegnungen regeln und wieder menschlich machen kann. Die Faktoren oder Themen, die durch die neuen Rituale in neue Formen der menschlichen Beziehung integriert werden müssen, sind bekannt genug: Ohnmacht, Entfremdung, Verzweiflung, emotionale und sexuelle Frustration, unbefriedigtes Bedürfnis nach Bestätigung durch die anderen, nach ihrer Zuneigung, Neid, Entpersönlichung, paranoische Schattenprojektion und sadomasochistische Besessenheit in den Begegnungen von Mensch zu Mensch, vom einzelnen und der Gruppe. Diese Probleme können nicht mit sozialen oder politischen Maßnahmen allein behandelt werden. Sie gehen auch auf psychologische Veranlagungen zurück. Wenn wir uns nicht psychologisch bewußt und in Ritualen direkt mit ihnen auseinandersetzen, lassen sie weiter die äußeren Umstände entstehen, durch die sie wiederum an Wirksamkeit gewinnen, und die wir in unserer Naivität für ihre äußeren Ursachen halten.

Das Ritual ist im wesentlichen Psychodrama, bewußtes, ernstes, hingebungsvolles Spiel. Was ist dann Spiel? Seit Huizingas[5] brillantem Nachweis, daß das Element des Spiels den meisten, wenn nicht allen menschlichen Aktivitäten als unbewußter, entscheidender Faktor zugrunde liegt, sind viele Definitionen versucht worden. Ich werde mich auf eine beschreibende Charakterisierung beschränken.

Im Spiel wird die Wirklichkeit auf eine symbolische und quasi experimentelle Weise getestet. Im Spiel gelten Regeln, die eingehalten werden müssen. Die Regeln sind jedoch flexibel; sie dienen den Zwecken der jeweiligen Aktivität und können verändert werden, wenn Sinn und Absicht der Aktivität das erfordern.

Die Regeln dienen dem Spiel, nicht umgekehrt. Sie sind keine Gesetzmäßigkeiten im Sinne einer Wahrheit. Im Spiel gibt es Ernst und Engagement, Gewinnen und Verlieren; wenn aber das Spielerische erhalten bleiben soll, dürfen Gewinnen und Verlieren nicht Selbstzweck werden. Sie sind bestenfalls Maßstab und Anreiz, bestimmen die Richtung. Das Engagement hat mit der Aktivität selbst zu tun, sucht das Vergnügen und nicht verwendbare Resultate. Gewinnen oder Verlieren sind nie endgültig, weil wir immer von neuem beginnen können. Das Spiel verleitet also nie zur düsteren Vorstellung einer unwiderruflichen Endgültigkeit. Das menschliche Spiel ist ein absichtliches »als ob«, eine mikrokosmische Inszenierung des dynamischen Lebensflusses – seiner sich ändernden Muster, Entdeckungen, Anfänge, Enden und Neuanfänge. Im Spiel ergänzen sich Phantasie und praktisches Wesen: der Geist mißt sich selbst und experimentiert mit dem Dasein. Das Spiel bewegt und strukturiert die Kräfte der unbewußten Psyche. Das Spiel bewegt und verwandelt den Spieler und (in geringerem Maß) den beteiligten Zuschauer durch die symbolische Darstellung, durch das »als ob«.[6] Daher die kathartische Wirkung der symbolischen Darstellung des »Spiels des Lebens« im Theater, dessen Schutzherr ursprünglich Dionysos war.

Das Ritual ist also eine bewußte, spielerische Darstellung affektgeladener Impulse, Gefühle, archetypischer Visionen und Phantasien, die in eine feste Form gebracht werden. Weil ein Zusammenhang geschaffen wird, lassen sich die Energien in Sicherheit bändigen, besänftigen und anrufen, was eine Begegnung mit ihnen ermöglicht. In gewissem Maß sind sie sogar kontrollierbar. Die Rituale der Tiere wie die Spiele der Kinder haben uns gezeigt, daß dieses Spielen nicht nur die aggressiven und sexuellen Impulse auf der elementarsten Instinktebene bändigt und sicher lenkt, sondern auch der Kommunikation der Teilnehmer dient. Unsere Rituale des Werbens, die Spiele der Erwachsenen, dienen denselben Zwecken. Das Ritual überbrückt die Unterschiede in den persönlichen Beziehungen, löst die Schwierigkeiten, weil es einen festgelegten, leicht gangbaren, unpersönlichen (und daher sicheren) Weg anbietet. Das Ritual öffnet die Tür zur Kommunikation mit anderen, aber auch mit dem Anderen im Inneren, dem eigenen Selbst. Es stellt die Verbindung zu den inneren Kräften und Wurzeln her. Das zeigt sich in den Wirkungen des Psychodramas oder der einsamen, geduldigen Rituale von Yoga und Tai Chi, selbst im bescheiden trivialen Spiel der Patience. Das Ritual ist also Psychodrama, und das Psychodrama eine Form des Rituals.

Wenn wir die Frage beantworten wollen, was das Ritual wirksam macht, müssen wir die Sackgasse verlassen, die unsere geistigen Gewohnheiten geschaffen haben. Die kartesianische Spaltung in Geist und Körper – Höhepunkt der Tendenz zur Trennung in der späten mentalen Epoche – hat zu einer Spaltung im Verständnis der menschlichen Tätigkeit geführt. Körperliches, konkretes Handeln bleibt der äußeren, »realen« Welt des Raums mit ihren materiellen Objekten vorbehalten. Die Reflexion gehört zum Geist – zu dem, was im Innern ist, was subjektiv und daher eigentlich nicht real ist.

Diese Einstellung behauptet, daß die geistige Tätigkeit nicht direkt auf die Welt der Dinge einwirken kann, es sei denn, sie wird in körperliches Handeln umgesetzt. Umgekehrt wird angenommen, daß körperliche Tätigkeit nicht direkt auf den Geist einwirken und ihn umwandeln könne, höchstens ganz allgemein über die moralischen und gesundheitsfördernden Auswirkungen guter Werke und körperlicher Betätigung. Dieses Vorurteil hält jede rituelle Tätigkeit für sinnlos.

Zur Zeit stellen wir aber fest, daß diese künstliche Spaltung völlig willkürlich ist und den Tatsachen nicht entspricht. Das Studium der Synchronizität und der Psychokinese zeigt, daß Gedanken, Emotionen, Affekte und Absichten auf eine recht unerklärliche Weise durchaus eine direkte Wirkung auf das Verhalten belebter wie auch unbelebter (wenn es das überhaupt gibt) Materie haben.[7] Außerdem können wir von Psychodrama und Bioenergetik, wie auch aus den jahrtausendealten Erfahrungen von Yoga, Tai Chi und Sufi-Tanz lernen, daß körperliche Tätigkeit direkt auf das psychische Kräftespiel einwirkt.

Das Körper-Ich stellt die früheste Form der Selbsterfahrung dar. Es ist im Rahmen der magischen Schicht der Psyche wirksam, auf der Ebene einer symbiotischen Identität mit dem Feld, das wir später in ein Innen und Außen trennen. Dieses Ich ist in magischer All-Einheit wirksam, in der das, was wir einen Teil oder ein Teilereignis nennen, das Ganze umfaßt, in Bewegung setzt und es beeinflußt. Diese (für unser traditionelles Verständnis) seltsame und unfaßbare Vorstellung ist erst kürzlich im Zusammenhang mit dem Hologramm anschaulich geworden. Wird ein Hologramm zerbrochen, zeigt jedes Stück weiterhin das gesamte Bild. Karl Pribram von der Stanford University meint, daß wir die Arbeitsweise des Hirns am Modell des Hologramms erklären können.[8]

Dadurch, daß wir uns in Verbindung mit der Tätigkeit des Körpers setzen, verknüpfen wir also unsere Bewußtheit mit der aktivierten magischen Dimension der unbewußten Psyche. Das heißt wir setzen primitive und undifferenzierte (potentiell zwanghafte) Affektenergie in Bewegung und geben ihr durch ein Kanalisieren Form. Gleichzeitig erweitert sich das Bewußtsein. Was wir jetzt veränderte Bewußseinszustände nennen, tritt immer dann auf, wenn sich emotional geladene Vorstellungen mit körperlicher Erfahrung oder Tätigkeit verbinden. Dieser »magisch« veränderte Bewußtseinszustand kann auf der biologischen und psychologischen Ebene zu Wirkungen führen, die sich durch Willenskraft oder Reflexion nicht erreichen lassen. Beispiele sind die Unempfindlichkeit gegen Hitze (Feuerlaufen), die durch Hypnose, Meditation oder in der Ekstase auftritt, dann die Erinnerung vergessener (oder nie bewußt erlebter) Ereignisse in der Hypnose oder Meditation wie auch unter dem Einfluß bewußtseinsverändernder Drogen.

In einem hypnotischen Zustand, der tief genug ist, derart starke Veränderungen herbeizuführen, und unter dem Einfluß bewußtseinsverändernder Drogen sind allerdings die bewußte Tätigkeit des Ich und vernünftiges Urteilen zugunsten des veränderten Zustands reduziert. Die Mitwirkung des Ich ist in unterschiedlichem Maß begrenzt: durch Drogen mehr, in den leichteren Formen der hypnotischen Trance oder in der geführten Imagination, die mit einem Bild, Körper oder Ritual arbeitet, nur wenig.

Zu beachten ist aber, daß diese Umgehung einer Mitwirkung des Ich in bestimmten Situationen zwar therapeutisch erforderlich sein mag, daß sie aber stets fachkundige und erfahrene Überwachung braucht. Gewohnheitsmäßiger Gebrauch bewußtseinsverändernder Drogen ist auf lange

Sicht schädlich und kann das Ich ernsthaft schwächen. Die von Drogen herbeigeführten Erfahrungen werden nicht unbedingt integriert, bringen daher die magisch-mythische Ebene nicht mit der mentalen in ein Gleichgewicht, in dem beide miteinander leben und zusammenarbeiten können.

Techniken des rituellen Rollenspiels, der Darstellung im Ritual wie auch der methodischen Meditationsübungen umgehen jene Gefahren. Eine Abhängigkeit wird vermieden, weil die Auslösung durch ein Ritual die bewußte Anstrengung des Ich erfordert. So koexistieren das wache Bewußtsein und der Zustand der Veränderung in paradoxer und gemeinsamer dialektischer Beziehung.

Eine ähnliche Koexistenz der beiden Zustände wurde von den sexuellen Praktiken des Tantra angestrebt, vielleicht auch von der höfischen Liebe. Die aufsteigende sexuelle Energie bewirkt eine Veränderung des Bewußtseins, die in der Meditation bewußt erlebt werden kann.

Die Erfahrung, die vom körperlichen Rollenspiel vermittelt wird, wirft ein Licht auf den Unterschied zwischen einem Wissen aus zweiter Hand und dem eigenen, direkten Erkennen. Sie unterscheiden sich wie die Lektüre über ein bestimmtes Land und eine wirkliche Reise dorthin. Oft haben mir Patienten, vor allem Frauen, spontan gesagt, daß eine Einsicht erst dann Wirklichkeit für sie hat, wenn sie auch in irgendeiner Form körperlich erfahren wurde.

Die spätere patriarchale Abwertung des Körpers, der körperlichen Erfahrung, ja der Abscheu vor ihr, war Teil der Ablehnung der magischen und weiblichen Dimensionen. Sie fand ihren Höhepunkt in der kartesianischen Spaltung von Geist und Körper, die zum grundlegenden Dogma der positivistischen Wissenschaft wurde. Psychologie und Psychoanalyse gingen von dieser Auffassung aus und trennten unser Denken mit Erfolg von der Bewußtheit der magischen, transformativen Dimension. Im Verlauf der patriarchalen Entwicklung verlor das Ritual dann schrittweise an Wirksamkeit und Bedeutung.

Die wesentlichen Elemente des Rituals können in der Formel zusammengefaßt werden, die angeblich die Eingeweihten der Eleusinischen Mysterien zu sprechen hatten: »Ich sah, ich sagte, ich tat.« Diese Formel zeigt, was zur Wandlung gehört: Bildwahrnehmung und Assimilierung von Form und Symbol (ich sah), sprachlicher Ausdruck, heilige Formel, Mantram, Klang oder selbst absichtliches Schweigen (ich sagte), und feierliche Darstellung (ich tat). Das Ritual bewirkt entweder eine Umwandlung in der Struktur der Ereignisse, oder es verwandelt das innere Wesen der Teilnehmer wie zum Beispiel in Durchgangsriten, der christlichen

Kommunion, den Einweihungen und Pubertätsriten oder der Letzten Ölung, die auf den Tod vorbereitet. Eine stark affektgeladene Darstellung eines Vorstellungsbildes wandelt die Verhaltens- und Ereignisstrukturen mit Hilfe von Analogie, Gleichartigkeit und Synchronizität um. Die Wirkung der symbolischen Darstellung und des Rollenspiels beruht auf dem Umstand, daß sich das Bewußtsein eine analoge Wahrnehmung zunutze macht, die es ihm ermöglicht, den Fluß der Energie zu fassen und wenigstens teilweise zu lenken.

Das Bewußtsein erhält Zugang zur Kraft und kann sie verantwortlich einsetzen. Ohne eine Bewußtheit der Kraft, der Macht, und ihrer besonderen Beschaffenheit ist es unmöglich, eine Wahl zu treffen, sich zu entscheiden, verantwortlich zu handeln.

In der patriarchalen Welt war der Einsatz der Macht ein Recht und Privileg der Nutznießer kollektiver Autorität: König und Kirche, Militär und Polizei, oder im Bereich des Hauses das Familienoberhaupt. Den gewöhnlichen Menschen war die Macht, mit der geherrscht, erobert, unterdrückt und bestraft wurde, versperrt. Der willentliche Einsatz psychischer Kraft wurde als Magie, Hexerei und Ketzerei verdammt – wer ihn wagte, mußte mit Schwert oder Scheiterhaufen rechnen.

Kein Wunder, daß uns die Macht verdächtig geworden ist. Wir denken bei Macht an ihren Mißbrauch, und das Wort wird meist psychologisch herabsetzend gebraucht: Machttrip, machtbesessen, machthungrig. Wir verbinden Macht automatisch mit Gefahr, Hybris, Unterdrückung und Verdrängung. In unserem Bezugsrahmen wird die Macht als überwiegend zerstörerisch gesehen. So haftet der Vorstellung, sich der Macht auszusetzen, ihr zu dienen, der Beigeschmack von Schande, Unehre und Unverantwortlichkeit an. Das führt zu existentiellen Schuldgefühlen. Die Ansicht, die Macht könne positiv sein, nämlich als Kraft, die auf Bedürfnissen, der Sexualität, der Durchsetzung beruht, macht den meisten von uns Angst. Viele betrachten die Macht auch dann noch argwöhnisch, wenn sie als transpersonale göttliche Energie gesehen wird, die in uns und durch uns wirkt und von uns verlangt, daß wir sie bewußt kanalisieren und verantwortlich einsetzen. Theoretisch räumen wir diese Möglichkeit vielleicht ein. Aber wir schrecken davor zurück, das Risiko einzugehen, willentlich zu versuchen, mit dieser Macht zu leben, ihr zu dienen. Folglich wird die Macht denen überlassen, die sie für ihre persönliche Befriedigung einsetzen und sich ihrer egoistischen Beweggründe nur selten bewußt sind. Der unverantwortliche Einsatz der Macht durch Diktatoren, Weltverbesserer, Fanatiker und habgierige Unternehmer bringt sie in einen schlechten Ruf, scheint zu bestätigen, daß sie eigentlich böse ist.

Die Macht ist jedoch eine Manifestation der natürlichen Energie, der schöpferischen Kraft des kosmischen Spiels, das Formen schafft und auflöst. Sie ist der Lebensprozeß, in dem das menschliche *Ich* sein eigenes Wesen, seine Vitalität und Motivation erfährt. Leben ist das Spiel der Kraft, der Tanz des Dionysos oder Schiva.

Dionysos muß jetzt freilich Apollo und Jehova entgegenkommen. Das Spiel muß Form erhalten, die neue Ethik und Verantwortlichkeit in seine Struktur aufnehmen. Wenn wir der Macht das Unterdrückende nehmen wollen, müssen wir lernen, sie bewußt und verantwortlich einzusetzen, nicht zur Selbstverherrlichung und Inflation des Ich auf Kosten anderer. Wir müssen das eigene Ich bejahen und achten und uns an die Goldene Regel als Teil dieser personalen Wirklichkeit halten: was ich den anderen tue, tue ich mir selbst. Was immer ich auf die anderen projiziere, ich kann und muß es in mir selbst finden.

Wenn wir den Einsatz der Macht scheuen, weichen wir unserer Aufgabe als Menschen ebenso aus, wie wenn wir sie unverantwortlich gebrauchen. Das sind die Irrtümer des Introvertierten, beziehungsweise des Extravertierten. Der Introvertierte geht nicht gern Risiken ein, übernimmt nicht leicht seine Rolle im äußeren Spiel der Welt. Er lehnt es ab, mit seinen Bedürfnissen, Wünschen, Ängsten, seinem Verlangen nach Macht in zwischenmenschlichen Beziehungen zu experimentieren, sie zu entdecken. Er will seine Unschuld nicht aufs Spiel setzen. Der Extravertierte wiederum sieht die Welt als sein Spielzeug und die Menschen als seine Figuren an und kann von der eigenen Wirkung auf andere (mit der er eigentlich immer rechnet) so fasziniert sein, daß er nicht bemerkt, wie sehr seine Inflation oder seine Ängste die eigene Persönlichkeit korrumpieren.

Ritual und Ritualisierung können dieser doppelten Gefahr abhelfen. Sie gestatten dem Introvertierten, mit seinem Zögern zu spielen, mit der Wirkung, die er auf andere hat, und die andere auf ihn haben. Sie lassen den Extravertierten erkennen, daß auch mit ihm, dem Spieler, gespielt wird. So entdecken wir das Ritual als etwas, das dem eigenen Leben wie den Beziehungen zu den Menschen Sinn verleiht.

In unserer Kultur waren die Rituale früher vor allem transpersonal und kollektiv ausgerichtet, wollten eine Verbindung zwischen den einzelnen und dem Göttlichen schaffen und sie mit den Kollektivnormen anfreunden. Die Rituale wurden folglich von den Mächten der unpersönlichen, kollektiven Autorität, von Kirche und Staat ausgeführt.

Beim zukünftigen Ritual wird es vermutlich darum gehen, wie die einzelnen die Macht einsetzen, wie sie sich zum Transpersonalen verhalten, wie sie ihren individuellen Weg finden. Es wird die einzelnen in Berührung mit dem Treiben in ihrem Innern bringen und ihnen zeigen, wie sich diese Begegnung für sie selbst und andere auswirkt. Es wird die einzelnen mit dem Leben des Gruppenorganismus, mit dem persönlichen und kollektiven Schicksal verknüpfen. Rituelle Darstellung macht uns bewußt, wie die Macht in uns beschaffen ist, setzt ihr Grenzen und zeigt uns, wie wir den ekstatischen Ansturm steuern können.

Nehmen wir an, wir lassen zu, daß wir in der Phantasie unsere verborgenen Wünsche und Ängste leben, wie wir Freunde oder Feinde wirklich behandeln möchten, oder von ihnen gern beziehungsweise nicht so gern behandelt werden wollen. Wenn wir diesen Phantasien dann bis an die Grenze unserer Vorstellungskraft nachspüren, wird uns sehr deutlich, wie wir tatsächlich fühlen, und was möglich oder wünschenswert wäre, welche Auswirkungen es auf die anderen wie auf uns hätte. Wenn wir beispielsweise unsere Phantasien über Tod oder Vernichtung eines Menschen symbolisch darstellen, den wir nicht ausstehen können, wird für uns die Reaktion, das Leiden des Opfers erfahrbar. Das ist vor allem so, wenn wir die Rollen wechseln. Dann werden wir zum Opfer und erleben die Qualen, die wir den anderen schaffen wollten. Ein anderes Beispiel: die umfassende Darstellung von Wünschen oder Ängsten, die mit der Abhängigkeit zu tun haben, kann uns die Wahrheit vor Augen führen, daß der früher für unstillbar gehaltene Wunsch nach Zuwendung über ein bestimmtes Maß hinaus Einengung bedeutet. Wenn die Rollen getauscht werden, finden wir vielleicht das hilflose Baby in uns lächerlich, das nach Zuwendung schreit. Wir fühlen dann, wie wir früher heimlich die eigene Abhängigkeit verachteten, die der Grund war, daß wir uns an andere klammerten und sie ausbeuteten.

In der Gruppe beschleunigt die rituelle Darstellung die Begegnung und Bezogenheit zwischen den einzelnen und der Gruppe. Mit ihrer Hilfe entdecken und bestimmen wir unseren Spielraum, unsere Maßstäbe, und behaupten uns trotz Gruppenzwang und Beeinflussung. Was das Ich und Du betrifft, kann das rituelle Rollenspiel Konflikte wie Zuneigung kontra Aggression oder Nähe kontra Ferne klären.

Wenn wir die Kraft der Antriebe einschränken und ihnen eine akzeptable Form geben, verringert die Ritualisierung auch die Angst, von den eigenen Affekten und Impulsen verschlungen und entmenschlicht zu werden. Das Ritual verkleinert den Schrecken der dämonischen Seite, weil es uns hilft, ihre eingebaute Grenze zu entdecken. Es setzt als Sicherheitsventil die Gefahr der Explosion herab.

Das Ritual kann Gewalt und Aggression menschlich und persönlich werden lassen, in einer Art Immunisierung in Durchsetzungskraft verwandeln. Das schädliche Element wird zunächst objektiviert und nach außen verlagert. Es wird wie der Sündenbock fortgeschickt und meditativ betrachtet (wie eine Bakterienkultur gezüchtet). Ein zweiter Schritt bringt es durch die Darstellung zurück ins Innere (»reinjiziert« es); es wird als uns zugehörig erkannt und empfangen. Es kann durch Wünsche oder Willensanstrengung nicht zum Gehen veranlaßt werden, muß vielmehr, wenn Zeit und Umstände es gestatten, verantwortlich eingesetzt werden. Als Folge dieser bewußten Integration verändert sich überraschenderweise der Charakter des Impulses: sein zwanghaftes, destruktives Potential nimmt ab, und die hilfreichen Aspekte werden sichtbar. Wenn Dionysos-Asasel unter diesen Voraussetzungen willkommen geheißen wird, verleiht er uns eine neue Tiefe. Die bewußte Integration bewirkt, daß wir nicht mehr hilflos und wie unter Zwang den Affekten ausgeliefert sind. »Der die Wunde zufügt, wird heilen.«

Wie können wir ein neues Ritual zustande bringen? Ein wahres Ritual kann ebensowenig wie ein lebendiges Symbol oder eine religiöse Erfahrung künstlich geschaffen werden. Es kann nur entdeckt werden. Einige Formen des Rituals erhalten vielleicht mit der Zeit kollektive Geltung. Zunächst werden sie aber von einzelnen auf ihrer Suche entdeckt werden müssen. Wie die Gralssucher müssen alle auf getrennten Wegen durchs Unbekannte ziehen, um das gemeinsame Ziel der Suche zu finden. Das neue Bewußtsein ist psychologisch ausgerichtet, und es geht ihm um die Offenbarungen und Entdeckungen der einzelnen, nicht um die Einsichten, die einer außergewöhnlichen Persönlichkeit oder Kulturheroen wie Moses, Jesus oder Mohammed offenbart wurden, die dann die Wahrheit an die Menge weitergeben. Blinde und unkritische Unterwerfung unter das Wort eines Guru erscheint uns nun wie eine Regression.

Da aber die individuelle Psyche nicht total isoliert, sondern wie ein Blatt Teil des Baums der Kollektivpsyche ist, wird sich die gemeinsame Struktur notwendigerweise früher oder später aus den sich gleichenden Elementen der vielen individuellen Suchen herausschälen. Ebenso können neue soziale und politische Lösungen nur die Wirkung tun, die der psychologischen Reife und der Selbstbewußtheit ihrer Befürworter entspricht. Der augenrollende Fanatismus solcher »Weltverbesserer« wie

273

Hitler, Lenin und der heutigen Stadtguerilla läßt sie nur die eigene, nicht assimilierte Wut und Paranoia ausagieren. Das mag leider unvermeidlich sein, damit veraltete Strukturen niedergerissen werden. Mag sein, daß Übergangszeiten eine Gottesgeißel brauchen. Um jedoch lebensfähige Formen für morgen zu entwickeln, sind größere Tiefe und psychologische Einsicht in die persönlichen Motivationen nötig.

Da die neue, integrierende Ethik eine bejahende Haltung zeigen wird und keine ablehnende, ausschließende wie die patriarchale Ethik, wird das neue Ritual darauf abzielen, alles, was ist, auch unsere schlimmsten und scheußlichsten Aspekte und Neigungen, in sich aufzunehmen. Gawan verwandelt und erlöst das Zauberschloß, indem er sich dem Angriff des wütenden Löwen stellt. Er rettet Artus' Reich, weil er die abstoßende Hexe umarmt. Er unterzieht sich der Prüfung der Wandlung, indem er verantwortlich und bewußt mit dem spielt, was traditionell verboten ist. Er macht es möglich, daß zur rechten Zeit die richtige Frage gestellt wird, die die Macht des Grals wiederherstellt: »Was ist los?« – »Welchem Zweck oder Ziel dient es?«

Bejahung setzt Entdeckung und Wertschätzung dessen voraus, was *ist*: der einzelnen Elemente einer bestimmten psychologischen Situation, der eigenen Motivationen, Antriebe und Gefühle, ob sie uns gefallen oder nicht. Der Wert, den wir der Entdeckung unserer Verlangen, Gefühle und Motivationen beimessen, steht im Gegensatz zu unserer ererbten Kultur, die nur bewertete, was man *tat*, nicht, was man war, oder warum man auf eine bestimmte Weise handelte.

Das neue Ritual erfordert die Enthüllung des Schlechten mit dem Guten, des Häßlichen mit dem Schönen. Zusammen mit den positiven Eigenschaften und Gefühlen wie Vertrauen, Hoffnung, Liebe und Güte muß es auch Einsamkeit und Verzweiflung, Niederlage und Angst, Verlangen und Bedürfnis, Groll, Haß, Neid und Gier und Gewalt in sich schließen (und möglichst zuerst einmal durcharbeiten). Die ganze Skala triebhafter Abhängigkeit und Destruktion muß zusammen mit den vielgestaltig perversen Inhalten der magischen Schicht begriffen werden. Frühere Zeiten haben sie geleugnet und verworfen, und so faszinierten sie wie etwas Numinoses. Erst wenn wir sie anerkannt und assimiliert haben, ist eine echte und vertrauenswürdige Bezogenheit möglich.

Inhalt des Rituals ist ein experimentierendes Spielen mit Fragen, die wir zu beantworten suchen. Wer und wie bin ich? Was geht in mir vor? Was »törnt« mich an oder ab? So bin ich. Es ist ein Ritual für Partner wie für das eigene Selbst: Wer und wie bist du? Was törnt dich an oder ab?

So bist du. Was mache ich, was wünschst *du* dir? Wieviel und was können du und ich zulassen? Was wünschen wir uns?

Es ist ein Erproben und Bewerten, ein Experimentieren mit dem, was die Partner motiviert; dabei wird Spielraum gegeben, wird ausprobiert. Es ist die Bereitschaft, intensiv und ohne Vorurteil zu erfahren, was in einer bestimmten Situation im Innern wie zwischen dir und mir sichtbar wird.

Die meisten dieser Elemente sind schon von den verschiedenen psychotherapeutischen Richtungen in Encounter-Gruppen, Psychodrama und Gestaltarbeit eingesetzt worden. Bis jetzt ist aber kaum bewußt geworden, wie weit das ins Archetypische hineinreicht. Denn in der personalen Erfahrung wirkt ein transpersonaler Faktor der geistigen Führung, der eine neue sinnvolle Beziehung zum Ich, zum Du und zur Welt formen will. Eine Neustrukturierung von Gemeinschaftsgefühl und Bewußtsein hat schon begonnen.

Auf den folgenden Seiten werde ich die Schritte beschreiben, die ich meinen Patienten vorschlage, und die ihnen bei der Entdeckung des individuellen Rituals helfen. Sie sind nur erste Versuche, die oben dargestellten Richtlinien anzuwenden. Sie sind ganz und gar nicht als endgültige oder allgemeingültige Antworten oder Rezepte gedacht.

Der erste unerläßliche Schritt sieht vor, die bis dahin gar nicht und nur verschämt eingestandenen Phantasien, Ängste und Wünsche ins Bewußtsein zu lassen. Zu ihnen gehört die ganze Skala an Verlangen, die sich gewalttätig und zerstörerisch äußern: alles, was fasziniert und die Energie weckt, vor allem, wenn damit auch Furcht und Abscheu verbunden sind. Diese Verbindung von Anziehung und Furcht kennzeichnet genau die Energiestruktur, die als wesentlicher Aspekt der Entfaltung des eigenen, individuellen Potentials integriert werden muß. Da denkt zum Beispiel jemand über eine große berufliche Veränderung nach. Wenn die neue Laufbahn alle Probleme des Lebens zu lösen scheint, wenn das Nachdenken darüber weder Zweifel noch Angst hervorruft, dann handelt es sich bei ihr vermutlich um eine Flucht in ein Phantasiegebilde. Wenn die positive Aussicht andererseits mit der berechtigten Angst vor Versagen oder Risiken verbunden ist, handelt es sich vermutlich um eine echte Möglichkeit. Die Kombination von Anziehung und Furcht verweist auf die Aufforderung aus dem transpersonalen Selbst, aber auch auf die Nötigung, diesen Aufforderungen lebensfähigen und tragbaren Ausdruck zu geben. Der schöpferische Künstler sieht sich vor dieselbe Aufgabe gestellt, wenn er seine Vision im Rahmen dessen umsetzt, was vom Material her möglich und unter den gegebenen Umständen ästhetisch annehmbar ist. Wird die Vision unkritisch und unbearbeitet oder gleich gar nicht ans Licht der Öffentlichkeit gebracht, kann die Aufgabe für verfehlt angesehen werden.

Liebespaare und Ehepaare können ihre Affekte im sexuellen Spiel kanalisieren. Das fragliche Material ist nämlich oft sexuell gefärbt. Besonders bedeutsam sind Selbstbefriedigungsphantasien, deren Inhalte üblicherweise für pervers angesehen wurden. Wir müssen an dieser Stelle unser Augenmerk auf die archetypische und symbolische Bedeutung der Sexualität richten. Sie ist mehr als nur eine Einrichtung der Natur, die die Forpflanzung der Arten sicherstellen soll. Sie ist auch mehr als bloß Vergnügen und Erholung.

Wie Freud intuitiv wußte (aber aufgrund der positivistischen Haltung seiner Epoche nicht vollständig erfassen konnte), ist die Sexualität eine elementare Äußerung der psychischen Energie. Die Sexualität pulsiert verzückt im Gleichklang mit der Lebenskraft und deren Fluten und Verebben, ergreift uns in elementaren Ausbrüchen. In ihr verströmen sich Macht, Selbstverwirklichung, ekstatische Transzendenz, Hingabe des Ich und Erneuerung. Die heidnischen sexuellen Rituale waren also nicht nur Feiern, die den Äckern und Frauen Fruchtbarkeit bringen sollten. Sie feierten auch den Tod und die Erneuerung, waren Mysterien, in denen die Große Göttin und ihr Sohn, der Herr über Tod und Wiedergeburt, erfahren wurden. Ohne diese Klarstellung können wir ihren orgiastischen und häufig zerstörerischen Charakter nicht verstehen.

Wenn wir von einem Zweckmäßigkeitsdenken ausgehen und die Sexualität nur unter den Aspekten des Vergnügens oder der Fortpflanzung sehen, kommen wir dazu, lediglich die einfachsten oder wirkungsvollsten Methoden der Befruchtung für einwandfrei und normal zu erklären. Wenn das geschehen ist, können wir die anderen Formen, das Spiel ursprünglicher, verzückter Lust zum Beispiel, für abartig und pervers halten. Und doch sind alle sogenannten Perversionen – Sadomasochismus, Homosexualität, orale und anale Sexualität, Fetischismus, Voyeurismus, Transvestitismus – elementare und auf ihre Art sinnvolle Strukturen der Energie, die spielerisch Schöpfung und Entwicklung voranbringt. In ihnen drücken sich fundamentale, unbewußte und häufig uneingestandene Triebe aus, die eine zu einseitig bewußte Haltung kompensieren wollen. Sie sind archetypisch zu nennen, weil sich in ihnen eine grundlegende Kraft ausdrückt, die im wesentlichen religiösen und numinosen Charakter hat.

Sadistische Antriebe zeigen das uneingestandene und noch nicht kanalisierte Bedürfnis nach größerer Durchsetzungskraft. Sadistische Züge finden sich häufig bei schwachen, frustrierten und wenig selbstbewußten Persönlichkeiten, die sich eingeengt, unfähig und entsprechend impotent fühlen. Der Masochismus kompensiert umgekehrt das übertriebene Selbstbewußtsein von Führern, Chefs, Spitzenmanagern und anderen tyrannischen, mächtigen und erfolgreichen Persönlichkeiten. Oft herrscht die eine Seite physisch und die andere psychisch vor: das Gefühl körperlicher Hilflosigkeit oder Schwäche wird sadistisch kompensiert, ein Gefühl geistiger oder emotionaler Macht masochistisch. Aggressive Durchsetzung, selbst gewaltsame Eroberung und das Ich auslöschende Hingabe sind oft Hauptaspekte des sexuellen Spiels. Sie sind Teil der Dynamik, der Bedürfnisse beider Geschlechter. In den Phantasien von Frauen tauchen Bedürfnisse auf, die Aggression und Durchsetzung wollen, und bei Männern zeigt sich der Wunsch nach Hingabe. Diese Bedürfnisse müssen eingestanden und bejaht werden, vor allem deswegen, weil aufgrund der gewohnten Rollen die sexuelle Aggression in Frauen und die Passivität in Männern unterdrückt worden ist.

Die orale Sexualität zeigt ein Bedürfnis nach Abhängigkeit. In ihr drückt sich oft die uneingestandene Verehrung der phallischen Kraft oder des dunklen Mysteriums der *Yoni*, der abgründigen Tiefe des Weiblichen aus. Wenn Yoni und Phallus verehrt werden, wird uns ihr Wert bestätigt. Jemand Cunnilingus oder Fellatio anbieten, läßt sie oder ihn jene Kraft körperlich erleben.

Anale Sexualität ist eine Form des Bedürfnisses nach Ich-Ausdruck oder Ich-Kontrolle. In der Homosexualität äußert sich der Drang nach einer Verwirklichung des eigenen Geschlechts, das noch nicht vollständig gelebt wird, also nach einer angemesseneren Bestätigung der eigenen Weiblichkeit oder Männlichkeit.

Fetisch ist ein herabsetzendes Wort für einen kultischen Gegenstand, welcher der eigenen anerkannten (und daher »wahren«) Religion seltsam erscheint. Kultische Objekte, ob nun eine Statue der Heiligen Jungfrau oder eines Gottes, ein Kreuzessplitter oder das Bild eines Stammesgeistes, sind symbolische Darstellungen der verkörperten Kraft, die sie an die weitergeben, die sich von ihnen angesprochen fühlen. Diese Kraft kann sich im sexuellen Bereich manifestieren, vor allem wenn die instinkthafte, erdhafte Seite unterdrückt worden ist. Der Fetischismus ist so der unbewußte Drang, jene Eigenschaften zu verehren, die der Fetisch für den Fetischisten verkörpert. Wer zum Beispiel Füße oder Schuhe anbetet, sieht sich getrieben, dem geringsten oder irdischsten Aspekt der Persönlichkeit Verehrung zu erweisen, oder ist aufgefordert, mehr Hingabe zu zeigen oder das Weibliche stärker zu akzeptieren. (Die meisten Schuh- oder Fußfetischisten sind Männer.) Natürlich sind die individuellen Bedeutungen, die mit einem Fetisch assoziiert werden, immer erst genau zu beleuchten, bevor eine Deutung versucht wird.

Voyeurismus ist die sexualisierte Form des *theatron*, in der die Vision einer Gottheit geschaut wird. Er stellt das Bedürfnis dar, etwas bewußt anzusehen und zu akzeptieren, was man nicht sehen wollte oder vor dessen Anblick man Angst hatte: die sinnliche Ekstase der sexuellen Kraft, die göttliche Qualität der heiligen Energie des tantrischen Rituals, die in der Sexualität sichtbar wird. Der Voyeurismus mag häufig eine Haltung kompensieren, die im Geschlechtsakt nichts als tierische Triebhaftigkeit sieht oder den Partner als Objekt betrachtet, das benutzt werden kann.

Transvestitismus gehörte zum Kult der Kybele (Göttin der Höhlen, der unberührten Natur, die auf Berggipfeln verehrt wurde) und anderer Göttinnen. Er findet sich auch im Schamanismus. Die rituelle Kleidung des katholischen Priesters ist noch heute eine Art Rock. Die Kleidung des anderen Geschlechts zu tragen, zeugt vom Drang, sich mit der Göttin, dem Großen Weiblichen zu identifizieren, bei Frauen vom Bedürfnis des weiblichen Ich, sich mehr durchzusetzen, selbstbewußter zu sein (die Hosen anzuhaben), bei Männern vom Wunsch, weibliche Eigenschaften stärker zu zeigen.[9]

Im Spiel der Sexualität äußern sich die unterschiedlichsten Verhaltensweisen: wir finden Angreifer und Opfer, Gewalt und Hingabe, Fürsorglichkeit und Erfüllung der Bedürfnisse, wie auch Angst und Einsamkeit. All diese Aspekte sind in der Dimension der sexuellen Ekstase konstelliert, die das Ich transzendiert. In der ekstatischen Sexualität erkannte das heidnische Ritual die Gegenwart einer überpersönlichen Kraft und ihre Fähigkeit an, das Verhalten der Menschen zu beeinflussen, und zwar in der Durchsetzung wie der Hingabe. Dagegen vertrieben die Religionen der heiligen Bücher die Sexualität von ihrem Platz im bewußt erlebten religiösen Ritual und beraubten sich so eines der wesentlichsten Vermittler umwandelnder Kraft und wechselseitiger Einwirkung. Sexuelle Phantasien setzen einige der stärksten Antriebsmotive in Bewegung und lassen sie sichtbar werden. Diese Phantasien können zu den stärksten Formen des Rituals führen, wenn sie im tantrischen Spiel und im Rahmen des gemeinsam Akzeptablen meditativ dargestellt oder in ein festes Ritual umgesetzt werden.

Der erste Schritt besteht also darin, die eigenen Phantasien ganz anzunehmen und völlig auf sie einzugehen. Der nächste Schritt verlangt ihre Akkulturation. Der Dramaturg oder Spielleiter muß eingreifen. Die Phantasien müssen jetzt bühnengerecht gemacht und zu einem Schauspiel umgestaltet werden. Sie eignen sich für die Bühne, wenn sie aufführbar sind und trotzdem ihre faszinierende Kraft behalten. Die Flammen, die der Drache speit, müssen zum Beispiel durch etwas Ähnliches, durch eine Geste symbolisch dargestellt werden. Eine Phantasie, in der jemand erwürgt wird, muß in eine weniger gefährliche Handlung oder Geste umgesetzt werden. Wesentlich ist aber, daß dabei möglichst das intensivste Symbol für den Affekt gewählt wird, der ausgedrückt oder erfahren werden soll. Die Grenzen der Sicherheit und des Akzeptablen müssen so weit wie möglich gesteckt werden, damit die Intensität des Affekts im Spiel nicht verlorengeht.

Dazu gehört, daß das Szenario des eigenen Spiels mit den Partnern besprochen wird, daß sie der Darstellung zustimmen. Diese Zustimmung ergibt sich am einfachsten, wenn die Phantasien der Partner zueinander passen und sich ergänzen. Gut ist auch, wenn Partner mithelfen, die von der bestimmten Phantasie nicht berührt sind, aber bereit sind, Rollen zu übernehmen. Auf jeden Fall muß vorher besprochen sein, ob die Rollen und Handlungen sowie die Grenzen, die körperlichen Schaden ausschließen sollen, akzeptabel sind. Als Sicherheitsmaßnahme sollte ein Zeichen für »Halt« vereinbart werden, für den Fall, daß die Affekte, die durch die Darstellung willentlich erregt werden, einem der Teilnehmer zu intensiv werden.

Mit Hilfe dieser Vorkehrungen, vor allem der Möglichkeit, »Halt« zu signalisieren, wird die Intensität der Ekstase und Enthüllung begrenzt und assimilierbar. Das Wissen, daß jeden Augenblick »Halt« gerufen werden kann, nimmt die Angst vor den Affekten.

Wenn alle mit den groben Zügen des Spiels einverstanden sind, wird alles übrige improvisiert. Die allgemeine Richtung der Handlung wird skizziert, doch die spezifischen Aktionen wie auch sprachlichen Formulierungen müssen spontan wie in der Commedia dell' arte geschehen. Im Verlauf des Spiels sollen sich Reaktionen und Impulse frei entfalten können. Es ist oft eine Hilfe, die Handlung zunächst ohne Sprache nur durch Gesten, Bewegungen und Pantomime darzustellen. Wenn Worte zu früh eingesetzt werden, lenken sie von emotionalen und körperlichen Erfahrungen ab. Das Erleben des Affekts wird abstrakter und verharmlost und büßt seine Intensität ein. Später, wenn der Affekt schon erlebt ist, wenn vor allem die Kernhandlung feststeht, in der sich der Affekt am deutlichsten zeigt, können Worte dazu beitragen, die Dynamik zu steigern oder ihr eine Struktur zu geben. Das Durchproben des Spiels läßt die besondere Form des Rituals entstehen. Sie besteht in jener Darstellung der Phantasie, die sich als sinnvoll herausstellt, die ein Wiederholungsbedürfnis auslöst, weil sie uns in Berührung setzt mit den Kräften der Bedürfnisse unseres Lebens.

Wir sollten uns hier noch einmal an den Unterschied zwischen Darstellung im Rollenspiel, die wir empfehlen, und Ausagieren erinnern. Ausagieren nennen wir ein willkürliches Ausdruckgeben von Impulsen, um sich zu erleichtern, die sofortige Befriedigung eines Antriebs, oder das unfreiwillige – oft genug unbewußte und zwanghafte – Dampfablassen. Da wird einfach getan, was einem eben einfällt, ganz gleich, wozu das führt. Dieses Verhalten wird gern mit Erklärungen gerechtfertigt wie: »Ich konnte nicht anders«, »Ich weiß nicht, was mich gepackt hat« oder »Ich wollte es nicht, tut mir leid«. Beim Ausagieren wird ein Sicherheitsventil zur Erleichterung benützt oder eine Hemmung, die vom Über-Ich ausgeht, direkt mißachtet. Das löst vorübergehend die Spannung, vertreibt die Angst. Es ist aber keine Hilfe, wenn wir die Antriebe integrieren wollen, und es kann zu unerwünschten, wenn nicht gar vernichtenden Auswirkungen führen.

Die Darstellung im Rollenspiel, die zur Ausarbeitung eines psychodramatischen Rituals hinführt, strebt dagegen nach einem symbolischen und weniger buchstäblichen Ausdruck problematischer, unakzeptabler oder gefährlicher Impulse. Sie macht sich eine relativ kontrollierte, sichere und bewußte Form zunutze, um eine Assimilation, eine zivilisierende Umwandlung herbeizuführen. Sie ist symbolisch, weil sie den »bestmöglichen« Ausdruck innerhalb sicherer und akzeptabler Grenzen sucht. Das bedeutet, ein Teil des Triebs wird direkt ausgedrückt, damit der andere Teil in einen positiven Faktor des Wachstums, der Beziehung verwandelt werden kann. Die Darstellung spielt sich also im Rahmen eines *als ob* ab. Im Dienst der Verbindung, Kommunikation und Bewußtheit versucht sie willentlich, starke Affekte hervorzurufen, wobei sie zunächst die Anspannung und Angst vergrößert. Auf lange Sicht ist sie konstruktiv, weil ein oder mehrere Partner erforderlich sind, die sich zur Mitarbeit bereit erklären. Rollenspiel und Darstellung sind nicht zum »Spaß« oder Dampfablassen gedacht, sondern sollen mit einem Gefühl der Achtung vor den Rechten und Bedürfnissen der Partner, im Geist einer aufmerksamen Ehrfurcht vor den freigesetzten Energien erlebt werden.

Die richtig verstandene Darstellung ist Teil der Queste, die das Geheimnis des Grals entdecken will.

Eine Meditation über die Arbeit kann den Teilnehmern vor und nach dem Spiel eine Hilfe sein. Dann kann diskutiert, gedeutet werden. Zu besprechen ist, ob eine Wiederholung der Darstellung sinnvoll ist, und in welcher Form sie geschehen soll. Die Teilnehmer sollten dann die Rollen wechseln, damit die Energie in allen ihren Aspekten erfahren werden kann.

Wir erleben die Affekte von Aggression und Gewalt, Angst und Bedürfnis aktiv wie passiv. Das Opfer trägt den Aggressor in sich; der Aggressor hält ein Opfer in seiner Seele versteckt. Unsere Bedürfnisse bleiben oft unerfüllt, weil etwas in uns sie ablehnt. Wir versuchen gar nicht, Befriedigung zu finden, weil Über-Ich oder Animus der Ansicht sind, wir verdienten keine Befriedigung, und uns untersagen, eine Lösung zu suchen. Unsere Ängste sind zum größten Teil die Ungeheuer, Gespenster oder strafenden Autoritäten des alten Über-Ich, die wir auf die Menschen und Situationen projizieren, denen wir heute begegnen. Je unrealistischer und zwanghafter die Projektionen sind, desto unfähiger sind wir, angemessen mit der jeweiligen Person oder Situation umzugehen. Das Gefühl, niemand kümmert sich um uns, entspricht der Abgeneigtheit und Unfähigkeit, uns um uns selbst zu kümmern, uns für wertvoll zu halten. Beigebracht wurde es uns in der Kindheit, weil wir keine wirkliche Zuwendung erfuhren.

Im allgemeinen wird der aggressive Drang in offenkundig schwachen und unaggressiven Persönlichkeiten, die leicht Opfer werden, introjiziert und wendet sich gegen sie selbst. Er tritt als Selbstherabwürdigung und Selbsthaß auf, die zu Depressivität und Ohnmachtsgefühlen führen. Ganz tief im oft unterdrückten sexuellen Bereich zeigen sich kompensierende Phantasien, in denen sadistische Elemente vorherrschen. Unter der Oberfläche der Schüchternheit und schwachen Durchsetzung schwelt das dunkle Feuer des Grolls und Hasses, aus dem schließlich Explosionen von Gewalt und Destruktivität emporschießen können. Die Darstellung des Aggressors oder Tyrannen hilft solchen Personen, eine Verbindung mit dieser Seite ihres Wesens aufzunehmen. In gleicher Weise findet sich im ständig erobernden Helden der uneingestandene Drang nach Hingabe. Er identifiziert sich leicht mit dem Opfer, indem die gewalttätigen Antriebe paranoisch rationalisiert werden: alle »versuchen, mich zu erledigen« oder »mich auszunutzen«. Die Phobie, eingekreist zu sein oder ausgenommen zu werden, hat in nationalen wie internationalen Konflikten und auch in persönlichen Beziehungen viel katastrophale Gewalt heraufbeschworen. Der uneingestandene Drang nach Hingabe kann auch im unbewußten Impuls wirksam werden, der das Ich durch Drogen oder Trinken, Arbeitssucht und Unfallneigung zugrunde richten will, oder der das Ich dazu bringt, zu weit zu gehen, so daß es zu einem groben Fehler kommt, der zur Vernichtung führt. Unsere persönliche wie kollektive Geschichte ist voll von Beispielen dieses Napoleon- oder Hitler-Syndroms.

In der rituellen Darstellung mächtiger Antriebe wie der Aggression kommt es daher entscheidend darauf an, daß beide Seiten beide Pole der Konstellation durchspielen, um Angst, Schüchternheit, Hilflosigkeit und unbeachtete Einsamkeit ebenso zu erleben wie die Gefühle des Eroberns, der Stärke und sogar der Fähigkeit, zerstören zu können. Wenn wir ein inneres Gleichgewicht finden wollen, müssen wir die Kraft der negativsten und positivsten Gefühle erfahren.

Ein Beispiel eines einfachen Rollenspiels in einer Gruppensituation wird meine Gesichtspunkte verdeutlichen. Zwei Mitglieder der Gruppe, ein Mann und eine Frau, gingen ständig aufeinander los, ganz gleich, welche Probleme gerade anlagen. Sie waren anscheinend unfähig, bis an die Wurzeln ihrer Feindschaft vorzudringen. Sie wurden gebeten, über die Wünsche und Ängste, die mit einer gegenseitigen Annäherung verbunden waren, zu meditieren und sie sich vor Augen zu führen. Sie wurden dann aufgefordert, sich an weit entfernte Plätze im Raum zu stellen, aufeinander zuzugehen und dabei nonverbal alles darzustellen, was sich als Äußerung ihrer Phantasie zeigte, was als Reaktion auf die Annäherung auftauchte.

Der Mann begann langsam zur Frau hin zu stapfen. Sie blieb wie angewurzelt stehen. Als er näher kam, begann sie ihren Körper auf höchst anzügliche Weise in einem geschmeidigen Tanz zu wiegen. Als er nahe genug war, um sie berühren zu können, brach sie auf einmal ab und kehrte ihm den Rücken zu. Als er ziemlich plump versuchte, sie mit Gewalt zu sich zu drehen, sprang sie ihm an die Kehle, als wolle sie ihn erwürgen. Sofort kam es zu einem hitzigen Kampf, rollten und rangen sie am Boden. Der zornige Kampf, erklärten sie später, hatte einen deutlich erotischen Beigeschmack. Als ihnen diese Ambivalenz klar wurde, hörten sie auf und begannen, das Geschehene durchzugehen. Den Zuschauern wie den Beteiligten war aufgefallen, daß es die Frau darauf angelegt hatte, den Mann um jeden Preis aggressiv zu machen. Sie nahm das Risiko der Gewaltanwendung in Kauf, wünschte sie sich möglicherweise sogar, um das Gefühl zu haben, als Frau beachtet zu werden. Sie kam sich vernachlässigt und als Frau minderwertig vor, mußte sich beweisen, daß sie die Männer zumindest körperlich reizen konnte. Wenn sie auf dieser Ebene aber Erfolg hatte, war sie nicht bereit, ja sogar unfähig, den Folgen ihres »Anmachens« ins Auge zu blicken. Sie wollte als Person, nicht bloß als Körper beachtet werden, und die direkte körperliche Annäherung, die sie ständig (wenn auch unbewußt) provozierte, verstärkte nur ihr Gefühl der Minderwertigkeit und machte sie wütend.

Der Mann aber hatte Angst vor Frauen. Er fühlte sich minderwertig, weil Männer in seiner Vorstellung erobernde Helden sein sollten. Er selbst war jedoch unfähig, es diesem Vorbild gleichzutun. Er meinte, ein Herzensbrecher sein zu müssen. Folglich lief er herum und bewies seine Männlichkeit dadurch, daß er sich als daherstapfender, brutaler Kraftmensch gab. Diese Art, als »Macho« zu reagieren, war nichts als eine dürftige Tarnung seiner Minderwertigkeitsgefühle, die in verzweifelte Wut umschlugen, wenn er sich verführt, durch die weibliche List und Tücke getäuscht und mattgesetzt sah.

Dann wurden die Rollen vertauscht. Die Frau übernahm die Rolle des Mannes, ahmte sein Verhalten als plumper Macho nach, und der Mann war nun die Frau, der Vamp. Der Mann spürte jetzt, wie ihre Haltung ein Echo in ihm hervorrief. Als er ihre Rolle spielte, entdeckte er, daß ihm unwillkürlich etwas an ihr gefiel. Er sah seinen eigenen verführerischen Reiz, seinen verzweifelten Wunsch, anziehend zu wirken. Die Frau wiederum entdeckte die Brutalität ihres Verurteilens, das die weiblichen Werte für minderwertig hielt und vor allem sie selbst für wertlos ansah. All das hatte sie vorher auf die Männer projiziert und nicht erkannt, daß es eigentlich aus dem eigenen strengen Über-Ich stammte.

Als die beiden erkannten, was mit Hilfe ihrer gemeinsamen Erfahrung und des Feedbacks geschehen war, sahen sie ihre eigenen Probleme besser und begannen, ihre Partner zu verstehen und mit ihnen zu fühlen. Ein Weg zur Kommunikation und wechselseitigen Hilfe hatte sich geöffnet, wo vorher nur Groll gewesen war.

Wenn wir auf diese Weise mit den furchteinflößenden Fremden, gefährlichen Tieren und hilflosen, verlassenen Kindern in unserer Seele arbeiten, stoßen wir früher oder später auf die Widerstände, ablehnenden Urteile, vorverurteilenden »Du sollst« und »Du sollst nicht«, und die selbstzerstörerischen Beschränkungen, die von den Patriarchen in unserem Geist ausgehen, die uns jede Kraft rauben können. Jede neue Entdeckung bis jetzt uneingestandener Antriebe bringt die Erkenntnis eines Verbots, das diese Antriebe gehemmt und daran gehindert hat, sich zu entfalten und einen passenden Platz in der Gesamtstruktur der Dinge einzunehmen. In diesem Prozeß entdecken wir in unserer Psyche zugleich den selbstgerechten Richter des Über-Ich wie den verstoßenen Sündenbock. Die Entdeckung ermöglicht es uns, beide zu integrieren und uns selbst realistischer zu sehen, unsere Grenzen, Schwächen und Unfähigkeiten zu akzeptieren, und dem abgewiesenen Problemkind mehr und mehr Raum zu geben.

Wenn wir an unseren Problemen arbeiten, formen wir den Stoff, aus dem unsere Leben sind. Wenn wir unsere Komplexe im Rollenspiel darstellen und sie nicht ausagieren, werden wir zu bewußten und hilfsbereiten Teilnehmern und Zuschauern des Dramas unseres Lebens, sind wir nicht nur seine unbewußten Opfer. Durch diese bereitwillige Teilnahme an der Handlung werden wir zu Zeugen, *martyroi* (das griechische *martyros* bedeutet Zeuge), des Schauspiels unserer eigenen Tragödien und Komödien in Lied und Tanz des Ziegengottes im Innern, unserer schmerzhaften und oft komischen Entwicklung. Wir brauchen nicht mehr die unfreiwilligen, unbewußten oder selbsternannten Märtyrer und Opfer des Lebens zu sein, die sich stets benachteiligt fühlen. Wir brauchen auch nicht weiter den Sündenbock auf unsere Nächsten, Freunde wie Feinde zu projizieren.

Wenn sich die Märtyrer selbst entdecken und Zeugen ihrer Gefühle werden, verändern sich die Fragen »Wieso ich?« – »Womit hab' ich das verdient?« zu den Gralsfragen: »Was bedeutet das?« – »Wohin kann es führen?« – »Was kann es mir beibringen?« – »Wozu dient es?«.

Anhang

Anmerkungen

Einführung

1 Joseph Campbell: *The Masks of God*. New York: Viking Press 1968, Bd. 1, S. 12.
2 Carl Gustav Jung: *Gesammelte Werke* (Olten, Freiburg i. Br.: Walter), VIII, S. 450.
3 William Butler Yeats: *Werke I. Ausgewählte Gedichte*. Neuwied, Berlin: Luchterhand 1970, S. 261, (Übers. Werner Vordtriede).
4 Edward C. Whitmont: *The Symbolic Quest*. Princeton, N.J.: Princeton Univ. Press 1978, S. 197.

1 Eine moderne Theophanie

1 Carl Gustav Jung: *Gesammelte Werke*, IX, 1, S. 32 f.
2 Dionysos war Gefährte der Ariadne, der Göttin des kretischen Labyrinths, des geheimnisvollen Orts des Tanzes von Leben und Tod, des Stiertanzes. Er war Sohn, Geliebter, Opfer und wiedergeborener Gefährte der antiken Großen Göttin, Gebieterin der Himmel und der dunklen Macht der Erde, deren Verehrung und Kultur den patriarchalen Religionen und Kulturen vorausging. Er war ein sexueller, phallischer Gott, ein Phallus in einem Korb, einem kleinen Kind gleich, und ein Phallus, den die mänadischen Frauen abrissen, um ihn dem Reich der Muttergottheit zurückzugeben, damit er aus ihr geboren werde, wie Osiris-Horus aus der Isis.
3 Carl Gustav Jung: *Gesammelte Werke*, IX, 1, S. 64.
4 E. A. Wallis Budge: *The Gods of the Egyptians*. New York: Dover 1969, Bd. 1, S. 515.
Massey setzt sie mit der Großen Mutter des Mysteriums gleich (später in der Offenbarung des Johannes als die »große Babylon, die Mutter der Hurerei und aller Greuel auf Erden« gebrandmarkt). Sie »ist höher als alle Götter und ist die einzige, die über ihrem Vater steht«. Gerald Massey: *Ancient Egypt*. New York: S. Weiser 1970, Bd. 2, S. 698.

2 Verlangen, Gewalt und Aggression

1 Franz Grillparzer: *Gesammelte Werke*. Berlin, Wien: Tilgner, S. 125.
2 2. Mose 20, 13, in der Übersetzung Martin Bubers. Vgl. auch *The Torah. A new Translation according to the Masoretic Text*. Philadelphia: Jewish Publication Society 1962, S. 134.
3 5. Mose 13, 13 – 16.

4 In der antiken griechischen Terminologie ist ein *daimon* ein göttlicher oder halbgöttlicher Schutzgeist. Der Dämon des mittelalterlichen Sprachgebrauchs ist ein böser Geist.

5 Erich Neumann: *Das Kind*. Zürich: Rhein-Verlag 1963, S. 175ff.

6 Stanislav Grof: *Topographie des Unbewußten*. Stuttgart: Klett-Cotta, 3. Aufl. 1985.

7 Irenäus Eibl-Eibesfeld: *Liebe und Haß*. München: Piper 1970, S. 15.

8 Paul D. MacLean: *The Triune Brain*. The Neurosciences: Second Study Program, ed. F. O. Schmitt. New York: The Rockefeller University Press 1970.

9 Irenäus Eibl-Eibesfeld: a.a.O., S. 40ff.

10 Persönliche Mitteilung an den Autor.

11 Abdul Hussein, M. D., und Seymour Tozman, M. D.:»Psychiatry on Death Row«. In: *Journal of Clinical Psychiatry*, Nr. 3, März 1978, S. 183ff.

12 Weitere Beispiele sind einerseits die Orphischen, Eleusinischen, Samothrakischen Mysterien, die christliche Eucharistie, andererseits die blutigen bacchantischen Orgien oder die der Kybele, die antike Sündenbockzeremonie.

13 Konrad Lorenz: *Das sogenannte Böse*. München: Deutscher Taschenbuch Verlag 1974, S. 55.

14 Ebd., S. 169.

15 Ebd., S. 136.

16 Anthony Storr: *Human Aggression*. New York: Atheneum 1968, S. 118.

3 Der Mythos und die Funktionen der Psyche

1 Carl Gustav Jung: *Gesammelte Werke*, IX, 1, S. 170f.

2 Viktor E. Frankl: *Der Mensch vor der Frage nach dem Sinn*. München, Zürich: Piper 1979.

3 Genauere Einzelheiten kann der Leser den Werken C. G. Jungs und J. Campbells, dazu den einschlägigen Kapiteln meines Buchs *The Symbolic Quest* entnehmen.

Zweiter Teil: Die Evolution des Bewußtseins

1 Paul D. MacLean: a.a.O. Vom selben Autor: *On the Evolution of Three Mentalities*. Laboratory of Brain Evolution and Behavior. Bethesda, Maryland: National Institute of Mental Health.

2 Erich Neumann: *Ursprungsgeschichte des Bewußtseins*. Frankfurt am Main: Fischer Taschenbuch Verlag 1984.

3 Jean Gebser: *Ursprung und Gegenwart*. Stuttgart: Deutsche Verlagsanstalt 1949.

4 Frederick A. Van Scheltema: *Die geistige Wiederholung*. Bern: Francke Verlag 1954.

4 Die magische Phase

1 Apuleius: *Der Goldene Esel. Metamorphosen.* Hrsg. und übers. von Edward Brandt. München: Heimeran 1958, S. 461.
2 Jean Gebser: a.a.O., S. 73 – 171.
3 John Michel: *The Earth Spirit.* New York: Crossroad 1982, S. 4.
4 Van Scheltema hat überzeugend vorgeführt, daß enge Parallelen zwischen altsteinzeitlichen Verhaltensmustern und dem Verhalten des Kleinkindes bis zum Alter von drei Jahren bestehen, daß Verhaltensmuster der Neusteinzeit und der Bronzezeit denen des Kindes zwischen drei und zwölf, der antiken Eisenzeit und seiner Welt der Helden der Pubertät, und das Mittelalter der Mentalität des Erwachsenen entsprechen.
Offenbar schreitet das Bewußtsein in den verschiedenen Kulturen oder selbst den einzelnen Schichten einer Kultur nicht mit der gleichen Geschwindigkeit voran. Im kaiserlichen Rom hatten die Intellektuellen im großen und ganzen eine mentale Ebene erreicht, während die Massen wie die Kelten und Germanen zur gleichen Zeit noch auf der mythischen oder magischen Ebene waren. Das mentale Sein beginnt im westlichen Europa nicht vor der Wende zum zweiten Jahrtausend, und selbst heute befinden sich viele Schichten der Bauern in Europa wie Südamerika auf der mythischen Ebene, Teile der Eingeborenen in Afrika, Asien und Australien auf der magischen.
5 J. C. Pearce: *The Magical Child.* New York: E. P. Dutton 1977, S. 58.
6 Ebd., S. 156.
7 Ebd., S. 151.
8 Jakob von Uexküll: *Streifzüge durch die Umwelten von Tieren und Menschen.* Frankfurt am Main: Fischer 1970, S. 11.

5 Die mythische oder urbildliche Phase: Dionysos und Apollo

1 Robert Graves: *König Jesus.* Darmstadt, Genf: Holle 1954, S. 89.
2 Die Annahme, daß Kraft, Seele oder seelische Eigenschaften, sobald sie einem Objekt zugeschrieben werden, notwendigerweise ihren Ursprung im Beobachter haben und ihm angehören, somit auf Projektion beruhen, folgt dem metaphysischen Vorurteil, daß die nichtmenschliche Welt der Objekte weder Geist noch Seele haben kann, daß die Materie tot ist. Das war die allgemeine Einstellung der Wissenschaft zur Zeit Freuds und Jungs. Die Annahme ist unbegründet und ungeprüft. Es handelt sich um das typische Vorurteil des nachmittelalterlichen Denkens, das durch nichts gestützt wird, und dem neue Einsichten zunehmend widersprechen.
3 Laurens van der Post: *A Mantis Carol.* New York: William Morrow 1975, S. 110.
4 Karl Kerényi: *Die Religion der Griechen und Römer.* München, Zürich: Droemer Knaur 1963, S. 112.

5 Konrad Lorenz: a.a.O., S. 169.
6 Karl Kerényi: *Dionysos*. Bollingen Series LXV 2. Princeton: Princeton Univ. Press, S. 238.
7 *The Gospel of Sri Ramakrishna*. New York: Ramakrishna-Vivekananda Center 1969, S. 884.
8 Martin Buber: *Bilder von Gut und Böse*. Köln, Olten: Hegner 1952, S. 32f.
9 William Butler Yeats: a.a.O., S. 233, (Übers. Werner Vordtriede).
10 *Laotse*. Herausgegeben von Lin Yutang. Frankfurt am Main, Hamburg: Fischer Bücherei 1955, S. 37.

6 Die mentale Phase

1 William Butler Yeats: a.a.O., S. 232, (Übers. Gerschon Jarecki).

Dritter Teil: Die patriarchalen Mythen

1 Archibald MacLeish: *J.B.* Boston: Houghton Mifflin 1956, S. 11.

7 Die göttliche Königsmacht: Über-Ich und Ich

1 Die christliche *Agape*, der Befehl, seine Feinde zu lieben, entspricht keinem spontan auftretenden Gefühl. Sie will den widerstrebenden natürlichen Triebregungen von Liebe und Haß ein neues, zivilisierendes Ideal auferlegen.
2 Es wird berichtet, daß Rabbi Hillel, eine führende Autorität der Pharisäer des ersten nachchristlichen Jahrhunderts, von einem römischen Soldaten unter Androhung des Todes aufgefordert wurde, das Judentum zu erklären. Der Soldat gab ihm soviel Zeit, wie ein Mensch auf einem Bein stehen kann. Der Rabbi antwortete:»Liebe deinen Nächsten wie dich selbst, alles übrige ist nichts als Kommentar.« Die jüdische Überlieferung weist so auf das Kernstück seiner Kultur hin, das Gebot der Goldenen Regel.
3 1. Mose 1, 2. Zitiert nach Robert Graves und Raphael Patai: *Hebrew Myths*. New York: McGraw-Hill 1966, S. 2.
4 Ebd., S. 31.
5 »In der Entstehungsgeschichte des Bewußtseins ist eine Phasenentwicklung zu verfolgen, in der sich das Ich aus dem Enthaltensein im Unbewußten, der uroborischen Ursprungssituation des Anfangs, herauslöst und am Ende des Prozesses, als Zentrum des abendländischen modernen Bewußtseins, dem Unbewußten wie einem von ihm getrennten System der Psyche gegenübersteht. *In dieser Entwicklung,* die zu einer Freiwerdung von der Übermacht des Unbewußten führt, ist die Symbolik des Bewußtseins männlich, die des Unbewußten, *soweit es sich im Gegensatz zu dieser Emanzipation des Ich befindet*, weiblich, wie die Mythologie und die Symbolik des kollektiven

Unbewußten lehren.«
Erich Neumann: *Zur Psychologie des Weiblichen*. Frankfurt am Main: Fischer Taschenbuch Verlag 1983, S. 59. (Hervorhebungen durch mich.)

6 Status geht auf das lateinische *stare*, »stehen« zurück, oder eigentlich wo man hingestellt wurde, wo man Stellung beziehen mußte.

7 Augustinus, zitiert in Julius Evola: *Metaphysik des Sexus*. Stuttgart: Klett 1962, S. 251.

8 Dieses mythische Motiv wirkt bis in die moderne Geschichte weiter. Es ist in der japanischen Tradition zu finden, im britischen »white man's burden«, in dem «am deutschen Wesen wird die Welt genesen«, und in dem amerikanischen Gedanken des »keeping the world safe for democracy«.

9 Tatian, zitiert in Carl Gustav Jung: *Gesammelte Werke*, IX, 2, S. 56.

10 George P. Fisher: *History of Christian Doctrine*. New York: Charles Scribner's Sons 1902, S. 85.

11 »Sünde und Schuld sind ein schlechthin ursprüngliches Phänomen. Es kann also nicht als etwas Abgeleitetes auf Ursprünglicheres zurückgeführt, also etwa als Interpretation von Depressionszuständen, Störungen der Mechanik des seelischen Lebens usw. verstanden werden. Für die Theologie ist der Begriff der Schuld einer der grundlegendsten Begriffe, denn die Theologie hat es mit Gott zu tun und mit seinem Wort an den Menschen. Dieses Wort aber, das den Menschen in der Totalität seines Wesens anspricht, erklärt den Menschen als Sünder vor Gott. [Schuld ist] ein Nein gegen Gott und seinen Willen ...«
Karl Rahner: »Schuld und Schuldvergebung.« In: *Angst und Schuld in theologischer und psychologischer Sicht*. Gesammelte Vorträge hrsg. v. Wilhelm Bitter. Stuttgart: Gemeinschaft Arzt und Seelsorger 1953, S. 49f.

12 Paul Tournier: *Echtes und falsches Schuldgefühl*. Zürich, Stuttgart: Rascher 1959, S. 11.

13 Der Bischof zu John Wesley: »Sir, this pretending to a special revelation of the Holy Ghost is a horrid thing, a very horrid thing.« (»Mein Herr, dieser Anspruch auf eine besondere Offenbarung des Heiligen Geistes ist eine schreckliche Sache, eine ganz schreckliche Sache.«) Zitiert in Charles Williams: *Witchcraft*. New York: Meridian Books 1960, S. 110.

14 Thomas von Aquin: *Summa theologica*. 1. Band, 1. Frage, Artikel 8, S. 26.

15 John Wesley zitiert in Stephen Hobhouse: *Selected Mystical Writings of William Law*. Sharon Hill 1938.

8 Die menschliche Vereinsamung; Der Verlust des Paradieses; Der Tod Gottes

1 Mircea Eliade: *Das Heilige und das Profane*. Frankfurt am Main: Insel 1984, S. 175.
2 Symposium an der School of Theology, Claremont, Calif. April 1970. Vgl. *New York Times*, 1. Mai 1970. Reporter E. B. Fiske.
3 Colin M. Turnbull: *Molimo. Drei Jahre bei den Pygmäen*. Köln, Berlin: Kiepenheuer 1963, S. 309f.
4 Die Gestalt der Maria als Fürsprecherin der Menschen ist nur ein schwacher Schatten der großen Dreiheit der Göttin, deren Hauptaspekte Natur-Mutter-Jungfrau, Schöpfung und Zerstörung, weise alte Frau, Hexe und Dirne waren.
5 Nach der christlichen Lehre ist »Gott in allen Dingen nicht als Teil ihrer Substanz, auch nicht als Akzidens oder Attribut, sondern ist wie ein Agens in dem gegenwärtig, auf das es einwirkt«. George P. Fisher: a.a.O., S. 236.
6 R. H. Tawney: *Religion und Frühkapitalismus*. Bern: Francke 1946, S. 270. Zitiert aus R. Younge: *The Poores' Advocate* 1654.

9 Der Sündenbock

1 Margaret Murray: *The God of the Witches*. New York: Doubleday, Anchor 1960, S. 30.
2 Im ägyptischen Memphis war der Bock Symbol des ithyphallischen Kheu, des Dunklen, einer Mumie, die die verborgene männliche Kraft der Natur darstellte. Er hieß auch Min, der Herrscher, war eine Gestalt des Amun, des Töpfers, der mit seiner Scheibe das Urei der Zeugung schuf (I 72, II 390). Die alten Juden warfen den Samaritanern vor, sie würden behaupten, daß ein Ziegenbock die Welt geschaffen habe (II 154). Band- und Seitenzahlen beziehen sich auf J. G. R. Forlong: *The Encyclopedia of Religion*. New Hyde Park, N.Y.: University Books 1964.
3 Eine Disidentifizierung anstelle der Unterdrückung (d. h. erst später als Aufruf zur Unterdrückung mißverstanden) ist vielleicht in Jesu Wort angedeutet: »Ärgert dich aber dein rechtes Auge, so reiß es aus und wirf's von dir ... Ärgert dich deine rechte Hand, so haue sie ab und wirf sie von dir.« (Matthäus 5, 29, 30)
4 J. W. Goethe: *Faust*, Vers 2049 – 50.
5 *New York Times*, 8. Juni 1980, S. 45.
6 Paul Tournier: a.a.O., S. 114.
7 Carl Gustav Jung: *Gesammelte Werke*, X, S. 494.

10 Das Weibliche und seine Unterdrückung

1 S. N. Kramer (Hrsg.): *From the Poetry of Sumer*. Berkeley: Univ. of California Press 1979, S. 97.
2 *Sidur Sefat Emet*, mit deutscher Übersetzung von Rabbiner Dr. S. Bamberger. Basel: Goldschmidt 1982, S. 5.
3 Jane Harrison: *Prolegomena to the Study of Greek Religion*. New York: Meridian Books 1922, S. 285.
4 Ernest Jones: *Sigmund Freud. Leben und Werk*. Frankfurt am Main: Fischer 1969, S. 491.
5 Jakob Sprenger u. Heinrich Institoris: *Der Hexenhammer (Malleus maleficarum)*. München: Deutscher Taschenbuch Verlag 1982, S. 98, 99, 102, 105, 106, 108.
6 Paul Tabori: *Secret and Forbidden, the Moral History of Mankind*. New York: Signet Books 1971, S. 204.
7 Helen Diner: *Mothers and Amazons*. New York: Julian Press 1965, S. 156.
8 Raphael Patai: *The Hebrew Goddess*. New York: Ktav Publishing Inc. 1967, S. 25 – 28.
9 Clemens von Alexandria: *Stromata*, iii. Zitiert in: Robert Graves: *König Jesus*. A.a.O., S. 9.
10 Robert E. Ornstein: *Die Psychologie des Bewußtseins*. Frankfurt am Main: Fischer Taschenbuch Verlag 1976, S. 77.
11 *areios*: dem Ares geweiht
areious: besser, kräftiger, mutiger (Komparativ von gut)
arete: Tugend, Vorzüglichkeit
aretao: gedeihen
ari oder *eri*: (gleichbedeutende Vorsilben) verstärken den Wortsinn, z. B. *erikoos*: von scharfem Gehör
erizeo: streben
eromai: fragen, ersuchen
eros: Verlangen oder Liebe
12 Erich Neumann: *Zur Psychologie des Weiblichen*, a.a.O.
13 Sylvia D. Perera: *Der Weg zur Göttin der Tiefe*. Interlaken: Ansata 1985, S. 11 – 49.
14 Esther Harding: *Frauen-Mysterien. Einst und Jetzt*. Zürich: Rascher 1949. S. 124.
15 Vgl. Goethes »Selige Sehnsucht«, *West-östlicher Diwan*:
Sagt es Niemand, nur den Weisen,
Weil die Menge gleich verhöhnet,
Das Lebend'ge will ich preisen,
Das nach Flammentod sich sehnet.
16 Ich möchte nur beiläufig auf den logischen Widerspruch hinweisen, der zwischen der Behauptung, das Unbewußte sei weiblich, und der Ansicht besteht, der Animus stelle das weibliche Unbewußte dar. Wir haben diesen Widerspruch entweder nicht beachtet oder um ihn herumgeredet.

17 In der Vergangenheit hat das häufig zu einer absurden Terminologie
    geführt: es wurde vom »Animus der Anima« gesprochen, oder
    davon, daß ein Mann vom Animus der Mutter, eine Frau von der
    Anima des Vaters beherrscht sei, nur um die eigentliche Dynamik
    von Animus und Anima in der Psyche der jeweiligen Personen nicht
    anerkennen zu müssen.

Vierter Teil: Ein Mythos für unsere Zeit

1 Lao-tse: *Tao-te-king*. 6. Strophe. Nach der Übersetzung von John C.
   H. Wu. New York: St. John's Univ. Press 1962.

11 Der Gral

1 The Corpus Christi Carol in John Matthews: *Der Gral. Die Suche
   nach dem Ewigen*. Frankfurt am Main: Insel 1981, S. 90.
2 John Matthews: a.a.O., S. 5.
3 Ebd., S. 11.
4 Ebd., S. 6ff.
5 Emma Jung u. M. L. von Franz: *Die Graalslegende in psychologischer Sicht*. Zürich, Stuttgart: Rascher 1960, S. 128.
6 Carl Gustav Jung: *Gesammelte Werke*, XII, S. 211f.
7 Joseph Campbell: *The Masks of God: Creative Mythology*. Bd. 4.
   New York: Viking Press 1968, S. 410 – 412.
8 Ebd., S. 373.
9 Nach Emma Jung: a.a.O., S. 208f.
10 Joseph Campbell: *The Masks of God: Occidental Mythology*. Balti-
   more: Penguin Books 1976, S. 10 – 14.
11 Ebd., S. 13 – 14.
12 Ebd., S. 14.
13 Martin Buber: a.a.O., S. 32f.
14 Otto Rahn: *Kreuzzug gegen den Graal*. Freiburg: 1933.
15 Francis King: *The Secret Rituals of the O.T.O.* London: C. W. Daniels
   1973, S. 14 – 16.
16 M. Baigant, R. Leigh, W. Lincoln: *Holy Blood Holy Grail*. New York:
   Delacorte Press 1982.
17 Wilfried Daim: *Der Mann, der Hitler die Ideen gab*. München: Isar
   1958, S. 202.
18 Ebd., S. 142.
19 Ebd., S. 12.
20 Ebd., S. 56.
21 Ebd., S. 140.
22 Strabo VII, 2, zitiert in J. Markale: *Celtic Civilization*. Paris: Gordon,
   Cremonesi 1978, S. 41.
23 Francis King: a.a.O., S. 162.

24 Dietrich Eckart: *Der Bolschewismus von Moses bis Lenin. Zwiegespräch zwischen Adolf Hitler und mir.* München: Eher 1924, S. 49f.

25 In meinem Buch *The Symbolic Quest* habe ich die Methode beschrieben,»ich« an die Stelle von »sie« oder »er« zu setzen, um eine Projektion zu klären. Wenn jemand in der Reaktion auf eine oder mehrere Personen von einem starken Affekt erfaßt wird, so läßt diese Auswechslung unweigerlich die Beschaffenheit des unbewußten Inhalts in individuellen wie kollektiven Situationen offenbar werden (S. 61).

26 Pierre Teilhard de Chardin: *Der Mensch im Kosmos.* (Le Phénomène humain) München: Beck 1959, S. 241.

27 A. Coomaraswami schreibt:»Wir sind mit J. L. Weston der Ansicht, daß die Gralslegende kein ... Phantasieprodukt ist, weder im buchstäblichen noch im gewöhnlichen Sinn. Ihr liegt die mehr oder weniger entstellte Überlieferung eines alten Rituals zugrunde, das in die geheimen Quellen des körperlichen wie geistigen Lebens einweihte. Das trifft natürlich auch auf die Sage vom grünen Ritter zu, und statt ›altes Ritual‹ sollten wir ›alter Mythos und Ritual‹ lesen.« A. Coomaraswami: *Selected Papers.* Bollingen Series LXXXIX. Princeton: Princeton Univ. Press 1977, S. 121.

28 Roger S. Loomis: *Wales and Arthurian Legend.* Cardiff: Univ. of Wales Press 1956, S. 35 – 36, 154.

29 Ebd., S. 62.

30 Ebd., S. 184, 62.

31 Vgl. James Frazer: *The Golden Bough.* New York: Mentor Books 1964.

32 Roger S. Loomis: a.a.O., S. 291.

33 Heinrich Zimmer: *Die indische Weltmutter.* Frankfurt am Main: Inses 1980, S. 37 – 40.

34 A. Coomaraswami: a.a.O., S. 108.

35 Roger S. Loomis: a.a.O., S. 355.

36 Ebd., S. 221, 229.

37 Heinrich Zimmer: a.a.O., S. 39.

38 Ebd., S. 27.

39 Evelyne Sullerot: *Women on Love.* New York: Doubleday 1979, S. 7. (= Histoire et mythologie de l'amour. Paris: Hachette 1975.)

40 Ebd., S. 9.

41 Philip Rawson: *Tantra. Der indische Kult der Ekstase.* München, Zürich: 1974.

Fünfter Teil: Vision für ein neues Zeitalter

1 William Butler Yeats: a.a.O., S. 187, (Übers. Gerschon Jarecki).

12 Neue Modelle der Orientierung

1 Carl Gustav Jung: *Gesammelte Werke*, XI, S. 358.

13 Individuation und Schicksal

1 Carl Gustav Jung: *Gesammelte Werke*, XVII, S. 207

14 Ethik

1 B. Slay, E. Hansen, H. F. Harlow:»Mother-Infant Separation in Monkeys«. In: *Journal of Child Psychology*. Psychiatry Three 1962, S. 123.
2 C. Fitzgibbon: 20 July. New York: 1956, S. 150, 152. Zitiert in W. L. Shirer: *The Rise and Fall of the Third Reich*. New York: Simon and Schuster 1960, S. 1048.
3 »Das Gute muß wahrlich kommen, und gesegnet der, durch den es kommt; ebenso muß das Böse wahrlich kommen, und verflucht der, durch den es kommt.« Logoi Jesu. G.R.S. Mead: *Fragments of a Faith Forgotten*. New Hyde Park, N.Y.: University Books, S. 594.

15 Über das Ritual

1 Eugen Fink: *Nietzsches Philosophie*. Stuttgart: Kohlhammer 1960, S. 189.
2 Erich Neumann:»The Psychological Meaning of Ritual«. In: *Quadrant* 9, Winter 1976, S. 27 – 34.
3 Arthur Koestler:»On Disbelieving Atrocities«. In: *The Yogi and the Commissar*. New York: Macmillan 1945.
4 Friedrich Nietzsche: *Gesammelte Werke*. Hrsg. v. Karl Schlechta, III, S. 376. Zitiert in Eugen Fink: a.a.O., S. 40f.
5 Johan Huizinga: *Homo Ludens*. Hamburg: Rowohlt 1956.
6 »Die Ethnologen sind hier meines Wissens darin einer Meinung, daß der Geisteszustand, in dem große religiöse Feste von Wilden gefeiert und mitangesehen werden, nicht der einer vollkommenen Verzückung und Illusion ist. Ein hintergründiges Bewußtsein von ›Nichtechtsein‹ fehlt nicht.« Johan Huizinga: *Homo Ludens*, S. 29.
»Bei einem Fest der Primitiven wird die Maske als wahrhafte Erscheinung des Wesens, das sie darstellt, verehrt und erlebt – auch wenn alle wissen, daß ein Mann sie gemacht hat und daß ein Mann sie trägt. Der Träger wird außerdem während des Rituals, zu dem die Maske gehört, mit dem Gott identifiziert. Er stellt den Gott nicht bloß dar: er ist der Gott.« Joseph Campbell: *The Masks of God*. Bd. 1, S. 4.
7 Wir können uns fragen, ob diese Phänomene wirklich eine Erklärung brauchen, genau wie die Schwerkraft, die wir zwar beobachten, aber

nicht zu erklären vermögen. Wir nehmen freilich die Schwerkraft als selbstverständlich hin, haben die Synchronizität oder Psychokinese jedoch unbeachtet gelassen oder uns geweigert, sie auch nur in Erwägung zu ziehen, da sie im Widerspruch zu unserem Vorurteil stehen.

8 Holographic Memory. Interview mit Karl Pribram. In: *Psychology Today*, Februar 1979.

9 Bei den *Hysteria*, orgiastischen Festen der Aphrodite in Argos, trugen die Männer Frauenkleidung, die Frauen Männerkleidung.

Register

Matthäus 81, 93
Maximilian von Habsburg 180
Medusa 156 f., 160, 175, 193,
    209, 217, 218, 239
Mephistopheles 129
Merlin 173
Merowinger 180
Mesopotamien 8, 176 f.
Mimir 177
Minoische Kultur 70, 72
Mithraskult 23
Mittelalter 91, 96, 105, 136 f.,
    172, 238 f., 257
Molière, Jean Baptiste 116
Montsalvat 179
Montsegur 179
Morgan le Fay 189, 191 - 193
Morrigan 8, 29, 142
Moses 244, 273
Mowat, Farley 57 f.
Mozart, Wolfgang Amadeus 180
Mohammed 244, 273
Murray, Margaret 123

Napoleon Bonaparte 282
Nazismus (Nationalsozialismus)
    9, 12 f., 27, 34, 46, 183 - 187,
    194
Neumann, Erich 52, 58, 100,
    154, 262
Newton, Isaac 180
Nibelungenlied 63
Nietzsche, Friedrich 260
Nornen 177
Nordische Mythen 174, 177

Odin 174, 177
Odysseus 64
Ödes Land 174 - 176, 192, 193,
    195, 196
Ödipus 55, 77, 195
Österreich 11, 13, 181 f.
Offenbarung des Johannes 79,
    146
Ootek 57 f.
Ordo Templis Orientis 180, 184

Orgeluse 175 f., 188, 199
Ornstein, Robert E. 149
Orpheus 21 f.
Osiris 21, 76
Ovid 60, 80, 82, 177

Pallas Athene 8, 157, 205, 209,
    217
Pan 21, 22, 48, 79, 84, 98, 199,
    239
Paris 80
Parsifal (Parzival) 11, 16, 174,
    175 f., 183, 187 f., 197, 199 f.,
    207, 208, 212 - 214, 243, 253
Pearce, J. C. 57
Pentheus 22
Perera, Sylvia B. 154 f.
Perls, Fritz 213
Persephone 73, 171
Perseus 102, 157
Persien 76
Phönizier 65
Plato 240
Plutarch 115
Pluto 174
Polen 13, 27
Polo, Marco 65
Pribram, Karl 268
Prieuré de Sion 180
Protestantismus 114, 144, 203
Puritanismus 65, 88, 113, 122,
    240
Pygmäen 116 f.
Python 81, 99

Ragnell, Lady 189 - 191, 196, 199
Rahn, Otto 179
Renaissance 75, 86, 90, 238
René d'Anjou 180
Rhea 73
Ring des Nibelungen 11 f.
Rom 8, 15, 31, 65, 69, 80, 86, 87,
    95, 98, 127, 142, 149, 151, 174
Rosenkreuzer 180
Rousseau, Jean-Jacques 37, 60
Rumi 51

Frances E. Vaughan

Intuitiver leben

Wie wir unser inneres Potential
entwickeln können
223 Seiten. Gebunden

Das weitverbreitete Interesse an der Entwicklung
geistiger Fähigkeiten hat viele Menschen veranlaßt, ihre intuitiven Kräfte stärker zu beachten.
Frances Vaughan gibt in diesem Buch einen knap-
pen, allgemeinverständlichen Überblick über die
neuesten Erkenntnisse auf diesem Gebiet und zeigt
dem einzelnen, wie er durch bestimmte Übungen
sein inneres intuitives Potential entwickeln kann.
»Dieses Buch enthält eine Botschaft, die nicht
leicht genommen werden sollte. In der westlichen
Welt, wo die einseitige Pflege rationaler Fähigkeiten
ein Gefühl persönlicher Entfremdung geschaffen
und uns an den Rand einer globalen Katastrophe
gebracht hat, könnte die Wiederentdeckung der Intuition weitreichende Konsequenzen für die Lebens-
qualität jedes einzelnen und für die Zukunft des
Planeten haben.«   *(Stanislav Grof im Vorwort)*

Kösel-Verlag · München

Ken Wilber

Die drei Augen der Erkenntnis

Auf dem Weg zu einem neuen Weltbild
256 Seiten. Gebunden

Dieses Buch stellt eine Herausforderung der etablierten
Wissenschaft dar: Einer der fundiertesten »Vordenker«
eines neuen, ganzheitlichen Weltbildes erschüttert die
bis heute beherrschende Position der empirisch-analyti-
schen Wissenschaft, die der Menschheit nicht nur un-
geahnten technischen und materiellen Fortschritt beschert hat, sondern – wegen ihrer Einseitigkeit und
Ausschnitthaftigkeit – auch deren immer bedrohlicher
zutage tretende Folgen.

In seinem brillant dargelegten dreistufigen Modell der
Erkenntnis weist Ken Wilber der empirischen Forschung einen durchaus legitimen, aber begrenzten Gel-
tungsbereich zu – unterhalb der Ebenen geisteswissen-
schaftlicher und transzendental-spiritueller Erkenntnis-
suche. In faszinierender Zusammenschau verschiedener Disziplinen und Denktraditionen zeigt Wilber, wie
diese »drei Augen der Erkenntnis« zu ausgewogener
Betrachtung gelangen, wie »Übergriffe« vermieden
werden können und welche methodischen Regeln einzuhalten sind.

Der Diskussion um das »neue Paradigma« kann nun
nicht mehr ausgewichen werden.

Kösel-Verlag München